> January 18, 1999
>
> What do I consider my most important Contributions?
>
> - That I early on—almost sixty years ago—realized that MANAGEMENT has become the constitutive organ and function of the <u>Society of Organizations</u>;
>
> - That MANAGEMENT is not "Business Management- though it first attained attention in business- but the governing organ of ALL institutions of Modern Society;
>
> - That I established the study of MANAGEMENT as a DISCIPLINE in its own right; and
>
> - That I focused this discipline on People and Power; on Values; Structure and Constitution; AND ABOVE ALL ON RESPONSIBILITIES- that is focused the <u>Discipline of Management</u> on Management as a truly LIBERAL ART.
>
> *Peter F. Drucker*

我认为我最重要的贡献是什么?

- 早在60年前,我就认识到管理已经成为组织社会的基本器官和功能;
- 管理不仅是"企业管理",而且是所有现代社会机构的管理器官,尽管管理最初侧重于企业管理;
- 我创建了管理这门独立的学科;
- 我围绕着人与权力、价值观、结构和方式来研究这一学科,尤其是围绕着责任。管理学科是把管理当作一门真正的人文艺术。

彼得·德鲁克
1999年1月18日

注:资料原件打印在德鲁克先生的私人信笺上,并有德鲁克先生亲笔签名,现藏于美国德鲁克档案馆。为纪念德鲁克先生,本书特收录这一珍贵资料。本资料由德鲁克管理学专家那国毅教授提供。

彼得·德鲁克和妻子多丽丝·德鲁克

德鲁克妻子多丽丝寄语中国读者

在此谨向广大的中国读者致以我诚挚的问候。本书深入介绍了德鲁克在管理领域方面的多种理念和见解。我相信他的管理思想得以在中国广泛应用，将有赖出版及持续的教育工作，令更多人受惠于他的馈赠。

盼望本书可以激发各位对构建一个令人憧憬的美好社会的希望，并推动大家在这一过程中积极发挥领导作用，他的在天之灵定会备感欣慰。

Doris Drucker

本页照片和多丽丝寄语原文与亲笔签名由彼得·德鲁克管理学院提供

管 理

使命、责任、实践（使命篇）

[美] 彼得·德鲁克 著

陈驯 译

Management
Tasks, Responsibilities, Practices

彼得·德鲁克全集

机械工业出版社
CHINA MACHINE PRESS

图书在版编目（CIP）数据

管理：使命、责任、实践（使命篇）/（美）彼得·德鲁克（Peter F. Drucker）著；陈驯译. —北京：机械工业出版社，2019.5（2024.5重印）

（彼得·德鲁克全集）

书名原文：Management: Tasks, Responsibilities, Practices

ISBN 978-7-111-62405-9

I. 管… II. ①彼… ②陈… III. 企业管理 IV. F272

中国版本图书馆CIP数据核字（2019）第058348号

北京市版权局著作权合同登记　图字：01-2005-4159号。

Peter F. Drucker. Management: Tasks, Responsibilities, Practices.

Copyright © 1973, 1974 by Peter F. Drucker.

Simplified Chinese Translation Copyright © 2019 by China Machine Press.

Simplified Chinese translation rights arranged with HarperBusiness, an imprint of HarperCollins Publishers through Bardon-Chinese Media Agency. This edition is authorized for sale in the Chinese mainland (excluding Hong Kong SAR, Macao SAR and Taiwan).

No part of this book may be reproduced or transmitted in any form or by any means, electronic or mechanical, including photocopying, recording or any information storage and retrieval system, without permission, in writing, from the publisher.

All rights reserved.

本书中文简体字版由HarperBusiness（HarperCollins的分支机构）通过Bardon-Chinese Media Agency授权机械工业出版社在中国大陆地区（不包括香港、澳门特别行政区及台湾地区）独家出版发行。未经出版者书面许可，不得以任何方式抄袭、复制或节录本书中的任何部分。

本书两面插页所用资料由彼得·德鲁克管理学院和那国毅教授提供。封面中签名摘自德鲁克先生为彼得·德鲁克管理学院的题词。

管理：使命、责任、实践（使命篇）

出版发行：机械工业出版社（北京市西城区百万庄大街22号　邮政编码：100037）
责任编辑：冯小妹　　　　　　　　　　　责任校对：李秋荣
印　　刷：北京铭成印刷有限公司　　　　版　　次：2024年5月第1版第16次印刷
开　　本：170mm×230mm 1/16　　　　 印　　张：32.75
书　　号：ISBN 978-7-111-62405-9　　　 定　　价：129.00元

客服电话：（010）88361066　68326294

版权所有·侵权必究
封底无防伪标均为盗版

如果您喜欢彼得·德鲁克（Peter F. Drucker）或者他的书籍，那么请您尊重德鲁克。不要购买盗版图书，以及以德鲁克名义编纂的伪书。

出版说明

彼得·德鲁克是管理学的一代宗师，现代组织理论的奠基者，由于他开创了管理这门学科，被尊称为"现代管理学之父"。他终身以教书、著书和咨询为业，著作等身，是名副其实的"大师中的大师"。德鲁克的著作思想博大深邃，往往在书中融合了跨学科的多方面智慧。本书是"彼得·德鲁克全集"系列著作之一，从初版到现在，历经沧桑、饱经岁月锤炼，尽管人类已经迈进了21世纪，经济形态由工业经济发展到了知识经济，但重温本书，读者仍能清晰地感觉到书中依旧非常贴近现实生活的一面，深刻体会到现今出版和阅读本书的意义和价值所在。书中大师许多精辟独到的见解，开理论认识之先河，跨时空岁月之局限，借鉴学习之意义不言而喻，但由于受当时时代背景、社会氛围、个人社会阅历、政治立场等方方面面的局限性，作者的某些观点仍不免过于体现个人主观认识，偏颇、囿困之处在所难免，请读者在阅读时仔细斟辨，批判接受、客观继承。

| 目 录 |

出版说明

推荐序一（邵明路）

推荐序二（赵曙明）

推荐序三（珍妮·达罗克）

译者序

德鲁克自序（1985年）

德鲁克自序（1973年）

致谢

导论　从管理热潮到管理绩效

第1章　管理的兴起 / 2

第2章　管理热潮及其教训 / 12

第3章　新挑战 / 30

上篇　使命

第 4 章　多维度的管理构想 / 44

第一部分 | **企业的绩效**

第 5 章　如何管理企业：西尔斯 - 罗巴克百货解析 / 59

第 6 章　如何理解企业的实质 / 69

第 7 章　企业目标与企业使命 / 90

第 8 章　目标设立与能力培养：玛莎百货解析 / 117

第 9 章　战略、目标、优先次序、工作分派 / 127

第 10 章　战略规划：创业技能 / 151

第二部分 | **服务机构的绩效**

第 11 章　多元化机构的社会 / 165

第 12 章　服务机构的绩效为何不显著 / 172

第 13 章　例外典范及其经验教训 / 186

第 14 章　服务机构的绩效管理 / 199

第三部分 | **有生产力的工作和有成就的工作者**

第 15 章　新现实性 / 213

第 16 章　理解工作的含义：工作、做工以及工作者 / 229

第 17 章　使工作具有生产力：工作与流程 / 251

第 18 章　使工作具有生产力：控制与工具 / 274

第 19 章　工作者与做工：理论与现实 / 291

第20章　成功的案例：日本、蔡司光学、IBM公司 / 310

第21章　负责任的工作者 / 335

第22章　就业、收入与福利 / 360

第23章　员工是企业最大的资产 / 379

第四部分 | **社会影响力与社会责任感**

第24章　管理提升生活品质 / 395

第25章　负面影响与社会问题 / 411

第26章　社会责任的限度 / 432

第27章　企业与政府 / 443

第28章　不要明知其害而为之：责任之伦理 / 459

| 推荐序一 |

功能正常的社会和博雅管理
为"彼得·德鲁克全集"作序

享誉世界的"现代管理学之父"彼得·德鲁克先生自认为,虽然他因为创建了现代管理学而广为人知,但他其实是一名社会生态学者,他真正关心的是个人在社会环境中的生存状况,管理则是新出现的用来改善社会和人生的工具。他一生写了39本书,只有15本书是讲管理的,其他都是有关社群(社区)、社会和政体的,而其中写工商企业管理的只有两本书(《为成果而管理》和《创新与企业家精神》)。

德鲁克深知人性是不完美的,因此人所创造的一切事物,包括人设计的社会也不可能完美。他对社会的期待和理想并不高,那只是一个较少痛苦,还可以容忍的社会。不过,它还是要有基本的功能,为生活在其中的人提供可以正常生活和工作的条件。这些功能或条件,就好像一个生命体必须具备正常的生命特征,没有它们社会也就不成其为社会了。值得留意的是,社会并不等同于"国家",因为"国(政府)"和"家(家庭)"不可能提供一个社会全部必要的职能。在德鲁克眼里,功能正常的社会至少要由三大类机构组成:政府、企业和非营利机构,它们各自发挥不同性质的作用,每一类、每一个机构中都要有能解决问题、令机构创造出独特绩效的权力中心和决策机制，这个权力中心和决策机制同时也要让机构里的每个人各得其所，既有所担当、做出贡献，又得到生计和身份、地位。这些在过去的国家中从来没有过的权力中心和决策机制，或者说新的"政体"，就是"管理"。在这里德鲁克把企业和非营利机构中的管理体制与政府的统治体制统称为"政体"，是因为它们都掌握权力，但是，这是两种性质截然不同的权力。企业和非营利机构掌握的，是为了提供特定的产品和服务，而调配社会资源的权力，政府所拥有的，则是整个社会公平的维护、正义的裁夺和干预的权力。

在美国克莱蒙特大学附近，有一座小小的德鲁克纪念馆，走进这座用他的故居改成的纪念馆，正对客厅入口的显眼处有一段他的名言：

> 在一个由多元的组织所构成的社会中，使我们的各种组织机构负责任地、独立自治地、高绩效地运作，是自由和尊严的唯一保障。有绩效的、负责任的管理是对抗和替代极权专制的唯一选择。

当年纪念馆落成时，德鲁克研究所的同事们问自己，如果要从德鲁克的著作中找出一段精练的话，概括这位大师的毕生工作对我们这个世界的意义，会是什么？他们最终选用了这段话。

如果你了解德鲁克的生平，了解他的基本信念和价值观形成的过程，你一定会同意他们的选择。从他的第一本书《经济人的末日》到他独自完成的最后一本书《功能社会》之间，贯穿着一条抵制极权专制、捍卫个人自由和尊严的直线。这里极权的极是极端的极，不是集中的集，两个词一字之差，其含义却有着重大区别，因为人类历史上由来已久的中央集权统治直到20世纪才有条件变种成极权主义。极权主义所谋求的，是从肉体到精神，全面、彻底地操纵和控制人类的每一个成员，把他们改造成实现个别极权主义者梦想的人形机器。20世纪给人类带来最大灾难和伤害的战争和运动，都是极权主义的"杰作"，德鲁克青年时代经历的希特勒纳粹主义正是其中之一。要了解德鲁克的经历怎样影响了他的信念和价值观，最好去读他的《旁观者》；要弄清什么是极权主义和为什么大众会拥护它，可以去读汉娜·阿伦特1951年出版的《极权主义的起源》。

好在历史的演变并不总是令人沮丧。工业革命以来，特别是从1800年开始，最近这200年生产力呈加速度提高，不但造就了物质的极大丰富，还带来了社会结构的深刻改变，这就是德鲁克早在80年前就敏锐地洞察和指出的，多元的、组织型的新社会的形成：新兴的企业和非营利机构填补了由来已久的"国（政府）"和"家（家庭）"之间的断层和空白，为现代国家提供了真正意义上的种种社会功能。在这个基础上，教育的普及和知识工作者的崛起，正在造就知识经济和知识社会，而信息科技成为这一切变化的加速器。要特别说明，"知识工作者"是德鲁克创造的一个称谓，泛指具备和应用专门知识从事生产工作，为社会创造出有用的产品和服务的人群，这包括企业家和在任何机构中的管理者、专业人士和技工，也包括社会上的独立执业人士，如会计师、律师、咨询师、培训师等。在21世纪的今天，由于知识的应用领域一再被扩大，个人和个别机构不再是孤独无助的，他们因为掌握了某项知识，就拥有了选择的自由和影响他人的权力。知识工作者和由他们组成的知识型组织不再是传统的知识分子或组织，知识工作者最大的特点就是他们的独立自主，可以主动地整合资源、创造价值，促成经济、社会、文化甚至政治层面的改变，而传统的知识分子只能依附于当时的统治当局，在统治当局提供的平台上才能有所作为。这是一个划时代的、意义深远的变化，而且这个变化不仅发生在西方发达国家，也发生在发展中国家。

在一个由多元组织构成的社会中，拿政府、企业和非营利机构这三类组织相互比较，企业和非营利机构因为受到市场、公众和政府的制约，它们的管理者不可能像政府那样走上极权主义统治，这是它们在德鲁克看来，比政府更重要、更值得寄予希望的原因。尽管如此，它们仍然可能因为管理缺位或者管理失当，例如官僚专制，不能达到德鲁克期望的"负责任地、高绩效地运作"，从而为极权专制垄断社会资源让出空间、提供机会。在所有机构中，包括在互联网时代虚拟的工作社群中，知识工作者的崛起既为新的管理提供了基础和条件，也带来对传统的"胡萝卜加大棒"管理方式的挑战。德鲁克正是因应这样的现实，研究、创立和不断完善现代管理学的。

1999年1月18日，德鲁克接近90岁高龄，在回答"我最重要的贡献是什么"这个问题时，他写了下面这段话：

> 我着眼于人和权力、价值观、结构和规范去研究管理学，而在所有这些之上，我聚焦于"责任"，那意味着我是把管理学当作一门真正的"博雅技艺"来看待的。

给管理学冠上"博雅技艺"的标识是德鲁克的首创，反映出他对管理的独特视角，这一点显然很重要，但是在他众多的著作中却没找到多少这方面的进一步解释。最完整的阐述是在他的《管理新现实》这本书第15章第五小节，这节的标题就是"管理是一种博雅技艺"：

> 30年前，英国科学家兼小说家斯诺（C. P. Snow）曾经提到当代社会的"两种文化"。可是，管理既不符合斯诺所说的"人文文化"，也不符合他所说的"科学文化"。管理所关心的是行动和应用，而成果正是对管理的考验，从这一点来看，管理算是一种科技。可是，管理也关心人、人的价值、人的成长与发展，就这一

点而言，管理又算是人文学科。另外，管理对社会结构和社群（社区）的关注与影响，也使管理算得上是人文学科。事实上，每一个曾经长年与各种组织里的管理者相处的人（就像本书作者）都知道，管理深深触及一些精神层面关切的问题——像人性的善与恶。

管理因而成为传统上所说的"博雅技艺"（liberal art）——是"博雅"（liberal），因为它关切的是知识的根本、自我认知、智慧和领导力，也是"技艺"（art），因为管理就是实行和应用。管理者从各种人文科学和社会科学中——心理学和哲学、经济学和历史、伦理学，以及从自然科学中，汲取知识与见解，可是，他们必须把这种知识集中在效能和成果上——治疗病人、教育学生、建造桥梁，以及设计和销售容易使用的软件程序等。

作为一个有多年实际管理经验，又几乎通读过德鲁克全部著作的人，我曾经反复琢磨过为什么德鲁克要说管理学其实是一门"博雅技艺"。我终于意识到这并不仅仅是一个标新立异的溢美之举，而是在为管理定性，它揭示了管理的本质，提出了所有管理者努力的正确方向。这至少包括了以下几重含义：

第一，管理最根本的问题，或者说管理的要害，就是管理者和每个知识工作者怎么看待与处理人和权力的关系。德鲁克是一位基督徒，他的宗教信仰和他的生活经验相互印证，对他的研究和写作产生了深刻的影响。在他看来，人是不应该有权力（power）的，只有造人的上帝或者说造物主才拥有权力，造物主永远高于人类。归根结底，人性是软弱的，经不起权力的引诱和考验。因此，人可以拥有的只是授权（authority），也就是人只是在某一阶段、某一事情上，因为所拥有的品德、知识和能力而被授权。不但任何个人是这样，整个人类也是这样。民主国家中"主权在民"，但是人民的权力也是一种授权，是造物主授予的，人在这种授权之下只是一个既有自由意志，又要承担责任的"工具"，他是造物主的工具而不能成为主宰，不能按自己的意图去操纵和控制自己的同类。认识到这一点，人才会谦卑而且有责任感，他们才会以造物主才能够掌握、人类只能被其感召和启示的公平正义，去时时检讨自己，也才会甘愿把自己置于外力强制的规范和约束之下。

第二，尽管人性是不完美的，但是人彼此平等，都有自己的价值，都有自己的创造能力，都有自己的功能，都应该被尊敬，而且应该被鼓励去创造。美国的独立宣言和宪法中所说的，人生而平等，每个人都有与生俱来、不证自明的权利（rights），正是从这一信念而来的，这也是德鲁克的管理学之所以可以有所作为的根本依据。管理者是否相信每个人都有善意和潜力？是否真的对所有人都平等看待？这些基本的或者说核心的价值观和信念，最终决定他们是否能和德鲁克的学说发生感应，是否真的能理解和实行它。

第三，在知识社会和知识型组织里，每一个工作者在某种程度上，都既是知识工作者，也是管理者，因为他可以凭借自己的专门知识对他人和组织产生权威性的影响——知识就是权力。但是权力必须和责任捆绑在一起。而一个管理者是否负起了责任，要以绩效和成果做检验。凭绩效和成果问责的权力是正当和合法的权力，也就是授权（authority），否则就成为德鲁克坚决反对的强权（might）。绩效和成果之所以重要，是因为不但在经济和物质层面，而且在心理层面，都会对人们产生影响。管理者和领导者如果持续不能解决现实问题，大众在彻底失望之余，会转而选择去依赖和服从强权，同时甘愿交出自己的自由和尊严。这就是为什么德鲁克一再警告，如果管理失败，极权主义就会取而代之。

第四，除了让组织取得绩效和成果，管理者还有没有其他的责任？或者换一种说法，绩效和成果仅限于可量化的经济成果和财富吗？对一个工商企业来说，除了为客户提供价廉物美的产品和服务、为股东赚取合理的利润，能否同时成为一个良好的、负责任的"社会公民"，能否同时帮助自己的员工在品格和能力两方面都得到提升呢？这似乎是一个太过苛刻的要求，但它是一个合理的要求。我个人在十多年前，和一家这样要求自己的后勤服务业的跨国公司合作，通过实践认识到这是可能的。这意味着我们必须学会把伦理道德的诉求和经济目标，设计进同一个工作流程、同一套衡量系统，直至每一种方法、工具和模式中去。值得欣慰的是，今天有越来越多的机构开始严肃地对待这个问题，在各自的领域做出肯定的回答。

第五，"作为一门博雅技艺的管理"或称"博雅管理"，这个讨人喜爱的中文翻译有一点儿问题，从翻译的"信、达、雅"这三项专业要求来看，雅则雅矣，信有不足。liberal art 直译过来应该是"自由的技艺"，但最早的繁体字中文版译成了"博雅艺术"，这可能是想要借助它在汉语中的褒义，我个人还是觉得"自由的技艺"更贴近英文原意。liberal 本身就是自由。art 可以译成艺术，但管理是要应用的，是要产生绩效和成果的，所以它首先应该是一门"技能"。此外，管理的对象是人们的工作，和人打交道一定会面对人性的善恶，人的千变万化的意念——感性的和理性的，从这个角度看，管理又是一门涉及主观判断的"艺术"。所以 art 其实更适合解读为"技艺"。liberal——自由，art——技艺，把两者合起来就是"自由技艺"。

最后我想说的是，我之所以对 liberal art 的翻译这么咬文嚼字，是因为管理学并不像人们普遍认为的那样，是一个人或者一个机构的成功学。它不是旨在让一家企业赚钱，在生产效率方面达到最优，也不是旨在让一家非营利机构赢得道德上的美誉。它旨在让我们每个人都生存在其中的人类社会和人类社群（社区）更健康，使人们较少受到伤害和痛苦。让每个工作者，按照他与生俱来的善意和潜能，自由地选择他自己愿意在这个社会或社区中所承担的责任；自由地发挥才智去创造出对别人有用的价值，从而履行这样的责任；并且在这样一个创造性工作的过程中，成长为更好和更有能力的人。这就是德鲁克先生定义和期待的，管理作为一门"自由技艺"，或者叫"博雅管理"，它的真正的含义。

邵明路

彼得·德鲁克管理学院创办人

| 推荐序二 |

跨越时空的管理思想

20多年来,机械工业出版社关于德鲁克先生著作的出版计划在国内学术界和实践界引起了极大的反响,每本书一经出版便会占据畅销书排行榜,广受读者喜爱。我非常荣幸,一开始就全程参与了这套丛书的翻译、出版和推广活动。尽管这套丛书已经面世多年,然而每次去新华书店或是路过机场的书店,总能看见这套书静静地立于书架之上,长盛不衰。在当今这样一个强调产品迭代、崇尚标新立异、出版物良莠难分的时代,试问还有哪本书能做到这样呢?

如今,管理学研究者们试图总结和探讨中国经济与中国企业成功的奥秘,结论众说纷纭、莫衷一是。我想,企业成功的原因肯定是多种多样的。中国人讲求天时、地利、人和,缺一不可,其中一定少不了德鲁克先生著作的启发、点拨和教化。从中国老一代企业家(如张瑞敏、任正非),及新一代的优秀职业经理人(如方洪波)的演讲中,我们常常可以听到来自先生的真知灼见。在当代管理学术研究中,我们也可以常常看出先生的思想指引和学术影响。我常常对学生说,当你不能找到好的研究灵感时，可以去翻翻先生的著作；当你对企业实践困惑不解时，也可以把先生的著作放在床头。简言之，要想了解现代管理理论和实践，首先要从研读德鲁克先生的著作开始。基于这个原因，1991年我从美国学成回国后，在南京大学商学院图书馆的一角专门开辟了德鲁克著作之窗，并一手创办了德鲁克论坛。至今，我已在南京大学商学院举办了100多期德鲁克论坛。在这一点上，我们也要感谢机械工业出版社为德鲁克先生著作的翻译、出版和推广付出的辛勤努力。

在与企业家的日常交流中，当发现他们存在各种困惑的时候，我常常推荐企业家阅读德鲁克先生的著作。这是因为，秉持奥地利学派的一贯传统，德鲁克先生总是将企业家和创新作为著作的中心思想之一。他坚持认为："优秀的企业家和企业家精神是一个国家最为重要的资源。"在企业发展过程中，企业家总是面临着效率和创新、制度和个性化、利润和社会责任、授权和控制、自我和他人等不同的矛盾与冲突。企业家总是在各种矛盾与冲突中成长和发展。现代工商管理教育不但需要传授建立现代管理制度的基本原理和准则，同时也要培养一大批具有优秀管理技能的职业经理人。一个有效的组织既离不开良好的制度保证，同时也离不开有效的管理者，两者缺一不可。这是因为，一方面，企业家需要通过对管理原则、责任和实践进行研究，探索如何建立一个有效的管理机制和制度，而衡量一个管理制度是否有效的标准就在于该制度能否将管理者个人特征的影响降到最低限度；另一方面，一个再高明的制度，如果没有具有职业道德的员工和管理者的遵守，制度也会很容易土崩瓦解。换言之，一个再高效的组织，如果缺乏有效的管理者和员工，组织的效率也不可能得到实现。虽然德鲁克先生的大部分著作是有关企业管理的，但是我们可以看到自由、成长、创新、多样化、多元化的思想在其著作中是一以贯之的。正如德鲁克在《旁观者》一书的序言中所阐述的,"未来是'有机体'的时代,由任务、目的、策略、社会的和外在的环境所主导"。很多人喜欢德鲁克提出的概念,但是德鲁克却说,"人比任何概念都有趣多了"。德鲁克本人虽然只是管理的旁观者,但是他对企业家工作的理解、对管理本质的洞察、对人性复杂性的观察,鞭辟入里、入木三分,这也许就是企业家喜爱他的著作的原因吧!

德鲁克先生从研究营利组织开始,如《公司的概念》(1946年),到研究非营利组织,如《非营利组织的管理》(1990年),再到后来研究社会组织,如《功能社会》(2002年)。虽然德鲁克先生的大部分著作出版于20世纪六七十年代,然而其影响力却是历久弥新的。在他的著作中,读者很容易找到许多最新的管理思想的源头,同时也不难获悉许多在其他管理著作中无法找到的"真知灼见",从组织的使命、组织的目标以及工商企业与服务机构的异同,到组织绩效、富有效率的员工、员工成就、员工福利和知识工作者,再到组织的社会影响与社会责任、企业与政府的关系、管理者的工作、管理工作的设计与内涵、管理人员的开发、目标管理与自我控制、中层管理者和知识型组织、有效决策、管理沟通、管理控制、面向未来的管理、组织的架构与设计、企业的合理规模、多角化经营、多国公司、企业成长和创新型组织等。

30多年前在美国读书期间,我就开始阅读先生的著作,学习先生的思想,并聆听先生的课堂教学。回国以后,我一直把他的著作放在案头。尔后,每隔一段时间,每每碰到新问题,就重新温故。令人惊奇的是,随着阅历的增长、知识的丰富,每次重温的时候,竟然会生出许多不同以往的想法和体会。仿佛这是一座挖不尽的宝藏,让人久久回味,有幸得以伴随终生。一本著作一旦诞生,就独立于作者、独立于时代而专属于每个读者,不同地理区域、不同文化背景、不同时代的人都能够从中得到启发、得到教育。这样的书是永恒的、跨越时空的。我想，德鲁克先生的著作就是如此。

特此作序，与大家共勉！

南京大学人文社会科学资深教授、商学院名誉院长

博士生导师

2018 年 10 月于南京大学商学院安中大楼

| 推荐序三 |

彼得·德鲁克与伊藤雅俊管理学院是因循彼得·德鲁克和伊藤雅俊命名的。德鲁克生前担任玛丽·兰金·克拉克社会科学与管理学教席教授长达三十余载，而伊藤雅俊则受到日本商业人士和企业家的高度评价。

彼得·德鲁克被称为"现代管理学之父"，他的作品涵盖了39本著作和无数篇文章。在德鲁克学院，我们将他的著述加以浓缩，称之为"德鲁克学说"，以撷取德鲁克著述在五个关键方面的精华。

我们用以下框架来呈现德鲁克著述的现实意义，并呈现他的管理理论对当今社会的深远影响。

这五个关键方面如下。

（1）**对功能社会重要性的信念**。一个功能社会需要各种可持续性的组织贯穿于所有部门，这些组织皆由品行端正和有责任感的经理人来运营，他们很在意自己为社会带来的影响以及所做的贡献。德鲁克有两本书堪称他在功能社会研究领域的奠基之作。第一本书是《经济人的末日》（1939年），"审视了法西斯主义的精神和社会根源"。然后，在接下来出版的《工业人的未来》（1942年）一书中，德鲁克阐述了自己对第二次世界大战后社会的展望。后来，因为对健康组织对功能社会的重要作用兴趣盎然，他的主要关注点转到了商业。

（2）**对人的关注**。德鲁克笃信管理是一门博雅艺术，即建立一种情境，使博雅艺术在其中得以践行。这种哲学的宗旨是：管理是一项人的活动。德鲁克笃信人的潜质和能力，而且认为卓有成效的管理者是通过人来做成事情的，因为工作会给人带来社会地位和归属感。德鲁克提醒经理人，他们的职责可不只是给大家发一份薪水那么简单。

对于如何看待客户，德鲁克也采取"以人为本"的思想。他有一句话人人知晓，即客户决定了你的生意是什么、这门生意出品什么以及这门生意日后能否繁荣，因为客户只会为他们认为有价值的东西买单。理解客户的现实以及客户崇尚的价值是"市场营销的全部所在"。

（3）**对绩效的关注**。经理人有责任使一个组织健康运营并且持续下去。考量经理人的凭据是成果，因此他们要为那些成果负责。德鲁克同样认为，成果负责制要渗透到组织的每一个层面，务求淋漓尽致。

制衡的问题在德鲁克有关绩效的论述中也有所反映。他深谙若想提高人的生产力，就必须让工作给他们带来社会地位和意义。同样，德鲁克还论述了在延续性和变化二者间保持平衡的必要性，他强调面向未来并且看到"一个已经发生的未来"是经理人无法回避的职责。经理人必须能够探寻复杂、模糊的问题，预测并迎接变化乃至更新所带来的挑战，要能看到事情目前的样貌以及可能呈现的样貌。

（4）**对自我管理的关注**。一个有责任心的工作者应该能驱动他自己，能设立较高的绩效标准，并且能控制、衡量并指导自己的绩效。但是首先，卓有成效的管理者必须能自如地掌控他们自己的想法、情绪和行动。换言之，内在意愿在先，外在成效在后。

（5）**基于实践的、跨学科的、终身的学习观念**。德鲁克崇尚终身学习，因为他相信经理人必须要与变化保持同步。但德鲁克曾经也有一句名言：

"不要告诉我你跟我有过一次精彩的会面,告诉我你下周一打算有哪些不同。"这句话的意思正如我们理解的,我们必须关注"周一早上的不同"。

这些就是"德鲁克学说"的五个支柱。如果你放眼当今各个商业领域,就会发现这五个支柱恰好代表了五个关键方面,它们始终贯穿交织在许多公司使命宣言传达的讯息中。我们有谁没听说过高管宣称要回馈他们的社区,要欣然采纳以人为本的管理方法和跨界协同呢?

彼得·德鲁克的远见卓识在于他将管理视为一门博雅艺术。他的理论鼓励经理人去应用"博雅艺术的智慧和操守课程来解答日常在工作、学校和社会中遇到的问题"。也就是说,经理人的目光要穿越学科边界来解决这世上最棘手的一些问题,并且坚持不懈地问自己:"你下周一打算有哪些不同?"

彼得·德鲁克的影响不限于管理实践,还有管理教育。在德鲁克学院,我们用"德鲁克学说"的五个支柱来指导课程大纲设计,也就是说,我们按照从如何进行自我管理到组织如何介入社会这个次序来给学生开设课程。

德鲁克学院一直十分重视自己的毕业生在管理实践中发挥的作用。其实,我们的使命宣言就是:

> 通过培养改变世界的全球领导者,来提升世界各地的管理实践。

有意思的是,世界各地的管理教育机构也很重视它们的学生在实践中的表现。事实上,这已经成为国际精英商学院协会(AACSB)认证的主要标志之一。国际精英商学院协会"始终致力于增进商界、学者、机构以及学生之间的交融,从而使商业教育能够与商业实践的需求步调一致"。

最后我想谈谈德鲁克和管理教育,我的观点来自 2001 年 11 月 *BizEd* 杂志第 1 期对彼得·德鲁克所做的一次访谈,这本杂志由商学院协会出版,受众是商学院。在访谈中,德鲁克被问道:在诸多事项中,有哪三门课最重要，是当今商学院应该教给明日之管理者的？

德鲁克答道：

> 第一课，他们必须学会对自己负责。太多的人仍在指望人事部门来照顾他们，他们不知道自己的优势，不知道自己的归属何在，他们对自己毫不负责。
>
> 第二课也是最重要的，要向上看，而不是向下看。焦点仍然放在对下属的管理上，但应开始关注如何成为一名管理者。管理你的上司比管理下属更重要。所以你要问，"我应该为组织贡献什么？"
>
> 最后一课是必须修习基本的素养。是的，你想让会计做好会计的事，但你也想让他了解组织的其他功能何在。这就是我说的组织的基本素养。这类素养不是学一些相关课程就行了，而是与实践经验有关。

凭我一己之见，德鲁克在2001年给出的这则忠告，放在今日仍然适用。卓有成效的管理者需要修习自我管理，需要向上管理，也需要了解一个组织的功能如何与整个组织契合。

彼得·德鲁克对管理实践的影响深刻而巨大。他涉猎广泛，他的一些早期著述，如《管理的实践》(1954年)、《卓有成效的管理者》(1966年)以及《创新与企业家精神》(1985年)，都是我时不时会翻阅研读的书，每当我作为一个商界领导者被诸多问题困扰时，我都会从这些书中寻求答案。

珍妮·达罗克

彼得·德鲁克与伊藤雅俊管理学院院长

亨利·黄市场营销和创新教授

美国加州克莱蒙特市

| 译者序 |

（一）

彼得·德鲁克（Peter F. Drucker，1909—2005）是20世纪的思想家和管理学家，他看自己是"旁观者""社会生态学家"以及"现代管理学的创立者与贡献者"。彼得·德鲁克一生著作甚丰。《管理：使命、责任、实践》（*Management: Tasks, Responsibilities, Practices*）是他写于20世纪70年代初的作品，也是他为企业、组织、机构做了数十年咨询后的精心佳作，誉满全球。本书具有非常强烈的时代性，1973年出版时就在美国畅销书籍中名列前茅，突出德鲁克管理学的核心思想："观念必须化为行动"⊖。现如今，这个核心思想已经深入人心，许多人都知道德鲁克很强调管理的理论与实践相结合，知行合一。

能成为本书的中文译者是我一生的荣幸。我自己不是企业的经营者和管理者，我无法用非常直接的企业经验去评论和衡量德鲁克的管

⊖ 参见沃兹曼和劳勒的《旁观德鲁克》（*Drucker: A Life in Pictures*，19～22页，2015年出版）。也可参见 *The Drucker Lectures: Essential Lessons on Management, Society, and Economy*（47页，2010年出版）。

理思想，但我是用心智触摸和感受它。在我的社交圈子中，语言天赋比我好的朋友大有人在，其中不乏大学中优秀的英文教授和老师，甚至一些好友是很好的作家、译者以及编者。我只是比他们更加幸运一些，甚至有点受宠若惊的感觉——我有这样美好的机会承担翻译德鲁克先生佳作的任务。

对任何人来说，翻译都不会是轻松的活儿。冯友兰曾经把翻译工作喻为"嚼饭喂人"，自己需要先慢慢咀嚼、消化，品味其中美妙，然后再传于读者，帮助读者理解。马丁·路德（Martin Luther）认为《圣经》翻译者需要"一颗正确的、虔诚的、诚实的、真诚的、敬畏上帝的、基督徒的、受过训练的、拥有知识和经验的心灵"（LW35，188—194）。虽然我无意把翻译德鲁克的佳作和路德翻译《圣经》做对比，但我感觉自己在翻译该书的过程中所持有的心境、态度与虔诚是相似的。翻译不仅是两种甚至多种语言之间的摔跤，不仅是不同文化与文明之间的对话，也是不同思想甚至多种思想之间的交融。

在翻译过程中，我享受心灵的无比快乐。我用语言和心智与管理大师德鲁克先生对话。对话是人类精神世界最高贵的文明形态。在细读、品味以及翻译德鲁克的佳作时，我个人的直接感觉是在聆听他的心声，与他对话并听到回应。我请教他问题，有时他会为我解答，有时仅仅是启发，有时会向我提出问题，但大多数情况下，他保持沉默与宁静——一如既往的那位"旁观者"，他让我自己独立理解、品味以及领悟他的思想。有时我会拍案叫绝，有时也会怅然若失，有时如获至宝，有时相见恨晚；有时也会愣愣地坐着，凝固片刻，但不是"走神"，而是"入神"。

书中所论及的话题，无论宏观还是微观，我的感觉是亲切，好像自己就在经历一般，他似乎在为我们这个时代的经济现状、发展处境、社会现实以及大的格局把握方向，指点迷津。总体感觉，他不是在分析美国的经济和社会，而是在讨论读者所在情境中的生存状态与变化趋势。他曾经说过:"只有中国人才能解决中国的问题",而我正是试图翻译他的这种认知与意识。路德当年把翻译工作形象地说成:"当田地清理干净的时候,春耕就会很顺利。"此话很有道理。本书的翻译工作也正是为了清理杂石土块,以使管理学的春耕顺利开展。我的心愿很简单,通过这部中译本,让更多中国企业家、非营利组织经营者、创业者、政府工作者、学者以及普通人都能使用德鲁克的管理智慧去成就自己的梦想与事业。

(二)

翻译工作离不开许多优秀好友的支持与帮助。在本书的翻译过程中,我得到许多老师和朋友的鼎力相助,这里需要向各位表达我诚挚的谢意。

首先,我要真诚地感谢德鲁克的学生詹文明老师。他是我管理学研究的良师益友。数年前,当我开始酝酿如何研究德鲁克管理思想时,他便提出翻译德鲁克部分重要著作的想法。在我个人学习管理学以及本书的翻译过程中,詹老师都会谦卑地提出许多宝贵意见,使我受益匪浅。同时,我要感谢李建兵先生在提供德鲁克著作以及促进本书翻译工作中所做的协调工作。

彼得·德鲁克管理学院(DA)对重译本书起到了重要的推动作用,时任学院院长王欣先生做出了很多努力和贡献。在翻译过程中,我还时常与他交流管理学名词和习惯用语的译法,收获许多很独特的见解。在最后译稿的审校中,王欣先生的热诚与睿智令我深受感动和鼓舞,他提出的许多建设性的修改意见给译稿增色不少。同等的谢意要给予资深编辑钱大川老师,特别感谢他对本书部分章节的审校所做出的贡献。在持续两年多的翻译工作中,"七和同创"的曾涌先生和高敏老师给我个人许多的帮助与鼓励,他们在阅读早期译稿以及后期审稿时发现问题并提出了自己的看法,这些意见与建议很及时,也很中肯。多谢这些师长好友的贡献与支持。

我还要诚挚地感谢华章经管中心的王磊总经理,她对德鲁克著作及其管理思想的热爱与深刻感悟让我印象深刻,备受鼓舞。没有她的睿智、信任和执着,该书的翻译与出版将不会成为现实。同时,我要感谢编辑张竞余、冯小妹,谢谢他们为译稿的编辑与出版付出的辛苦。

毫无疑问,在翻译这部佳作的过程中,家人对我的鼓励和支持是最直接的,也是最重要的。我的妻子肖宝荣一直是我创作的主要帮手,她分享了德鲁克的管理思想,也分享了我在翻译过程所经历的喜怒哀乐。她是个出色的第一读者。非常感谢她辛勤的付出、无微不至的照顾以及持久的鼓励。爱女陈沛如刚好 2018 年夏天回国度暑假,自然也加入到译作最后阶段的审校工作中来。她不仅积极参与校对译稿,还帮助我翻译了德鲁克先生在 1981 年的论文集《迈向下一代经济学论文集》(*Toward the Next Economics and Other Essays*)中的一篇关键文章《应该期待怎样的成果——MBO 使用说明》(*What Results Should You Expect? A Users' Guide to MBO*)。这篇文章承蒙王磊总经理同意,列为本书附录,其重要性下文再表。爱妻和女儿的支持、忍耐和爱是我的力量。非常感谢她们。

(三)

如何品读德鲁克的《管理:使命、责任、实践》呢?我有几点想法供大家参考。

第一,德鲁克的思想需要细心品味,不能囫囵吞枣,任何试图"简化"或"减化"他的思想的做法,都是非常艰难而不明智的。德鲁克的著作宜深读、慢读,不宜浅读、快读。若读得太浅太快,读者就会自以为掌握了赚钱本领、管理要旨、做事谋略。深读慢品,就会逐步领悟德鲁克管理思想的内家功夫,知己、知人、知事变、知道义、知信仰。管理学的这个道理,许多德鲁克著作的读者都深有体会。

第二,建议大家先阅读德鲁克为本书写的两篇序言,即 1973 年的"管理：专制以外的选择"和1985年的"管理：专业意识与敬业精神"，然后再读本书的"结语：管理之正当性"。我个人认为，这三篇文章是本书的灵魂，德鲁克为自己的管理思想和关键理念做了必要的解释。这既是指南针，又是药引子。

第三，必须把握本书的整体性。本书名为《管理：使命、责任、实践》，结构非常严谨，分上、中、下三篇，共9部分，61章，各章连贯性强，内容完整合一；读者千万不要把内容肢解来读，不要把他的管理思想支离破碎，不要以为上篇讲"使命"，中篇讲"实践"，下篇讲"责任"。

第四，如果遭遇中文译本中难以理解的语句，建议读者回到德鲁克著作的原文做些参考。这是读书的必要方法，而不是挑剔中英文的文辞表达或刻意寻找问题。字句是死的，精意是活的，人是活的，思想也是活的。

把握如上几点，读者便可以按照目录罗列的详细内容，渐入佳境，可见森林，亦可以见树木。

（四）

关于本书的一些翻译问题，也需要在此向读者做个交代。

必须承认，德鲁克的语言风格非常特别。原书中德鲁克的口语表达很突出，学术性表达并不显著，比如引经据典很多，但出处标注很少；使用的英文长句多，并在句中插入破折号，主要是为了添加说明或解释，这样导致语法结构更加复杂甚至加剧了语句意义的模糊。这种风格在弗洛伊德的作品中也很多见，可能只是言辞个性或说话习惯罢了。该译本尽量少用这种直译方法。

在该书中，每一章文前罗列的仿宋字体内容与文中的小标题可能不太一致，有时甚至混乱或错失。翻译本书前，我就曾听说过这种抱怨。作为译者，我理解并对此感同身受。我个人的建议是，不要将文前仿宋字体内容视为明确的"小标题",而应该将它们视为"关键词"或"核心提示语"。这样就会顺畅多了。

除了表达风格和长句特色外,德鲁克也善于使用一些很有意思的词语,在英文中可能简单易懂,但在中文中却不得不绞尽脑汁。这不是语言本身的问题,而是中文语境和英文语境之间的差异问题。有些词的翻译存在模糊不清且难以取舍的困难。不同语境和大小语境都需要深入考虑。这里举些例子。

比如management一词就有很多意思:"经营""管理""管理层"以及"管理学"等。为了突出managing的动词作用,有时会讲"对……进行管理"或"把……管理好"。名词manager(s)也是如此,有时可能泛指"管理者",有时可能具体而直接指"经理""经营者"或"工厂厂长"。本书还有一些与management直接相关的词,比如"过度管理"(over-management)、"管理不当"或"管理不力"(mismanagement)、"管理不善"或"管理不到位"(poor management)、"管理参差不齐"(spotty management)、"可管理"或"易于管理"(manageable)、"不可管理"或"难以管理""无法管理"(unmanageable)、"多元管理"或"多极管理"(multi-management)等。

Business也是一样,这个词不一定都是指"生意""贸易""交易"或"经营",有时指"业务",有时指"企业",也有时可能指"事业",比如大家熟悉德鲁克讲的"事业理论"。在事业理论的大语境中或泛指时用"事业",比如"我们的事业是什么";而一般情况下翻译成"业务"更合适,比如在论及中小型企业的具体经营时,问"我们的业务是什么"更好点。Function也是令人头疼的词,到底是"功能"还是"职能",只能根据语境和上下文来确认其意思,但还是很难定夺,本书中两者都用,因语境而做出选择。还有productivity,有时翻译成"生产力",有时翻译成"生产率"。Efficiency 与 effectiveness，本书分别译为"效率"与"成效"，有时因语境变化，后者也译为"有效性"，形容词则译为"有效的"。本书将 temperamental unity 翻译为"气质合一"，把 temperamental fit 译为"气质相投"。第 39 章中的 controls，德鲁克自己清楚说明不是"control"（控制）的复数，而是另有意义，本书译为"监查"，并且与行政管理（administration）和政府组织职能行为"治理"或"管治"（governing）的意义也有所区别。

再如，tasks 是本书中我最早遇到的很难翻译的词，后来接受大家的共同建议，翻译成"使命"，但有时也会根据语境而只能翻译成"任务"；因为并不是所有语境下 task 都可以翻译为"使命"，有时用词太大，反倒不好；大多数情况下，翻译成"任务"更加准确些，但在大标题或陈述主旨时，用"使命"就显得合宜。Strategy 也是书中的难题之一，这词可大可小，大的语境可说"战略"，小的语境可译为"策略"。有师长曾经建议都翻译成"策略"，但有些情况下翻译成策略显然不足以表达意义。涉及企业、组织、机构的使命与目标的大方向时，把 strategy 译为"战略"比较好些，比如战略规划、企业战略、整体战略等；但在小规模或小语境时，翻译为"策略"比较合宜，比如财务策略、产品策略、技术策略和市场营销策略等。Commitment 也是个难翻译的词，工商企业界最常见的翻译是"承诺"，但这个词本身的意义很丰富，有献身、委身、奉献精神、牺牲精神，有些则带有很丰富的宗教信仰的内涵等。Entrepreneur 与 entrepreneurship 也是个难题，前者多译为"企业家""实业家"或"创业家"，显然与商人或生意人的意思大相径庭；后者通常有两种翻译，一是"企业家精神"，二是"创业精神"；笔者在本书中倾向于用"创业精神"，为的是描述某种独特的、积极的创业状态，而不涉及特定的"企业家"群体。

英文中的介词是英语语法结构中的小精灵。本书中的介词及其介词词组或介词短语的运用，有时很难在中文中找到完全相同意思的词。比如，managing for results，很长时间人们都习以为常地理解为"成果管理"，但可能"为成果而管理"更好一些。Managing for performance 也被习惯性地理解为"绩效管理"，有时并无大碍，但可能"为绩效而管理"更好一些。Management by objectives 通常被翻译为"目标管理"，而联系德鲁克的许多作品并联系上下文应该理解为"依靠目标进行管理"，这样可能更准确一些。

（五）

此外，本书最难翻译的是各章的标题。这里也举些例子。

1973年德鲁克自序的标题为 The Alternative to Tyranny，这个词组的翻译也充满争议，笔者见过一些不同的翻译，最有意思的翻译是"舍弃专制另谋出路"[⊖]。我个人觉得这个翻译非常好，语气强烈，也很切中要害。笔者在本书中译为"管理：专制以外的选择"，持中性语言，相对温和一些，这也是本书翻译过程中笔者所持有的基本文辞风格。第33章的标题是 Developing Management and Managers，本书译为"管理能力提升与管理者培养"。第42章与第43章的标题是连接一起的，主要涉及 building blocks 一词的翻译，本书分别译为"组织的构建单元"（the building blocks of organization）和"单元的相互连接"（and how they join together）。第56、57和58章探讨企业经营的相同话题，根据上下文语境，将 diversity 译为"多样性"，将 diversification 译为"多样化"，而不是翻译成"多元性"或"多元化"，旨在突出企业的经营实践，比如"策略多样化"与"抛弃不恰当的多样化"等。因此，这三章的标题分别译为

[⊖] 参见沃兹曼和劳勒的《旁观德鲁克》，第22页。

"多样化经营的多重压力"(The Pressures for Diversity)、"由'多样'构建'合一'"(Building Unity Out of Diversity)、"管理好企业的多样性"(Managing Diversity)等。第59章的标题是The Multinational Corporation,本书译为"论'跨国公司'",给跨国公司四个字加上引号,主要基于文中两个重要词语的区别:multinational 与 transnational,德鲁克认为这两个词不同,后者更贴切表达"去政治化的"全球互动的经济关系,19世纪人类讲 multinational 意指"跨国",20世纪人们讲 transnational 指"超国界",而21世纪的全球经济关系应该走向"无边界"(without border/global)。

本书中最具争议的标题当属第34章的 Management by Objectives and Self-Control,从接手翻译开始,就一直是个疑难病症,前后不知道请教过多少英语老师与管理学专业人士,但答案极其复杂。如下几个不同的翻译来自师长、朋友和各界同仁,提出来供大家参考:"依靠目标,以自我控制实现管理""依据目标与自我控制进行管理""目标与自我控制管理""以目标和自我控制实现管理",以及台湾版与前一个大陆版翻译为"目标管理与自我控制"。本书现译为"依靠目标与自我控制进行管理"。

这里涉及一个基本的细节问题,就是 MBO 的缩写问题,即到底 MBO 是 management by objectives and self-control 的缩写,还是 management by objectives 的缩写?从1973年的《管理:使命、责任、实践》第34章以及其他章节的行文来看,management by objectives and self-control 都是以单数出现,这一章后被收录在德鲁克2007年出版的《人与绩效》(*People and Performance: The Best of Peter Drucker on Management*)第7章,除了文中小标题略有改动外,主旨与内容保持不变,但 MBO 的缩写已不再使用。

为了试图回答这个问题,我努力搜索德鲁克的其他著作,后来我在德鲁克1981年的《迈向下一代经济学论文集》中找到了一篇重要文章，题为《应该期待怎样的成果——MBO使用说明》，也就是本文前面提到的我委托闺女翻译的那篇文章。这篇文章详细说明了"依靠目标和自我控制进行管理"的深刻意义，应该可以作为《管理：使命、责任、实践》第34章的解释与补充，至少可以提供给读者一个辨析这个概念的文本基础。我做如下几点说明。

第一，德鲁克的确使用过MBO这个缩写，从字面上看，MBO缩写只涉及management by objectives，有时用，有时不用。这也是容易产生误解的地方之一，好像德鲁克只是在讨论所谓的"依靠目标进行管理"（人们习惯地翻译为"目标管理"），并无涉及"自我控制"的内容。实际上，在这篇文章中，联系上下文，细心的读者可以发现这个缩写的全称应该是"management by objectives and self-control"，原文多处（比如78页、79页、80页、92页、95页）显示如此。不仅字面如此，整篇文章的内容主旨也应该是指向management by objectives and self-control，而非只是针对management by objectives。Management by objectives and self-control这个用法应该是一个整体概念，不宜分为"目标管理"和"自我控制"。但是，究竟为什么只用MBO作为缩写？最有可能的解释是当时大家讨论这个话题时的习惯用法，也有可能是德鲁克自己口语的习惯所致，毕竟MBO显然比MBOSC要方便多了。

第二，无论是谈论"目标"还是讨论"管理"，这篇文章的核心理念就是为了说清楚"依靠目标和自我控制进行管理"的正确使用，对MBO的误解和误用甚至用之不当都可能导致组织机构的健全运作出现问题，甚至与设定的绩效和目标背道而驰，与"管理"的有效性和成果相去甚远，因为绩效与成果是检测与评估MBO成功的关键标准。

（六）

　　语言终归是人说的。我们对待文字的态度就是我们生存生活的态度。我一直讲究在文字和语言上一定要认真细致，但千万不要纠结，不要钻牛角尖、进死胡同。比起人类丰富的思想来说，文字和语言逊色多了。笔者所能做的很有限，只能尽我所能按照上下文关系来加以判断，"语境"加上"直觉"有时会有些帮助。

　　没有一部翻译作品是完美的，也没有一部译著可以让所有读者心满意足。由于译者的学问与知识有限，这本书的翻译也不可能完美。翻译不到位甚至是出现的翻译错失，敬请读者海涵。随着时代的变迁，语言结构和表达风格也会出现变化；10 年或 15 年之后，只要中国的企业、组织、机构还需要德鲁克的管理思想，我相信就会有更多的人想起这本书并进行重译与修订。这是我的美好愿望与衷心祝福。所有的进步都是在努力付出并不断更新之中实现的。

陈驯

2018 年 9 月于燕京

| 德鲁克自序 |

管理：专业意识与敬业精神
（1985年）

作为一门学科，管理学是多维度的。就其本身而言，管理学最初就是一门专业学科。它是一门新兴的学科，因为现代组织体系的形成与发展不过百余年，管理学的出现与现代组织形影相随。尽管我们依旧有许多未知之事，但时至今日，我们深知管理不仅仅是常识，管理也不仅仅是经验的归纳总结，至少从其内在潜能来看，管理学是一套条理化的"认知体系"。

本书尝试向读者介绍我们迄今为止已然了解的一些管理知识。同时，本书也尝试提出一些更大范围内的"未知体系"。也就是说，在一些领域中，人们明知自己需要这些新的知识以求界定人们所需要的事物，只是人们至今尚未能够掌握这些知识。然而，正在一线工作的管理者们迫不及待地想要掌握这些新知识，因为他们疲于应对层出不穷的问题与需要。鉴于此，本书试图就这些未知领域提出一些路径，来帮助人们透彻思考政策、原则以及实践，以求实现管理使命。同时，本书也致力于为管理者们在今天乃至日后的工作中提供必要的认知储备，诸如心智、思想、知识以及技能等。

管理是使命。管理是一门学科。同时，管理也是一门关于人的学问。管理所收获的每项成就都是管理者的成就，每项失败都是管理者的失败。因为是"人"在管理，而不是某些"力量"或某种"事实"在管理。管理者的宏大愿景、奉献精神以及正直品德都决定了所经营事业的是非成败。

故此，本书把管理者视为具有品格尊严的"人"（person），然后聚焦于人的作为及其成就，并试图把人与使命整合起来。因为使命是不带人情色彩的客观实在，使命是由管理者来执行的，而"管理"决定人之所需，决定人之所愿。

管理是工作。的确，管理是现代社会的特种工作，它把现代社会从先前人们所认识的一切社会形态中区别出来。管理是工作，是针对现代组织并且促使现代组织正常运作的特定工作。作为一项工作，管理拥有自己独特的技能、工具以及技术。本书将深入细致地探讨这些内容。

管理也有别于其他任何形式的工作。管理不像医生的工作，也不像工匠和律师的工作，管理必须一直在组织内进行，即管理是在人际关系网中进行的。所以，管理者总是众人的榜样，他的所作所为至关重要，同等重要的是管理者的人品，这一点只有教师才可与之相媲美，因为管理者与教师一样，都拥有如下两种特质：一是技能与表现，二是个性、榜样与人格尊严。因此，本书将同等强调管理者的使命与管理者的品德。

在过去的30余年，我给各种各样的学生教授管理学，或在学院，或在大学，或在主管训练项目，或在研讨会上，通过这些教学和学术活动，本书的内容得以日益完善，研究方法也久经考验。但本书的主旨内容大多数是在过去40余年中发展而来的，我以咨询师的身份与不同层面的管理者密切合作，无论他们的企业或大或小，无论是政府部门的管理者，还是医院或者学校的管理者。虽然绝大多数的咨询经历是在美国本土，尤其是针对美国的企业和公共服务机构，但我也会为美国之外的企业和非商业机构提供咨询服务，特别是一些在西欧、日本和拉美等国家和地区的企业。本书试图囊括每个管理者所需要的管理知识，但就其形式而言，本书也想要为那些尚未成为管理者，或者甚至是组织机构中的普通员工，提供管理学的入门知识。

本书可以向读者确定两件事：一是书中所论及的管理知识都已经在管理实践中得以印证和发展，深得要理，行之有效。二是书中内容都已通过管理学莘莘学子的检测，深入浅出，意义长远。

彼得·德鲁克

于加利福尼亚州克莱蒙特

1985年元旦

| 德鲁克自序 |

管理：专制以外的选择
（1973 年）

当今世代的流行话题是"反权威"，人们主张每个人都应该"做自己的事"。在这样的浪潮下，我不得不承认，我所写的这本书是一本最冷门的书。它对"权力"避而不谈，反倒强调"责任"；它所涉及的话题不是人们所关心的"做自己的事"，而是聚焦于"绩效"。

在非常短暂的50年中，我们的社会已经发展成为机构型社会，也成为一个多元化的社会。在这样的社会中，所有重要的社会任务都委托大型组织来经营运作：从经济物品生产到卫生保健服务，从社会保障与福利到教育系统，甚至从寻求新知识到保护自然环境，都是如此。

在犹如晶体结构一样的社会中，这样的意识巨变容易引发人们的愤怒反应，人们会高呼："打倒组织！"这种现象是可以理解的。但这是一种错误的反应。这样的反应不会给自治机构在职能与运作上带来自由，反而会导致极权专制。

我们的社会不愿意失去那些只有自治机构才能提供的独特服务，而且自己也无能为力提供这些服务。在现代的卢德派（Luddite）当中，在某些机构破坏者当中，以及在受过高等教育的年轻人当中，即便是呼声最大的人群，离开大型组织，他们也连普罗大众都不如。因为只有在大型组织中，才存在着许多通过知识谋生的机会、通过知识做贡献的机会，以及通过知识获得成就的机会。

如果在我们机构多元化的社会中，机构不能实现负责任的自主权，那么我们将不可能拥有个人主义，我们将不可能拥有一个人人都有机会实现自己梦想的社会。相反，我们将把自己放置于完全管控的机构之中；在那里，谈自主权就是自欺欺人了。只有专制能够取代强有力执行自治的机构。专制是一个绝对的老板，它强行取代多元化的竞争机构。专制用恐怖取代责任。专制的确有能力废除一切机构，它只要把一切机构淹没在一个能够包罗万象的官僚主义政治组织之中，便大功告成了。专制的确也能够生产产品，能够提供服务，但这种生产和服务不过是断断续续的、挥霍的、低水平的，付出的代价却是巨大的，并且充满苦毒、屈辱和失望。因此，在这样一个机构多元化的社会中，自由与尊严的唯一保障就是要让我们的机构负有责任，享有自主权，富有成效地运作，并且收获高水平的成就。

管理者与管理都必须促进机构富有成效地运作。富有成效而负责任的管理就是要取代专制，那是我们唯一能够保护自己的方式。

管理是工作，它拥有自己的技能、工具和技术。本书将探讨许多技能、工具和技术，其中一些将会涉及诸多细节。但本书所强调的重点不是技能、工具和技术，甚至不是强调管理的工作，本书强调的是"使命"。

管理是器官，是赋予一个机构生命力、行动力和动态活力的器官。如果没有机构，一家企业就不会有管理；但没有管理，机构就算不上机构，而是一群乌合之众。反过来，机构本身就是社会的器官，机构存在的意义在于它能够为社会、经济以及个人所需结果做出贡献。器官从来不是根据"它们做什么"来加以定义，更不用说根据"它们如何做"来加以界定。器官是根据"它们所做的贡献"来定义的。

大多数论及管理的书籍都是在讨论管理"工作"。它们从管理内部来看管理。而本书讨论管理从"使命"谈起。本书的上篇从外部入手来观察管理，它研究不同维度的使命以及每一项使命的要求。本书的中篇转入讨论组织的工作和管理的技能。本书的下篇讨论高层管理：使命、结构以及战略。

多年来，我个人一如既往地对管理科学的应用方法持有浓厚的兴趣，尤其对管理者的逻辑和分析工具很有兴趣。但在本书中，我不使用方程式、曲线图、数学公式，甚至不出现一张表格。贯穿本书的要点不是强调"如何做"，更不必解释如何使用这些科学工具。甚至在讨论技能时，在探讨管理科学的应用时，我所强调的是"成就与结果"。这就是本书的主旨之一：自始至终以使命为焦点。

本书的另一个主旨是以管理者为焦点，以问题为起点。比如，管理者必须知道什么，或者至少，管理者必须明白与他的使命相匹配的知识是什么。

关于管理的书籍大都聚焦于管理技巧、聚焦于培训以及聚焦于职能。这些管理技巧、培训和职能只解决管理使命的局部。它们可以处理一家企业、一家医院或一群人的事务，或是解决一些具体问题，或训练人们使用一些工具，诸如控制等。这些书籍呈现出作者对特别领域的关注和对专业技术的热衷，但它们无法就管理者的使命提出真知灼见。

本书在内容设置上与众不同。从写作初衷到行文原则，整本书的内容都直指管理者的需要，而不是为了表现作者本人的学识或自己所关心的领域。这样的说明是要向读者交代本书所要立志涵盖的内容和意欲扬弃的内容。

虽然我个人并不喜欢冗长之作，但这本书不短。所幸的是，本书并不是一本无所不包泛泛而谈之作；相反，它高度精选浓缩。我可以肯定，许多读者会抱怨他们认为重要的话题在本书中只字不提，甚至更多的读者会批评我在管理理念上的偏爱、擅自做主、厚此薄彼。

对一本书来说，作者本人的判断和自身的选择确实会有一定的影响。但我至少尝试对本书的内容进行刻意筛选，遵循客观标准对所讨论话题的重要性做出评估，并在与管理者们多年紧密合作的成果中总结出来。这些管理者来自各种层面：有的是大型企业经理人，有的是小业主；有的是商贸老总，有的是非商业服务机构的管理者。本书的内容只涉猎管理者想要知道的知识，至于那些管理者无须知道，但看上去又重要的或有意思的知识，恕不详细论述，或者有时只是轻描淡写，一笔带过。像"理财业务"或"从推销到市场营销"等诸如此类的话题曾经在我的初稿中出现，但在本书中已经被剔除。还有一个例子，就是关于管理科学的应用话题，本书中也只在简短的章节中提及。因为我要把大量篇幅留在讨论高层管理以及管理的结构和战略等话题上——这些是读者在其他管理书籍中所不能读到的。

本书无意囊括所有管理者可能面对的一切问题；相反，本书有意把管理者们关注的那些领域纳入其中，那是管理者可以预想需要解决问题的领域，是他们必须在文化知识上成长的领域；这无须顾及他们的背景，无须顾及他们机构的使命与目标，也无须顾及他们组织的规模大小。这就是我所认为的，这是一部"大作"，因为管理者的工作本身就很"巨大"，况且这也是巨大的管理使命使然。

本书一贯主张管理是一门学科，或者至少可以说能够成为一门学科。这不仅仅是常识，也不仅仅是现成经验的归纳总结，至少应该认为管理是一套条理化的"认知体系"。本书尝试向读者介绍我们迄今为止已然了解的一些管理知识。同时，本书也尝试提出一些更大范围内的"未知体系"；即在一些领域中，人们明知自己需要这些新的知识以求界定人们所需要的事物,只是人们至今尚未能够掌握这些知识。

的确,这些"未知体系"正是本书的核心内容。因为在管理领域,我们已经明显地意识到知识的长足进步,这些知识的积累经历了许多的艰难,尤其是在所谓的"管理的英雄时代"——第二次世界大战前的50年——那时,人们独立门户,各干各的;人们按照自己的心愿和信仰来维持生计,无须博得公众的赞赏。正是基于这样的认知体系,在第二次世界大战结束到1970年的25年间,管理热潮席卷世界的大多数地区,成效显著。

现在我们意识到,我们对这些领域知之甚少,无足学效。在这些领域中有许多新的使命,我们尚无相匹配的测验,尚无经过验证的方法和工具。新领域所产生的挑战和新的管理问题层出不穷,但我们目前所做的很少,目前为止我们所知的也甚少,甚至是全然"未知"。

本书尝试对这些领域进行辨析和界定,也试图为这些领域提供一些基本思路,一些战略、原则以及实践的方法,以求应对新的挑战和完成新的使命。本书致力于为管理者提供必要的装备,诸如心智、思想、知识和技能,让管理者在今后的工作中更加得心应手。

我们把管理界定为一门学科,即管理是一套条理化的"认知体系",因而管理适用于任何地方——在这个意义上说,管理就是"文化"。管理不是所谓"价值中立"的科学。管理是一种社会职能,深嵌于文化、社会、价值传统、风俗习惯、信仰教义、政治体系以及政府职能之中。管理本身就是,也应该是以文化为前提;反过来,管理学与管理者也可以塑造文化与社会的形态。

管理从一开始就是"多中心的",管理作为一门学科和管理作为一种实践本来在所有民族和种族群体中都是相互胶着的。在管理热潮的那些年中,人们在短暂的畸变中忘却了这个现象,并一反常态地相信:如果管理不能算为一项"美国发明"的话，那至少也应该承认管理具有"美国特色"。管理是"多中心的"，这个理念在今天更是显而易见。管理热潮绝不是美国化的管理。全世界有许多非常基本的民族特色，在一些重要的管理领域，人们至今尚未涉及，比如政府管理与企业管理的关系、人的管理的基本原理，或高层管理的结构等。我们可以毫无疑问地认为：如果曾经在西欧或日本与美国之间存在着"管理差距"的话，那么今天，这样的差距已经荡然无存了。

本书基于我的个人经历，特别是我作为一名咨询师为美国企业和公共服务机构提供辅导的经验。在过去的 15 年中，我有意识地尝试扩大我的辅导范围，与美国本土以外的机构合作探讨管理问题，尤其是在西欧、日本和拉丁美洲。我尝试双管齐下——不仅与美国本土的组织，而且与美国以外的机构一起探索管理之道。因此，虽然本书依旧不可避免地充斥着浓厚的"美国情怀"，但我也尽力把管理使命、管理工作、管理组织、管理方法和不同的文化、社会、现今时代相关联起来，特别是在引证实例分析说明中，管理涉及整个世界，而不是局限于某些国家。

我特别强调日本经验——不仅因为很少有西方的管理者真正理解日本的管理与组织运作之道，而且因为在日本——这个唯一的非西方的发达国家，同一事情经常会有多种不同的理解方式。日本人在处理一项常见事务时的经验也许有助于西方管理者更好地理解自己的职责所在，比如在盈利能力的测评、工作模式与员工组织、做决策等方面。⊖因而本书所确信的基调是：每个国家的管理者都能够而且都需要从别人所提供的管理经验中获益。

管理是使命。管理是一门学科。同时，管理也是一门人的学问。管理

⊖ 为了更好地理解我讲的这个道理，在本书的参考书目中，我特意把论及日本管理的相关书籍分开罗列出来。

所收获的每项成就都是管理者的成就，每项失败都是管理者的失败。因为是"人"在管理，而不是某些"力量"或某种"事实"在管理。管理者的宏大愿景、奉献精神以及正直品德决定了所经营事业的是非成败。

本书中没有什么奇闻轶事，所举的实例和所做的说明都是为了把读者引入要点。但在展示这些案件和实例分析时，我会设法提醒读者意识到一些关键的"人物"，尤其是那些具有身体力行的实践经验的管理者，他们在主要的管理工作中表现得得心应手。比如，格奥尔格·西门子与德意志银行在一个世纪以前就曾规划了高层管理的职能与结构；稍晚一些，美国电话电报公司的西奥多·韦尔首次提出"我们的事业是什么？"同时，老托马斯·沃森想方设法地，或许只是不经意地，促进他的小型公司IBM发展成为一家大型企业。

本书自始至终把"人"与"使命"整合在一起，不仅致力于阐明一些客观的、具有目的性的使命，而且提出完成这些使命所必备的人品素质、技能和基本态度。"这种具有人性风格"的写作方式正是作者想要的，但对其他追求而言，风格往往趋向于态度，而非内容。故此，本书没有太多谈论风格，而是更多强调特性。

归根到底，管理是实践。管理的本质不在于"知"，而在于"行"。管理的检验不在于"逻辑"，而在于"成果"。管理的唯一权威是"绩效"。虽然本书涉及一些哲学的基本命题，但本书不是一部哲学作品。本书源自于实践，也专注于实践。

"从管理热潮到管理绩效"是本书导论中的小标题。这个标题实际上可以作为本书的书名。在今后的十年中，管理者将会遭遇到远比大多数人想象的还要大的绩效需求，而且发生在所有领域中。更多的公司和机构的存活将依赖它们的绩效，而非依赖它们本身的幸存或繁荣。我可以重复一下我的观点：在如今机构多元化的社会中，富有成效的机构管理是取代专制的唯一办法。

本书的目的、动机、意图都已和盘托出，即为今天乃至今后的管理者获取绩效做必要的预备。

本书的写作目的、视野以及所采用的方法都有别于我早期的管理作品，比如《公司的概念》（Concept of the Corporation，1946）、《管理的实践》（The Practice of Management，1953）、《为成果而管理》（Managing for Results，1964）、《卓有成效的管理者》（The Effective Executive，1966）等。当然，本书所论及的每个方面都是从早期的作品中发展而来的。对于那些早期作品中出现过的精彩内容，我会毫不犹豫地加以使用。

参考最多的当属《管理的实践》。本书中有些内容直接出自《管理的实践》，比如第4、5、6、7、34、36章等，第20、29、31、50章中所提到的理念是在《管理的实践》原有的内容基础上发展出来的。然而，这样的资料引用在这部新著中不超过二十分之一，主要是为了说明一些基本的概念，诸如事业、业务目标，依靠目标与自我控制进行管理的方法，以及管理者必备的工作素质等。这些内容都曾在20年前的《管理的实践》一书中介绍过，它们已经成为管理的基本宗旨和关键概念。

最后，笔者需要向读者交代的是，本书分析使用的案件和实例的来源。本书中标识的公司或公共服务机构，以及所标榜或说明的一切实例都出自公开出版的全球公共资源，有的取材于公司自己的声明文件和报告材料，有的出自报刊上的报道。当然，所有案例的事实都源于公共领域，只是对这些案例的解释都是我个人的分析和思考。至于书中所提到的但没有明确标识名称的公司或产业实体，一定是在征得它们的同意和允许后使用的，未标识名称只是出于保护私有信息的缘由不得已而为之。这些信息有的是在我咨询过程中获得的，但更多的信息是从我个人相识的熟人那里获悉的，还有的是从管理学的会议和研讨会的共同探讨中得到的，还有一些资料则来自私人通信。这类的案例，无论是公司还是产业实体，都已被精心装饰，即便是公司员工也可能未必识别得出来。读者可以确信一件事：如果有读者读到诸如"在美国中西部的硬件制造商"之类的描述，那你们大可放心，这家公司一定不是"五金公司"，也不是坐落在"美国中西部"。书中所阐述的现成事实都出自如实且精确的报道，但具体的公司和故事发生的地点都做了必要的精心隐匿。

| 致　谢 |

首先感谢我的爱妻多丽丝,在本书内容的清晰性和连贯性上,她功不可没。她从自己的工作中抽出宝贵的时间小心翼翼而且不厌其烦地审阅草稿。她那清净而聪颖的耳朵听不进陈词滥调,容忍不了夸大的言辞和不合理的推论;她毫不妥协地要求所论证与阐述的内容的逻辑性,这样认真的态度造就了本书字里行间的流畅。

我要感谢我的老朋友、老同事,北卡罗来纳大学伯林顿工业㊀经济学与管理学教授阿瑟·李·斯文森。在我长达数月的创作酝酿过程中,他始终如一地鼓励我,并提出宝贵的建议。我过去不怎么乐意接受他的规劝:"再来一次,你会做得更好!"但当我今天看到这本书时,我感觉他的规劝是正确的,我心悦诚服。

我要感谢出版商的支持:纽约哈珀与罗出版社,卡斯·坎菲尔德;东京钻石社,石山;伦敦威廉·海涅曼出版社,约翰·圣约翰和马尔科姆·斯特恩;迪塞尔多夫埃康出版社,冯·费雷纳尔普。他们经常给我安慰、鼓励和宝贵建议。尽管我一而再再而三地错失截稿日期,

---

㊀ Burlington Industries,伯林顿工业公司,位于北卡罗来纳州伯林顿市,为美国最大纺织品制造企业。

可他们从未失去耐心，对此我要深表谢意。

多萝西·德姆克、琼·基德和杰丽·普利斯为我的草稿打字输入，识别我那潦草至极的笔迹，在整个作品的写就过程中，他们表现出惊人的包容和耐力。我要给予他们最热切的感谢。

我还要特别感谢那些关心本书却不能"留姓名"的人们，他们就是我的客户，客户是拥有隐私权的。再者，如果没有那么多高管对我的信任，如果他们不允许我分享他们所关注的实例，如果他们不愿意让我参与分担他们的问题，那么本书将不可能创作成功。无论他们是在企业工作，还是身处非商业服务机构，无论他们是在美国，还是在欧洲、日本和拉丁美洲，我都要诚挚地感谢他们。正是这样的经历促使本书获得进展，也正是这些良好的关系促使本书得以出版。

彼得·德鲁克

于加利福尼亚州克莱蒙特

1973 年春

导论

从管理热潮到管理绩效

　　管理学的兴起可能算得上是20世纪关键性历史事件。它代表着社会的主体变革已经进入机构型的多元化社会中,管理机构已经成为社会体系的有效器官。在历经百余年的实践摸索和学科发展之后,管理已然成为公共意识,以始于第二次世界大战后一直持续到20世纪60年代的"管理热潮"为甚。

　　如今,"管理热潮"已成过去,我们不得不问:管理热潮成就了什么?我们从中学到了什么?什么是我们所需要的新知识?什么是我们面临的新挑战?什么又是我们需要担负的新使命?

CHAPTER 1 | 第 1 章

管理的兴起

> 机构型社会——从 1900 年到 1970 年——员工型社会——新的社会与政治理论的必要性——管理：多元机构的需要——责任是本质——从商业社会到多元社会——为何企业管理必须成为焦点——企业管理的典范——企业管理的成功案例分析——管理的兴起是历史中枢事件

在过去 50 年间，所有发达国家都已经发展成为机构型社会。如今，一切主要的社会使命，无论是经济效益还是卫生保健，无论是教育还是环境保护，无论是追寻新知识还是国防建设，都已交给大型组织来完成，它们自行规划和管理。现代社会的绩效越来越依赖于这些机构的绩效，如果有侥幸例外的，那也不过是极个别的。

75 年前[⊖]，没有人能够想象并相信会有今天这样的社会。在 1900 年的

⊖ 本书第一版出版于 1973 年，故应是以 1973 年为基准倒推时间。

社会中，家庭是完成社会核心使命的执行者和特殊器官，机构组织规模微小、数量较少。1900年的社会，即便是在高度机构化的国家（比如德意志帝国），也是核心政府一家独大，就像堪萨斯州的大牧场上隆起的小山丘一样显眼。在地平线上，它显得格外庞大，但不是因为它真的庞大，而是因为根本没有其他参照物做对比。除了核心政府之外，社会的其他部分各自离散存在，犹如一盘散沙：小作坊、小学校、像医生和律师那样自行生计的专业个体、农民、手工匠人、大街小巷的零售小店，如此种种。当然，也有少数的大型企业蠢蠢欲动——但仅仅是开始而已。有些当时被认为是巨大型的企业，如今看来不过是小生意而已。

让今天美国人的祖父母辈们担惊受怕的"八爪章鱼"——洛克菲勒家族巨型标准石油托拉斯已经于1911年被美国最高法院强拆为14家小公司。30年后，就在美国卷入第二次世界大战的前夕，这14只小章鱼已经各自形成规模，其规模大于原先最高法院肢解时的4倍——无论在员工、资本、销售还是其他方面，都是如此。然而，在这14家公司中，只有3家称得上大型公司——新泽西标准石油公司、美孚石油公司以及加利福尼亚标准石油公司。其余11家规模有限，对世界经济影响甚微，甚至毫无影响力，局部影响力也只限于美国本土经济。

在过去70余年中，在企业快速增长的同时，其他机构的发展更加迅猛。1914年以前，世界上还没有一所拥有超过6000名学生的大学，只有屈指可数的几家大学超过5000名学生。而今天，拥有6000名学生的大学只能算是大学中的"侏儒"，甚至有人质疑这些大学的生存活力。无独有偶，医院也已经从原先收留贫穷苦死的病人的边缘机构成长为如今规模庞大的医疗卫生中心，而且已经成为最复杂的社会机构之一。此外，工会、研究机构以及诸多其他社会组织也日益发展，不仅规模扩大了，而且复杂性也日益增加。

在20世纪头几年中，苏黎世市民创建了他们自己的辉煌的市政厅，他们坚信这座市政厅能够为这个城市提供全方位的服务。当然，当时的保守派尖锐地批判这个市政厅"铺张奢华"，所幸它没有被谩骂为"狂妄自大"。瑞士的政府部门远远少于世界上其他任何国家，但苏黎世市政厅很久以前就停止为市政管理提供办公场所了。与75年前的"铺张奢华"相比，如今的办公机构所占用的空间扩大了10倍，甚至更多——这算"过度奢华"吗？

员工型社会

今天，在每个发达国家，所有公民都是员工。他们为各自的机构工作，他们指望从机构讨得生计，指望从机构获取机会，指望通过机构谋取社会地位和发挥职能，指望借助机构实现自我价值和个人成就。

1900年时的公民通常受雇于家庭式的小经营者，他们雇用一两位助手来打理小型零售店和家庭作坊，诸如此类。当然，除了像英国和比利时等高度工业化的国家之外，那时期的绝大多数老百姓都以务农为生。

如今，我们的社会已经发展成为员工型社会。在20世纪初人们见面时会问："你是干哪行的？"而今天他们倾向于问："你在哪儿上班？"

面对机构型社会以及新的多元主义，我们没有现成的政治思想和社会理论。的确，固有支配我们的政治思想与社会理论和我们现有解决政治与社会问题的办法已经格格不入。我们依旧使用16世纪晚期和17世纪的伟大思想家，如博丹、洛克、休谟、哈林顿等人思想中法典式的政治与社会模式：社会除了一个核心政府以外，并无别的权力中心和自治机构。尽管时过境迁，但它依然是我们仅有的模式。

与新形势相适应的新理论需要很长一段时间才能出现。为了避免陷入无聊的猜测与模糊不清的梦幻，新理论总是在事件发生之后才浮现出来。新理论把人们已经学到的知识、已经获得的成就、已经完成的事情加以总结编篡。但人们不能等到所需的理论成形后才行动。我们不得不行动。我们不得不使用我们仅有的一点知识。有一件事我们一定知道：无论是工商企业还是大学，无论是医院还是军队，无论是研究实验室还是政府机关，管理是新机构的特殊器官。如果机构想要正常运作，管理就势在必行。

"管理"是个晦涩难懂的词。"管理"是个特别"美式"的词，而且很难翻译成任何别的语言文字，甚至是英式英语也很难精确表达其意义。它不仅表示一种职能，而且暗指执行者；它不仅体现社会地位与级别，而且是一门学科与一个研究领域。

但即便是在美式语境中，管理也不足以成为一个术语，因为除了企业之外，"管理"（management）或"管理者"（manager）并没有成为其他机构的常规用词。就像医院有自己的院长一样，大学有各自的校长，政府部门有各自的行政官员，部队有自己的指挥官，其他机构也许称为执行主管（executive），如此等等。

然而，所有这些机构的共同之处是它们都有"管理职能"（the management function）、"管理使命"（the management task）和"管理工作"（the management work）。所有这些机构都需要管理。在所有这些机构中，管理都是活跃而有成效的器官。

实际上，机构本身是虚拟的。机构只是一种笼统的泛称，并非社会实体。当我们听闻政府机关制定某些裁决，或制定某项决策时，我们完全知道这是某机构中的一些人在做出裁决和制定决策，这些人代表机构说话，他们是机构的起效器官。当我们说通用电气公司（GE）关闭了一家工厂，这并不意味着通用电气公司本身在做决策，也并非它在行动，而是指该公司内部的一群管理者的所作所为。

格奥尔格·西门子创建了德意志银行，并使之成为19世纪70年代整个欧洲大陆的龙头金融机构（见第49章）。他曾经这样说道："没有管理，银行就是充斥着无数废弃物而等待被清理的垃圾桶。"没有机构，就不会有管理；但没有管理，机构也就名存实亡。管理是现代机构的特殊器官，器官的正常运作是机构存活并产生绩效的根本。

管理的专业意识

我们进一步意识到，管理是独立于所有权、等级和权力之外的。管理是遵循目标来运作的，管理应该以责任和绩效为基础。管理是"专业的"，管理是一种职能、一门学问、一项使命，因此管理者也是"专业的"。管理者是这种职能的贯彻者、这门学问的践行者、这项使命的完成者。管理者不必非得是机构所有人，就算管理者真是如此，那么他的主要职能也应该是经营管理。在现代日本的早期阶段（见第2章），涩泽荣一所主张的具有儒家理想的"专业管理者"已经成为现实。涩泽荣一的基本洞见正是强调管理者的本质既不在于"逐利"，也不在于"求名"，而在于"责任"。

从商业社会到多元社会

新左派认为我们的社会是大型商业社会，但这个论调与新左派的其他论调一样已经过时。西方社会过去就是商业社会，75年前就是。那时的企业的确是所有机构中最有权力的机构——甚至比当时一些政府机关的权力更大。但自从20世纪初起，企业的重要性逐步下降——不是因为企业规模越来越小，而是因为其他机构正在迅猛地发展壮大。社会已经成为多元社会。

20世纪70年代的美国，没有一个企业家所拥有的权力或可见的成就能与1900年的企业界大亨相媲美，比如J. P. 摩根、约翰·洛克菲勒，或者稍晚一点的亨利·福特。当年在商界叱咤风云的大亨们，他们的名字家喻户晓，但如今甚至很少有人能叫得出美国最大公司的首席执行官的大名。无论是在权力还是在相对财富上，今天最大的公司都不能与过去那些能够要挟美国政府提供赎金的企业界大亨们相提并论。

谈论"军工复合体"似乎意义不大，因为美国最高水平的国防开支多年来已经成为经济镇静剂了。也许，谈论"军队与大学复合产业"更有意义些。实际上，在美国历史上乃至于在今天，没有一家企业拥有的权力能与当今综合型大学所拥有的权力相提并论。大学拥有自主招生权力和学位设定与授予权，大学拥有提供职位和解决员工生计的自主权。在美国历史上，这样的权力不是企业甚至其他机构所能拥有的。当然，在更早的时期，不会有机构被允许拥有这样的权力。

在欧洲，情况略有不同。在1900年，有资历的企业在某种程度上是受人尊敬的。企业家与其他在政府部门、学术研究机构甚至在军队中任职的职业者一样平起平坐，现在所有这些机构的从业者的社会级别认知远远高于75年前的状况。但是时至今日，在法国，依旧没有一家企业的影响力与权力能够与法兰西第三共和国时期的钢铁制造商德旺代尔家族相比肩，也没有一家能与当时操控法兰西银行与法国货币信贷政策的奥特银行家族相提并论。在今天的德国，没有一家企业能拥有与1900年时的克虏伯家族和同时期的其他钢铁大亨以及20世纪20年代法本化工集团同等的权力和影响力。同样，今天的英国，在权力与影响力上，没有一位企业主管能与20世纪30年代之前创办英格兰银行并且掌控英国财政部的金融世家们相提并论。

在当代所有社会中，日本可最算得上是一个商业社会。日本企业管理的影响力比其他任何发达国家都大。但即便是在日本，如今也没有企业管理者或者企业机构在权力和影响力上比得上1900年和20世纪20年代的大财阀们，比如三菱、三井、住友和安田等。

在1900年的美国，唯一能够提供给年轻人和有抱负的人职业机会的是企业。今天，在企业中，有数不清的机会为人们提供更多的收入以及更好的职业发展前景。

19世纪末20世纪初，除了农业收入之外，美国绝大多数国民生产总值（GNP）来自私企经济。据不完全统计，在20世纪初到第一次世界大战期间，美国政府和非企业服务机构大概只占用非农业国民生产总值的10%。如今，当农业大量转型成为企业后，超过一半的国民生产总值流向非企业服务机构，而这些非企业服务机构既不为经济绩效负责，也不受制于市场检测。

今天的美国，超过三分之一的国民生产总值直接流向联邦、州和地方政府。另有3%~5%的国民生产总值流入非公立学校，也就是，私立学校和教会学校，包括私立的文理学院和大学。另有5%的国民生产总值，约占医疗卫生保健总开支的三分之二，既不属于政府，也不属于企业。此外，还有大量的非营利活动占用国民生产总值的2%~5%。这就显示出，大约还有50%或者说60%的国民生产总值，并非流向企业部门，而是流向或归属公共服务机构。

的确，当新左派在谈论大型商业社会时，正好显示出他们已经敏锐地察觉到企业并不是具有支配地位的机构。自拿破仑战争结束以来，每个时期的社会动荡都是以反抗企业的暴动为肇始。但自20世纪60年代以来，在发达国家中，反抗权威的运动却都是以机构为中心——尤其是大学——这些机构以往备受激进分子的青睐，这些机构在三四十年前可谓是"名优人士的组织"。

与企业机构一样，非企业机构和公共服务机构也需要管理，甚至更需要管理。

人们越来越关注管理在非企业机构的重要性。

在过去10年或15年的时间里，美国大型管理咨询公司的最佳客户都是政府机关，诸如国防部、纽约市政府和英格兰银行。20世纪60年代末，加拿大创立陆海空三军统一联勤制度，在首次军种将领会议上讨论的议题竟不是战略，而是"依靠目标进行管理"（management by objective）。令人敬重的天主教会各修会也都热衷于研究组织及其管理发展，而耶稣会是其领头羊。

差不多一两代人以前，德国行政部门就已经意识到管理的重要性并付诸行动。汉堡市政府在公共事务管理上久负盛名。但是现在，汉堡市政府为公务员们创建了管理中心，并委派市政府中的高级官员专门为行政管理负责。甚至英国政府也遵循"依靠目标进行管理"原则来重组行政部门。

在学校开设的进阶式管理课程中，越来越多的学员不是企业经营者，而是来自医院的高管、来自部队的军官、来自市政府和州政府的官员以及来自学校的管理者。哈佛商学院甚至专门为大学校长量身定制了高级管理课程，受到广泛欢迎。

从现在开始，非企业机构管理将会越来越引人关注。非企业机构的管理很可能会成为核心的管理问题，理由很简单，非企业机构或公共服务机构在管理上的缺失已经暴露无遗，无论是城市供水部门，抑或大学研究机构。

但是话说回来，企业管理依旧是管理的重心。任何论及管理的书籍，就像本书一样，都必须把企业管理放在中心位置。

为何企业管理必须成为焦点

历史是重要的因素。企业实体是现代机构中最先崛起的。从一开始，也就是19世纪末，当铁路与"全球性银行"等大型企业兴起时，企业实体就不再是旧有机构诸如政府机关、大学、医院和部队的附属产物，而是真真切切地以崭新而与众不同的机构面貌登场了。当然，也有其他一些机构关注管理。⊖但那只是零散的关注，通常只是关切一些严重的管理问题，头痛医头，脚痛医脚罢了。然而，企业和产业领域中的管理工作从一开始就具有广

⊖ 一个例子是伊莱休·鲁特任陆军部长时针对美国陆军参谋部的组织所开展的工作。另一个例子是德国地方政府中出现的内阁成员和大都会市长，如阿迪克斯和米凯尔等人开展的工作。这都是20世纪头10年内的事。

泛性和持续性。

为何今天的管理研究主要是指企业的管理研究？除历史因素外，另一个原因是：迄今为止，只有经济领域拥有对资源配置和决策成果的测评方法。虽然盈利能力不是一项完美的测评标准，甚至没有人能够准确地界定它，但是我们不得不承认它依旧是可行的测评方法。目前尚无其他机构拥有更加行之有效的测评方法，虽然许多人也提出过一些"观点"，但那些"观点"很难成为一门学科的坚实基础。

把企业管理视为焦点的最重要原因是20世纪的成功故事。企业管理在自身领域中产生的绩效有目共睹。企业管理所提供的经济商品与服务远非1900年所能想象的。更加可贵的是，无论是在世界大战中，在经济大萧条时期，还是在独裁强权政治中，企业管理都是有益的。

企业管理的成就促使我们今天做出承诺——也许为时尚早，或者有点鲁莽——努力消除人类长久以来的贫困顽疾。在很大程度上，是企业管理的成就推动了今天的社会有能力担负普及高等教育。企业既能产生经济手段以维持这种昂贵的事业，又能提供工作岗位，促使知识转化为生产力，并从中获得报酬。人们会因为出身家庭的差异和社会阶级的不同而未能谋得适当的就业机会，我们今天把这种现象视为社会的缺点和不完善。然而在过去，这种现象被认为是人类自然而然的、不可逃避的宿命。而这种现象的改观正是经济有效发展的成果，是企业管理产生绩效的结果。在一个政治逐渐支离破碎而且沉迷于民族主义的世界中，企业是能够超越国界的极少数机构之一。

跨国公司把许许多多来自不同国家、说不同语言、遵守不同文化与传统、持不同价值观的人汇集在一起，以共同的目标把他们联合在一起，共同创业。无论是在世界观、价值观，还是在决策上，跨国公司是我们这个世界上少有的遵循非民族主义的机构之一。虽然跨国公司是世界经济名副其实的共同器官，但迄今为止，跨国公司尚缺乏一种世界性的政治组织。

更有甚者，我们的社会正在越来越重视人的生活品质，企业管理与此密切相关。的确，人们经常会在过去企业管理的高绩效基础上提出更高的要求，甚至提出苛刻的批评，有时听起来是不切实际的更高期待，令人爱恨交加，就像有人问："你们能够完成得如此好，那为什么你们不做得更好一些？"如此种种。

本书将费些笔墨——用整整4章（11~14章）的内容，来细致探讨非企业服务机构的绩效问题。我会反复强调，服务机构的管理在未来很有可能成为管理学的热门话题。但必须承认，任何论及管理的作品都必须以企业管理为基础。

管理学的兴起是我们这个时代的关键事件，其重要性远非任何其他的头条新闻事件所能比。自19世纪末20世纪初以来，很少有新的基础制度、新的领先组织、新的核心职能，能与管理学的迅猛发展相提并论。在人类历史上，也很少有一种新的制度能像管理学那样如此快速地被证实具有不可或缺的重要性，甚至很少有一种新的思潮能像管理学那样少有不满和敌对，少有困扰和骚动，少有争议和质疑。此前也从未有过一个新的制度能像管理学那样具有全球性，超越种族的界限，翻越"主义"的藩篱，跨越语言与传统的障碍，深刻地影响许多人的生活和生命。

今天，一个发达的社会无须依赖贵族，无须依赖大地主，甚至无须依赖资本家和巨富大亨，它依赖主要机构的管理者的领导，依赖管理者的知识，依赖管理者的愿景，依赖管理者的责任。在这样的社会中，管理以使命、责任、实践为核心：可以作为一项需求，亦可以作为一种必不可少的贡献，也可以成为一个研究主题与知识。

CHAPTER 2 | 第 2 章

管理热潮及其教训

管理热潮——管理的热潮如何开始——管理热潮的扩展——管理热潮的终止——我们从中学到了什么——管理作为一种通用职能——管理作为一门学科——管理不是"技术治理"——管理是文化嵌入——管理是多中心的——改变后的管理世界——管理的根源及历史

"管理热潮已经结束,管理绩效的时代已经到来!"这样的预测是正确的,它将成为未来管理发展的口号。

从第二次世界大战结束到20世纪60年代末的25年间,管理热潮席卷了整个世界。在第二次世界大战之前,管理还仅仅是极少数人的模糊兴趣,今天管理已经成为全世界共同关注的话题。管理热潮遍及世界各地,管理长久地改变了社会和经济,最重要的是,管理本身发生了重大改变。管理热潮让人们认识了管理,认识了管理的角色和职能,甚至为人们创造了更多的工作机会。

但管理热潮也为管理带来了新的挑战，创造了新的使命和新的问题。正如一切潮流必须终止一样，管理热潮也已经走到了尽头。管理热潮所遗留下来的使命就摆在我们面前。因此，现在正是反思的好时机：管理热潮究竟成就了什么？人们能从管理热潮中吸取什么教训？

第二次世界大战前，只有极少数"真正的信仰者"关注管理，绝大多数是咨询师和教授。很少有实际管理者关注它。通用汽车公司的阿尔弗雷德·斯隆、西尔斯 – 罗巴克百货公司的罗伯特·伍德、美国电话电报公司的切斯特·巴纳德这些杰出的美国人有关注，虽然意义重大，但纯属例外。㊀甚至巴纳德在美国电话电报公司的同事们都不把管理当回事，他们只是把管理视为巴纳德个人的业余爱好罢了。那时很少有管理者能够意识到他们的日常工作就是实践管理，很少有管理者把管理视为一个研究领域、一门学科，以及一种社会职能，他们对管理的存在熟视无睹。

在第二次世界大战以前，最为广泛普及的管理学图书馆藏书是由美国咨询师和管理学家哈里·霍普夫收集起来的，现存的数千卷珍贵书籍被珍藏在纽约州克罗顿维尔通用电气公司高级管理研究所。虽然管理学是霍普夫的个人兴趣，但实际上真正论及管理学的著作只有不到 70 卷，其他大部分都是会计学、税务、工程学等诸如此类的书。直到 20 世纪 40 年代，霍普夫图书馆才征集到了多种文字（除了日文以外）的管理学作品和资料。

当哈佛大学开始传授管理学时，无论是美国还是欧洲，同期的绝大多数商业学校仍然只是所谓的"商贸学校"，或稍微进步和老道一点的，像纽约大学和其他的"会计学校""银行学校"和"金融学院"等。这些不过是训练人们商业贸易技能的学校。管理学尚未登堂入室，即便有所涉及，也仅限于生产工艺或人事培训之类的内容。

㊀ 关于这些人以及其他人，见"小注：管理的根源及其历史"。

管理热潮是如何开始的

先是管理被人疏忽,而后管理被人认识,管理被人重视和强调则是第二次世界大战的结果。最重要的是,美国制造业在战争时期创造的绩效使得人们对管理刮目相看(虽然英国的管理者们也在战争时期创造绩效,但远不及美国的同行)。因此,人们开始把管理视为一种实践、一门学科,尤其是把管理聚焦于社会、经济和道德关怀之上。

然而,引爆管理热潮的并非美国人,而是一位忠实的社会主义者,第二次世界大战后英国首任工党政府财政大臣斯塔福德·克里普斯爵士。克里普斯坚信,管理是一种力量,不仅能够促使英国经济恢复元气,而且能够为经济复苏和产生绩效提供动力。也正是克里普斯,他召集了一支由英国企业家和经理人组成的生产力团队,并把他们派往美国学习管理的秘诀。也正是克里普斯,通过这样的做法,让包括许多美国人在内的整个世界相信——管理是美国人的发明。

在英美两国相互交换生产力团队数年后,马歇尔计划启动了,管理正好在这个计划中扮演核心角色。马歇尔计划打算把管理应用于经济复苏和社会重建之中。马歇尔计划的成功让管理学一下子火了起来,仿佛一夜之间,每个人都在谈论管理学,每个人都在研究管理学。

没过多久,日本便紧随西方,日本人开始谈论管理热潮大约是在1950年之后。在美国占领日本数年后,日本政府和日本企业刚刚恢复自主权,它们便开始有系统地重建日本经济。它们把管理视为国家发展和经济复苏的核心力量与关键因素。

此后,管理迅猛地传播到许多发展中国家。在印度,在巴西,在非洲一些新兴的独立国家,以及一些东南亚国家,管理协会相继成立,管理学校不断涌现,管理已经成为政府和企业的主要关注焦点。

管理热潮也传播到了社会主义阵营中。在欧洲，社会主义国家接二连三地开始接受管理，先是南斯拉夫⊖，紧接着是波兰、匈牙利、捷克斯洛伐克⊜——这些国家先后成立了管理学院和管理研究所，着手翻译西方的管理学著作，特别是美国的管理学作品，它们开始教授管理学以求破解经济之谜。1969～1970年，苏联建立了两所高级管理学院。与此同时，虽然是犹豫再三，但苏联还是开始考虑在主要工业企业和大型商业企业中建立自治管理机构。

发展中国家的管理

管理热潮对发展中国家产生的影响远大于发达国家，经济和社会发展有时就意味着管理。在第二次世界大战结束后的一段时期，管理显然已经成为经济复苏和社会发展的关键因素；而传统的经济学观念认为储蓄与资本投资是经济发展的关键职能，这个观点已经明显不合时宜了。的确，储蓄与资本投资并不能产生管理和经济发展；相反，是管理产生经济和社会发展，而且是管理带动了储蓄与资本投资的增长。正如拉丁美洲广为流行的一句口号所说的那样："发展中国家不是'不发展'，而是'没有管理'。"

人们对管理学的兴趣和热忱快速地扩展到发展中国家，在孟买、墨西哥、西非以及土耳其和伊朗，管理学院、管理研究所、管理社团纷纷成立，遍地开花。

管理热潮的确获得了显著的成功：巴西快速发展；新加坡，以及中国台湾和香港地区快速发展；一些相对贫困落后的地区，比如伊朗，也获得快速的发展。这些国家或地区的进步和发展都受益于管理所产生的影响。管理也

⊖ 已解体。
⊜ 1993年1月解体为捷克和斯洛伐克两个国家。

成就了墨西哥的迅猛发展，并且促进哥伦比亚的产品突飞猛进。在这些国家或地区中，管理的开创性工作已经初见成效，墨西哥蒙特雷的理工大学和哥伦比亚卡利的巴列大学等就是很好的例子。

第二次世界大战后，许多地方的经济复苏和社会发展不能不归功于管理者在管理的系统化应用以及依靠目标进行管理等方面所取得的成就。

然而，在同一个时期的绝大多数发展中国家，特别是从人口的爆炸性增长的角度来看，管理学和管理者的快速发展并不足以产生令人满意的结果。而且我们尚不知道如何把管理知识、管理学科、管理使命和管理价值转接到崭新的、不同的社会和文化中去。尽管跨国公司对此使命并不清晰，甚至引发争议，但能够把管理知识和管理应用能力有效地传播给发展中国家的传输机制是跨国公司（参见第59章）。

把管理知识与管理能力从发达国家向发展中国家转移的任务，以及促使创业与管理产生能量以满足发展中国家的期望的任务，依旧是当务之急。

在第二次世界大战之前，全部管理学书籍加起来也摆不满一个书架。到了20世纪60年代末，美国出版界每一年出版的管理学书籍就多达数百种，是第二次世界大战前总和的四五倍之多。㊀第二次世界大战以前，仅有哈佛大学开设管理学课程；到了20世纪60年代末，全世界教授管理学课程的商学院可能多达数百所。第二次世界大战以前，高级管理教育寥寥无几；到了20世纪70年代，高级管理课程、高级管理研讨会、专业管理学院、专业管理机构、员工学院以及关注专业教育和针对管理者的高级培训遍及全球，不计其数。

㊀ 管理学书籍取得了不可思议的成就：管理书籍一跃成为最畅销书，比如1964年小阿尔弗雷德·斯隆出版的《我在通用汽车的岁月》（*My Years with General Motors*）。甚至针对管理学的讽刺诗也成为畅销书，比如罗伯特·汤森于1970年出版的《优化组织》（*Up the Organization*）。虽然书中充斥着许多只有极少数人才能明白的模糊不清的管理学术语，甚至是陈词滥调，但这些书籍依旧博得公众的喜爱。

管理热潮的结束

就像所有的潮流兴起有时,结束有时一样,管理热潮曾兴盛一时,终也败落。管理热潮败落的第一个迹象,也是一切潮流的典型迹象——预言管理热潮将长盛不衰的畅销书一发不可收拾。1967年,美国经济学家肯尼思·加尔布雷思曾在其红遍世界的畅销书《新工业国》中预言道:在大型公司中,配备了现代管理一切技能的专业管理已经成为"无敌战车",并且没有任何力量能够取代它,即便是股东和政府也无能为力。这样的预言在当时初现端倪,那时许多地方的专业管理者开始被以承诺"资产管理"为名的"入侵接管者们"罢免,这些人的承诺得到一些受过驯化的而又无能的股东的热情支持。

一年之后,另一位管理学畅销书作者(也是法国的新闻记者兼政客),让-雅克·塞尔旺-施赖贝尔,在其1968年的畅销书《挑战美国》中预言:美国式的管理正在接管整个世界,或者至少已经接管欧洲;在美国与欧洲之间的"管理差距"已经成就了美国统治世界的梦想,而且这是不可避免的命数。这则预言当时成为全球头条新闻,恰恰就在这个时刻,欧洲的经济开始赶超美国,而美国经济不得不面临欧洲人和日本人的挑战。

到了1970年,加尔布雷思和施赖贝尔的预言开始破灭。管理热潮渐渐冷却,但这并不意味着管理热潮全线崩溃或彻底瓦解。实际上,任何事情发生都有一些外在的迹象可寻。

只有英国存在着大批管理者失业的现象。这种现象体现出当时英国经济正处于普遍低迷的状态,而且出现了并购浪潮。在20世纪60年代末,虽然管理咨询公司急剧扩张,但是它们突然间发现营业额远低于预期。与此相反,有些管理咨询公司长期以来稳扎稳打,一直把资源用于提高资讯品质,而不是用于增加员工。这些公司在广告宣传与业务收入方面连续取得非凡的绩效，比如它们在管理项目、管理书籍以及训练口才好的管理讲师等方面一直高标准严要求，广受欢迎。的确，差不多到1970年前后，公共服务机构的非企业型管理大大加强了它们在管理项目、购买管理书籍，以及使用管理讲师等方面的资金投入。但用户对管理的识辨能力越来越强，越来越挑剔。随着到商学院就读管理学和高级管理课程的申请者人数持续飙升，学员们对课程设置和教学质量的要求也越来越严格。

管理的神秘感突然消失的一个原因可能是1971年的"美元危机"，这场危机让许多人意识到根本不存在所谓的"管理差距"，甚至那些最不善于观察的人也会有所认识。另一个原因则是那段时期出现了一些大型企业倒闭，比如美国宾夕法尼亚中央铁路公司和洛克希德公司、英国劳斯莱斯公司等，这些事实使得"专业管理"看起来并没有人们想象的那样风光无限。但最主要的原因应该还是管理者们自己突然觉悟到：管理具有挑战性；管理是工作，而非灵丹妙药；无论管理技能如何精湛复杂，它终究不是神奇的魔法。最重要的是，管理者们认识到：管理热潮的根本基础是在第二次世界大战前长年累月积累下来的认知和经验，而这些知识与经验如今已经无法满足新的发展了。人们需要新知识、新方法和新理解，而这些崭新的需要正是管理热潮无能为力的。

虽然管理热潮已经过去，但它的确永久地改变了世界经济和社会景象。人们不可能再回到对管理一无所知、对管理肆意忽略、对管理冷涩模糊的时代——那是第二次世界大战前，也就是管理热潮兴起前的年代。最要紧的是，通过管理热潮，人们意识到管理是一种力量、一种职能、一份责任、一门学问，这种意识将会持续下去。这是管理热潮留给我们的永久成果，也是管理热潮最重要的贡献。

人们能从管理热潮中学到什么

在管理热潮的这 25 年间，人们能从中学到什么？尤其是，哪些东西是人们从中学到并可以帮助人们应对新时代（管理绩效时代）需求的？

首先，人们会认识到，在我们的社会机制中，特别是在企业机构中，管理是领导力、方向以及决策的器官。从本质上说，管理是一种通用职能（generic function），是每个国家和每个社会所面对的共同的基本使命。管理必须为机构指引方向，管理必须为机构拟就深思熟虑的使命，管理必须为机构设定目标，管理必须为机构所要成就的贡献安排资源、统筹全局。的确，管理就是经济学家 J. B. 萨伊所言的"企业家"（entrepreneur）担负机构的愿景导向，并为成就资源的最大成果、做出最大贡献负责。

在执行这些管理的基本职能时，管理随时会遭遇相同的问题。比如，管理必须提高生产力，管理必须引导员工朝着提高生产力和获得成就感的方向发展。管理为机构的社会影响力负责。最重要的是，管理为产生成果负责——无论是经济绩效、学生课业，还是护理病人——这是所有机构存在的理由。

管理作为一门学科

管理作为一门学科意味着：管理者不是在实践"经济学"，不是在实践"数据量化"，也不是在实践"行为科学"，而是在实践"管理"。"经济学""数据量化"和"行为科学"这些都只是管理者的工具。管理者不再实践经济学，就像医生不再亲手做血液测试一样。管理者不再实践行为科学，就像生物学家不再练习使用显微镜一样。管理者不再做数据量化，就像律师不再引用判例一样。管理者实践管理。

这样的说法有两个含义。一是管理有别于其他任何学科，它具有某些独特的管理技能，其中之一就是在组织机构内部交流。二是管理都是在不确定的条件下做决策，因而它有特定的创业技能——战略规划。

作为一门独特的学科，管理学有其独特的方法，有其独特的关注点，同时有其自身的问题。能把管理理解为一门学科的管理者将会成为非常有效的管理者，甚至会成为一流的管理者——他将不再满足于管理技能与管理工具使用等最低能力的培养。一个仅仅熟练运用技术和技巧，而没能把握管理精髓的人，谈不上是个管理者，充其量就是个技术娴熟的技工而已。

管理是一门实践，而非一门科学。在这个意义上，管理学可以与医学、法律和工程学相媲美。管理不是知识而是绩效。更进一步说，管理不是一种常规知识的应用，也不是领导力的运用，更不是财务操纵。管理的实践既基于知识，又基于责任。

技治主义的不足

管理热潮已经证实了管理者必须远远高于"技治官僚"。管理者不能受限于他的学科训练，也不能满足于他精湛娴熟的技能，更不能依赖于他对管理工具和技术的使用。

管理并不主张"文化无用论"，因为文化是自然世界的一部分。管理是社会职能，因而从社会的角度来说，管理是对社会负有责任的；从文化的角度来说，管理是深嵌文化内核的。

通用汽车公司可以说是技术治理在管理上存在缺陷的最佳实例。在技术治理的概念中，公司绩效的衡量标准是市场地位，是利润，是生产率。按照这些标准，通用汽车公司在第二次世界大战后的一段时期内确实已经成为杰出的企业。但与此同时，在公众舆论、在政治以及在公众心目中的尊重程度上，通用汽车公司的表现乏善可陈，失败至极。通用汽车公司只能从技术治理层面的成功中获取回报，而且逐渐败退，只有步步为营了。㊀

管理者必须是一名匠人。管理者的首要职责就是促使他的机构执行使命，以机构的生存发展为己任，无论生产还是服务，无论教学还是护理病人。但只有这个职责显然是不够的。任何机构都是为社会而存在的，而且机构就存在于社群之中。所以，机构必须要有影响力，而且每个机构都要为自己的影响力负责。在发达国家的机构型社会中，领导层，也就是，各种各样的组织机构的管理者们，他们都必须为社会负责任，他们都必须对自己所在社群的价值观、信仰和奉献精神了然于心，他们都必须勇于承担超出自己机构特定使命的社会责任。这样的责任感为管理理论、政治理论以及社会实践提供了重要而崭新的挑战，同时也提出了最艰难的疑问。然而，这已经成为事实。

管理及其社会

管理是一种特定的目标职能，视其使命而定，因此我们说，管理是一门训练有素的学问。然而，从文化的角度来说，管理是具有适应性的，管理忠实于价值观、传统以及固有社会的风俗习惯。㊁管理热潮所产生的影响力应该归功于一个事实——管理并非"价值中立"。

比如在欧洲大陆，人们对管理的兴奋感在很大程度上是因为人们相信管理可以改变他们旧有的文化与社会传统。在 20 世纪 50 年代的欧洲，管理

㊀ 关于通用汽车公司的进一步论述，参见 1972 年再版的《公司的概念》(*Concept of the Corporation*)(1946 年首版)。

㊁ 一位非西方的学者，日本人中根千枝，对这个问题的认识比任何西方人都清晰。日本传统并非西方传统，因而管理理念也有别于西方。见其 1970 年的著作《日本社会》(*Japanese Society*)。

曾被视为"反主流文化",因而管理深受人们的欢迎,尤其是受到年轻人和知识分子的青睐,甚至管理一度被人理解为打破特权壁垒和阶级结构的破城槌。因为在过去,对出身背景、财富和精英教育(比如在法国)的强调阻碍了有能力的个人的发展机会。

同样清楚的是——虽然听起来有点自相矛盾——管理越多使用社会的传统、价值观以及信仰,就会越容易见效。当管理热潮挑明了社会与文化传统的问题时,也强化了社会与文化传统。在管理热潮的鼎盛时期,特别是在20世纪60年代的早中期,引发了"世界美国化"的诸多热议,尤其是"管理美国化"。诚然,在一定范围内,管理者们都已经认识到他们面对同样的使命,甚至有许多相似之处。但管理热潮也被用于强化他们之间的差异性和不同手段。

无论今天的日本是否已经西化,抑或西化只是日本的表面现象,有一种可能是西化使得日本比以前更像日本了,诸如此类的话题不是本书的关注范围(或者说这些话题已超出本书作者的能力)。虽然日本接受管理概念,热衷于掌握管理工具和管理技能,且对管理理念言听计从,但毫无疑问,日本的管理并没有被西化。日本使用管理理论,接受管理概念、工具与技能,目的是保持日本自己的系统。日本仅仅尽可能地攫取那些有益于日本机构的管理概念与工具——无论是企业机构还是政府机关——目的在于维持和壮大日本已然存在的基础价值观。

欧洲的基本管理概念没有因为管理热潮而被颠覆。举个例子来说,在德国、法国和意大利,高端管理架构与过去没有什么差异,只是在英国发生些许改变,原有未分化的董事会如今分成执行董事与非执行董事,按照美国的说法就是,董事会成了监督小组。

职业生涯中的晋升阶梯也仅仅受到轻微影响。

在法国,大型公司中的职员要获得高层职务依然必须毕业于"大牌名校"，最好是"巴黎综合理工大学"（EP）之类的；然后到政府部门任职，锻炼成为一名通才；工作25年后，获得"财务督察"头衔，然后直接晋升到企业的高管层。在德国有两个平行的职业晋升阶梯如今依旧占有优势：一是高度专业化的技术工程师，二是毕业于法学或经济学的非专业化工种。而在英国，跻身高管层的最好起点依旧是会计行业。

营销工作是晋升阶梯的一个新变化。但这种现象或许在英国尤为明显，因为在英国，营销工作是最受人敬重的，高管中的营销人员大都希望能有在美国公司的英国子公司的工作履历。

在主要国家中，管理热潮并没有深刻触动企业与政府之间的关系；如果有，也只是加重了传统。比如在美国，管理热潮加重了企业与政府的敌对；在欧洲大陆，管理热潮加剧了重商主义传统；在日本，管理热潮加重了"家族势力"的思想；在英国，管理热潮加强了"俱乐部"传统等（这些重要内容可参见第27章）。

伴随着欧洲和日本的管理成长能力的恢复，管理热潮清晰地证实了一个道理：管理并不专属于美国，也没有所谓的"美国挑战"。正如20世纪70年代的世界经济和政治格局都已经呈现"多中心化"一样，管理也日趋"多中心化"。我们现在知道：我们所有人——美国人、欧洲人、日本人以及世界各国其他人，都必须相互学习管理。

小注：管理的根源及其历史

近来一些论及管理话题的作者们相信：是管理热潮发明了，或者至少是发现了管理。毋庸置疑，这样的说法纯属无稽之谈。无论是作为实践，还是作为理论思想研究领域，管理已经拥有很长的历史。管理的根源至少可追溯到200年前。

或许有人说，管理是在无任何管理可言时就已经被发现了。从亚当·斯密（1723—1790）到大卫·李嘉图（1772—1823），再到约翰·斯图尔特·穆勒（1806—1873），直到他们的继承者们，甚至包括他们的反对者卡尔·马克思，这些伟大的经济学家都不深谙管理之道。对他们而言，经济是不带个人情感的客观事物。一位古典传统的现代解释者，英裔美国人肯尼思·博尔丁曾经说过："经济学探讨的是商品的行为，而不是人的行为。"或者，应用马克思的思想，客观历史规律支配一切，而人仅仅能够受支配并加以适应。最好的情况是，人能优化经济所成就的可能性；而最糟糕的情况是，人阻碍经济的力量并且浪费资源。最后一位伟大的英国古典经济学家，阿尔弗雷德·马歇尔已经把"管理"添加到生产要素之中，与土地、劳动力和资本并列。但这样的认识也只是心口不一的承认，因为对马歇尔而言，管理依旧只是"外在要素"，而非"核心要素"。

从一开始就有一种不同的方法，试图把管理者置于经济的中心位置，而且强调促使资源具有生产力。J. B. 萨伊（1767—1832）或许是法国最聪明的经济学家——也许是欧洲大陆——他是亚当·斯密的早期追随者，也是《国富论》(The Wealth of Nations) 在法国的传播者。但萨伊在自己的著作中指出：生产要素并非核心。萨伊创造了一个词"创业者"(entrepreneur/企业家)，意为"谁能把较低生产力的资源引向较高生产力的投资，谁就创造了财富"。萨伊的追随者是具有法国传统精神的"空想社会主义者"，特别是弗朗索瓦·夏尔·傅立叶（1772—1837）和非凡的圣西门伯爵（1760—1825）。虽然那时并没有大型组织，也没有管理者，但傅立叶和圣西门都曾预见这种情况的发展，而且在"管理"出现之前就已经"发现"了管理。尤其是圣西门当时就已经看出了组织浮现的端倪，并且看到了资源能够创造生产力以及建立社会结构的使命。他看见了管理的使命。

在美国，管理的重要性很早就深入人心。亚历山大·汉密尔顿（1757—1804）著名的《制造业调查报告》就是以亚当·斯密的思想为基础的；然后亚历山大·汉密尔顿强调了管理所扮演的建设性的、目的性的、系统性的角色。他在管理中，而不在经济力量中，看到了经济与社会发展的引擎；他意识到组织才是经济发展的带动者。他的追随者，亨利·克莱（1777—1852）在其著名的《美国体制》中勾勒出系统经济发展的首张蓝图。

稍后不久，苏格兰的一位工业家罗伯特·欧文（1771—1858）成为世界首位经理人。19世纪20年代，坐落于拉纳克的纺织厂中，欧文首次解决了生产力与员工工作动力的问题、工人与工作之间的关系问题、工人与企业之间的关系问题，以及工人与管理层的关系问题等——这些问题依旧是今天管理的关键问题。欧文所体现的是：管理者是个真实的人，扮演真实的角色，而不是萨伊、傅立叶、圣西门、汉密尔顿和克莱等人所描绘的抽象名词。欧文之后又经历了很长时间才有经理人。

规模化组织的兴起

1870年前后，规模化组织在两个地方同时出现。一是在北美，洲际铁路所引发的管理问题。二是在欧洲大陆，以创业为目的的全国性的多层面总部运营的"综合银行"，废弃了传统的结构和概念，急需管理。

第一个对这种管理需求提出回应的是美国人亨利·唐尼（1844—1924），他的文章《作为经济学家的工程师》（*The Engineer as Economist*）红极一时。唐尼的这篇文章可称为管理的第一份计划书。文中他提及一些基本问题：成效（effectiveness）与效率（efficiency）的对比，工作组织与员工组织的对比，市场和顾客决定的价值与技能成就的对比等。开启人们对管理使命与管理工作之间关系的系统化关注，唐尼是第一人。

差不多在同一时期的德国，格奥尔格·冯·西门子（1839—1901）创建了德意志银行，成为欧洲大陆金融机构的领导者，他率先设计了一个有效的高管团队，首次透彻思考并拟定高管层的任务，也首次解决了大型组织中通信与信息的基本问题（西门子的实例分析参见第49章）。

涩泽荣一（1840—1931）——明治政府的政治家，后转为企业领导者，他在19世纪七八十年代首次提出企业机构与国家目标之间关系以及企业需求与个人伦理之间关系的基本问题。他还致力于系统化的管理教育。涩泽荣一首次提出"专业管理者"的概念。20世纪日本崛起，占据世界经济领先地位，在很大程度上基于涩泽荣一的思想与贡献。

数十年后，即19世纪末转向20世纪之际，现代管理学的所有主要方法业已成型。管理的发展独立地发生于许多不同的国家之中。

19世纪80年代，一位自学成才的美国工程师弗雷德里克·泰勒（1856—1915）开始了他对管理工作的研究。按照当今的时尚标准，泰勒一定会被歧视，他那看似过时的心理学也会备受诘难，但是泰勒是已知的人类历史上第一位不把工作视为理所当然，却重视并加以研究的人。泰勒运用他的方法去研究当时的员工，也就是19世纪的产业工人，他针对的是整个社会，而不是工程或利润目标。促使泰勒进行研究工作的首要动机是他想要把工人从繁重的劳作和疲惫的身心中解脱出来。其次，泰勒希望挣脱古典经济学家（包括马克思在内）所建构起来的铁板一块的工资原则，这些经济学家通常会因为经济的不安全感和长期的贫穷而对工人横加指责。泰勒的希望是通过提升工人的劳动生产力，从而为劳动者争取到有尊严、体面的生活。这个希望，如今在发达国家中已经大部分实现。

差不多在同一时期的法国，一位大型煤矿公司的老板，亨利·法约尔（1841—1925）开始细致酝酿组织结构并发展出企业组织的首个理性运作方法——"职能原理"。在德国,瓦尔特·拉特瑙(1867—1922)早年在一家大公司 AEG 接受培训,这家德国公司是瓦尔特之父埃米尔(1838—1915)创建的,但公司主要是在格奥尔格·西门子的监督下发展起来的。瓦尔特曾经问道:"在现代社会和现代国家中,大型企业的地位何在?大型企业对现代国家和现代社会的影响力如何?大型企业对现代社会和现代国家的基本贡献和基本责任又是什么?"如今,这些关于工商产业的社会责任问题依旧是大多数企业机构的问题,但是它们在第一次世界大战前的数年中就已经被提出来了。同样也是在德国,也是同一时期,就是第一次世界大战前数年间,欧根·施马伦巴赫(1873—1955)等人发展了一门新兴学科——工业科学。之后,管理科学得以发展,诸如管理会计学、运筹学、决策理论等相继出现并快速扩展。在美国,德裔美国人胡戈·明斯特伯格(1863—1916)首次尝试把社会与行为科学,尤其是心理学,应用于现代组织和管理中。

第一次管理热潮

第一次世界大战之后所发生的管理变化不妨称之为"首次管理热潮"。点燃这次管理热潮的人是那段时期最受人崇敬的两位政治家:美国的赫伯特·胡佛(1874—1964)和捷克斯洛伐克的托马什·马萨里克(1850—1937)。胡佛是贵格会(The Quaker)的工程师,他由于把管理原则应用于美国首次大规模外援项目而声名远扬,这个项目解救了成千上万饥饿的人:先是美国加入第一次世界大战之前,他用"救援比利时"来管理服务外援工作;随即在第一次世界大战结束后,在中欧和东欧地区实施救援工作。马萨里克,一位历史学家,后来成为捷克斯洛伐克共和国的首任总统,是他把管理理念落实在战后欧洲的经济重建中。他的管理思想为 25 年后,也就是第二次世界大战后的马歇尔计划的成功实施奠定了基础。正是胡佛与马萨里克开创了国际管理运动的先河，也是此二君致力于把管理调动成为主要的社会力量。

但这种理念并不适用于两次世界大战之间的这段历史时期。这是一段停滞而且萧条的时期，在这段时期中，除了美国之外，所有国家的政府或者经济组织所能考虑的最高目标就是"回到战前"，也就是重建战前经济状态。这种想法迅速弥漫成为一种格局——一种因政治、社会和经济等多种张力而麻痹得丧失意志和前景的格局。

20 世纪二三十年代的工作

第一次管理热潮终于宣告失败。挫折取代了希望。然而，在明显的停滞背后，管理的工作依然继续。正是这些年的沉静，为第二次世界大战后的管理热潮奠定了基础。

在 20 世纪 20 年代早期，杜邦公司的皮埃尔·杜邦（1870—1954）和通用汽车公司的阿尔弗雷德·斯隆（1875—1966）第一次发展了新的"大型企业"的组织原则，即"分权原则"。也正是杜邦与斯隆，第一次发展出企业目标、企业策略以及战略规划等系统方法。无独有偶，在美国，西尔斯-罗巴克百货公司，先是由朱利叶斯·罗森沃尔德（1862—1932）主导，后由罗伯特·伍德（1879—1969）经管，该公司创建了第一个以市场营销为基础的企业。在不久之后的欧洲，由荷兰和英国并购而成联合利华公司的建筑师们设计了至今为止堪称最为先进的跨国公司结构，而且能够对跨国企业规划和跨国市场营销问题应对自如。

管理学在这段时期也得到进一步的发展。在美国，泰勒的继承者包括弗兰克·吉尔布雷思（1868—1924）与莉莲·吉尔布雷思（1878—1972）这一"夫妻档",以及亨利·甘特(1861—1919)。在英国,伊恩·汉密尔顿爵士(1853—1947)对他自己在第一次世界大战中的军官经历进行反思之后意识到:在组织的形式结构与赋予组织"灵魂"的政策之间保持平衡是管理之必需。另外两位美国人,玛丽·福列特(1868—1933)和切斯特·巴纳德(1886—1961),首次对组织决策过程、正式组织与非正式组织的关系、执行主管的职能与角色等课题进行了研究。英国人西里尔·伯特爵士(1883—1972)和澳大利亚人埃尔顿·梅奥(1880—1949)在哈佛大学分别研究出工业心理学和人际关系学,并把它们应用于企业和管理之中。

管理也是在两次世界大战期间开始作为学科而被传授的。哈佛商学院在20世纪30年代首次开设管理学课程,但依旧以"生产管理"为主体。在同一时期,麻省理工学院开始与具有一定职业经验的年轻高管们一起探讨"高级管理"。

美国人詹姆斯·麦肯锡(1889—1937)和英国人林德尔·厄威克(1891—?)开创企业管理咨询,此类咨询不再局限于技术问题,而是转向应对基本的管理关注点,比如企业政策和组织管理等。厄威克还把管理结构和主管职能等内容进行分门别类,并编纂成册。

CHAPTER 3 | 第3章

新 挑 战

管理热潮及其理念基础——管理基础领域的新知识需求——生产力需求——超越分权制——新管理模式的必要性——从人力资源管理到领袖管理——新需求——具有创业精神的管理者——跨机构管理——知识与知识工作者——跨国界跨文化管理——管理与生活质量——管理的新角色

管理热潮以如下七个理念为基础：第一，科学的管理是提升生产率的关键；第二，分权是组织的基本原则；第三，人力资源管理是有序选拔人才进入组织结构的方法（其中包括职位描述、评估方法、工资与薪酬管理，甚至包括"人际关系"等）；第四，培养今天的管理者是为了明天的管理所需；第五，管理会计学——财务信息的分析与使用是管理决策的基础；第六，市场营销；第七，长期规划。

这七个理念在管理热潮开始之前就已经实践得很成功了（在第2章的

"小注：管理的根源及其历史"中已有论述）。换言之，管理热潮只是提炼、增加并修改了一些内容，而非创造新理念。管理热潮为全世界的管理者们造就只有极少数专家能明白的晦涩难懂的知识，而在当时管理热潮深入人心，推动管理实践实属罕见的例外。

管理基础领域的新知识需求

到20世纪60年代末或70年代初，管理热潮所需的知识基础日渐不足，甚至绝大多数基础领域需要新知识的注入，尤其是在生产率、组织规划和组织结构以及员工管理等方面更是急不可待。科学的管理已经不再能够满足提高生产率的愿望。几乎所有国家都出现所谓的"生产率危机"，而导致不得不面临严重的通货膨胀压力。

回顾过去，人们可以清晰地发现，第二次世界大战结束后的一段时期，西欧和日本生产率的稳步提高只有一部分归功于比较好的管理。主要的原因还是在于大量的劳动力从低生产率的就业地区——比如西班牙和意大利西西里的边远自主性农业区和日本北部的山地等，向高生产率工业区转移。如果没有这样庞大的劳动力移民，这些国家和地区的经济增长就不可能实现。但这些劳动力迁徙已经结束。在西欧，吸收外来劳动力的能力已经饱和。在日本，已经没有多少人口留在边远地区耕地务农了。从今往后，这些国家生产率的提高，就只能依赖现有劳动力在各自工作中发挥出更高的生产率。

与此同时，对经济绩效的需求也在逐步上升，而经济绩效只有通过更高的生产率才能得以满足。举个例子来说，以往每个人都"知道"，甚至许多人至今依然相信，"富裕"会大大地减少人们对经济绩效的需求。人们一旦认识到如何生产物质产品，经济功能在社会中的需求就会减少，但是我们不得不面对"人们越来越高涨的期盼"。当肯尼迪总统在20世纪60年代初说出这句话时,他已经考虑到世界上贫困地区和落后国家对经济回报的爆炸式增长的需求。实际上,不仅是在贫困地区和落后国家,即使是在发达国家,无论是美国黑人还是西西里岛的农民,"富裕"也会引发那些依然贫穷的人们"越来越高涨的期盼"。而且,富裕的人对经济绩效的需求在逐步上升,甚至远远超出他们自身产生绩效的能力。受过高等教育的年轻人对传统经济商品与服务的需求没有呈现出减弱的趋势(虽然传统经济理论,即所谓的"恩格尔定律"确信受教育程度越高的人对商品的需求越少),这与大众媒体报道的情况大相径庭。此外,这些人显示出对新的服务与新的满足感的更高需求,比如在教育、健康保健、住房以及休闲生活等诸多方面。

同样,还有一些新的需求,甚至是更高代价的需求,那就是创建清洁环境的需求。这显然是目前人类的"奢侈品"。过去人们挤在城市的贫民窟或者佃农简陋的小木屋中,人们呼吸着新鲜干净的空气,走在清洁的街道上,喝着安全的饮用水,吃着健康无害的食品。如今,这些都成了乡愁般的错觉。

这些新的期盼与需求必须依赖人们在经济上付出巨大的努力才能实现。每个人都想要汲取大规模的经济资源。最重要的是,每个人都希望能够生产出超过以往的经济盈余。换言之,为满足这些需求,人们需要更高的生产率水平。

我们知道自己需要什么。传统的方法仅仅聚焦于生产率的一个要素,那就是劳动力。但生产率是土地、劳动力和资本三个要素平衡的结果。即使就劳动力所产生的那部分生产率而言,我们也仅仅是走出了第一步:分析个体劳动者的工作。我们需要认清生产法则,以便更好地建构最具生产率的过程。不仅如此,我们还需要保持不同需求、工作方式以及员工之间的和谐一致。

超越分权制

在恰到好处时,分权制是组织规划的最佳原则。但分权制在应用程序的规范上相当严格。分权制适合于制造业的最初设计,不同的市场决定其独特的生产线。但分权制并不合适于非制造业。分权制也不合适于像铝或钢产品那样的制造业,因为这类工业虽然生产流程相同,但是产品各异,市场重叠。

我们已经进一步认识到,虽然对于一个正在稳步经营中的企业来说,分权制可以算是最好的原则,但分权制并不能满足企业在实现创新任务方面的需求。而且就其本身而言,分权制不足以安排好高层管理的任务。

经验告诉我们,我们需要考虑新的规划原则——当然,迄今为止,我们在很大程度上依旧是在检测试验之中,比如特别团队、模拟分权、机构系统等。虽然这些新原则目前远不能令人满意,但它们的出现证明了组织规划新模式的极大需求。

我们知道,管理热潮时所认定的"全球模式"实际上仅仅是个"局部模式",如今已经不再是"主导模式"了。在所有地区,管理热潮中所应用的都是基于制造业公司业已形成的模式,并在这些公司内部运行,这些公司基本上都只有一种产品或一条生产线,在一个国家市场内经营,而且主要雇用体力劳动者。其实,这种模式最为典型的就是美国通用汽车公司。

越来越多占主导地位的机构需要良好的组织和管理,甚至是在商业领域;这些机构既不是制造业公司,也不是在单一国家或单一市场内经营单一产品的公司,也不是那些依赖雇用体力劳动者的公司,而是服务行业的企业,比如银行、零售业、医院和大学等非企业机构。这些都是多产品、多技术、多市场的企业,它们大多是跨国企业。更有甚者,这些机构的核心人力资源不再是没有技能的体力劳动者,而是知识工作者:无论是公司总裁,还是电脑程序员、工程师、医疗技术专家、医院行政管理人员、销售员、成本会计师、教师以及整个受聘的知识中产阶层；在所有发达国家中，这些人都已成为人口的核心力量。换言之，旧有的模式已经越来越不合时宜，但目前我们尚无合适的新模式。

从人事管理到领导人

最后，我们认识到，我们必须超越人事管理。我们不得不学习如何"领导人"（lead people），而不是"压制人"（contain people）。

传统的人事管理可分为三大类型。第一是"乐善好施"型：愿意照顾员工的需要、住房、医疗健康，以及给那些生活不能自理者发放福利。第二是"循规蹈矩"型：一切按部就班，程序化地办理与员工相关的常规性事务。第三是"防微杜渐"型：旨在预防麻烦发生并解决麻烦，把员工视为潜在威胁。

这三种传统类型都是需要的，然而，这远远不够。要超越这些传统的做法，我们必须学会把人视为"资源"和"机会"，而不是把人看成"问题""负担"和"威胁"。我们要学会"领导"而非"管控"，要学会"指引"而非"辖制"。

新的需求

当老办法和旧知识在重要领域不能发挥作用时，在全新领域中就会出现新的需求，这种新需求在管理热潮开始时仅有少数人能够察觉得到，更不用说研究了。管理热潮所认定的一些基本假设——也就是在百年的经验中对管理工作的总结——如今，备受新愿景、新发展、新工作以及新知识的质疑。

具有创业精神的管理者

差不多有 75 年之久,"管理"主要的意义似乎就是指"管理已经创建并且正在经营的企业"。"创业"与"创新",这两个管理书籍中常常提到的词,从 1900 年至今都没有被视为管理的核心理念。从今往后,除了不断优化固有的理念之外,管理将不得不越来越重视创新。管理者们将必须成为"创业者",必须学习如何建立和管理创新型组织。

我们面对的是一个创新的时代,就像 19 世纪下半叶的人们当时面对现代工业经济时代一样。从美国内战结束到第一次世界大战爆发的 50 年间,平均每 15～18 个月就有一项重要的新发明出现。每项新发明都会很快孵化出新的企业和全新的产业。实际上,今天所有这些我们视为"现代"的产业,包括飞机和电子工业,都是源自于 19 世纪末和 20 世纪初的发明。历经第二次世界大战后重建时期的经济增长主要依赖科技的进步,而那些科技在第一次世界大战爆发时就已经发展了,主要源自基于这些技术的四大产业:钢铁、汽车、科学农业以及有机化学。现在,我们面对重要技术革新的另一个时期,经济与工业发展的推力将来自 20 世纪的新技术以及这些技术的发展。

与 19 世纪末形成鲜明对比,许多新技术只能在固有的企业中产生、发展以及应用。在 19 世纪末,发明家都是原创者,西门子、诺贝尔、爱迪生、亚历山大·贝尔等人,他们都是孤身奋斗,最多也就是有些助手相帮。一项发明的成功应用会非常迅速地导致一家企业的出现,但绝不是这家企业必须诞生这项新技术。如今,人们越来越依赖于现有的大型组织所提供的创新,理由很简单,训练有素的专业人才与雄厚的资金对发展创新至关重要,而人才与资金都集中在现有的组织和大型机构当中。因此,管理者必须一手学好现存机构的管理,另一手抓组织创新。

社会创新的需求可能比技术创新的需求大得多。在社会变化与经济发展的过程中，社会创新与技术创新的贡献旗鼓相当。我们社会的需求，比如全世界三分之二贫穷国家有社会与经济快速发展的需求、大都市发展的需求、环境保护的需求，以及提高教育与卫生医疗的生产率需求等，所有这些需求都为企业和企业管理者创造了社会创新的机遇。这些都是创业者的良机，同样这些也对创业者提出了更高的挑战和要求，比如在管理知识、管理技能以及管理绩效等方面。

跨机构管理

管理热潮是指企业管理的热潮，19世纪的管理工作主要聚焦于企业为核心的管理。

然而，如今我们知道，其实所有机构都需要管理。

几年前，这种看法还被视为异端（甚至在今天的英国与法国，许多企业和服务机构的管理者们也持相似的想法）。在许多人眼中，经营一家企业与管理一家公共服务机构（比如医院）是截然不同的两件事。的确，机构的使命与目标会造成管理的基本差异。诊治公共服务机构的管理病症在本质上就是促进管理"更加有效率"（参见第11~14章）。但一家投资银行所要求的管理显然有别于一家钢厂和百货商店所期望的管理。尽管如此，公共服务机构的管理者所面对的使命与一家企业管理者所面对的使命是相同的，即发挥现有机构的职能，促进工作具有生产力，提升员工的工作成就感，推动机构的社会影响力，以及担当相应的社会责任。这些就是管理的使命。公共服务机构同样要面对创新挑战，必须面对机构增长、多元化以及复杂性等诸多管理问题。正如前文中已经提及的，管理的核心使命之一就是促进非企业服务机构"便于管理"，而且能够产生绩效。

知识与知识工作者

在未来几十年中，发达国家在管理上的首要任务将是促使知识具有生产力。体力劳动者已成为过去，曾经的前沿如今已成后卫。发达国家中的基本资源、资金来源、基础投资以及成本重心都必须依赖于知识工作者所接受的系统教育在工作中的应用，比如思想、创意和理论，而不再依赖于体力劳动者的技能与力气。

为了促使体力劳动者具有生产力，泰勒发挥知识在工作中的作用。在生产过程中，他雇用的工业工程师就属于首批知识工作者。但泰勒自己从来不问，是什么构成了那些应用"科学管理"的工业工程师的"生产率"。在泰勒的著作中，我们能够明确地找到那些关于体力劳动者的生产率的答案，但是我们仍然无法获悉关于工业工程师的生产率，或者有关知识工作者的生产率的解释。衡量体力劳动者的生产率的方法根本不能用于衡量知识工作者的生产率，比如按小时计工资或单位货币产量等。工程部门即使统一调度、设计奇巧而且勤勉生产，但若产品无人问津，那么这一切依然沦为无用，毫无生产率可言。换言之，衡量知识工作者生产率的标准主要在于产品的质量。

如下一点是肯定的：促进知识具有生产率将会引发工作结构、职业生涯以及组织等方面的变革，就像在工厂中科学管理应用于体力劳动时产生的变化一样。接受过正规高等教育的新人必须被彻底地改变，成为具有生产力的知识工作者。大量的证据表明，除非知识工作者认清自己，知道自己适合哪种工作，以及如何在工作上发挥最佳，否则知识本身不能具有生产力。在知识工作中，规划与执行不能分离，知识工作者还必须有能力规划自己。总体而言，当前的一些入行工作并不能做到这一点。它们大都基于一种假设——在一定程度上对体力劳动有效的，通常很不适合于知识工作——而外部的专家，比如工业工程师或工作效率研究专家却都能够客观地判定完成工作的最好方式。对知识工作来说，这种假设是完全不现实的。也许有可能是最好的方式，但工作的独特性，绝对是"因人而异"的，不完全因为个人的体能条件，也不完全因为个人的精神状态，甚至不完全因为个人的秉性与脾气等。

跨国界跨文化管理

企业管理有必要跨国界。从经济的角度来说，今天的世界，尤其是发达国家，已经形成一体化的市场。欠发达和贫穷的国家与发达国家之间的区别，仅仅在于它们目前不具备购买它们想要的东西的能力。就整个世界的需求、偏好以及经济价值来说，除了政治上的分裂之外，这个世界已经成为一个"全球购物中心"。所以，对生产资源、市场机遇以及跨国人才的优化是跨国企业对经济现实正常而必要的回应。

但所有这些发展导致管理更具有复杂性，而且远超出以往所积累的管理知识。管理是一种文化、一种价值体系，也是信仰。管理也是方法，借此方法，一个社会的价值观和信仰可以形成生产力。管理还可以被视为一座桥梁——把一种快速普及全球的文明和一种能够表达不同传统、价值观、信仰以及精神遗产的文化紧密连接在一起。管理必须成为工具，透过管理文化多元化能够为人类的共同福祉服务。同时，管理的实践越来越多地不受限于一个国家的文化、法律，甚至主权意识范围，管理必须是跨国界的。事实上，管理正在成为一种制度——迄今为止，可能是唯一的一个——真正的全球经济制度。

我们知道，管理必须促使个人、团体以及整个社会的价值观、愿望和传统实现共同的生产力目标。如果管理不能成功地将一个国家和人民的独特文化遗产加以合理应用，那么社会进步与经济发展也就不大可能实现。在这方面，日本可以说是个典型例子。百余年前，为了获得现代工业化国家的新成就，日本就曾想方设法地将其自己的社群传统和人文价值观应用于管理思想之中。管理既是一门科学，也是一种人文精神；管理既是经得起客观检测与验证的调查声明，也是信念与经验相结合的体系。

在个别国家，尤其是在发达国家中，当人们意识到企业是典型的、普遍的社会形态的原型，并意识到组织型机构需要管理时，企业就会快速地丧失其特殊地位。然而，只要超越国界，企业就会快速地获得特殊地位，因为它不再拥有个别国家内部的保护伞。一旦超越国界，企业就快速成为例外，因为它成长为一个世界机构，它需要表达出世界经济和全球知识社会的现实性。

我们需要学习如何在机构管理中协调和谐，既需要考虑跨国界的统一管理，也就是在共同的全球经济体系中管理，也需要在管理中考虑文化的多元性。

管理与生活质量

我们的社会正在快速地成为组织型社会，所有机构，包括企业在内，都必须为自己的生活质量负责，必须把实现基本社会价值、信念和目标当作持续正常活动的主要目的，而不是抑制社会责任或把社会责任置于正常的主要职能之外。所有机构将不得不学习把生活质量与主要使命紧密结合起来。在工商企业中，这意味着必须把生活质量的成就视为机遇并通过管理使之成为营利性事业。

这种理念将会逐步地应用于实现个人的抱负上。组织是当今我们最为可见的社会环境。家庭是私人的，而不是公共的，但这并不意味着家庭无足轻重。社区越来越依赖组织机构。管理的工作便是促使个人的价值与愿望有助于组织机构产生更大的活力与绩效。就像已经存在的劳资关系甚至是传统的人际关系一样，不总是处处能够令人满意。或许，在下一个十年中，会出现戏剧性的变化，我们可能不会太多关注管理者的个人发展以及要求个人适应于组织，也可能是管理的发展要求组织去适应个人的需求、愿望和潜能。

我们也意识到，管理创造了经济发展与社会进步。经济发展与社会进步是管理的结果。

100年前，按照物质标准来衡量，日本并不是一个发达国家。但日本迅速地发挥出管理的巨大能力，这就是它的优秀之处。仅仅在25年间，明治时代日本便跻身发达国家之列，而且在某些方面尤为突出，比如公民识字普及情况优于其他国家。今天我们意识到，正是明治时期的日本为不发达世界的发展提供了良好的模式，而不是经济学家所尊崇的传统模式，如18世纪的英国或者19世纪的德国。

无论如何，如果我们贡献出来的仅仅是生产的经济要素，特别是资本，那么我们不能说已经获得了发展。在少数情况下，当我们已经具备了产生管理能量的能力时，那我们就能够快速发展了。换言之，发展是人类能量之事，而非经济财富之事。人类能量的生成及其发展方向就是管理的使命。管理是发展的推进器，发展是管理的结果。

然而，比管理的新使命更重要的是管理的新角色。管理正在快速成为发达国家的核心资源，也正日益成为发展中国家的基本需求。管理与管理者曾经是企业的独特关注，比如社会的经济机构；如今管理与管理者正在转变成为发达社会的独特机制。因此，管理的内涵与管理者的实践不再是少数专家关心的事情，而是逐渐成为公众关注的焦点。管理将会越来越关注人们的基本信念和价值观的表达，正如人们关注可衡量结果的成就感一样。管理将会成为衡量一个社会生活质量的象征，成为生活质量的标准。

在管理领域，新问题与新困难层出不穷；同时，新工具和新技能也不断更新出现，我们必须学习并使用它们。但管理所带来的最重大变化是：在发达国家中，社会愿望、价值观以及生存发展都将依赖管理者的绩效、能力、诚挚以及价值观。赋予下一代人的使命是：在我们这个崭新的多元社会中，无论是个人、社群还是整个社会，都必须促使新组织型机构发挥效能。这就是管理最重要的使命。

上篇

使 命

管理是一个机构的器官。无论是企业还是公共服务机构，所有机构都是社会的器官。所有机构存在的目的就是做自己特定的贡献并执行自己特有的社会职能。因此，除非论及管理的绩效维度和绩效需求，否则我们将难以定义管理、难以理解管理，更不用说实践管理了。管理的使命就是管理存在的理由，就是管理工作的决定因素，就是管理权威和合法性的基础。

CHAPTER 4 | 第4章

多维度的管理构想

　　管理是一个器官——管理仅为向往绩效而存在——三项首要使命：经济绩效、促使工作具有生产力而且让员工具有成就感、社会影响与社会责任——时间维度——行政管理与创业精神——效率与成效——最优化与创新——管理的特定工作：管理者的管理——专注于使命

　　企业和公共服务机构都是社会的器官。企业和公共服务机构不是为它们自身而存在，而是为实现特定的社会目标而存在，为满足社会、社群以及个人的特定需求而存在。它们本身不是目的，而是方法。人们不是问"它们是什么"，而是问"它们应该做什么"以及"它们的使命是什么"。

反过来说，管理是机构的器官。管理自身并无功能可言，管理自身并不存在，离开所服务的机构，管理就不复存在。

人们认识并大加谴责的官僚主义，就是误把自己视为管理，并把机构误解为手段。这是得了"退化病"，尤其是那些容易退变并且经不起市场规则检测的管理层。预防，如果可能应该加以"阻止"，并医治这种顽疾，是每一位有效管理者的首要目标，也是所有管理学书籍应该大力倡导的核心内容。

接下来，我们问：何为管理？首先我们必须通过管理的使命来定义管理。

如下三项管理使命，虽然本质上存有差异，但同等重要且不可偏废，管理必须有能力执行机构的这些使命，让所在机构职能运作正常并做出贡献：

- 无论是企业、医院，还是大学，管理都必须执行机构的特定目标与使命。
- 促使工作具有生产力，员工具有成就感。
- 管理社会影响力与社会责任。

目标与使命

每个机构的存在都有各自特定的目标与使命，以及特定的社会职能。在企业中，目标与使命就意味着经济绩效。

关于第一项使命，也就是特定的绩效使命，企业与非企业机构认知各异。至于其他使命，则大都相似。但唯独企业把经济绩效视为其独特使命，因为企业存在就是为了经济绩效。而其他机构，诸如医院、教会、大学甚至是军队，这些机构对经济绩效是有约束的。但在企业中，经济绩效是其存在的基本理由和所追求的目标。

在本书的 11～14 章中，我们将专门探讨非企业公共服务机构的绩效问题。但本书所强调的主要对象还是企业及其经济绩效的使命。这并不意味着经济绩效是社会仅有的使命，而是说，经济绩效是社会的优先使命，因为其他的社会使命，诸如教育、卫生保健、国防以及提升知识等，都有赖于经济资源的盈余，比如利润与其他储蓄只有成功的经济绩效才能产生。人们对想要的满足越多，对这些使命的重视程度也就越高，对企业经济绩效的依赖也就越大。

在每一项决策与行动中，企业管理必须而且总是把经济绩效摆在首位。只有企业管理所产生的经济成果才能证明企业存在及其权威的合理性。如果企业管理不能产生经济成果，那么企业管理就已经失败了。如果企业不能以顾客愿意消费的价格来提供商品，不能为顾客的需求提供服务，那么这家企业就已经失败了。如果企业不能具备，或者至少维持与经济资源相匹配的财富生产能力，那么这企业就已经失败了。无论处于哪种经济结构、政治结构、社会意识形态中，经济绩效都意味着企业必须为利润负责（关于利润职能参见第 6 章）。

故此，企业管理的首要定义便是经济器官，尤其是一个工业社会中的经济器官。在企业管理中，每一项决策、每一次行动、每个审慎的考虑都应该以经济绩效为首要维度。

促使工作具有生产力而且让员工具有成就感

管理的第二个使命就是促使工作具有生产力而且让员工具有成就感。企业（甚至是任何其他机构）唯一真正的资源，就是——人。管理就是促使人力资源具有生产力。管理就是通过工作来实现企业的绩效。因此，促使工作具有生产力是管理的必要职能。同时，现今社会的机构日益成为个人谋生、追求社会地位、融入社群以及获得个人成就与满足感的平台。所以，让员工具有成就感不仅越来越重要，而且成为衡量一个机构绩效的权重，因而逐渐成为管理的一项重要使命。

按部就班地组织工作仅仅是第一步。接下来的一步更加困难，那就是让工作适合于人——人的逻辑与工作的逻辑显然有天壤之别。让员工具有成就感意味着把人视为拥有独特生理结构、心理特性、才能、局限性以及具有独特行动模式的有机体，这暗示着必须把人力资源视为"人"而非"事物"，因为人不像任何其他资源，人具有人格和公民身份，人在意工作的掌控权、劳资以及工作效果的认可等。因此，员工需要责任、激励、参与、满足感、奖励、酬谢、晋升位置以及职责等。

管理，只有管理，才能满足这些要求。对员工来说，无论是普通工友还是执行副总裁，他们必须通过劳作与服务获得成就感——也就是说，即便是在企业内部也是如此，管理就是促进企业活化起来的器官。

社会影响与社会责任

管理的第三项使命就是管理企业的社会影响与社会责任。我们的机构没有一个是独立存在的，也没有一个是独善其身的。每个机构都是社会的器官，也是为整个社会而存在的。商业机构也不例外。企业存在的合理性的评判标准不是企业自身利益，而是社会利益。

从古代转向中世纪时，西方首先出现的新机构是公元6世纪基督教本尼迪克修道院（也译为本笃会修道院）。但这个修道院创建的初衷并不是服务社群与社会，而是服务本尼迪克修道院的修士，帮助他们修行成就救赎之道。出于修道目的，圣本尼迪克把修道院从闹市迁往野外。他并非担心修士们会屈服于世俗的诱惑试探，而是他看到了一种更大的危险：修士们会关注世界，对世界负责，试图行善，而且被迫成为领导阶层。

与本尼迪克修道院不同，今天，每个机构的存在都是在为他人做贡献，为自身以外的人群提供服务并满足他们的需求。企业的存在就是给消费者供应商品和服务，而不是为员工与管理者提供职位，也不是为股东发放红利。医院的存在不是为了医生和护士而是为了病人——他们渴望早日康复，离开医院，而且再也不要回来。学校的存在不是为了教师而是为了学生。忘记这条原则的管理，就不配称为"管理"了。

所以，如今没有机构能够像本尼迪克修道院那样远离社群与社会而存在，无论从心理、地理、文化还是社会的角度来说，任何机构都必须属于社会的一部分。

为了完成工作、生产经济产品和提供服务，企业必须对人、对社区以及对社会产生影响。企业必须对人（尤其是员工）拥有权力与威望，员工的个人目标既不在企业中，也不由企业来定。员工也必须对社区产生影响，因为大家互为邻人，不仅都是工作和税收的资源，而且都是废品与垃圾的制造者。在今天的组织型多元社会中，现代人以及现代社区在越来越关注增加生活的"量"（比如经济产品与服务）的同时，也更加关注生活的"质"，比如身体健康、人文精神和社会环境等。

这个维度的管理是所有机构管理者的固有工作。大学、医院、政府机关都同样需要影响力，同样需要承担责任；一般而言，关注影响力与责任的机构较少，大学、医院和政府机关对人文、社区和社会责任的关注少于企业。但越来越多的现象表明，人们对企业管理所提供的生活质量方面的领导力有所期待。所以，管理企业的社会影响力正在成为管理的第三项重要使命和管理的第三个维度。

以上这三项使命必须在同一个管理行动中同时实行，甚至我们不能认为，其中任何一项使命可以支配或要求更大的技巧或能力。虽然绩效必须摆在首位，这是真实的，因为这是企业的奋斗目标及存在的理由，但如果对工作和员工管理不当（mismanaged），即便有经验老道的总裁和执行官，绩效也难以奏效。经济绩效会因为工作管理不当和员工管理不力而成为幻影，甚至会在相当短的时间内导致资本亏损。不断增加成本会使企业丧失竞争力，甚至会制造不同层级间员工的相互怨恨与争斗，最终导致整个企业不能运作直至瘫痪。对企业之社会影响力的管理不当终究会毁坏社会对企业的支持，企业自身也难逃厄运。

这三项使命各司其职。企业管理享有重要位置，因为企业是经济机构；而促使工作具有生产力以及让员工具有成就感具有重要性，因为社会不是经济机构，社会需要依赖管理以求基本信仰与价值观的实现。管理企业的社会影响具有重要性，因为没有"器官"能够离开整个"身体"而存活，而企业正是社群与社会的器官之一。

除了企业界之外，大学、医院与政府机关也是如此，常见的状况是：既没有行动，也没有成果，既没有"职能性的"成果，也没有"职能性的"决策，有的只是企业投资与企业风险、企业利润与企业亏损、企业作为或企业不作为、企业决策与企业信息等。污染环境的不只是一家工厂，而是许多，比如纽约的联合爱迪生公司、联合碳化物公司、造纸厂以及城市的下水道。

然而，工作与努力总是具体的。因此在绩效现实与工作现实之间存在张力。解决这种张力，或者至少促使其具有生产力，也是持久的管理任务。

时间维度

有一种复杂性始终存在于每个管理问题、每个决策以及每个行动之中，严格地说，它不能算为管理的第四项使命，但它是传统的管理难题之一，那就是——时间。

管理必须兼顾"当前"与"未来",兼顾"短期"与"长期"。如果当前获得的利润危害公司的长远利益,甚至危及公司的生存发展,那么管理的问题就不能说是得到解决了。反之亦然。如果以富丽堂皇的未来为理由去冒当前灾难性的风险,那么公司的经营决策就是不负责任的决策。在经营中,人们能够听到伟大人物习以为常的惨败事例:他开创的公司曾经产生令人惊奇的经济成果,但是最后当他离开公司时,只有沉船一艘,别无他物。这样的故事正是"不负责任的管理行动以及无法平衡当前与未来"的最佳反面教材。立竿见影式的经济成果的确是虚幻的,是依靠支付资本换来的。在任何不能同时满足眼前利润与未来收益的案例中,它们对管理的需求都是不协调的,或者至少是不平衡的;投入的资金,也就是赚取利润的资源,也会面临亏损,甚至毁于一旦。

如今,当人们关注短期经济决策对环境与自然资源所带来的长期影响时,我们就会特别意识到时间管理的重要性。但协调现在与未来的问题存在于所有领域中,尤其是涉及相关人的话题时。

时间维度是管理必须要考虑的内容,因为管理关注行动的决策,而行动总是针对未来的成果。任何具有责任感的人都会致力于"行动",而不是停留于"思考"或"认知",他们通过"行动"把自己贡献给未来。

有两个理由可以回答为什么时间维度在管理工作中特别重要而且特别困难。首先,出于经济发展与技术进步的本质考虑,从决策制定执行到决策取得成果的时间跨度在不断延长。19世纪80年代,爱迪生从开始实验构想到中试装置实验操作大约花了两年时间;今天,爱迪生的继承者们或许需要15年时间。20世纪初,一家工厂预期两三年实现成本回收,而20世纪六七十年代,人均资本投资是1900年时的20倍,投资回收期通常长达十几二十年。而以雇用员工为主的组织,比如以销售业务为主的机构或管理单位，也许需要花费更长的时间才能建立并回收成本。

其次，管理——差不多只有管理才这样，不得不一直同时存活在"现在"与"未来"。

一个军事领袖也必须深谙"现在"与"未来"这两个时间维度。但从传统上说，他很少会兼顾"现在"与"未来"。在和平年代，他忽略"现在"，因为"现在"只是为将来的战争做准备。在战争时期，他只知道最短暂的"未来"，因为他关注的是立即赢得战争，其他一切事情都留给政客们去解决。但如今这种传统看法不再是真实的了，因为今天在冷战、临战和治安行动中，军事领导力和军队士气成了解决危机的最重要因素，既不需要为"未来"做准备，也无须考虑"立即"赢得战争，结果显而易见，军人迷失了方向。

但管理必须一直兼顾"现在"与"未来"。管理必须保持企业"现在"的绩效，否则就不会有能力产生企业"未来"的绩效。管理必须促使企业在未来有能力产生绩效、持续增长，并不断变化，否则就会导致资本损毁，也就是未来资源生产财富的能力受到损毁。

关于未来，我们所能知道的事情只有一件，那就是：未来一定与现在不同。或许有伟大的历史法律系统，或许有伟大的潮流连续地主导将来的新时代。但在有意识的决策与行动的时间跨度中，当然是数年的时间跨度，而不是几个世纪，任何机构的管理者都必须面对"未来"的不确定性。长期的连续性并不相关，但无论如何，人们在回顾往事和反思历史中方能领悟其中的奥妙。

对管理者而言，虽然"未来"是非连续性的，但"未来"是可以达到的，因为它始于"现在"。越有胆量跃入未知世界，起跳的基础就会越牢固。时间维度的审慎考虑会赋予管理决策独特的个性。时间维度是管理者有效结合"现在"与"未来"的行动。

行政管理与创业精神

管理的绩效还有另一个维度：经营者始终必须从事行政管理工作，他必须管理而且改善现存的状况和已知的现实。同时他还必须是企业家，他必须重新定位资源配置，努力把较低成果或成果正在衰减的资源提升到较高或日趋增加的方向上来。他必须忘却昨日，必须废弃现存和已知的状况，他必须去创造明天。

在不断发展的企业市场中，技术、产品、服务样样具备，工厂和设备各就各位，资金已经投入，服务必须跟进，员工雇用完毕而且各司其职，如此等等。经营者的行政管理工作就是去把这些资源加以最优化并产生效益。

这就是人们（尤其是经济学家）经常说的"效率"（efficiency），意思就是"在原有的基础上做得更好"。这就是所谓的"聚焦成本的工作"。但最优化的方法应该是专注于"成效"（effectiveness），也就是把握机遇去产生效益，去创造市场，以及去改变现有产品与市场的经济特征。成效的意义不是问"我们如何做，或者我们如何做得更好"，而是问"哪种产品能够真正产生非凡的经济成果，我们有能力生产这样的产品吗，哪些市场或终端客户有能力产生非凡的经济成果"。故此，"效率"只能产生"普通"绩效，而"成效"所追求的是企业的资源与努力产生非凡的经济成果。

这样的说法并非贬低"效率"，因为即便是最健康的企业，具有最大成效的企业，也有可能因低效率而衰亡。但如果企业正在做错事，也就是说，如果企业缺乏成效，那么即便是最有效率的企业也不可能持续生存，更不用说成功了。再大的效率也不能激活马鞭的制造商持续生存下去。

"成效"是成功的根基，"效率"是在获得成功后，继续生存的最低条件。"效率"关注"正确地做事"（doing things right），而"成效"讲究"做正确的事"（doing the right things）。

"效率"致力于把精力投入到所有领域的活动中去，而"成效"始于深谙于心的领悟：在企业中，甚至在一切社会有机体中，10%或15%的忙活（比如产品、订单、顾客、市场、员工）通常能够产生80%或90%的成果。而其他85%或90%的忙活，无论获得多么高效率的关照，除了增加成本之外，就剩下"白忙活"了。

所以，管理者的第一项行政管理工作（也是首要行政管理工作）便是确保一切值得开展的活动具有"成效"，并收获好的效果。同时，管理者应该（也不要放弃）把那些不太可能产生非凡的高成果的事务（比如产品、职员活动、调研工作、销售等）处理得当（无论它们代表着过去已经把握住机会但最终只是白忙活，还是代表着过去尚未实现的希望与期许，也就是昨日的失误）。

经营者的第二项行政管理工作是促使企业始终保持接近充分发挥潜能的状态。即便是最成功的企业，其实际绩效也无法与其潜力相比拟——所谓潜力，就是集中运用一切努力与资源所能获取的最大经济成果。

这项工作并不算是"创新"，实际上，管理者只是根据企业的现状提出问题："企业的理论最优值是什么？""阻止其实现的原因是什么？"换言之，"限制甚至是阻碍企业通过资源和努力获取全部效益的原因是什么？"

一个基本方法就是——这里提供一个实例仅供参考——要提出问题："在产品、技术、操作流程、市场等诸多方面，有什么相对较小的变化能够显著地提升或改善该企业的经营特征与经济效益？"（这样的提问与现代系统工程师做"漏洞分析"有雷同之处。）

比如在钢铁工业的"漏洞分析"中，钢铁工业的经济效益远低于工业的理论潜力，按照当前的炼钢技术，三次淬火冷却需要进行三次高温加热。炼钢中，无论是高温加热还是淬火冷却，控制"温度"是最昂贵的。而在电力设备制造企业中，也存在有两个缺陷：一是公共设施用户习惯于拥有各自的汽轮机，喜欢设计独特的产品，而不喜欢根据标准性能与规格制成的大量类同产品。二是公共设施用户习惯于在金融市场汇率低迷时订购汽轮机，这就会人为地制造出昂贵的需求波动和生产调度。如果这两个习惯能被改善，大型发电汽轮机也许会下降40%～50%的成本。我们再举一个例子，在从事人寿保险的企业中，一个重要的缺陷是个人销售的高昂成本。克服这个缺陷并从一定意义上进一步发挥企业潜力的可能选择方法：要么做统计销售，也就是消除昂贵的个人销售行径；要么拓广销售渠道，比如做销售理财规划（包括一切投资工具，比如投资信托证券），而不是仅仅依赖销售人寿保险。

引用这些例子是为了说明一个道理：即便是相对微小的改变也不一定容易做到。事实上，我们甚至不知道该如何做。但对于那些基本上维持现状的企业来说，这看起来是"次要的"，但依然会导致不同的经济效益。这些例子清楚地告诉人们：想"改变"就必须"创新"，但这些"微小的改变"本身不是"创新"，它们主要是改进现有企业的业务而已。

与此同时，管理使命中天生含有"创业"（entrepreneurship）：创造未来的企业，而与"创业"天然匹配的便是"创新"（innovation）。

"创造未来的企业"始于一个坚定的信念，即未来的企业"必将"而且"必须"有所不同。同时，"创造未来的企业"立足于"今天的企业"的必然性。"创造未来的企业"不是突发奇想，它要求今天企业中的所有员工做系统分析以及付出严酷而艰辛的耕耘。

在企业中，创业精神所赋予的具体工作就是去培育今天的企业具有能力创造未来，并使之成为与众不同的企业。在现有企业中，创业精神所赋予的具体工作就是去促进现在的事业长久保持活力——尤其是对目前已经获得的成功——并且在将来立于不败之地。

或许有人会说，成功难以持续到永远。毕竟，企业都是人所创建的，根本没有真正的永久性；即使是如今看来最古老的企业，也不过是近几个世纪的产物。但一家企业必须持续超过一个人的寿命，甚至超过几代人，而这家企业依旧有能力为经济、为社会做出贡献。企业的持续长存是创业的核心使命——有能力如此为之，就是对管理最严苛、最具有决定性的考验。

管理者的工作

以上这些管理使命与管理维度都有各自的技能、工具以及要求，但总的管理使命要求把这些元素整合在一起。这就要求特殊工作和特殊工具。所谓的特殊工具就是指"管理"（management），而特殊工作就是指"对管理者进行管理"（managing manager）。

有些使命，比如经济绩效、促使工作具有生产力和让员工具有成就感、社会影响与社会责任的管理，以及平衡地管理企业当前的需求与未来的需求等，这些都与公众利益息息相关。公众对管理者必须完成的使命并不关心，或者说对此兴趣不高，他们所关注的是绩效。但管理者必须关注完成各自使命的必要方法，他们必须关注管理职责，必须关注管理者的工作，必须关注管理者所需的技能，必须关注管理者所服务的整个组织。

任何不以执行使命为起点的管理学书籍都是在曲解管理。比如，把管理视为一件"事物"而不是达到目标的方法；那么，这样的管理学书籍一定无法帮助读者理解"管理只为图谋绩效而存在"的道理。它把管理视为"一个孤立的现实"，但是管理是个器官，管理的存在、身份及其合理性都源自它所服务的职能。管理必须专注于"使命"。

正如大多数管理学书籍所论及的那样——从管理者的工作，或者从管理组织着手来讨论管理——这个方法是技术统治者（technocrat）的把戏，他们很快就会堕落为官僚主义者（bureaucrat），甚至沦为非常糟糕的"技治官僚"（technocracy）。就像本书将要再三强调的那样，管理工作、管理职位以及管理组织都不是绝对的，它们都取决于管理使命的执行。"结构遵循策略"的说法是过去 20 年来人们总结出来的基本洞见之一。不理解企业的使命、目标和策略，管理者就不能被很好地"管理"，组织就不能被很好地"规划"，管理工作就不具有生产力。

1

第一部分

企业的绩效

MANAGEMENT
TASKS, RESPONSIBILITIES, PRACTICES

迄今为止，人们尚无一套真正的企业理论，也没有完整的企业管理学科体系。但我们知道何为企业以及何为企业关键的职能。我们明白利润的作用以及生产率的要求。任何企业都需要深入思考如下问题："我们的事业是什么？""我们的事业应该是什么？"企业的目标必须源自于企业的使命，并且必须在许多关键领域设定目标。企业不仅必须在这些相互对立的目标之间获得平衡，而且必须在当前需求与未来需求的竞争中获得平衡。企业需要把目标转化成为具体策略，而且需要把资源汇聚在这些策略上。最后，企业需要认真思考战略规划，因为今天的决策必将造就未来的企业。

第5章 | CHAPTER 5

如何管理企业：西尔斯－罗巴克百货解析

> 企业是什么，如何管理企业——西尔斯－罗巴克百货公司如何成为企业——罗森沃尔德的创新——邮购工厂的发明——伍德将军与西尔斯的第二阶段故事——销售规划与管理者的培育——西尔斯的第三阶段：从"推销"到"购买"再到"采购"——分类市场与大众市场——面临的挑战

讨论企业各种职能的管理书籍有数百甚至上千种，涉及的内容广泛，诸如产品、市场、金融、工程、采购、人事、公共关系等。但"如何管理企业""管理应该做什么"以及"管理应该如何运作"等关键话题却少有人问津。

这种疏忽并非偶然。它反映出企业不仅缺乏一套可行的理论，而且缺少足够训练有素的管理方法。故此，我们无须做理论化的阐述，相反我们先要观察企业的行为表现。在我的视野中，除了西尔斯－罗巴克百货公司（以下简称西尔斯，美国最成功的企业之一），没有更好的例子能够说明"何为企

业"以及"何为管理"这样的问题。

西尔斯是全球最大零售商,销售额超过百亿美元。无论用哪种标准加以衡量,西尔斯都算得上是目前美国经济体中最大盈利的零售企业,只有英国的玛莎百货公司可与西尔斯相媲美(参见第 8 章)。玛莎百货在规模上比西尔斯小得多,仅仅是西尔斯的十分之一,但我们必须承认,玛莎百货的成功依赖于它对西尔斯的模仿,尤其是在玛莎百货早期的发展中。

西尔斯所属的产业和零售业显得老练成熟而且完善生长,只不过完全缺乏高科技和科学创新的魅力,但这并不影响它成为成长型公司的典范。在美国,没有其他企业,甚至包括通用汽车公司在内,能像西尔斯那样自 19 世纪与 20 世纪之交一如既往地保持持续的经济增长。

西尔斯的成功也可作为一个政治现象加以研究。在保护消费者权益运动(consumerism)高涨的时代,西尔斯很容易成为消费者群起攻击的主要对象。然而,出人意料的是,西尔斯很少甚至没有受到批评。借助主要的控股权,或者通过拥有稳固的股权方式,西尔斯成功掌控 60% 的产品制造商的股份。西尔斯的做法似乎成为"反垄断者"攻击的首要目标,或者因为经济权力集中而招人嫉恨;然而,出人意料的是,从来没有人提出对西尔斯进行反垄断调查,更别提有反垄断诉讼的事情了。

商学院的典型案例分析通常都是聚焦于失败的案例解析,或者至少是"问题案例"分析。但我觉得,成功案例解析能够让人学到更多。认识到"做正确的事"远比认识到"避免做什么事"重要得多。

在 19 世纪末 20 世纪初,西尔斯已经成为一家企业,并且深刻意识到美国农民代表着一个"分离"而具有"特色"的市场。说其"分离",是因为美国农民分散居住、各自为政,导致现有的分销渠道不足以为他们提供产品配送。说其"特色",是指农民的特别需求,即在一些重要方面,他们的需求有别于城市消费者。虽然农民的个体购买力相对较低,但这说明一个具有巨大购买潜力的整体市场有待开发。为了把产品配送到农民手中，新的分销渠道必须建立起来。商品必须符合农民的所需所想。商品必须做到价廉并能保证正常供应。供应商必须保证诚实可靠，因为农民们居住边远，他们无法做到查验商品后再购买，也无法在发现上当受骗后要求补偿。

为了创建企业，西尔斯必须对消费者和市场做细致分析，尤其对农民所认为"有价值的"东西做深入调研，而且要求在诸多不同领域进行创新。西尔斯做了如下五个不同方面的探索。

第一，西尔斯要求做系统的"销售规划"，即为农民所需要的特定商品寻找和开发货源，既要考虑农民所需产品的"质"与"量"，也要思考农民所能承受的价格。

第二，西尔斯要求做邮购商品广告目录，目的在于为那些无法常来城市购物的农民提供服务。邮购商品广告目录必须定期刊出，而不是像为了暂时招揽顾客而散发的不定期公告那样。这种做法不仅打破了以往的邮寄销售规矩，而且不再以夸大宣传来刺激农民消费。相反，为农民提供商品，让他们不仅信赖广告目录上所描述的商品的可靠性，而且认识商品背后的公司的诚信度，这样有助于农民成为该产品的永久消费者。邮购商品广告目录也就会自然地成为农民心目中喜闻乐见的"心愿书"。

第三，西尔斯推陈出新，把老掉牙的观念"顾客留意：一经售出，概不退换"（caveat emptor）换成了享誉一时的新政策"顾客切记：退货还钱，理所当然"（caveat vendor）。㊀

第四，找出一个既快捷又便宜的方法来满足大量客户订单需求。如果缺少合适的邮购工厂，企业的经营行为将难以落实。

第五，必须建立人力组织，当西尔斯初具企业规模时，大多数必要的人

㊀ 我能理解，实际上，消费者真正退换给西尔斯的产品远远少于其他同期大型的美国百货商店，西尔斯所坚持的基本营销策略的确表达出与众不同的勇气。

力技能并不具备。比如没有采购人员，没有精于库存管理的会计师，没有制作商品目录的美工设计人员，没有能够熟练操作巨大客户订单的办事人员等。

理查德·西尔斯以他自己的名字为公司命名。他了解消费者的需求，而且善于随机应变满足需求。但并不是他使得西尔斯成为一家名副其实的企业。实际上，理查德·西尔斯自己的运营方式并不能算得上"企业"模式，但他的确是个精明的投机商，他善于在市场低迷时分批囤积商品，然后在合适时通过邮政广告巧妙地抛售出去。他的每一笔交易都是完整的转手业务，交易完成后，单笔生意清偿结案。西尔斯或许为他自己赚得了大量金钱。但他的经营方式从来就不能称得上创建了"企业"，更不用说什么让企业永存之类的话了。实际上，他的成功最后几乎导致破产，因为他把公司推向了远超出自己管理能力所能及的范围。当他把西尔斯转卖给一个完全的局外人——芝加哥的服装商人朱利叶斯·罗森沃尔德（1862—1932）时，他的公司已经行将倒闭了。

罗森沃尔德从1895年正式接管西尔斯，1905年芝加哥邮购工厂开业，在这10年间，他把西尔斯打造成为一家真正的企业。他对市场进行剖析，开始有系统地开发商品资源，制作定期的邮购商品广告目录，以及提出"包您满意，否则退款"（satisfaction guaranteed or your money back）的营销政策。他建立了富有成效的人力组织，授予管理人员最大权力并让他们为成果负全责。后来他又进一步出让一些股权给每一家公司员工，鼓励他们努力创造利润。罗森沃尔德不仅是西尔斯之父，而且是物流革命之父；在20世纪，物流革命改变了世界经济，它是经济增长极其重要的关键因素。

在对西尔斯早期历史所做的重要贡献中，只有一项不是出于罗森沃尔德，即1903年由奥托·多林设计的芝加哥邮购工厂。这是第一家现代大规模生产工厂，比亨利·福特成立的大批量生产工厂要早5年，这种工厂把所有工作分门别类成简单的重复操作，使用流水作业线、传送带、标准化以及互通转换件等，最重要的是必须精密地规划全方位的工作流程。⊖

在这些基础上，一直到第一次世界大战结束，西尔斯才发展成为一家全国性机构；在许多农民家里，除《圣经》之外，唯一能看到的便是西尔斯的"心愿书"了。

西尔斯第二阶段的发展故事始于20世纪20年代中期。前一阶段故事主角是罗森沃尔德，而这一阶段故事的主角是另一个人，他就是罗伯特·伍德将军（1879—1969）。伍德将军加盟西尔斯时，正值西尔斯迅猛发展壮大之际。农民不再隔离散居，汽车为他们进城购物提供了交通便利。农民不再需要成立过去所谓的"特色"市场了，这要归功于西尔斯的努力，农民迅速改变生活方式，他们遵照都市中产阶级的生活标准来塑造自己的生活。

与此同时，一个新兴的庞大的城市市场已经形成，正如25年前散居边远地区的农民渴望市场一样，城市中的低收入群体也都已经成长变化。他们赚到了钱，他们渴望购买与中上阶层人士同等的商品。美国因而快速发展成为一个巨大的"同质市场"（homogeneous market），但商品流通系统依然如故，还是具有"分离"而"特色"的阶层市场。

伍德将军在加盟西尔斯之前就曾做过细致的分析。在这个分析的基础上，他决定把西尔斯的经营中心转向零售商店，目的在于既能为拥有汽车的乡村农民提供服务，又能为都市居民提供服务。

为了让这个决定得到有效落实，一系列的创新势在必行。为了寻找供应资源以及满足商品采购，销售规划必须添加两项新的职能：一是推进产品设计，二是开发具有大量生产这些产品能力的制造商。不同阶层需求的市场产品，比如20世纪20年代的电冰箱，原来是为了满足大众市场以及考虑有限

⊖ 在西尔斯流传着一个故事：亨利·福特在创建他自己的第一家工厂前，访问了西尔斯，而且小心翼翼地研究了西尔斯崭新的邮购工厂。

购买力的需要，现在这些电冰箱必须重新设计。供应商也要重新改造——经常是由西尔斯出资培训经营者以及生产这些产品。这就要求另一种重要的创新：确定西尔斯与供应商之间关系的基本政策，尤其是针对那些依赖公司购货以维持企业运作的供应商。为了培育出能为大众市场提供产品服务能力的供应商，西尔斯改进销售规划，做调查研究，并系统地建立了数百家小型供货商。这些都是西尔斯第二阶段发展中所运用的大规模运销方式，就像第一阶段时期所采取的邮购订单和产品目录那样。这些创新在不同时期为美国经济做出了贡献。

零售业务的发展还意味着必须关注零售店经理的培养。邮购销售方式并没有为零售店的管理培养人才。西尔斯零售业务开展的前10年或15年中，差不多直到第二次世界大战，遭遇到的最大瓶颈是零售店经理的短缺。最具有系统的创新必须是培养与发展经理人，西尔斯在20世纪30年代所运用的政策已经成为后来所有产业领域培养与发展经理人工作的起点。

向零售业扩展还意味着组织结构必须迅速创新。邮购销售业务是高度集中的，而零售商店星罗棋布，企业总部鞭长莫及，它们必须按区域进行"本地管理"。只要几个邮购工厂就足以供应全国订单，而如今的西尔斯已经拥有上千家零售店，每一家都有所在地各自的市场。这种地方分权制组织结构，也就是分权制公司的管理方法，不仅能够有效衡量零售店经理的绩效，而且能够维持公司整体的统一和最大化的地方自主权，而所有这些做法都必须促使零售业务实现目标。此外，必须出台新的薪酬制度以求奖励那些绩效显著的零售店经理。

最后，西尔斯必须在商店的选址、建筑风格以及硬件设备上做些创新。传统的零售店经营方式并不适合西尔斯的市场。这不像把西尔斯的零售店建到市郊那么简单的事，也不像是提供一个足够大的停车场就可以了，这种创新意味着零售店的整个概念必须改变。实际上，很少有人，甚至包括西尔斯管理者与员工在内，能够意识到这个创新多么长远而且深刻地影响了美国人的购物习惯和城镇外观。20世纪50年代出现的许多市郊购物中心实际上就是零售业务迅猛发展的结果，但这种理念与应用方法都是对30年代西尔斯创新逻辑的延伸。

西尔斯做出向零售业务开发转型的基本决策是在20世纪20年代中期，而基本创新的举措是在30年代早期。这足以说明为何西尔斯的营业额及其利润能在经济大萧条时期和第二次世界大战期间保持良好的增长势头。

1954年，伍德将军退休，但他对西尔斯公司的影响持续了10余年，没有其他具有长期主导地位的首席执行官可以取代他的位置。自伍德将军退休以后，西尔斯便一直由董事长、总经理以及副总裁等人组成的小团队管理。无一例外，这些高层团队成员都在5～7年之后相继退休，他们当中没有一个人能像罗森沃尔德或伍德那样保持权力长达二三十年之久。

这些继任者在管理上所带来的变化差不多与罗森沃尔德和伍德一样意义深远。他们也重新界定了西尔斯。在伍德将军的影响下，西尔斯的企业角色实现了从"推销者"到"采购者"的过渡。在伍德将军继任者的带领下，西尔斯重新把自己界定为美国家庭的"制造供应商"。这个理念逐渐深入人心，西尔斯业已成为一家负责任的、信息灵通的"制造供应商"，专门为美国家庭的所需所想提供服务。今天，西尔斯的资本投资主要集中在它所拥有并掌控的制造工厂上，但它在零售业务的扩展上依然强势不减。

为了适应美国人口的变化，西尔斯多次调整自己的市场定位。罗森沃尔德做到了向新兴大众市场随时提供大众商品的服务。而伍德则实现了向大众市场提供早已形成的分类市场产品，比如厨房电器类等。在过去20年中，西尔斯的继任者们已经转向更大范围的"美国市场"，那里不再需要"分类市场"，因为如今美国中产阶级的经济行为和消费习惯已经与上层阶级无异。所以，西尔斯大力拓展它的产品范围。当然，西尔斯依旧在零售店中推销家用电器，而且可能依旧是最大销售的产品类别。然而，西尔斯也已经成为世界上最大的钻石销售商，也是美国最大的书籍零售商之一，而且是原创艺术品诸如绘画作品、版画以及油画等的交易大户。

伍德将军还把西尔斯的业务拓展到汽车保险，他敏锐地看到汽车保险就像汽车的零配件，比如刹车片、挡风玻璃和雨刷一样重要。伍德将军的继任者们增加了各种各样的财产保险业务；为了满足新兴的大众资本市场的需求，他们还增加了互助基金项目；他们甚至进军旅游业市场等。换言之，西尔斯不再把自己的企业定义为"商品"，而是把自己界定为满足所有美国中产阶级家庭需求的企业。

伍德将军显然要比罗森沃尔德更具有闯劲。为了确保西尔斯商品的品质，为了确保巨大的分销物流符合系统要求，为了实现对客户的最低价销售的可能性，伍德控制了一些决定性的制造商。直到如今，这依旧是西尔斯行销的一条重要原则——有效控制制造资源或所有权。但对西尔斯与制造商之间关系的更加正确的描述应该是"采购"（procurement），而不是"购买"（buying）。这个稳中求胜的重点成为西尔斯的长期经营策略，它可以先预测未来美国家庭的发展态势及其需求，然后，在此预测的基础上来设计与开发合适的产品和服务。西尔斯或许是美国第一家真正意义上"以市场营销为焦点"（marketing-focused）的企业，它完全履行了大多数制造企业仅停留于嘴上的销售方法——聚焦于创建供应资源，而不是聚焦于向公众推销产品，这样的销售策略为西尔斯创造了巨大的销售额和利润。

然而，西尔斯今天依旧面对新的挑战，依旧要求一如既往地不断创新以及全方位的战略思维。

西尔斯从一开始就敏锐地意识到美国基本人口的发展趋势。伍德将军最喜欢的管理工具是"小黑皮本子"，里面全是美国人口统计数据及人口发展预测。罗森沃尔德也很在意人口统计，他把企业建立在人口分析和人口发展态势的基础之上。西尔斯的政策自始至终都致力于寻找主体市场并把它转换成为真正的大众市场。

美国将来或许会经历市场转变,西尔斯也有可能难以在战略上适应变化。到了20世纪70年代中期,年轻而受过高等教育的家庭将成为美国市场的主导力量,这些人都是知识工作者,他们以知识谋求生计。虽然西尔斯能把与这些人父母(就是那些在大型工业城市工作的"蓝领"们)的特别关系转移到年轻人身上,但西尔斯未必能够在最大需求和最快消费增长的领域发挥其生产、购买或销售的长处。西尔斯依旧只能优先考虑它在产品的生产、购买与销售等方面的优势。年轻而受过高等教育的家庭对产品的品质要求很高,虽然他们的收入仅达到人均收入的平均水平,但他们的消费行为和价值观都是"超高阶级"——远比上等阶层高得多。这就意味着在他们的消费预算中,主要增长的那部分并不在商品,而在于信息、教育、卫生保健、旅游休闲、可靠的理财建议与服务以及工作指导与职业选择。这些必需品也是美国家庭的需求,在这些领域中,美国家庭也需要信息灵通又能负责任的企业。但总体上说,在这些领域中,西尔斯并没有成为负责任的制造商和购买者。

再者,西尔斯一直把自己的市场视为"同质市场",并不受少数"区隔市场"的困扰,也没有把这些市场视为客户。西尔斯的商店没有按照客户群体的贫富来区别经营,而是一视同仁,让大多数人都能够购买到相同的产品。西尔斯考虑的是同一事物的相似价值,鼓励人们分享共同的经济特征以及共同的经济认知心理。但时过境迁,这种想法可能已经不再正确了。有迹象表明,按照购买行为与经济价值之间的"显著差异",美国市场正在被分割成若干大的"区隔市场"。对于这样急剧变化的市场发展态势,西尔斯似乎感到力不从心了。

在20世纪40年代,西尔斯开始把业务范围从美国本土扩展到加拿大,然后进军拉丁美洲。在60年代,它进入西班牙市场并引发其他欧洲国家零售店的兴趣。还有一些流传已久的谣言说西尔斯有计划在日本扩展其业务。但到目前为止，西尔斯仍然只是一家美国企业，它并未成为一家跨国企业。西尔斯将必须面对艰难而冒险的决策。如果它停留于美国市场，那么它将面临严重的经济增长与利润率持续放缓的可能风险，因为美国中产阶级的家庭预算中商品需求的重要性正在逐渐降低。如果它选择成为一家真正的跨国公司，那么它必须选择合适的国家和市场，以保证它的"大众市场营销策略"能够得到最大程度的发挥。这就要求西尔斯必须在政策制定上慎思明辨，诸如在零售店设计、销售规划、公共关系结构，以及与各国政府、制造商和投资商的关系等方面，这些都势在必行。同时，毋庸置疑，西尔斯必须在完全不同的市场和文化中学习应用它的营销方法与原则。

如果西尔斯想要维持它的领先地位，保持经济增长势头，那么它必须面对许多新挑战，或许还需要重新界定企业的使命，重新认识市场方向以及重新寻找创新灵感。

正确的答案总是在回顾往事中显明出来的。通过阐述西尔斯的故事，我们可以学到一个道理：任何说法都有可能是对的，但正确答案显明之前都要经历自我证明的过程。在1900年左右，"众所周知"的道理是："包您满意，否则退款"的承诺只会给零售店带来财务亏损。在1925年左右，"众所周知"的道理是：美国市场根据居民收入差异来形成不同的"区隔市场"，不同的收入群体在不同的地方购买不同的商品。在1950年左右，"众所周知"的道理是：美国的消费者喜欢到市区购物了。如此等等。

西尔斯的故事还告诉人们一个更加重要的道理：正确答案都不是人"聪明"或有良好"直觉"的结果。理查德·西尔斯既聪明又有良好直觉，但他失败了。"正确答案"是"提出正确问题"的结果；而"提出正确问题"（比如，"什么是企业""我们的事业是什么"等诸如此类的问题），要求付出艰辛的努力和进行系统的思考。

第6章 | CHAPTER 6

如何理解企业的实质

创造并管理企业的是人,而不是某种力量——利润最大化的谬误——利润是经济活动的客观条件,而不是经济活动的基本原理——企业的目标是创造顾客——两种创业职能:营销与创新——美国、欧洲、日本的营销革命——市场营销并非特殊化活动——IBM公司实例解析——保护消费者利益运动是市场营销的耻辱——从"推销"走向"市场营销"——企业是经济增长与经济发展的器官——创新是经济功能——创新是整个企业的维度——高效利用生产资源——何为生产型劳动——知识、时间、产品组合、流程组合、组织结构是生产力要素——促使知识具有生产力——利润的功能——利润负有社会责任——需要多少利润——企业管理是理性的活动

西尔斯的故事启发人们:创造并管理企业的是人,而不是某种力量。经

济力量会对管理所能做的事情设限，也会为管理行为创造机遇。但经济力量本身并不会决定"企业是什么"，也不会决定"企业做什么"。人们经常重复宣称："管理只能使企业适应市场力量"，没有什么比这种说法更愚蠢的了。管理不仅必须发现这些力量，更重要的是必须创造这些力量。75年前，罗森沃尔德把西尔斯创建成为一家企业；25年后，伍德将军把西尔斯的基本性质进行改良，并确保它在大萧条时期和第二次世界大战期间持续增长并获得成功。现在这个时代的管理者们必须做出新决策，这个决策将会决定西尔斯的繁荣或衰败，继续生存或终结枯萎。这也是每一家企业的真实写照。

解析西尔斯所得出的另一个结论是：我们不能依据利润来定义和解释企业。当人们问"什么是企业"，通常的标准答案是，"企业就是营利性组织"。一些经济学家也会这么回答。但我认为这个答案无关痛痒。

这个企业广为盛行的经济理论，即"利润最大化"的说法，实际上就是民间流传的"贱买贵卖"，这也是理查德·西尔斯早期使用的经营方法的充足说明。但这个说法不足以解释西尔斯或者其他任何企业的成功运营情况，也不足以解释企业应该如何运作。实际上，利润最大化是个毫无意义的概念。

当代经济学家们已经意识到了这个问题，而且他们正在尽力挽救这个定理。乔尔·迪安是当代最睿智而且富有研究成果的企业经济学家之一，虽然他依然坚持这个理论，但他是这样定义"利润最大化"的。

"经济理论制造了一个基本假定：'利润最大化'是每一家公司的基本目标。但近年来，'利润最大化'已经被理论家们赋予更广泛的含义——指向长期利益攫取，指向管理层的收益，而不是企业合法所得，甚至包括许多非金融收益，比如增加了为高度紧张的高管们所提供的休闲服务，增加了促进公司内部领导层关系更加和谐的项目，以及为一些特别考虑而留有余地的收益，诸如抑制竞争、维护管理层的控制力、防治薪酬要求，以及预防反垄断诉讼等。'利润最大化'已经成为一种综合泛指而且模糊不清的概念，以至于它似乎包含了许多人的生活目的……理论家们认为，这种趋势反映出一个正在成长的现实——许多公司，尤其是那些大型公司，并不按照'边际成本和收益'的定义来理解和实行'利润最大化'原则。"⊖

当"利润最大化已经成为一种综合泛指而且模糊不清的概念，以至于它似乎包含了许多人的生活目的"时，它就已经不是概念了。换成另一种说法，即"我不知道，我也不理解"。一个定理只有当它能够继续保持其合格存在时，它才会持续体现出它的意义、有用性和价值。

利润最大化概念的危险在于把利润率虚构成为"神话"。根据乔尔·迪安的研究，任何人在仔细观察利润最大化的理论与现实之间的差异时，都会得出合适的结论：利润率并不重要——这个结论在约翰·肯尼思·加尔布雷思的著作《新工业国》中得到证实。⊖

然而，利润与利润率都是至关重要的，二者对社会的重要性远超过对单个企业的重要性。不过，利润率不是企业的最终目的，也不是企业活动的目的，而是企业及其活动的限制因素。利润不是企业行为与企业决策的说明、原因或基本原理阐述，利润是企业行为与企业决策的有效性检测。如果有朝一日天使长取代商贾精英坐在了董事长的交椅上，他也必须关注利润率，即便他个人对利润并不十分感兴趣。

任何企业都要经历的第一个考验不是利润最大化，而是成就充足的利润以求降低经济活动的风险和避免经济亏损。

混乱的根源是错误的信仰——个人动机，即所谓的商人的利润动机——

⊖ 参见乔尔·迪安（Joel Dean）的《管理经济学》(*Managerial Economics*)，1951年出版。
⊖ 参见约翰·肯尼思·加尔布雷思（John Kenneth Galbraith）的《新工业国》(*The New Industrial State*)，1967年出版。

是个人行为习惯的解释，也是他正确行动的指南。虽然是否真的存在所谓的"利润动机"很值得怀疑，但"利润动机"的确是古典经济学家发明的，主要是用来解释那些静态平衡理论无法解释的经济现实。迄今为止尚无证据表明"利润动机"的存在。在人们业已发现的对经济变化与增长现象的真实解释中，"利润动机"是首先被提出来解释的。

无论"利润动机"是否存在，"利润动机"的说法与理解企业行为、利润和利润率毫不相关。吉姆·史密斯仅仅关注他自己和"录音天使"（Recording Angel）工坊的利润，但并不告诉人们"史密斯是做什么的"以及"他是如何做的"。我们只是听闻有个在内华达沙漠搜索铀矿的勘探者正在试图挖掘财富，但我们没能从他的工作中学到任何知识。我们只是听说一位心脏病专家正在通过治病而谋求生计并造福人类，但我们没能从他的工作中学到任何知识。同样的道理，"利润动机"和"利润最大化"与企业职能、企业目标以及企业管理工作也是这样"风马牛不相及"。

实际上，"利润最大化"的概念不仅"不切题"，而且是"祸害"。"利润最大化"是我们社会对利润本质产生严重误解的主要原因，也是人们对利润产生敌视的主要原因——人们根深蒂固地认为利润是工业社会最危险的顽疾之一。"利润最大化"的概念要为公共政策最糟糕的失误负有很大责任——尤其是在美国和西欧——这种失误归根结底是对企业的本质、职能以及目标的误解。此外，人们还误认为，在企业的利润与企业的社会贡献能力之间存在固有矛盾，"利润最大化"的概念还要为这个曾经流行一时的错误认识负有责任。事实上，只有在企业高盈利时，企业才会对社会有所贡献。说句不好听的话，一个破产的公司不可能是人们愿意工作的好公司，也不会是令人向往的"好邻舍"——虽然今天有些社会学家可能会持相反的看法，但这无关紧要。

企业的目的

想要解释"何为企业",我们必须从企业的目的说起。企业的目的必须置身于企业之外。实际上,企业的目的针对社会,因为企业本来就是社会的器官。企业只有一个有效的定义:去创造顾客。

市场不是上帝创造的,经济力量是商人创造的。在企业为顾客提供令人满意的方式之前,顾客就已经感觉到企业所能满足的需求了。就像饥荒之地的食物一样,它可能支配着顾客的生活,甚至成为顾客清醒时刻最想要的东西;但食物仍然只是"潜在愿望",直到商人把食物转变成"有效需求",然后便产生了"顾客"与"市场"。希望获得的事物或许并没有被"潜在顾客"所感知,甚至没有人知道,有顾客想要一台影印机或者一台电脑,直到这些有效运作时方为成就。或许根本没有需求,直到企业行为(诸如通过创新、诚信、广告甚至巧妙推销等)创造了需求。在任何情形中,我们都可以说,是企业行为创造了顾客。

正是顾客决定了"何为企业"。是顾客为产品与服务的支付意愿把"经济资源"变成了"财富",把"事物"变成了"商品"。企业想要生产什么并不是最重要的,尤其不是决定企业未来和成功的主要因素。在特有的工程学定义中,"品质"就是指一些很难做到的事情,一些复杂难懂且需要花费许多钱的事情!但这好像不是在说"品质",而是指它的"无能"。顾客想要购买什么,什么是顾客认为值得的,这才是关键;也就是说,"顾客想要什么"决定了"何为企业",决定了企业生产什么,决定了企业是否兴隆昌盛。而且顾客想要购买的和认为有价值的东西从来就不是"产品"本身,而是"实用"——产品或服务对他的使用实效。顾客所认定的有价值的东西并不显而易见(详见第 7 章内容)。

顾客是企业的基础,顾客维持企业的生存,只有顾客能为企业创造就业机会。为了供应顾客的所需所想，社会把创造财富的资源托付给了企业。

两种创业职能：营销与创新

因为企业的目的是去创造顾客，所以企业便具有两种基本职能，而且只有这两种，即营销与创新。只有营销和创新能够产生"成果"，其他一切都是"成本"。

营销是企业独特的职能。企业与其他一切人的组织的区别之处在于它营销产品或者服务。教会、军队、学校和政府都不做这样的营销。任何营销产品或服务的机构都可以称之为"企业"，任何不营销或者只是偶尔营销的组织都算不上是"企业"，也不应该把这样的组织视为企业加以管理。

在西方国家中，第一个能够清楚地把营销视为企业独特而核心的职能，并把创造顾客视为企业管理的专业工作的人是赛勒斯·麦考密克（1809—1884）。史书上仅仅提及此公发明了机械收割机，但他还发明了现代营销的基础工具：市场调查研究与市场分析，市场地位的概念，定价政策，服务营销员，为顾客提供零配件与服务以及分期付款信贷等。到1850年他已经完成这一切的发明，但差不多直到50年后，他的发明才在他自己的国家被人广泛模仿。

在远东地区，营销的兴起可能更加久远，只是很长时间无人仿效。在日本，营销的发明差不多在1650年，那时日本三井家族的商人首次来到东京定居并开办了第一家百货商店。他实行了与西尔斯相似的经营政策，而这些政策比西尔斯早了整整250年，比如为顾客采购商品，为顾客量身定制产品，为顾客的产品开发资源，主张"退货还钱，不问理由"的原则，为顾客提供各种各样的大宗商品而不仅仅限制在工艺、分类产品和生产流程等。三井还坚信，当时日本社会的变化已经创造了新阶层的潜在顾客、都市化的新贵族以及新的资产阶级。在这些基础上，三井和他的继任者们不仅创建了时至今日日本最大的零售企业——三越百货公司连锁店，还建立了日本最大的制造业、贸易和金融集团之一——三井财团。

自 1900 年以来，美国的经济变革很大程度上都集中于营销革命。当时美国的企业界，具有创意、闯劲与开拓精神的营销依旧稀缺少见，甚至很少有企业能够与 1925 年的西尔斯齐头并进，更不用说 1970 年的西尔斯了。50 年前，美国商人对待市场营销的典型态度是"工厂生产什么，销售部就卖什么"；但如今，这个态度已经变化成为"市场要什么，我们就生产什么"。这种态度的变化本身就能够改变我们的经济，其影响力不亚于 20 世纪任何技术创新所带来的影响。

在欧洲，直到第二次世界大战结束后，销售是企业核心职能的理念才真正被人接受。外销具有很高的价值，这是 18 世纪欧洲重商主义的遗产，因为当时的重商主义者们坚信，国内消费是反社会的；相反，海外销售则体现爱国精神，而且广受赞扬（如今，这种思想依旧在日本尚存一息并成为日本政府为政态度与政策理念的基础）。

然而，销售工作在当时并不受人尊重。1914 年前，一名外销部经理可以在普鲁士军队的军官委员会中任职，被尊称为"绅士"，但一名国内销售部经理却受到冷落和轻视。一直到 1950 年，有些意大利大型公司的外销部经理以高管成员的资格正襟危坐于董事会中，但这些高管没有一个是负责国内销售的，即使国内市场占了整个公司 70% 的销售份额。

顺便说一下，传统欧洲社会对市场、顾客以及销售的这种偏见是导致欧洲"卡特尔（cartel，即联合企业）"流行的重要原因。如果一个产业是通过严格而整齐的"卡特尔"来分割配置业务的，那么没有人需要为市场和销售担忧，至少从短期看无须担心。

从这种态度转向考虑以市场营销为中心的企业职能，是自 1950 年后欧洲经济爆发性复苏的主要理由，尽管当时市场营销尚未成为企业的核心职能。

市场营销方法是在20世纪20年代由一家英国零售业"玛莎百货"引进欧洲的。在不到15年的时间中，也就是从1920年到1935年，玛莎百货成为欧洲规模最大、发展最快、盈利最多的零售业。尽管玛莎百货获得如此成功，但直到第二次世界大战结束，也少有企业仿效它，因为当时市场营销革命已经席卷整个欧洲，领军者中有荷兰的飞利浦、联合利华和菲亚特等。

无独有偶，在日本，起初也很少有企业仿效三井公司。或许日本的营销革命一直到索尼公司兴起时才开始，索尼于20世纪50年代进入市场营销，先是在日本本土，然后扩展营销到世界各地。此前，大多数日本企业都是以"产品导向"（product-oriented）为主的企业，它们并不在意"市场导向"（market-oriented）；但自索尼之后，许多日本企业在市场营销上争相模仿、快速学习。自20世纪50年代起，日本经济在全球市场中获得成功进而创造了日本经济繁荣的奇迹，这完全归功于日本企业把市场营销视为企业首要职能和重要使命。

市场营销是如此重要，以至于企业内部不能把它视为独立职能（即特定的技能或工作），甚至不能将它等同于制造产品或人事。营销要求独立开展工作，营销是企业活动中的独特群组。但无论从整个企业的最终成果来看，还是从顾客的角度来说，营销都是整个企业的核心层面。因此，整个企业所有部门都必须重视市场营销，并为市场营销负责。

在美国的众多制造公司中，市场营销方法运用得出类拔萃的当属IBM公司，该公司也是市场营销能力表现出色的典范（参见第60章中关于IBM公司的讨论内容）。IBM公司的迅猛崛起并非因为技术创新和产品领先地位；当它进军电脑领域时，它还不过是个"新手"，并不在技术专长和科学知识上占有优势。但在早期电脑发展萌芽时期，一些企业已经在技术上占领先机,比如通用自动计算机公司(Univac)、通用电气公司(GE)以及美国无线电公司(RCA),它们都还是以"产品"和"技术"为重心的企业。当时IBM公司的打卡片的销售业务员提出了一系列问题:"谁是(我们的)顾客?顾客的价值是什么?顾客如何购买?什么是顾客所需要的?"结果,IBM公司接管了市场。

从"推销"(selling)走向"市场营销"(marketing)

尽管太多的企业都在强调市场营销及营销方法,但市场营销依旧停留于"修辞"而非成为"现实"。保护消费者利益运动(consumerism)证明了这一点。保护消费者利益运动所要求企业的是实际意义上的"市场营销",即要求企业必须为消费者的需求、现实性以及价值负责任;它要求企业必须把自己的目标界定为"满足消费者的需求";它要求企业的回报必须基于对消费者的贡献。虽然在倡导并推动市场营销20年后,保护消费者利益运动已经发展成为一项强大的民众运动,但真正履行市场营销的还是罕见。保护消费者利益运动是"市场营销的耻辱"。

但保护消费者利益运动也是市场营销的良机,它会迫使企业在它们的行为和公告中逐步转向"以市场为重心"。

最重要的是,保护消费者利益运动应该消除人们对"为什么我们缺少真正意义上的市场营销"的困惑。当企业管理者说"市场营销"时,他们的理解通常是"有组织地执行一切'推销'职能。这依然只是"推销",依然是以推销"我们的产品"为开始,依然到处寻找并占领"我们的市场"。而真正的"市场营销"就是西尔斯所应用的方法——以顾客为起始,参考人口统计学的科学分析,遵循顾客的现实能力和需求,以及尊重顾客的价值观。真正的"市场营销"不会问:"我们想要推销什么?"而是问:"顾客想要购买什么?"真正的"市场营销"不会说:"这就是我们的产品和服务所能做的!"而是说:"这些都是顾客所期待得以满足的需求和价值观。"

的确,"推销"和"市场营销"既不是"同义",也不是"互补",而是"正好相反"。

人或许会说,企业总是需要做些"推销"的。但"市场营销"的目的会致使"推销"成为多余,因为"市场营销"的目的是去充分地认识并理解顾客,所提供的产品或服务都是应顾客之需的,故此"推销"就显得画蛇添足了。

理想的"市场营销"应该成就那些准备好购买的顾客,并把顾客所需的产品或服务提供到位;那便是后勤工作而非销售人员的工作,是产品的统计分配而非促销了。我们现在离这个理想还很遥远。但保护消费者利益运动明确指出,企业管理的正确座右铭应该是:"从推销走向市场营销。"

企业是经济增长与经济发展的器官

只靠市场营销不会造就企业。静态的经济产生不了企业,甚至造就不出"商人"。静态社会中的"中间商"只是接受薪酬的"代理人",或者只是不会创造价值的"投机者"。

企业只能存在于正在蓬勃发展的经济中,或者至少生存于"敏于变"而且"愿求变"的经济中。在此意义上说,企业正是经济成长、扩展以及变化的特定器官。

因此,企业的另一个职能是"创新",创新是为满足不同经济发展做准备。企业仅仅停留于提供经济商品和服务是远远不够的,它应该立志把商品和服务做得更多更好;企业不一定非要越来越大,但是它一定要持续地成长,而且越来越好。

创新有可能导致价格降低,这是经济学家一直最为关注的数据分析的结果,这仅仅是量化创新的工具。但创新的结果也有可能产生新的、更好的产品,更加新颖便利,或者会对新需求进行界定。

最具有生产力的创新是挖掘新潜能并创造出全新的产品和服务,而不是对原有的产品和服务进行改进或包装。这种崭新且与众不同的产品与服务所需投入的成本显然增多,但它的整体效应会致使经济更具有生产力。

抗生素的成本远高于从前医生用以救治肺炎的冷敷袋的成本。电脑的成本远高于计算器、卡片分类器的成本。打字机的成本远高于羽管笔的成本。影印机的成本远高于印刷机甚至油印机的成本。治疗恶性肿瘤的成本远高于一流葬礼的成本。

因此,产品的价格只是创新价值或整个经济流程的衡量方法而已。我们可以把价格与单位产出做对应来衡量,比如药物的价格可以根据减少住院时间所节省的费用和增加工作时间的费用之间的比例来衡量。但这并不足够。我们还需要一种评价方法。创新能够为顾客带来什么样的经济价值?顾客才是仅有的判断标准,因为只有顾客才熟知他们的经济现实。

创新还可以为旧产品寻求新用途。能够成功地把冰箱卖给因纽特人以防止食物冻结,这样的销售员就是创新者,这种创新与开发崭新生产流程或发明新产品一样难能可贵。把冰箱卖给因纽特人以防止食物冻结,这是"寻找新市场"的创新;而把冰箱当作食物免于过度冰冻的机器,这就等于"产品"的创新。当然,从技术角度来说,产品是同样的,不过从经济角度来说,确实已有所创新。

最重要的是,我们必须认识到,"创新"不是"发明"。创新是经济学术语而非技术术语。非技术创新,也就是社会创新或经济创新,至少与技术创新同等重要(参见第61章"创新型组织")。

蒸汽机的发明对人类现代化进程意义重大;但除了蒸汽机外,还有两项举世瞩目的"非技术创新"对现代经济的崛起贡献巨大：一是银行信贷，旨在调动购买力；二是保险业，即概率数学对经济活动的自然风险的评估与应用。有限责任公司的创新和国有有限责任公司的发展同等重要。分期付款信贷（英国人称之为"分期付款购买"）也具有同样的影响力。这种支付方法为增加产量和投资未来成果提供可能性。分期付款信贷激活了19世纪美国农民购买农具的热情，不仅促进了他们的生产力，而且可以帮助他们以较低成本生产并在获得农作物丰收之后付款。如今在许多贫穷落后的国家中，分期付款信贷成为经济发展强有力的发电机。

在企业组织中，创新与市场营销一样，不能再被视为分离的功能。创新不能被限制于工程学和调研层面，而是要延伸到企业的所有部门、所有职能、所有活动之中。创新也不能受限于制造业。在物流配置和产品制造上，创新具有同等的重要性。创新甚至在银行业和保险公司中扮演着非常关键的角色。

传统上，产品与服务的领导力创新通常只聚焦于各自相关的职能活动，并不负责其他活动；这种情形特别真实地出现在那些以重型工程或化学技术为主导的企业中。在保险公司中，领导力创新通常也会出现相似情况，比如由一个特别部门按部就班地负责新种保单开发的创新；另有其他部门分别负责销售业务、行政政策以及理赔事务的创新等。另一组人则负责投资公司资金业务上的创新工作。所有这些都是保险公司的基本业务。

有系统且有目的的创新，最好的方法是把创新化为企业活动来组织，而不是把创新当作职能工作。与此同时，企业中的每个管理单元都应该为企业创新负责并明确各自的创新目标，都应该为公司的产品和服务的创新做出贡献并负有责任。此外，企业中的每个管理单位，无论是销售还是会计，无论是质量管理还是人力资源管理，都应该自觉地在各自所属领域中获得进步。

创新还可以被定义为赋予人力资源和物质资源产生新的、更大的财富能力的使命。对发展中国家来说，创新尤其重要，因为这些国家拥有丰富的资源。这些国家之所以尚处于贫穷之中，是因为它们缺少把资源转化成为财富的能力。它们能够引进技术，但它们必须具有社会创新能力以促进引进的技术有效发挥作用。

一个世纪以前，现代日本的创建者们就意识到创新所具有的强大力量。他们故意让日本在技术上依赖西方，这种技术依赖甚至持续到最近。但他们把主要精力和人力都投入到社会创新中去，这样可以使日本发展成为一个强大的现代社会和现代经济体，同时又不会丧失日本独特的个性和民族文化。

因此对经济发展来说，创新的确是举足轻重的；实际上，经济发展就是创业者的首要使命。㊀

管理者必须把社会需求转变成企业获利的机会，这也是"创新"的另一个定义。今天人们特别需要这样的创新，因为我们正在面对社会、学校、医疗保健体系、都市以及环境等全方位的需求。这些需求在本质上与19世纪创业家们把当时社会需求转变成为产业并无太大差异，就像都市报纸和有轨电车、钢架结构的摩天大楼和学校教科书、电话机和制药业等。今天的新需求同样要求具有创新能力的企业。

高效利用生产资源

企业必须高效利用生产资源以达到创造顾客的目的，因而企业负责这些资源的生产性利用。这是企业的行政职能。从经济学的角度来说，这就叫作"生产率"。

㊀ 这个方面的论述可见于一位南美教育家与实业家，雷纳尔多·斯卡尔佩塔（Reinaldo Scarpetta）所写的一篇文章，题为《管理教育是社会发展的关键》(*Management Education as a Key to Social Development*)；该篇文章被选入1969年由德鲁克主编的《正为未来准备的商界领袖》(*Preparing Tomorrow's Business Leaders Today*) 一书中。

近些年来，许多人都在谈论生产率。更高的生产率，即"更高效地善用资源"，既是提升生活标准的关键，也是企业活动收获成果的关键，这已经不是新闻了。如今许多人认识到，现代经济之苦难根源，无法控制的通货膨胀，就是生产率不足所导致的"营养缺乏症"。但我们不得不承认我们对生产率知之甚少，甚至我们连测量的能力都尚未具备。

生产率就是指以最小努力产生最大产出的所有生产要素间的平衡。这里所指的生产率有别于通常人们所说的"每个工人的生产率"或"每个小时工作的生产率"，这在传统标准中充其量是笼统而模糊的体现。

这类标准依然遵循18世纪的经济原则，即体力劳动是唯一的生产资源，手工作业是唯一真实可见的劳动。这些标准依然表达"机械论的谬误"。在现代经济中，生产率的提升从来就不是依赖体力来成就的；生产率的提升一直都在想方设法地减免劳动者的体力，并寻求其他方式加以取而代之。当然，在这些替代方式中，就有资本设备，也就是用"机械能"来取代劳动者的"体力"。㊀

还有另一种方式可以取代劳动者的体力用以提升生产率，虽然直到最近才被关注，无论是对技能劳动者还是非技能劳动者，它都同样重要，那就是知识。

人们稍加反思就会意识到，经济学家非常关注的"资本形成率"（the rate of capital formation）只是次要因素；在设备安装和使用之前，必须先要有人计划和设计设备，先从概念入手，后是理论论证，然后才是细致的分析工作。在经济发展中，基本的、优先的因素必须是"智力形成率"（the rate of brain formation）——也就是一个国家必须培育具有想象力、愿景、教育水平、理论技能以及分析技能的人才。

㊀ 关于美国产业中资本设备的投资和生产力的提升之间的直接关系的话题，我们可以参考美国宾夕法尼亚大学和哈佛大学的西蒙·库兹涅茨的研究报告。

然而，规划、设计和安装资本设备仅仅是用"智力"取代"体力"提升生产率的一部分内容。另有一种提升生产率的方式是：在没有任何资本设备投资的情况下，借助直接改变工作的性质来实现生产率的提升，即从要求体力劳动到要求理论分析与概念规划，无论是对技能劳动者还是非技能劳动者，这一点同等重要。

这种方式在20世纪50年代对美国产业与欧洲产业之间存在的生产率差距分析中首次得到印证。比如斯坦福研究所与经济合作组织（OEC）的研究已经清楚地表明，西欧与美国的生产率差异并非资本投资的问题。即使在资本投资和资本设备同等的情况下，许多欧洲产业的生产率与相应的美国产业相比也低出三分之二。唯一的解释是欧洲产业的组织结构比较落后，管理者与技术人员相对薄弱，而且欧洲产业对手工技能过度依赖。

在1900年的美国，典型的制造公司可能花费不超过5美元或8美元在管理人才、技术人员和专业人才上，而把100美元用于直接的人工工资。今天，尽管直接的人工工资的比率提高更快，但有许多制造企业在这两项支出上已经持平。除了制造业、运输业、采矿业以外，比如在物流业、金融业、保险业以及占美国经济三分之二的服务产业中，生产率的提升已经发生根本的变化："规划"已经取代"蛮干"，"智力"已经取代"体力"，"知识"已经取代"汗水"。

提升生产率的最佳机会必须在知识工作中寻找，尤其要在管理中寻找。企业中与生产率相关联的词语，特别是会计学词语，都已经陈腐至极、丧失效用了。会计师所称的"生产性劳力"（productive labor）都是指那些操作机械的"体力劳动者"，他们确实是生产率最低的员工。会计师所称的"非生产性劳力"（nonproductive labor）是指一切没有直接操作机械但也在贡献产品的员工，这些员工像是"大杂烩"——包括前工业化与低生产力的员工，像清洁工人等；包括一些传统高技术和高生产力的员工，像工具制造者等；包括一些新工业化的高技术员工，像维修电工等；还包括一些工业化高知识人才，像领班、工业工程师以及产品质量控制人员等。最后，会计师所统称为总体管理开销名目下的员工，本应该属于最具有生产率的资源，比如管理者、研究员、规划师、设计师以及创新者等，虽然这些人都是以高薪人才需求的名义任职，但或许因为组织错误，或许出于不良情绪，抑或由于目标模糊，归根到底就是"管理不当"导致这些人成为纯粹的"寄生虫"，甚至沦为企业的"破坏者"。

我们所需要的生产率概念不是单单假设劳动力作为唯一的生产"努力"，而是能够综合考虑"所有努力"产生的整体输出并能够表达整体生产成果的生产率概念。这看起来是向前迈出了一大步，但如果这样根据会计师所提供的"努力"的定义和象征意义，被限制在企业活动中并用以衡量可见的、直接的成本，那么这样的概念依然不能充分说明生产率的实质。有许多对生产率具有实质性影响甚至是决定性影响的因素，从来就不像成本数据那样一目了然。

首先，"知识"就是这样的因素——如果应用得当，知识不仅是人类最具有生产力的资源，而且是最昂贵的生产力资源；但如果被误用或滥用，知识就会毫无生产力可言。知识工作者必然是高成本的工作者，因为已经在学校中求学多年，所以知识工作者自然代表着最高的社会投资。

其次，"时间"是最容易流逝的资源。人员与器械是否被稳定使用，或者只是半用半闲，这两种情况产生的生产率显然不同。闲置昂贵的资本设备以及浪费高成本、高技能人员的时间，也正是最具破坏生产力的事情。同等具有破坏生产力的事情是：在同一时间填鸭式地塞满工作，导致人员与器械都难以应付，比如试图在一个已经超负荷运作的工厂中，或者在"老牛拉破车"式的设备面前，实行"三班"工作制。

最具有生产力的时间，或者最不具有生产力的时间，都是管理者本身的时间。但在所有生产力因素中，管理者自己的时间是最不了解的，最缺少分析的，也是最疏于管理的因素。㊀

生产力也是"产品组合"（product mix）功能，就是相同资源的多种组合之间的平衡。每位管理者都应该认识到，在多种组合的市场价值中存在的差异很少与进入组合所做的努力成正比。二者之间几乎没有任何明显的关系。一家公司按照不变的材料和技术要求生产出体积恒定的商品以及使用固定数目的直接或间接员工，有可能暴富也有可能破产，主要取决于产品组合。显而易见，这说明了相同资源的生产率差异，而不是说明成本差异或通过成本分析来检测生产率差异。

还有另外一个重要的因素，我称之为"流程组合"（process mix）。对于一家公司来说，如下情形中哪种更具有生产率：去购买零部件还是自己制造零部件呢？去自行组装产品还是把组装流程承包给他人呢？是通过自己的物流配置去营销自己的品牌还是把产品卖给独立的批发商，任由他们使用各自的品牌？什么是公司最擅长的？哪种方式能够促使企业最有效使用特定的知识、能力、经验以及信誉呢？

不是每个管理层都能够处理每一件事，也不是每一家企业都有必要从事一切最有利可图的经济活动。每个管理层都具有自己的独特能力，也各具其局限性。当管理层跃跃欲试地想要超越自己的独特性和局限性时，其就很可能失败，这与其原有的盈利谋算无关。

善于运作高度稳定的企业的人通常不具备适应多变局势或者快速成长企业的能力。就像日常经验所启发我们的道理一样，那些在快速扩展的公司中成长的人，通常在公司步入整合期时容易出现有损公司的危险举措。那些善

㊀ 这一点可以参考德鲁克1966年出版的另一部作品：《卓有成效的管理者》。

于在长期调研基础上经营公司的人，通常不可能在极高压力下做好新奇礼品或时尚商品的销售工作。利用和管理好公司的特定专长和特定局限都是提升生产率的重要因素。综合性大型企业可以优化资本的生产率，但它们在其他同等重要领域中的生产率可能会降低，企业成果可能比原预测的要略差一些。

最后，生产率极其容易受到组织结构和企业内部各种活动之间平衡状况的影响。如果缺少清晰的组织结构，管理者会浪费许多时间去寻找他们想象中的组织结构，而不是去努力执行工作，这样他们就是在浪费公司最稀缺的资源。如果当公司正需要把主要精力集中于市场营销上时，高管层的兴趣却仅仅停留于工程（也许因为他们对工程情有独钟），那么这家公司一定缺少生产率，其结果的破坏性远远大于每个工时产出降低所可能造成的损失。

上述所提及的这些生产率因素，即劳动生产率、资本生产率和原料生产率，通常都是会计师和经济学家所疏忽的，但这些因素至关重要。

所以，在定义生产率时，我们不仅需要考虑所有因素可能产生的影响，而且需要在设立目标时考虑所有因素。我们必须建立标准以求衡量资本取代劳力以及知识取代劳力与资本对生产力所形成的影响；我们还必须开发出应用方法，用以区别创造性开销与寄生开销，用以评估时间使用、产品组合、流程组合、组织结构以及活动平衡对生产率所形成的影响。

不仅仅个体管理者需要适当的生产率概念和对生产率的测量方法，整个经济体系都需要。生产率概念和生产率测量方法的缺失不仅是经济统计学的最大软肋，而且会严重削弱经济政策，同时还会挫败人们抵抗和克服经济萧条及通货膨胀所做的努力。

利润的功能

利润不是"因"而是"果"——利润是绩效在"市场营销""创新"和"生产率"等方面所结的"果"。利润是必要成果，利润为基本的经济功能提供保障。首先，利润用以检测绩效，而且是唯一有效的检测。工程师们在谈论所有自动化生产系统所取得的反馈时，利润就是工程师们认定的最好表达：生产流程的自我调节可以通过成果加以检测。

其次，利润是不确定性风险的"保险费"（premium），这一功能与第一个功能同等重要。经济活动之所以称为"活动"，是因为它聚焦于未来；而对于未来，我们能够确定的一件事就是未来的"不确定性"和"风险"。"风险"这个词在阿拉伯原文中有"赚取每日的面包"之意。任何企业都是通过承担风险来"赚取每日的面包"。由于企业活动在本质上就是经济活动，因此它总是处于变化之中。企业经常会经历"破釜沉舟"的风险，甚至扩大风险或制造新的风险。

正如西尔斯的故事所展示的那样，经济活动的未来是长期的，西尔斯的市场营销基本决策在15年甚至20年后才见到效果，主体投资才得以回报。100年前，人们就已经对经济发展的先决条件了然于心，真可谓"自古商道曲折漫长"！然而，当我们对未来一无所知时，我们就意识到企业的风险会呈几何级数递增。

是利润，也只有利润，才能为未来的工作供应资本，包括为未来更多的、更好的工作提供资本。经济发展需要投资以便创造新的、日益增加的工作机会。

无论今天的会计师或工程师比他们的祖辈更加辛苦还是远不及他们的祖辈劳苦，他们的生计并没有比他们在农场中耕耘的祖辈们好多少，也不会因为他们是更好的人而应该享受更好的生活。他们与他们的祖祖辈辈一样都是

"人"。他们之所以看起来"薪多工少",是因为他们的资本投资远远多于他们祖辈的资本投资。1900年,每个美国农民的资本投资最多只有5000美元;而造就一名会计师或工程师的工作,社会需要先投入至少50 000美元的资本,用于他们的培训。然后,雇主再另行为每个工作投入25 000~50 000美元。所有这一切投资都是为了让更多、更好的工作成为可能,而这一切投资都来自于经济活动的盈余,也就是来自利润。

利润的最后一个功能是为社会的经济满足和服务提供保障,从医疗保健到国防,从教育到戏剧,等等。所有这些开支都必须由经济生产的盈余来承担,即经济活动所产生的价值和所支付的成本之间的余额。

如今的企业人士会因为赚取利润而感到愧疚,这是因为他们误解了利润功能的实意。如果他们在利润动机和利润最大化上无法自圆其说,那么他们所赚取的利润就不具有正当性,也不合乎公道。

实际上,企业家没有必要为赚取利润而心怀愧疚,因为利润本身是经济和社会的必然产物。相反,企业家应该觉得愧疚、应该需要道歉的是:他没能成功地遵循经济和社会职能来创造利润并推动经济发展和社会进步。

瓦尔特·拉特瑙(1867—1922),一位德国的行政官员、政治家、社会哲学家,他在论及关于企业的社会责任方面比同时代的其他任何西方人都深得要理,他甚至提议使用"责任"一词来取代"利润"。当然,利润不是企业责任的全部而是企业的首要责任。不能产生充足利润的企业不仅辜负了社会托付于它的资源,而且危及了经济成长的能力。这样的企业是不可靠的,难当重任。

企业至少需要成就"最低利润":这种利润要求企业足以承担未来的风险,要求企业足以维持基本运营,足以保持企业资源的财富创收能力不受损伤。这种最低利润的要求势必影响到企业行为与企业决策——既要为企业行为和企业决策设限,又要检测它们的有效性。为了实现有效管理,管理层需要建立利润目标，至少建立与最低利润相等的利润目标，同时制定检测标准用以衡量利润绩效（第 8 章和第 9 章将会进一步讨论这个话题）。

那么，究竟何为企业管理？前文我们已经讨论过，企业活动就是通过市场营销和不断创新来"创造顾客"，顺此理念发展，在本质上说，企业管理就是必须始终保持"创业精神"！企业当然需要保持管理绩效，但必须先设定"创业目标"。结构必须服从于战略（structure follows strategy）。

此外，企业管理必须是"创造性使命"而非"适应性使命"！管理层创造的经济条件和经济变化越多，企业管理的绩效也就越多，因而不能"消极适应"。

对企业本质的分析也显示出另一个道理：企业管理是"理性活动"——归根结底，唯独绩效是企业管理的检测标准。具体而言，这就意味着，企业必须设立目标用以表达企业渴望获得的成就，而不是旨在把目标调适到某种可能性（就像"利润最大化"理论所崇尚的那样）。一旦目标被固定在适当成果上并被设定之后，问题便集中到如何让步以求达到这种可能性。这就要求管理层必须慎重分辨并做出决定：何为企业正在经营的事业？何为企业应该投入经营的事业？

CHAPTER 7 | 第 7 章

企业目标与企业使命

经营理论——独裁经营者的谬误——尤其是在当今的知识型组织中，经营理论研究的必要性——我们的事业是什么？从不一目了然——西奥多·韦尔及其公司——高管的首要责任——企业目标与使命的定义失误是导致企业挫败与破产的主要根源——为什么"我们的事业是什么"这个问题少有人问——不同意见的必要性——顾客界定企业——谁是我们的顾客——"顾客"与"消费者"——地毯产业的故事——顾客在哪里——顾客会购买什么——什么是顾客认定的价值——没有非理性的顾客——经济学家的价值概念——何为价格——何时会问"我们的事业是什么"——最重要的是，什么是企业功成名就时——"我们的事业将会如何"——认识人口变化趋势的重要性——经济、时尚以及竞争中的变化——预期创新——顾客尚未得到满足的需求——"我们的事业应该是什么"——"有计划地抛弃"之必要性今天，我们知道，所有大型企业的创办人都有明确的理念和清晰的经营理论来指导他们的企业行动和决策，诸如美第奇家族、英格兰银行创办人以及 IBM 公司创办人托马斯·沃森等。一位真正成功的企业家具有清晰、简单的经营理论，他不仅积累了大量财富，而且创建了一个即使在他离开之后依旧能够持久成长的组织。

单个的企业家无须对他人分析自己的理念和解释自己的经营理论，更不用清楚说明细枝末节。他集思想者、分析师和执行者于一身。然而，企业机构需要深入思考和清楚地说明理论，需要清晰地界定企业的宗旨和企业使命，它必须问："我们的事业是什么？""我们的事业应该是什么？"

与单个的企业家不同，企业机构的生存连续性要求超过一个人的寿命，或者超过任何一代人。企业机构不能像旧时的投机商那样从事一次性风险投资，随后在下次冒险投资之前完全清算了结。它必须有计划地使用资源并做长久的精打细算，企业机构在本质上就是对过去承诺的结果；因此它既是过去承诺的延续，也是对未来的承诺，包括恪守对创建的组织，制定的策略，过去的决策、投资、设备、产品、市场的承诺，最重要的是恪守对员工的承诺。如果不在企业经营理论上打好基础，那么这些承诺将不可能被理性地制定，势必导致资源分散；同样，如果不在企业经营理论上打好基础，那么这些承诺将不可能得到理性的检验和修正。除非成果能够衡量源自企业经营理论的期许，否则将无法决定所需要的变化。

如今的经营理论总是显得老旧陈腐，因而通常很快就被淘汰。除非企业已经创建的基本概念是可见的、清晰的并且能够明确表达出来，否则企业机构只能任凭世事摆布。如果一家企业机构不明了自己的实质，不明白自己的使命，不明白自己的基本概念、价值观、信念，那么这种企业机构不可能理性地改变自己。即使是最辉煌的企业理念也会过时，亨利·福特的历史已经证明了这个教训——从它能够改变经济和社会到它被淘汰废弃，不过历经区区 15 年（详见第 29 章）。

只有企业在其目标与使命上具备清晰的定义，这家企业才能有清晰而现实的经营目标。这不仅是企业战略、规划与工作分配的首要根基，也是管理工作构思的起点，更是管理结构设计的出发点。结构服从于战略。企业战略决定现有企业的关键活动，企业战略要求对"我们的事业是什么以及我们的事业应该是什么"深谙于心。

独裁经营者的谬误

迄今为止，管理学与经济学的文献大都重视企业经营理论，主要在于解决企业高层领导或企业高管团队中的一小群尖端领导者的需要。

这一点在德国传统中是最为突出的。德语中的 unternehmer（独裁经营者）就是针对高层领导者说的，尤其是指向拥有企业所有权的高管说的；在一家企业中，只有企业主一人掌握企业的所有事情，也只有他能够做企业决策；其他人都只是"技工"而已，他们按照最高领导的规定指示来执行任务。除他以外，其他人无须了解企业的使命与目标；实际上，其他人根本无须知道和了解企业的使命与目标。创业精神和企业要旨是秘诀，不宜泄露给企业主以外的人，甚至一般的管理者和专业人士。

虽然只有德国人把这种传统管理概念加以形式化，但在西方国家中，这种理念已经在企业高管层中潜移默化了（日本除外）。这种管理理念在 19 世纪或许适用，那时的企业的确只有极少数高管人员独自做决策，而其他人都是体力劳动者或者基层职员。但在今天的企业中，这是非常危险的错误观念。

与以往的组织形成鲜明对比，今天的企业机构，甚至包括当今的医院或政府部门，吸纳了大批高知识与高技术的人才，几乎广泛涉及组织的各个层面。高知识与高技术的人才意味着他们对如何开展工作以及如何做管理决策具有影响力。无论组织形式如何，他们都不可避免地做些冒险的企业决策。即便是电脑系统也不能改变这个事实。实际上，电脑系统反而会促进高层管理的决策制定更加依赖较低层级的贡献，也就是说，高管层面的决策通常基于较低层级的员工所做的电脑资料分析。

在 20 世纪 50 年代初期，当电脑刚进入人们的视野时，大家听到的大量消息是电脑将会取代中层管理者。但事实与人们的猜测正好相反，20 世纪五六十年代，在所有发达国家中，电脑时代孕育并培养了巨大的中层管理。更有甚者，与传统中层管理者不同的是，新生中层管理者们绝大多数成为组织决策的制定者，而不是像以往那样只是高管决策言听计从的"执行者"（详见第 35 章）。

结果显而易见，影响整个企业决策以及决策执行力的是来自于该组织所有层级的员工，而非集中于少数人的高管层级，甚至最低层级的员工也有可能参与企业决策的制定。企业的诸多风险决策——做什么或不做什么，什么需要继续做，哪些需要抛弃并另找出路，生产什么样的产品、市场营销策略或者技术更新，甚至哪些技术需要忽略，如此等等，都是今天企业面对的现实，尤其是大型企业所面对的现实。这些决策的制定成为企业不同层级员工的主要工作，犹如家常便饭；这些决策的制定已经不再拘泥于传统的管理头衔或职位，诸如高级研究员、设计工程师、产品规划师以及税务会计师等。

这些决策都是基于他们各自的企业经营理论，有时甚至是基于一些不清晰的理念。每个决策都是在现实的基础上所做的假设，既有来自企业内部的斟酌，又有来自企业外部的考量。每个人都假设企业想要的某些成果，其他结果则不是特别值得关注。比如每个人都深知，"降低产品价格不会创造新的需求"，或者"我们做这项业务""我们不做那项业务"。换言之，每个人都必须回答同样的问题："我们的事业是什么？""它应该是什么？"所以除非企业本身，即企业高管，必须对这问题做深入思考并拟定答案，否则企业决策制定的参与者们——企业上上下下的员工——会深陷混乱的、不同的、相互矛盾的甚至是彼此冲突的理论中做决策与行动。他们将会走向不同的方向，而且他们会对各自的分歧毫无察觉。更有甚者，他们还可能会在错误的、偏离正道的经营理论中做决策与行动。

整个组织必须有共同的愿景、共同的理解、统一的方向与努力，这些都要求我们必须对"我们的事业是什么""我们的事业应该是什么"做出严谨细致的定义。

我们的事业是什么——从不一目了然

有时人们会觉得，没有什么问题比"我们的事业是什么"更加简单明了的了。钢铁厂炼钢铁，铁路公司经营货物和旅客运输，保险公司经营承保火灾风险，银行则经营借贷钱款，如此而已。但事实没这么简单，"我们的事业是什么"一直是个难以回答的问题，正确的答案通常不是人们想象的那样显而易见。

最早的也可能是最成功的答案之一差不多来自于70多年前美国电话电报公司（也以"贝尔系统"而闻名）的西奥多·韦尔（1845—1920）："我们的事业是服务。"这个答案乍听起来似乎觉得平淡无奇，但其基于两个重要认识：一是电话系统是个自然垄断的系统，很容易让人联想到国有化；在一个工业化高度发达的国家，私营电话公司是另类企业，想要生存下去，它必须博得社群的广泛支持。二是必须先认识到，社群的支持既不能通过宣传活动来获得，也不能依靠攻击性的批判来成就。赢得社会认可的唯一途径是"创造顾客满意度"。这个认识意味着企业政策必须经历"激进式创新"；这个认识意味着企业必须对所有员工进行持续教化，让他们具有"一切为顾客服务"的奉献精神，让他们意识到公共关系的主旨是"服务"；这个认识意味着企业必须强调发挥调查研究与技术作用；这个认识还意味着企业高管必须在金融政策上做出调整，努力寻找必要资本为任何有需求的地方提供恰到好处的服务，同时提升企业的投资回报率。如果没有在电信国有化上做严肃尝试，如果没有在 1905～1915 年对自身企业做深入细致的分析，美国电话电报将很难经受"罗斯福新政"时期的考验。

西奥多·韦尔所提出的"我们的事业是服务"的宗旨引导了他的公司近 70 年，直到 20 世纪 60 年代末。他对"我们的事业是什么"所给出的回答可能是最长寿的答案。美国铁路运输部门从未想过如何恰当定义他们自己的企业，这正是他们企业自第一次世界大战以来一直深陷于不断涌现的重重危机之中的主要根源；而且他们企业还有一个最大的软肋，那就是几乎完全丧失了社会支持。

回顾韦尔的答案，有人可能觉得"老套"或"浅显"，但实践这样的答案却花费了许多年。当初这个答案提出时，它有点像是异端邪说并在公司中遭到残酷反抗。甚至在 19 世纪 90 年代末，当韦尔斗胆向贝尔系统的高管们提问"我们的事业是什么"时，他的总经理职位被解除了。10 年后，由于在毫无明确定义和毫无目标与使命的认知中，企业饱尝苦果，深陷重重危机，甚至有被政府接管的威胁，这时他们又请回了韦尔。

高层管理的首要责任就是回答"我们的事业是什么"。实际上，明确一项特别工作是否应该是高层管理的责任，就是去询问企业所有者是否真正关心这项工作，是否回答这个问题并为其负责。只有高层管理能够确定这个问题应该受到重视，而且确信答案言之有理并在此基础上筹划企业经营方向和设定企业目标。

很少有企业认真细致地考虑企业的目标与使命，这是导致企业受挫甚至失败的最重要原因。相反，像美国电话电报公司或者西尔斯等杰出企业，它们的成功很大程度上是因为高管们能够清晰且慎重地提出"我们的事业是什么"，并且能够深思熟虑地给出合理的答案。

高管们都对这个问题不闻不问是有原因的。首要原因是这个问题容易引发争议、争论，甚至是冲突和异议。

提出这个问题常常会导致高层管理内部意见分歧甚至分裂。肩并肩一起工作多年的员工，他们会自然地觉得他们彼此知根知底，但这个问题的提出让他们突然惊讶地意识到彼此之间存在着许多思想上的不同。

不同意见的必要性

大多数管理者会对不同意见畏缩不前，因为他们担心分歧导致团队不和睦而且痛苦不堪。但决定"我们的事业是什么"是个重大的决定；这个决定必须基于许多不同的观点，然后才有希望融和不同见解而做出正确的、有效的决策（详见第37章）。这个问题的答案一直是在诸多备选方案中所做出的选择，而备选方案都是基于企业现实的不同假设和环境判断。这种选择是高风险的选择，会导致企业目标、战略、组织以及企业行为的变化。

企业决策非常重要，因此不能通过口头表决方式来制定。当然，无论如何最终总是要做决定的。但这种决定必须基于对所有备选方案所做出的理性抉择，而不是通过排斥不同观点和反对意见来获得。

实际上，把不同意见公开化是有益的，这是向管理的有效性迈出了一大步。这样的做法恰恰能够促使高管团队团结一致，因为每个成员都能够认识到该团队内部存在的基本差异，因而所有成员更加容易达成同事间的相互理解和彼此激励。相反，对企业关键定义的不同意见采取隐藏或一知半解的态度势必导致人格问题、沟通问题以及令人愤怒的事情发生，而这些正是致使高管团队分裂的真正原因。

在高管团队中对"我们的事业是什么"保持不同意见是重要的，因为"正确答案从来就不只是一个"。这个问题的答案从来就不是从"某种假设"或"某些事实"所产生的必然结论。它需要相当大的勇气并做出合宜的判断。真正的答案很少追逐"众所周知的道理"。真正的答案从不应该只根据"貌似可信"就能获得，不应该来自"快速草率"决定，也不应该"毫不费劲"就轻松达成。

是方法而非观点

高管们之所以未能勇敢提出"我们的事业是什么"，另一个原因是他们不愿意聆听他人意见。每个人对这个问题都有自己的看法，但高管们的问题在于他们根本不喜欢聆听大众争辩和参与自由讨论。

界定"我们的事业是什么"需要合适的方法。当然，不同观点也是需要的，总是不可避免地出现不同观点，但需要把各种意见集中于一个特定的中心论题上，以便形成实际生产力。

关于企业目标与企业使命的定义，只有一个焦点，只有一个起点，那就是"顾客"。"顾客定义企业"。一家企业不是由名称、章程，或者条例来定义的，而是由购买产品或服务时期望得到满足感的顾客来定义的。满足顾客需求是每一家企业的目标和使命。因此，"我们的事业是什么"只能从企业外部加以观察，从顾客与市场的角度加以回答。无论在什么时候，管理者都必须把顾客所见、顾客所想、顾客所信、顾客所求视为客观事实，而且必须把这些当作销售员的报告、工程师的测试、会计师的数字一样严肃对待。管理者必须有意识地努力从顾客那里获得答案，而不是试图去揣摩顾客的心思。

管理者总是认为自己企业的产品和服务是重要的，如果不是这样，企业高管会觉得没做好工作。然而，对顾客而言，产品、服务甚至公司并不那么重要。公司高管们一直倾向于认为顾客会花时间讨论他们的产品。可事实并非如此。举个例子来说，有多少家庭妇女会彼此讨论她们洗好的衣服有多么洁白？但如果有某种品牌的洗洁剂质量非常差，那么她们就会更换另一种品牌的洗洁剂。顾客仅仅想要知道产品与服务对他们的实效。顾客所在意的是各自的价值、需求和现实。仅仅为了这个理由，任何严肃尝试回答"我们的事业是什么"的努力，都必须从顾客着手，考虑顾客的现实、处境、行为、期望以及价值观。

谁是我们的顾客

在定义企业目标与企业使命时，"谁是我们的顾客"是首要的、决定性的问题。回答这个问题并不容易，答案不可能是"显而易见"的。在很大程度上说，如何正确定义企业取决于如何正确回答这个问题。

原则上说，消费者（consumer），即产品与服务的最终用户，就是顾客（customer）。但消费者并非都是顾客，企业通常至少有两种顾客，有时更多。每一种顾客定义不同的企业，具有不同的期待、不同的价值，购买不同的产品。然而在回答"我们的事业是什么"时，企业必须满足所有顾客。

"谁是我们的顾客？"这个问题的重要性以及对此问题深思熟虑之后的回答所带来的影响力是可以见到的，从第二次世界大战时开始的美国地毯产业的经验就是其中一个例子。

地毯产业是个古老的产业，少有魅力，也无需尖端技术。但在第二次世界大战以后的美国经济中，它在市场营销领域却取得了出色的成就。在20世纪50年代前，地毯产业已经连续30余年呈现出稳定的、长期的、明显的衰退趋势。然而出人意料的是，在第二次世界大战后短短的几年中，地毯产业完全扭转了这种颓势。即便是在50年代前建的"好"房子中，按照当时的条件，在客厅中也就最多铺上一张便宜的小地毯而已。但如今，即便是廉价的民宅，甚至包括大多数的移动房，所有房间包括厨房和浴室的墙壁上几乎挂满了中等品质的毛毯。如今，在家居装修消费中，地毯装饰的花费日益上升。

铺设地板是改变家居外观与舒适的少数方法之一，对那些廉价的小型住户而言尤为如此。地毯制造商已经通过广播节目灌输这个观念数十年，但对顾客行为的影响收效甚微。只有当地毯产业停止灌输游说和强硬推销并转向深思熟虑"谁是我们的顾客"与"我们的顾客应该是谁"时，他们才扭转了颓势并获得成功。

传统上，地毯制造商通常把"房主"界定为他们的顾客，特别是那些购买第一处房屋的新婚家庭。但在人生的这个阶段，年轻夫妇通常因经济拮据而没力购买奢侈品，他们不得不延迟购买地毯——而这种情形意味着他们可能根本不会购买地毯。当地毯产业提出并斟酌"谁是我们的顾客"和"我们的顾客应该是谁"之后，他们意识到必须想方设法促使建筑业者成为他们的顾客。因而必须促使建筑业者在新房屋建筑时就考虑把地毯融合其中，这就意味着地毯产业者必须从推销单块地毯转向销售整个房屋使用的地毯。在传统的家居装饰中，建筑业者必须铺设昂贵的、完全装饰好的地板；而如果整个房屋铺设地毯，建筑业者则只需要廉价的、无须完全修饰好的地板；这样建筑业者就等于花较低的成本盖了更好的房屋。

地毯产业更进一步认识到，必须促使新房主以按月支付抵押贷款的方式来偿还地板铺设费用，而不是像以往那样在他们缺钱时依然要求他们一次付清。因而地毯产业努力说服贷款机构（尤其是提供住房抵押贷款保险的政府机构，比如联邦住房管理局）接受地板铺设费用作为居民住房资本投资的一部分，因而自然成为抵押贷款价值的一部分。最后，地毯产业重新设计产品以促使建筑承包商为他们的顾客，也就是"房主"，选购合适的房子。今天，卖家为购房者提供款式与颜色各异的地毯，但基本上只有三个品质级别："好""更好"以及"最好"。在每月按揭付款中，它们之间的差异实际上非常小，结果是显而易见的：大多数的房主至少订购"更好"品质的地毯。

这个故事告诉我们：关于"谁是我们的顾客"，正确答案通常是"有多种顾客"。

大多数企业至少有两种顾客。地毯产业拥有建筑承包商和房主两种顾客。只要市场上有地毯销售，这两种顾客就是买家。品牌消费品的制造商总是至少拥有两种顾客：家庭主妇和杂货商。如果杂货商不进货，而家庭主妇又热切想要购买，那么制造商便无所获益。相反，如果杂货商把品牌消费品展示陈列出来，但家庭主妇不想购买，同样制造商也会一无所获。

有些企业拥有两种相互之间毫无关联的顾客。保险公司的业务以销售保险为主，但保险公司也可以成为投资者。实际上，保险公司最好应该被定义为"把社群储蓄引到生产率投资的渠道"。保险公司需要企业的两个定义，因为它必须满足两种不同的顾客。无独有偶，商业银行需要存款人与贷款人，二者中任何一方缺失，银行就将无法运作。即便存款人与贷款人是同一个人或同一家企业，他们也会有不同期待，从而他们对银行业务的定义也会完全不同。满足顾客不能厚此薄彼，否则银行将毫无绩效可言。

在韦尔对贝尔电话公司的业务界定中，最大优势之一便是对两种不同顾客的接受：电话用户与各州政府的调节机构。电话公司必须为这两种顾客提供服务并必须同时让他们满意。然而，这两种顾客在价值观、需求、期望以及行为上存在广泛的差异。

也有的企业从经济上说只有一种顾客，但在策略上说，即在购买决策意义上说，至少有两种顾客。

IBM公司在电脑行业取得骄人成果的原因之一正是它早就意识到，一旦电脑上市，整个公司的员工都将购买。那些使用电脑的员工（很大程度上指会计与财会人员）自然都会购买电脑。高层管理者们也不例外。那些想要使用电脑作为信息工具的员工，也就是那些信息部门的经理也会如此。因此从一开始，IBM公司就把这些团队视为销售对象，而且细致思考他们的需求，考虑他们的价值观，以及研究如何认识他们并把产品卖给他们。

事实上，任何生产与销售设备的公司都面临相似的情况。当纸业公司付钱从设备公司购买设备，也就是当纸业公司成为设备公司的顾客时，造纸厂的工程师、实验室的纸浆化工师和采购员，都是不同的顾客，当他们购买相同的设备或统一化工产品时，他们各自也会购买不同的产品；最重要的是，每个人以不同方式购买并通过不同渠道获得。

另一个同等重要的问题是："顾客在哪里？"在20世纪20年代，西尔斯的成功秘诀之一正在于它发现了旧有顾客搬到新居：农民已经不再固定购物，他们开始进城购物了。西尔斯差不多比其他大多数美国零售商早20年意识到这个问题，并且意识到商铺地点的选择是企业的主要决策，这也是回答"我们的事业是什么"的主要因素之一。

在过去20余年中，美国在国际银行业中的领导地位主要不是因为优势资源；在很大程度上说，应该是他们对"顾客在哪里"进行深思熟虑的结果。一旦这个问题被提出来，一切似乎清晰起来：原有的老顾客，也就是那些正在趋向于跨国经营的美国企业，不得不从多个不同的地方，而不是只从纽约或旧金山总部，服务整个世界的顾客。服务于新的跨国顾客的资源不是来自于美国，而是来自于国际市场本身，最重要的是欧洲和欧洲美元市场。

紧接着的问题是:"顾客购买什么?"

凯迪拉克的员工宣称他们制造凯迪拉克汽车,他们的企业被冠名为"通用汽车公司凯迪拉克分部"。难道一个人花费7000美元购买一辆崭新的凯迪拉克是在购买运输工具吗?或者他主要是在购买荣誉?难道凯迪拉克是在与雪佛兰、福特和大众竞争吗?尼古拉斯·德雷施塔特,一位德裔维修技工,在20世纪30年代的经济大萧条中接管凯迪拉克时这样回答道:"凯迪拉克的竞争对手是钻石与貂皮大衣。凯迪拉克的顾客所购买的不是'运输工具'而是'身份地位'。"这个回答拯救了行将颓废的凯迪拉克。差不多两年后,凯迪拉克在经济大萧条时期展示出了出色的成长。

什么是顾客认定的价值

关于企业目标与企业使命的话题,我们需要认真对待的最后一个问题是:"什么是顾客认定的价值?"这可能是最重要的问题。然而,这也是个容易被人忽略的问题。

被人忽略的原因是管理者们都很确定他们知道答案。在他们的企业中,他们把"价值"定义为"品质"。但这个定义往往是错误的。

举例来说,对一个青春少女而言,一双鞋的价值就是高度时尚,鞋所体现的价值在于它能够"时尚"。鞋的价格是次要考虑,鞋的耐久性根本算不上价值。几年后,当这个青春少女长大成为一名年轻母亲时,高度时尚便成为她的限制,当然她也不会购买一些过时老土的东西。但她会更加关注产品的耐久性、价格和舒适度等。同样一双鞋,对青春少女而言是最值得购买的,但在年长的姐姐眼中却毫无价值可言。

制造业者们倾向于把这种现象理解为"非理性行为"。但我认为,首要原则是"根本没有非理性的顾客"！顾客几乎毫无例外地根据他们各自的现实与情况来购买产品。高度时尚对青春少女而言就是她们的"理性"，而按照惯例，她们的其他需要，诸如食物和家居那是她们父母操心的事。高度时尚对年轻的家庭妇女来说是限制，因为她需要做开支预算，需要精打细算，需要为她丈夫考虑，她自己也不再需要每个周末外出。

根据定义，顾客从来不是购买"产品"，而是购买"需求的满意度"。顾客购买的是他们认定的"价值"。然而，同样根据定义，制造商不能生产"价值"，他们只能制造和销售"产品"，因而制造商所考虑的"品质"既不切题又浪费钱财。

"什么是顾客认定的价值"容易被人忽略的另一个原因是，经济学家们通常觉得他们知道答案：价值就是价格。这个答案即便不是全错，也应该是个误导。

价格不过是个简单概念，作为入门用的。还有其他可以决定价格真实意义的价值概念。最后，在许多案例中，价格是次要的、局限的因素，并不能直指价值的本质。

我们举几个实例来说明价格对不同顾客的实际意义。

像保险丝盒或断路器那样的电器设备，电器承包商负责挑选品牌与进货，房主只是付钱购买。电器承包商眼中的产品价格与制造商所认定的产品价格并不相同。按理说，制造商认定的产品价格加上安装费用，这就构成顾客即房主购买时的价格。但承包商对价格的敏感是众所周知的。高价位的保险丝盒或断路器在美国一度成为该行业的市场领导者。对承包商来说，这个价格很低廉，因为这类产品只适合于快捷安装，而且相对无需技术含量的劳动力。

施乐公司的成功在很大程度上取决于它把价格定义为"顾客支付影印的费用"，而不是"顾客支付复印机的费用"。因此，施乐公司是依据顾客影印的次数来给复印机定价的。换言之，顾客为影印数量买单而非为复印机买单；确实，顾客想要的是影印文件而非复印机。

在美国的汽车产业中，大多数新车的销售必须面对旧车的挑战，价格的不断变化实际上就是因为新车与二手车、三手车乃至四手车之间的价格差距。一方面，整体汽车市场的价格波动与汽车经销商在买卖旧车时的价格差距有关；另一方面，各种类型与不同规格的汽车在运营成本中存在差异也会导致汽车价格波动。只有高等数学才能计算出真实的汽车价格。

产品与服务只能通过理解顾客所认定的价值来决定它们的价格，这就好比要从看上去毫无分别的商品（像某种纯铜）中区别出各自特色一般。施乐公司的案例分析可以证实：制造商或供应商所制定的价格结构必须与顾客的价值概念相匹配。

但价格也只是价值的一部分。有许多涉及品质的考虑远非价格所能表达，比如耐久性、避免破碎、制造商的长久不变、上好的服务等。高价格本身也会真实体现出产品与服务的价值，比如昂贵的香水、珍稀的皮草和独家定制的礼服等。

以下两个例子很是典型。

在欧洲"共同市场"早期，两名年轻的欧洲工程师花了区区几百美元开了一间小办公室，只有一台电话和装满电子设备零件制造商目录的架子。在10年中，他们建立了一家大型且高利润的批发企业。顾客都是电子设备的工业用户，诸如继电器和机床控制等行业。这两位年轻工程师并没有制造任何产品。他们通常以更低的价格直接从制造商那里获取电子设备零件。但他们的贡献在于大大减轻了顾客寻找合适的电子零配件所承受的乏味而累人的苦差事。顾客只需告诉他们电子设备零件的种类、厂家、型号，以及所需更换的零件，比如微转换器或电容器等，他们就会马上为顾客识别出所需的电子设备零件。他们还熟知不同厂家的零配件可以用来相互替换以求应急之用。所以通常是一天之内，他们能够熟知顾客所需并为顾客提供及时服务，他们根本不用存货。对顾客来说，专业知识和快捷服务就是价值所在，因此顾客完全愿意为这种可观的价格买单。其中一位年轻人这样说道："我们的业务不是电子设备零件而是信息。"

一家专为重型推土设备（诸如公路建设设备）制造润滑合成剂的美国公司，长期以来在产品质量上享有很高声誉。但这家公司所拥有的市场份额非常小，因为它要面对每个主要石油公司的竞争。这家公司开始问："什么是顾客认定的价值？"答案是："确保昂贵的机械毫无故障地操作。"机械故障导致停工一小时所花费的资金多于建筑公司一整年花费在润滑合成剂上的开销。倘若因故障延误工期，公司通常还要承担风险损失赔偿。由于这种看似显而易见的洞见，润滑合成剂的厂商决定不再销售润滑合成剂了。它转向为重型推土设备的企业主提供任何因为润滑故障导致停工所造成损失的全部费用，唯一附属条件是：建筑公司必须采用并遵循由制造商服务代表设计的维护计划；当然，这个维护计划指定使用该公司生产的润滑合成剂。原来该公司给自己的产品定价低于那些主要石油公司的产品，但如今顾客对"你们的润滑合成剂收费是多少"之类的问题不屑一提了。

就顾客所接受的服务而言，如何理解这些价值的概念呢？毫无疑问，今天的美国家庭主妇购买家用电器在很大程度上基于她们自己、朋友以及邻舍的经验。她们所能获得的快捷服务、服务品质以及产品费用都成了购买者决定消费的主要因素。

不同顾客所持的价值观不同，这一复杂的问题只有顾客自己才能回答。管理者甚至不应该试图揣摩这些答案，而应该直接深入顾客之中有系统地进行探索。

市场营销方法本身并不会成就企业的目标和使命。对许多企业而言，市场营销方法所生发出来的问题多于它所能给出的答案。这可以解释企业的基本核心力通常只是拥有了"共同技术"而非"共同市场"（参见第57章）。典型的实例诸如化学公司和商业银行。相似的例子出现在一些流程企业中，比如钢铁公司或炼铝厂，它们需要多个市场定位以求界定各自的企业性质。它们的产品不可避免地需要投入到庞大无比的市场之中，服务众多的顾客，它们必须满足各种各样的价值概念和价值期盼。

然而，在这类企业开始寻问"我们的事业是什么"之前，它们必须先问问："谁是我们的顾客？""我们的顾客在哪里？""顾客所认定的价值是什么？"企业甚至是同属于社会中的任何机构都一样：贡献决定其存在价值，其他一切都是"努力"而非"成果"。顾客为"税收"买单，其他一切都只是"成本"。也就是说，来自外部的方法，来自市场营销的方法，不过是个步骤；但这是一个先行于所有其他步骤的步骤。这是每个管理层都需要面对的，是可理解并可用以取代不同观点或最基本决定的因素。

何时会问"我们的事业是什么"

大多数管理者提出"我们的事业是什么"时，都是他们的公司遭遇危机之际。当然，这个问题必须提出。确实，提出这个问题或许会收获惊人的结论，甚至或许会扭转看似不可逆转的颓势——就像前文中提及的美国电话电报公司的韦尔以及地毯产业挽救低迷的败局那样。通用汽车公司的成功也是在公司深陷泥潭之境，他们提出了"我们的事业是什么"。当阿尔弗雷德·斯隆于1920年担任通用汽车公司总裁时，通用汽车公司正深陷困境难以为继。斯隆对通用汽车公司的目标和使命进行重新界定，并用新定义所引申出来的战略与结构为通用汽车公司注入了新的领导力，并在三年之内（甚至更短的时间内）实现了出色的利润回报。⊖

⊖ 论及斯隆的杰出工作，参见他本人写于1964年的著作《我在通用汽车的岁月》（*My Years with General Motors*），以及我出版于1964年的《为成果而管理》（*Managing for Results*）。

只有等到企业或产业深陷困境时，才会考虑这个问题，这就好比玩俄罗斯转盘——赌运气。这是不负责任的管理。这个问题应该在企业创建之初就提出来——对那些具有发展野心的企业来说尤其如此。充满抱负的企业更应该以清晰的创业概念为起点。

20世纪60年代在美国华尔街证券市场叱咤风云的引领者帝杰（DLJ）就是一个成功的实例。帝杰是由三位刚刚踏出商学院大门的年轻人组建的。他们毫无实战经验，仅有理念。然而在短短的五六年内，他们的证券公司名列华尔街第七位。后来，帝杰成为华尔街首家上市证券公司并开辟了纽约证券交易所的新方向——从"私人俱乐部"转变成为"服务机构"。帝杰成为在拓宽资本源头上做出突破性贡献的首家华尔街证券公司，而这种需要早在30年前就曾有有识之士提出过。帝杰的创建者们这样说道："我们的事业就是去为'新资本家们'和那些机构投资者们（比如养老基金和互惠基金）提供金融服务，为人们提供理财咨询和财务管理。"回顾往事，这样的定位简单易懂且行之有效。到1960年，人们非常清晰地看到：有许多新兴的机构投资者正在壮大并成为美国资本市场的主导力量，成为个人储蓄导向资本市场的主要渠道。然而当帝杰提出他们的理念时，他们的想法正与华尔街其他理念背道而驰。

那个决定要自己当老板的人或许不需要问"我的事业是什么"。比如，如果他在车库中混调出一种新的洗涤剂，而且开始逐家逐户地推销，这时他只要知道这种混合剂在除污去渍上具有超强效果即可。但当他的产品流行起来后，他就必须雇用员工替他混调洗涤剂，并且有人去做销售，这时他就必须决定是否继续直接销售，还是可以通过零售商店来销售，诸如百货商店、超市与五金店，或者干脆三者都干；或者他需要更多产品以谋发展——这时候，他不仅必须问"我的事业是什么"，而且必须就此问题做出回答。否则，即使他有最好的产品也不管用，他不久就该回到原点干他的老本行了——磨破皮鞋，挨家挨户地推销自己的洗涤剂。

当一家公司已经获得成功时，就是这家公司必须严肃提出"我们的事业是什么"的最重要时间。这个问题正是西尔斯公司的强项，也是英国玛莎百货公司成功要诀之一（见下一章）。而美国的学校和大学当前所面临的重重危机，归根到底是因为它们从不问"我们的事业是什么"。

成功总会淘汰已然成就的行为。成功总会创造出新现实。最重要的是，成功总会制造出层出不穷的问题。只有童话故事才会以"王子与公主永远幸福地生活在一起"做结语。

对一家获得成功的公司来说，它的管理层不太容易问"我们的事业是什么"。因为公司中所有人都在想：答案如此明显清晰，这个问题根本无须讨论。大多数人不会去质疑成功的事实，也不会去破坏良好的现状，自讨苦吃。

古希腊人深知这个道理："对成功之傲慢的惩罚极其严厉。"当公司成功时，管理层不会问"我们的事业是什么"，那么这样的管理层实际上已经深陷自鸣得意、懒散闲怠以及傲慢自大的危险之境了。这样的公司离失败不远了。

20世纪20年代，美国最成功的两大产业是无烟煤矿和铁路运输。两者都坚信，老天已经赐予它们永不动摇的垄断权，它们对各自事业的定义如此清晰以至于根本无须再做必要的思考，更不必说采取必要的行动了。如果他们的管理没能获得理所当然的成功，那么他们必从领先地位上滑落，就像无烟煤产业那样全军覆没。

最要紧的是：当一家公司的管理当局实现了公司的目标时，他们应该严肃地问，"我们的事业是什么？"这就要求管理者具有自律精神和责任感。二者缺一不可，否则就会衰败。

"我们的事业将会如何"

对于"我们的事业是什么",即便是最好的答案,迟早也会过时。

西奥多·韦尔给出的回答持续影响了近70年。到20世纪60年代末,他的答案日趋表面化,而且不再奏效;电话系统不再像韦尔时代那样独占鳌头;多种形式的无线电通信迅速崛起。到60年代末,电话作为传送声音信息的工具不再能够满足人们的需求,有日渐颓势之危;一方面是因为通过电话线路传送数据的能力正在快速成长,另一方面是因为语音和影像传送的可能性日趋成熟。韦尔对AT&T那种简约而优雅的界定到了需要重新审视的时刻。

在20世纪20年代早期,当斯隆接任通用汽车公司新总裁时,他就"通用的事业是什么"给出了精彩答案,并维持了较长一段时间,历经第二次世界大战以及战后的经济复苏阶段。但到了1960年左右,虽然斯隆"退而不休",但他的答案已经明显不合时宜了。通用汽车公司未能重新思考相同的问题,或许根本没有在意提出这个问题的必要性。这与后来通用汽车公司遭遇顾客不满,承受公众压力以及遭受政治抨击,乃至最后无力维持全球汽车市场领先地位不无关系。

很少有企业的目标与使命的定义能够持续影响30年,更不用说50年了。一个恰当的定义能够奏效10年,这是正常的预期。

在管理中,除了问"我们的事业是什么"外,还需要接着提出如下这些问题:"我们的事业将会如何?""能否识别出环境中的哪些变化可能对我们事业的目标、使命以及特色产生重大冲击?""如何把这些变化预期纳入我们的企业理论、目标设定、战略规划和工作分派之中?"

解决这些问题所需要的方法与途径将在本书第10章中加以论述,我们将会提出下一个关键问题:"我们的事业应该是什么?"但这里我们先讨论一些相关的基本问题。

我们的讨论从市场、市场潜力以及市场趋势开始说起。假设我们的顾客群体、市场结构以及技术都没有基本变化,那么我们可以预期未来5年或10年中我们企业所服务的市场范围有多大?促进或者阻碍我们业务拓展的可能因素又会是什么呢?

在这些可能趋势中,最重要的趋势也是最容易被企业忽略的趋势是:人口结构和人口动态的变化。传统的商人容易信从经济学家的假设,认为人口统计数据是恒定不变的。历史的经验也认为这种假设是合理的。除了灾变事件(诸如世界大战或饥荒)导致人口剧减之外,正常状况下人口的变化是非常缓慢的。然而这种假设如今不再准确。今天,无论是在发达国家还是在发展中国家,人口都在发生急剧变化。

每个发达国家(或许唯一的例外是英国)在第二次世界大战后的10年中都曾出现过小的"生育高峰"。年轻妇女比以往生育更多孩子,孕期也更加紧凑。而10年后,紧接着便出现同样引人注目的"生育低谷",婴儿安全出生数量急剧下降。

在发展中国家,出生率虽然没有增加,但婴儿存活数量在增加,而且现在依旧在持续增加。换言之,在短短的25年中,整个人口结构发生了急剧变化。以美国为例,1950年最大的单一年龄段群体是38~40岁。10年后,最大的单一年龄段群体是17岁。但到了1980年,最大的单一年龄段群体是25岁。自1945年始,每个发达国家都经历了一个"教育爆炸"期。而在发展中国家,城市化正在快速发展。以拉丁美洲为例,拉美的人口结构已经从边远农村进入到明显的城市化进程。

人口统计不仅会对人口结构在购买力与购买习惯上产生影响,而且会对劳动力的规模与结构产生影响。人口变化是关系未来预测成为可能的唯一事件。人在青少年之后才成为劳动力,在发达国家中,越来越多的人在20岁之后才算得上劳动力。他们不会成立家庭，也不会成为主要顾客。换言之，市场中的主要趋势，包括购买力与购买习惯、顾客需求以及就业等，都可以通过分析人口结构和人口动态的某些确定性来加以预测。

任何预测未来的尝试——当然，就是我们竭尽全力追问的问题"我们的事业将会如何"——都必须始于人口统计分析并视之为最坚实最可靠的基础。

甚至细小的人口结构变化都会产生巨大的影响，美国杂志业的急剧转变就是其中一例。

直到1950年，美国最成功的也是最有利可图的传播媒体是大众化的杂志，它们看起来固若金汤。但当时期刊业的领导者们如今都已经消失得无影无踪了，比如《科利尔》《周六晚邮报》《展望》和《生活》等。它们中的幸存者也都在苦苦支撑，勉强维持生计罢了。人们通常把这种颓势归咎于电视产业的发展。但杂志业作为一个整体产业并非遭受电视的祸害，正如它们早期不受制于收音机一样。相反，自从电视问世之后，杂志的发行量与杂志广告效果远比过去提升得快，如今依旧持续增长。这其中的奥秘正是人口的变化——部分原因是年龄结构的变化，但主要的原因还是民众教育水平的提高。毫无差别的大众读者群的时代过去了，取而代之的是大量具有专业特长的大众市场，也就是具有专业特长的群体。虽然他们规模有限，但教育水平提高了，购买力提升了，他们都有各自的独特兴趣与阅读品味。这个群体比上一代人更加喜欢阅读杂志，理由很简单，他们的杂志阅读量增加了。对杂志广告商来说，这个群体是更好的市场，理由很简单，他们的杂志购买力增加了。每个受过更好教育而且相对富裕的读者，就其本身而论，都是大众读者，差别之处在于他们是更加专业化的一群人。

读者群体的这种变化早在1950年时就已有预测，因为那时人口的变化和发展已经发生。一些出版商已经清楚地观察到人口变化这种态势。能够基于这样人口变化态势而做出调整的美国杂志都很成功，比如《商业周刊》《摩登新娘》《体育画报》《花花公子》《科学美国》《今日心理学》《电视导报》等。所有这些新兴杂志在编辑、发行和广告上都沿用了早期发展的大众化基本路子。但它们把这些应用方法与新的人口结构变化相结合，即它们将具有共同兴趣的读者群加以归类分析。所有这些成功杂志的发行量都超过50万册，但它们很慎重，没有迎合大众读者群。它们有意识地、深思熟虑地把握了人口变化的机会。它们花费了较低的或合理的发行成本就赢得了可观的读者群。与此相反，那些依旧死守大众读者群的老式杂志，为了争取读者订阅，必须投入更多资金，但发行成本远高于读者订购的收益。结果显而易见，新兴专业杂志也很快就赢得了广告。

管理层需要对市场结构变化所可能造成的结果有所预期，比如经济变化趋势、时尚品位变化以及市场竞争态势等。竞争必须根据顾客对所购买的产品和服务的理念加以界定，因此竞争包括了"间接竞争"与"直接竞争"。

顾客尚未得到满足的需求

最后，管理层必须思考，在如今已经提供的产品和服务中，顾客的哪些需求还尚未得到充分满足。有能力提出这个问题并有能力正确回答这个问题的企业通常能够稳步发展；相反，漠视这个问题或无能回答这个问题的企业通常只能依赖经济走强和产业景气而有所发展。但依赖经济走强和产业景气而发展的企业也容易在产业不景气和经济不走强的情况下深陷困境。

在顾客尚未得到满足的需求方面取得成功的实例，非西尔斯莫属。这个话题非常重要，我们需要更多例证加以说明。

在20世纪50年代中期，当索尼公司提出"什么是顾客尚未得到满足的需求"时，正值该公司首次决定开拓美国消费市场的关键时刻。索尼公司创建于第二次世界大战后，是一家磁带录音机的生产商，其产品在日本国内市场获得很大成功。索尼公司进军美国市场，专门为播音室供应小型但信誉可靠的高价专业磁带录音设备。然而索尼公司首次在美国大众消费市场推出的产品是它从未生产过的产品——便携式晶体管收音机。索尼公司的市场调研分析显示，当时的年轻人喜欢在野餐、露营和短途旅行时携带着又笨又重又昂贵的设备，如重达数磅⊖的留声机和靠电池供电并配有音箱的收音机。毫无疑问，这个调研显示了顾客尚未得到满足的需求——既轻便又便宜而且可靠的收音机。在这之前，索尼公司并未开发过便携式晶体管收音机，但美国的贝尔实验室已经拥有；只是贝尔实验室以及美国的电子器材制造商们都认为顾客尚未能够接受这样的设备。他们认为，现有的设备足以满足顾客的需求，而且足以锁定顾客的需求。但索尼开始提出："什么是顾客尚未得到满足的需求？"这个问题为索尼的市场开发认定了方向，并且在较短时间内发展成为这个市场的领军者和引导者。

在全球领先的企业中，联合利华可能是在思考"我们的事业将会如何"方面做得最出色的一家企业。在为每个主要产品线、为每个主要国家市场所研发的方法和创建的模式上，联合利华致力于多方细致考虑，从国民收入到零售分销，从饮食习惯到税务事宜，可谓面面俱到。但联合利华的经营基础和起点是人口数据分析和人口变化趋势。人口变化和发展趋势不必做猜测，但可以从已经发生的人口结构变化中获得信息。

我们的事业应该是什么

"我们的事业将会如何"旨在提醒企业针对预期变化做出适应性调整，旨在针对企业现有状况进行改善、扩展以及做进一步开发。

⊖ 1 磅 =453.592 克。

我们还需要进一步问：我们的事业应该是什么？有什么机遇正在展现出来？有什么机会可以创建以求跨入不同事业领域并实现我们的事业目标与使命？

IBM公司曾一度把自己的事业界定在"资料处理"上。在1950年之前，这个界定意味着穿孔卡及进行穿孔卡分类整理的器材设备。伴随着电脑问世，新技术诞生，IBM公司之前丝毫没有这方面的专业知识。但IBM公司提出"我们的事业应该是什么"，并意识到，从此以后，资料处理必须直指电脑，穿孔卡一去不复返了。

不能提出这样问题的企业可能只会丧失良机了。美国的人寿保险行业很长一段时间把它们自己界定为"为美国家庭提供基本的投资和金融担保"。在第二次世界大战期间，这种人寿保险政策的确是实现这种目标与使命的最好方式。但在第二次世界大战之后，大多数美国人收入增加，储蓄能力也超出了购买人寿保险担保所需的费用。与此同时，所有人都敏锐地意识到通货膨胀的问题，即人们担心传统保守的固定投资价值会因为通货膨胀而缩水。人寿保险公司拥有通向市场和销售组织的渠道。在它们各自的投保客户清单中，它们拥有美国最大金融顾客群体。遗憾的是，它们当中很少有人问"我们的事业应该是什么"。结果，人寿保险持续地丧失其市场地位。第二次世界大战前，人寿保险是仅次于家庭住宅的中产阶层领先投资产业。而如今，人寿保险已经下滑到第三、第四名，而且有日趋败落的可能。新的储蓄资金不再流向人寿保险，而是流入互惠基金和养老基金。

人寿保险公司所缺乏的不是创新。人寿保险公司所需的金融工具早已发展健全，它们所缺少的是提出"我们的事业应该是什么"这个问题的意愿以及认真对待这个问题的勇气。

思考如何回答"我们的事业应该是什么"时，除了社会、经济和市场因素的变化外，还要考虑创新，包括自己的创新和别人的创新。

就企业本质而论，创新所引发的变革太过张扬以至于没能要求许多史实的证明。所有工程和化工领域的主要企业很大程度上都是通过创新来实现新事业的转型的。如前文所言，虽然在过去 10 年中为世界贸易注入资金的"欧洲美元"都不是出自美国商业银行，但美国商业银行知道欧洲美元的意义十分重大，其成功之处在于把欧洲美元变成国际货币，这在很大程度上可以说明它们在跨国银行业务中所取得的快速成长。

最后，要实现从"我们的事业是什么"到"我们的事业应该是什么"的转变，需要一个特别而重要的理由，那就是需要论及"不合宜的企业规模"（详见第 55 章内容）。

"有计划地抛弃"之必要性

为崭新而不同的事情做决策是十分重要的，与此同等重要的是：有计划地、有系统地抛弃那些企业中过时的、不合时宜的目标和使命；抛弃那些不再能够体现特定顾客或者顾客群体的满意度的、不再能够具有优先贡献力的目标和使命。

对所有现存的产品、服务、流程、市场、最终用途以及销售渠道进行系统的分析，这是破解"我们的事业是什么""我们的事业将会如何"以及"我们的事业应该是什么"等问题最为举足轻重的一步。它们依旧可行吗？它们还有可能奏效吗？它们仍然对顾客提供价值吗？明天我们还可能这样做吗？它们依旧能够和人口变化、市场变化以及技术与经济变化相适应吗？如果不相适应，我们如何采用最佳的方法抛弃它们，或者至少能够有效停止更多资源投入和人力消耗？除非我们严肃而又系统地对待这一系列问题，除非管理层心甘情愿地致力于探索这些问题，否则对"我们的事业是什么""我们的事业将会如何"以及"我们的事业应该是什么"再好的定义也会沦为"诚挚的陈词滥调"。企业的精力只会被用于保护过去。没有人有时间和资源或者有意愿去开拓"现在",那就更不用大言不惭地憧憬"未来"了。

在《为成果而管理》一书中,我首次提出并讨论了"有计划地抛弃"这一理念。几年后,通用电气公司采纳这个理念并用作系统管理战略。在许多大型公司中,比如联合利华,大多数远程规划都会聚焦于"我们的事业将会如何"这一问题上;但在20世纪60年代后期,通用汽车公司的企业战略规划却是个例外。它把探索的问题锁定于"我们的事业应该是什么"上。通用电气公司的规划不是着眼于"我们应该投入到何种新领域中去",而是始于反思如下问题:"在现有的产品系列和业务中,我们应该放弃什么?""哪些是我们应该削减和淡化的?"

界定企业的目标与使命是一件艰难、痛苦而又危险的工作。但只有对企业的目标与使命加以界定,才能促进企业设定目标、发展策略、集中资源以及投入运营,也只有对企业的目标与使命加以界定才能促进企业管理产生绩效。

第 8 章 | CHAPTER 8

目标设立与能力培养：玛莎百货解析

社会变革成就企业的使命与目标——专注决策——目标：市场营销、创新、关键资源、生产力、社会责任——利润是结果而非目的——把目标转化成为工作分配——经验与教训——目标说明——在所有生存领域，目标是必需品——目标的八个领域——工作及其分配的基本原则——目标与量度——目标的使用

在西方国家，能与西尔斯相媲美的当属玛莎百货。在很长一段时期中，玛莎百货甚至在销售与盈利方面略高于西尔斯。

与西尔斯一样，玛莎也是一家连锁零售企业，它的第一家廉价杂货店于1884年开业。差不多同一时间，理查德·西尔斯做成了第一笔邮购生意——向美国西部农民出售耐用而又廉价的手表。到1915年，玛莎百货扩建了连锁杂货店，从那时起，它便快速成长起来。但它最辉煌的成长阶段是在1963～1972年的10年间，而这阶段正是英国经济历史上号称为"停滞型

通货膨胀"（stagflation）的艰难时期，即通货膨胀加上经济萧条。在这个艰难时期，玛莎的销售量翻了两倍——从1.84亿英镑增长到4.63亿英镑（换算成美元便是从4.6亿美元增长至11亿美元）。利润也快速地水涨船高——从2200万英镑增长至5400万英镑（换算成美元便是5500万美元增长至1.35亿美元）。同样令人赞叹的是它的利润率——税前利润率在12%左右，这差不多是除了西尔斯之外的其他零售商6%利润率的双倍成效。

社会变革成就企业的使命与目标

到20世纪20年代中期，曾经在1915年扩建玛莎百货连锁杂货店的四位连襟，西蒙·马克斯、伊斯雷尔·西夫、哈里·萨克以及诺曼·拉斯基联手把一间杂货铺经营成一家成功的连锁企业。在许多人看来，他们或许已经满足于既得成就和庞大财富；然而事实并不是这样，1924年，西蒙·马克斯造访美国；在这期间，他小心翼翼地求教西尔斯。美国之行后，他们决定反思自己企业的目标与使命，并决定玛莎百货不再经营零售业，而是转向推动社会变革。

玛莎百货把企业使命重新加以定义，以颠覆19世纪的英国阶级结构为己任，促进中下层阶级人士能够购买中上层阶级人士同等质量的产品，而且在价格上让中下层阶级人士能够负担得起。

玛莎百货并非当时（20世纪20年代）英国唯一能够把握第一次世界大战后的社会迅猛变革良机的企业。同一时期由蒙塔古·伯顿创立的"五十先令裁缝店"（Fifty Shilling Tailor）也是其中的典范。但玛莎百货所具有的独特性和成功之处在于它实现了"我们的事业是什么"和"我们的事业应该是什么"的定义转变——使之更加明确、细化、操作有效以及完成多个目标的设定。

这样的成功转变要求企业必须在决策上专注于"一个基本的战略目标"。

像许多其他连锁店一样，玛莎也一度开设了很多连锁店，产品涉猎广泛，应有尽有，除了廉价之外，玛莎与其他连锁店并无区别。如今玛莎决定把经营目标集中到服饰业务上来，不久后便增加了家用纺织品，诸如毛巾、浴巾和布帘之类的产品。

这是一个理性的决定。在当时的英国，衣着装饰依然具有很高的阶级象征意义，通过衣着，人们可以看出所有阶层最为明显的差别。第一次世界大战后，所有欧洲国家的时尚意识蔚然成风，同时大规模生产物美价廉的纤维织品和衣服的机器设备竞相问世，这在很大程度上归功于第一次世界大战期间产生的巨大的制服需求。新的织物纤维，像人造纤维与醋酸纤维，充斥于市场。然而当时的英国尚未具备为民众提供精心设计、款式新颖而又价格便宜的服饰的流通体制。

在几年中，新的玛莎已经壮大成为英国遥遥领先的服装和纺织品经销商，而且自此开始其领先地位，有口皆碑。到1972年，服装销售额高达3.27亿英镑（约8亿美元），占玛莎公司总收益的四分之三。

第二次世界大战之后，玛莎运用相同的思路来开发新的产品项目，这次经营目标锁定食品。第二次世界大战期间，在饮食上极其讲究并且顽固不化的英国人学会了品尝新食品。在1972年，玛莎的食品经营额占总销售额的四分之一。

20世纪20年代初期，甚至到了30年代初期，玛莎百货从一家成功的零售连锁店有目的地转变成为一家杰出而具有专业水准的、有可能是世界上最大的营销企业。

专注决策有益于促使公司设定独特的营销目标。这样的决策会促使公司辨别出"谁是过去的顾客""谁是未来的顾客""公司需要开设什么样的商店""什么时机开设商店合适""遵循何种价格政策"以及"哪些市场可以成为突破点"等。

玛莎百货需要解决的下一个领域是目标创新。就当时情形看，玛莎所需的服装与纺织品已经不存在。玛莎要转向开始产品的质量管理，这与其他大型零售商并无区别。但玛莎与众不同的地方是，它能够快速创建质量管理实验室并转入调研、设计、开发中去。玛莎开发了新纤维织物、新颜料、新工艺制作流程、新混合面料等。玛莎还在流行时尚上下功夫。最后，它开始寻求合适的制造商并经常帮助他们开创新业务——因为那些固有的、守旧的制造商并不热衷于玛莎百货新的经营风格。第二次世界大战后，当玛莎百货转入加工即食食品，诸如面包糕点和奶酪制品时，这象征着玛莎百货运用相同的创新方法已经成功地造就了新的产业和市场。

玛莎百货把创新目标设定于市场营销。举例来说，早在20世纪30年代初期，玛莎百货就已开始做"消费者调研"，当时这种调研工作是"创新之举"⊖，玛莎百货必须开发相应的技术。

玛莎百货也为关键资源的供给与开发设定目标。玛莎百货早期在招募、训练并发展经理人等方面仿效西尔斯的做法，并且在财务资源以及有效控制、利用和评测资源上设定系统发展目标。玛莎百货还为实体设备的开发即零售商店的开发设定目标。

与以上这些资源目标设定紧密结合的是为生产率设定目标。玛莎百货最初是从美国学习控制和评测资源的方法，但到了20世纪20年代末30年代初，玛莎百货开始为持续改进关键资源的生产率而设定目标。

这样做的结果是，玛莎百货获得了非常高的资本生产率——这确实是它成功的关键因素之一。玛莎百货的成功因素中有一点是容易被人忽视的，但也是重要的，据我所知，玛莎百货零售商店的生产率超过了世界任何地方，

⊖ 在1929年以前，通用汽车公司就曾做过"消费者调研"；但我觉得玛莎百货对此可能并不了解，因为那时候，即便是在美国汽车行业内部，这事也鲜为人知。

甚至连美国公认的零售连锁店中的翘楚西尔斯和克雷斯基零售店也略显逊色。

直到20世纪20年代末，玛莎百货都是通过开新的连锁店来争取市场扩展。而自30年代开始，玛莎百货则通过提升每个连锁店的生产率和提高每平方英尺①的销售空间所产生的营收来拓展业务。根据测量门店的数量，玛莎百货获悉自己依旧是个小型连锁企业，因为当时只有250家连锁店。按照英国标准计算，每家商店面积都不大，平均销售面积只有2万平方英尺（相比而言，大型美国超市都达到10万平方英尺）。然而这些小型商店平均每家每年销售额达到400万美元，这是其他同行业中成功的连锁店公司营业额的数倍之多。唯一的解释是玛莎百货持续提高了每一家零售店的生产率，即增加商品、提升陈列以及提高每位顾客的购买量。商店销售空间是零售商可控制的资源；玛莎百货的成功之处在于提升商店货物空间的利用率，因而在整体上产生了优异的绩效。

玛莎百货还为社会责任设定目标，尤其是在能够产生重要影响力的领域：劳动力与供应商。玛莎百货设置"女经理人"，专门负责招募员工，负责员工个人问题，以及提倡智慧而仁慈地对待员工。人力资源管理依然是门店经理的工作，但"女经理人"的设置是为了彰显公司"人性关怀"的一面。

同样，玛莎百货还为该公司与其供应商之间的关系设定目标。供应商与玛莎百货业务关系发展越成功，就会越依赖玛莎百货，因此保护供应商不受玛莎百货的剥削成为公司管理层关注的重点。玛莎百货着手开发"补救方案"，这方案与18世纪初期英国前工业化时期的同行业者盘剥供应商致使供应商贫穷并且丧失保障的做法不同，"补救方案"为供应商获利致富和供应保障提供了支持。

---

① 1英尺=0.3048米，1平方英尺=0.0929平方米。

如何设定利润目标呢？答案是：根本就没有所谓的"利润目标"。玛莎百货也没有设定过"利润目标"。很明显，玛莎百货是高利润企业，也是具有高盈利意识的企业。但它并没有为利润设定"目标"，而是把利润视为企业的必要条件；简言之，就是"利润不是目的而是需要"。玛莎百货认为："利润是做正确事情的结果，而非企业活动的目的。"最重要的是，利润取决于公司所要达到的必要目标。利润率则是评估企业服务市场与顾客的表现力。同样重要的是，利润也是一种抑制力，除非利润足以覆盖风险，否则公司将无能实现自己的目标。

我不知道在 20 世纪 20 年代末 30 年代初玛莎百货的高管们是如何意识到他们所做的决策的含义的。或许根本没有总体规划。但那些年轻高管们在那些年间受聘进入公司，承担新工作，比如创新、生产率目标的开发以及设立标准等，他们完全知道自己的公司正在遵循"我们的事业是什么"的原则与方针来做，对此定义他们心知肚明。因此，他们对公司的社会目标与企业目标具有高度认知。他们深知这些目标意味着他们当中的每个人在绩效目标、绩效标准以及个人贡献上的要求。

玛莎百货从一开始就把目标转变成为工作分派。它透彻地思考了在每个目标领域中所需要的贡献与成果。它为这些成果指派"责任人"，并要求其为此负责。公司则根据目标来评估工作绩效与贡献。

经验与教训

玛莎百货的案例再次证明了对"我们的事业是什么"和"我们的事业应该是什么"进行深思熟虑，这对企业的发展举足轻重，但也暴露出只有思考本身是不够的。企业的基本定义及其使命必须转化成为具体目标，否则，这些定义与使命就会沦为毫无成就可言的深刻洞见、美好意图和精彩警句。

玛莎百货的案例为读者提供了目标设定的规范步骤。我们将在下一章加以细致讨论。这里我们先提及所涉内容的纲目。

第一，目标源自于对这些问题的思考："我们的事业是什么？""我们的事业将会如何？""我们的事业应该是什么？"这些问题不是抽象的概念而是在行动上的承诺；通过行动承诺，企业的使命得以实现；通过行动承诺，绩效的标准得以评测。换言之，目标是企业的基本策略。

第二，目标必须是可操作的。目标必须能够转化成为企业的特定标的和具体工作。目标必须能够成为工作和成就的基础与动机。

第三，目标必须尽可能地专注于资源和工作力度。目标必须从企业的众多目标中筛选出来，这样做的目的在于确保关键的人力、财力以及实体设备等资源用在刀刃上。因此，目标必须精挑细选而非包罗万象。

第四，多个目标的设定是必要的，目标设定不能单一。如今人们热烈讨论的"依靠目标进行管理"中有许多话题是在关注追寻"一个正确的目标"。这样的追寻不仅可能像"寻找魔法石"那样徒劳无功，而且可能致使企业误入歧途甚至形成祸害。企业管理讲究平衡多种需求和目标，这就要求企业必须设定多个目标。

第五，企业赖以生存的所有领域都必须设定目标。特定的标的和在一切领域中锁定的明确目标都应视企业的决策而定。但需要设定目标的领域对所有企业来说都是相同的，因为所有企业都是依赖相同要素而生存的。

企业必须有能力去创造顾客，因此企业必须设定市场营销目标。企业必须有能力创新，否则其竞争对象将会淘汰它，因此企业必须设定创新目标。所有企业都必须依赖经济学家所提出的三大因素：人力资源、资本资源以及实体资源。企业必须为这些资源的供给、使用以及发展设定目标。如果企业要持续生存下去，这些资源的使用就必须产生成果，资源生产率就必须不断增长。因此，企业必须设定生产率目标。企业存在于社会和社区中，因此企业必须肩负社会责任，企业至少应该担负环境影响方面的责任，因此企业必须在相关社会责任层面设定目标。

最后，企业需要利润，否则任何目标都无法实现。所有这些目标的实现都要求付出努力，也就是"成本"。企业所获得的利润是唯一的资金来源。所有目标都需要承担风险，因此所有目标都要求利润以求规避和弥补潜在亏损。利润不是目标，但利润是企业存活的必要条件，关系到企业的决策、需求和风险。

故此，企业必须在如下八个关键领域设定目标：

- 市场营销。
- 创新。
- 人力组织。
- 财政资源。
- 实体资源。
- 生产率。
- 社会责任。
- 利润要求。

企业在这些关键领域设定目标会促使人们做如下五件事情：一是使用简易描述来解释整体的企业现象。二是使用实践经验来检验这些描述。三是预测行为。四是对制定过程中决策的稳定性加以评价。五是促进管理者全方位分析各自的经验，以求提高他们的工作绩效。

工作及其分配的基础

目标是工作及其分配的基础。

目标决定企业结构。企业的关键活动必须执行，最重要的是人人皆有任务可为。目标是企业结构设计的基础，也是个体工作单位与个体管理者设计的基础。

这八个关键领域始终需要目标。没有特定目标的领域将会被忽略。除非我们决定在一个领域中将要评估什么、用什么样的判断标准加以评估，否则这个领域本身不会被发现（这个话题可参见第 39 章）。

总的来说，可用于企业的八个领域进行测评的标准目前仍然是比较随意的。除了市场营销的数据外，我们甚至没有令人满意的定义，更不用说评测标准了。对于以利润率为中心的评测方式，我们也只有一把橡胶码尺，而且我们根本没有真正的工具去决定利润率的必要性和重要性。关于创新，甚至关于生产率，我们很难比应该做的事情有更多的认识。而在其他领域包括实体资源和财政资源，只能说些意图性的话语，因为我们对这些资源的成就并没有恰当的评测标准。

然而，至少我们知道应该为每个领域提供进度报告，为每一家企业的正常运作设定目标。

如何使用目标

我们还需要认识一件事：如何使用目标。

如果目标仅仅是美好的意图，那么它们是没有价值的。目标必须付诸实践，转化成工作。工作总是具体的、清晰的、明确的，工作的成果总是可以评测的，工作总有最后期限、特定任务及责任。

但是，当目标成为"紧箍咒"时，目标就可能造成伤害。目标总是以预期为基础，而预期充其量不过是对信息的猜测。目标表达对诸多因素的评价，而这些因素大多数源自企业外部，并不在企业掌控之中。世界不会静止不动。

使用目标的合适方法好比航空公司使用飞机航班时刻表和飞行计划一样。航班时刻表为顾客提供从洛杉矶到波士顿的航班，上午9时起飞，下午5时到达。如果当天波士顿有暴风雪，飞机将会在匹兹堡降落以等候暴风雪停止。该航班的飞行计划是高度3万英尺（9144米），飞越丹佛和芝加哥。如果飞行途中遭遇强气流和逆风，飞行员将会征求航空指挥中心允许上升5000英尺（1524米），而且改飞明尼阿波利斯—蒙特利尔航线。无论如何，所有飞机的操作都必须遵循航班时刻表和飞行计划。任何变化都会立刻反馈到指挥中心并产生新的时刻表和飞行计划。除非百分之九十七的航班能够按照原定时刻表和飞行计划行驶，或者只有极小幅度的变化，否则这家运营良好的航空公司就该换来更有本事的新营运经理。

目标不是命运，目标是方向。目标不是命令，目标是承诺。目标不决定未来，目标是调动企业的资源和精力去创造未来。

第9章 | CHAPTER 9

战略、目标、优先次序、工作分派

基础领域：市场营销与创新——专注决策——市场地位决策——创新目标——资源的供给和使用以及生产率——资源领域的营销目标——贝尔系统的资本市场规划——工会关系作为目标领域——生产率：管理能力的第一个考验——贡献价值作为生产率评测指标及其可能的危险——社会层面——利润是需要的，也是有限的——为何"利润最大化"会导致不适当的利润率——何为必要的最低利润率——日本的榜样——利润率与资本成本——如何评测利润率——利润率之局限性——目标的时间跨度——预算的角色——管理经费与资本支出——设定优先次序——从"目标"到"行动"——通货膨胀的解释

市场营销与创新是目标设定的基础领域。正是在这两个领域中，企业收获成果，顾客也是在这两个领域为企业的绩效和贡献买单。所有目标都必须

是绩效目标，旨在"有所为"，而非只停留于"美好意图"。其他所有领域工作的目的都是实现营销目标和创新目标。

提及"营销目标"可能多少会有些误导，但市场营销绩效的确要求就下列项目设定目标：

- 为当前市场中的现存产品和服务设定目标。
- 为抛弃过时的产品、服务和市场设定目标。
- 为现有市场中的新产品和服务设定目标。
- 为新市场设定目标。
- 为分销组织设定目标。
- 为服务标准和服务绩效设定目标。
- 为信誉标准和信誉绩效设定目标。

这些领域中的每个课题都已经有过许多专论。但其中很少有论及这些领域中的目标设定必须先考虑如下两个关键决策：一是专注决策，二是市场地位决策。

专注决策（the concentration decision）

我们把"目标"视为"战略"（strategy），把"专注决策"视为"政策"（policy）。这样说就好比决定在哪个地区打一场仗。没有政策决定，就像有战争规则，却不讲究策略一样，那就是毫无目的的行动。

差不多就在玛莎百货选择专注于服饰和纺织品的同时，西尔斯正在大胆面对专注决策。西尔斯决定专注于家用电器。这是非常有别于玛莎百货的专注决策；但对西尔斯来说，这是正确的决策；它不仅考虑了自己经营理论的独特性，也对20世纪20年代末主流美国市场状况胸有成竹。虽然西尔斯没有从商店中撤掉纺织品，但直到第二次世界大战前，它已经不再把注意力集中在纺织品上，也没有在服饰市场上参与激烈竞争。西尔斯的专注决策把公司引向与玛莎百货完全不同的方向，比如西尔斯转向大型商店，转向非常强调服务的企业组织。这样的专注决策为西尔斯进入自动化电器，并视之为第二专注领域以及大量投资成为电器设备的制造商奠定了坚实基础。

古希腊最伟大的科学家之一，阿基米德曾经说过："给我一个支点，我就能撬动地球。"这个"支点"就是专注领域，正是这个专注领域可以让企业的杠杆撬动世界。因此，专注决策是个至关紧要的决策。它可以在最大程度上把"我们的事业是什么"的定义转变成为有意义而行之有效的承诺。它可以促使企业的使命与目标得以实现。它是有效战略的基础。

我们发现，任何一家非常杰出成功的企业都一定会在诸多选项上深思熟虑，最后做出专注决策。

在电脑问世后的 15 年，也就是直到 20 世纪 60 年代中期，在全球 50 家进入电脑市场的公司中，只有两家公司脱颖而出，它们不仅盈利，而且站稳了市场地位，它们就是 IBM 公司和比 IBM 公司规模小得多的控制数据公司（CDC）。这两家公司的成功之处都在于它们勇于面对专注决策。在电脑产业尚处于初期阶段时，IBM 公司就决定将精力集中在企业市场上，它供应的电脑基本上是服务大规模重复处理会计数据，诸如核算与薪酬等。差不多在同一时期，CDC 则做出了截然相反的决策，专注于大规模的科学应用。两家公司都做得非常成功。而其他电脑公司都全力拼"覆盖市场"，结果无一成功。

许多人或许会说，这是大型公司所擅长的。但 IBM 公司和 CDC 在做各自的专注决策时，它们并不是所谓的"大型公司"（详见本书第 60 章）。顺便提一下，20 世纪 20 年代的玛莎百货也不是一家大型公司。事实上，小型公司比大型公司更加需要专注决策。小型公司的资源有限，除非它能专注，否则将会毫无成果可言。

专注决策是高风险的，但它是真正的决策。专注决策必须一而再再而三地检测市场的动态、趋势以及变化。没有专注，营销目标和创新目标都只是许诺和美好意图，不可能成为真正的目标。没有专注，企业的资源将无法得以合理分配，从而产生绩效。

市场地位决策

另一项以营销目标为基础的主要决策是市场地位决策。一种常见的说法是"我们想要成为领军者"。另一种说法认为"只要销售能上升，我们不关心市场份额"。这两种说法听起来合理，但事实上都是谬论。

显而易见，并不是每一家企业都能够成为"领军者"。当一家企业决定什么是自己的市场区隔、什么是自己的产品、什么是自己的服务、什么是自己的价值观时，它才有可能成为"领军者"。倘若公司丧失市场份额，也就是如果市场的扩展远比公司所做的销售快得多，那么此时即便这家公司的销售额正在上升，也不算是好消息。

一家只占有市场小份额的公司最终必将在市场中被边缘化，因而它极其脆弱。哪怕是在最轻微的经济挫折中，顾客都可能会集中采购物品；紧接着他们会将注意力集中在那些占有大量市场份额的供应商身上；经销商和零售商为了削减库存，也将想方设法撤除边缘供应商。如此一来，边缘供应商的销售量越来越小，以至于无力提供必需的服务，这正是许多边缘设备制造商无法长期生存的主要原因之一，即便他们的产品优良，品牌声誉良好，也无济于事。

因此，无论市场销售曲线如何，市场地位都很重要。供应商被边缘化的关键点因产业不同而有差异。一旦成为边缘生产者，那就意味着长期生存存在危险。这个道理不仅适用于制造商，也适用于银行、百货公司、航空公司和保险公司（关于这个论述，详见本书第 55 章）。

市场地位也有最大上限，企业的市场地位超过最大限度是不明智的——即便是没有反垄断法也是如此。市场主导地位会让企业领军者昏昏欲睡，而垄断者不会因为公众的反抗而辗转挣扎，反倒因自鸣得意而失败。市场主导地位会对任何创新产生巨大的内部阻力，从而导致适应市场变化的困难。再者，市场主导地位还意味着企业把许多鸡蛋放入同一个篮子里，因而导致企业太容易受到经济波动的冲击。

在市场中，还有一种充足的理由可以抗拒依赖单一主导地位的供应商。不论它是一家制造公司的采购代理，还是空军部队的采购专员，还是一个家庭主妇，没有人愿意接受垄断供应商的摆布。

最后，在迅猛扩张的市场中，尤其是在新兴市场中，具有主导地位的供应商如果只和一两家主要竞争者瓜分市场份额，这种情况可能不太妙。这听起来很似是而非——大多数经营者很难接受这样的论断。但事实正是如此。一个新兴市场，特别是新兴的主要市场，当它面对多个供应商时，它通常会比面对单一供应商时扩展得更快些。当一家供应商拥有 80% 的市场份额时，其会非常得意。但如果因为企业受制于单一主导的资源支配，市场就不会快速扩展；这家供应商的收益和利润就可能会低于多家供应商分享市场时快速增长的盈利情况。100 的 80% 远远低于 250 的 50%。只有单一供应商的新兴市场可能会在 100 面前停滞不前。它受限于单一供应商对产品和服务的狭隘见解。如果有多家供应商，就会有多种产品和服务途径，并进行多种渠道的拓展和应用，这是单一供应商做梦也想不到的。这样的市场就会迅速拓展成为 250 的类型。

杜邦公司看起来深谙此道。在杜邦公司最为成功的创新壮举中，具有点睛之笔的创新是：只有在新产品回收原有的投资成本之后，它才会维持单一供应商的市场地位。然后，杜邦公司才会将它的创新对外授权，慎重地推出竞争者。这样一来，许多有闯劲的公司开始开发新市场以及开发产品的新用途。如果没有当年杜邦推出竞争者，那么就没有尼龙材料市场的快速发展。如今这个市场依旧正在成长，但如果没有竞争，它可能在20世纪50年代初就开始衰退了，因为那时更新的人造纤维制品已经由美国的孟山都公司和联合碳化物公司、英国的帝国化学工业公司以及荷兰的AKU公司等引进了市场。

企业不是要追求市场地位的"最大值"（maximum），而是要追求市场地位的"最佳效果"（optimum）。这不仅要求企业必须深入细致地分析顾客、产品、服务、市场区隔以及分销渠道，而且要求企业做好市场策略，甚至要求企业做出高风险的决策。

创新目标

创新目标是公司对"我们的事业应该是什么"的定义，并使之具有可操作性。

一般情况下，每一家企业都有三种基本创新：一是产品和服务的创新；二是市场、消费者行为和价值的创新；三是把所需的产品和服务带入市场的多种技巧和活动的创新。这些创新可以分别称为产品创新、社会创新（比如分期付款信贷）以及管理创新。

创新可能源自于顾客需求和市场需求，需求的必要性是创新之母。或者，创新也可以来自贯彻知识和技术进步的工作，比如大学和实验室等。

设定创新目标的问题在于难以评估创新的相对影响和不同创新的重要性。科技主导显然是可取的，尤其是如果科技能被应用于人类的正确方向上，比如工艺、太空探索以及有组织的人类科技活动等。100种较小却能立刻适用于提升产品包装的快捷方式，或者是一项基本的化学发明，在10多年艰苦工作之后，它可能改变整个企业的性质；此二者孰轻孰重，我们如何能够分清？就此问题，一家百货商店和一家制药公司会给出不同的答案；即便是两家不同的制药公司，也会给出不同的答案。

因此，创新目标从来就不像营销目标那样清晰具体。为了设定目标，企业管理层首先必须预期为实现营销目标所需的创新，即考虑生产线、现有市场、新兴市场，通常情况下也考虑服务要求。其次，企业管理层必须评估企业在所有领域和所有活动中出现的科技进步以及可能提升的科技发展。这些预测应该分为如下两个部分：一部分是针对"最近的将来"，预测相当具体的发展，实际上只是具体实施那些已经完成的创新。另一部分是针对"更遥远的未来"，旨在应对可能出现的创新。

虽然创新目标不像营销目标那样清晰具体，但它们都需要明确的量化——通常情况下，它们能被量化，但只是粗略的量化。㊀

科技变革中最不引人注目的领域正是最需要刻意强调创新的地方。在一家制药公司或一家从事有机合成化学物质的公司中，公司的存活取决于该公司能否每十年淘汰四分之三的产品，这个道理几乎人人皆知。但在保险公司中有多少人意识到公司的成长，或者公司的存活，依赖于不断开发新形式的保险、不断调整现有政策以及对销售政策和理赔方案进行持续更新，寻求更好、更廉价的方式？企业的技术变革越不明显或越不突出，整个组织僵化的危险就越大，因而强调创新就倍显重要。

也许有人会认为创新目标是大型公司的事，适合于通用电气公司或通用汽车公司，对小型企业则没有必要强调。但我坚持认为，创新对小型公司和

㊀ 关于量化的方法，可以参考《为成果而管理》，以及迈克尔·卡米的一篇题为《企业规划与商业机遇》(*Business Planning as Business Opportunity*) 的文章，方法不同但颇具洞见；此文收入彼得·德鲁克主编的《正为未来准备的商界领袖》(*Preparing Tomorrow's Business Leaders Today*)。还可以参阅出版于 1954 年的《管理的实践》(*The Practice of Management*) 中关于创新目标的内容。

大型公司一样重要。我所认识的一些小型公司的管理层都相信，规模小的公司在创新规划上相对简易，这也是它们的主要优势之一。正如一位小公司的总经理所言："当公司规模小时，公司可以充分接近市场并快速了解市场所需的新产品。小公司的工程技术人员较弱，他们知道不能依靠自己来解决所有问题，因此他们会对外部可能利用的新发展时刻保持警觉。"

资源的供给和使用以及生产率

正常运作的企业需要设定目标，而目标涉及资源、资源的供给与使用以及资源生产率。

经济学家在 200 年前就已经告诉我们，一切经济活动都要求如下三种资源：一是土地，即自然的产物。二是劳动力，即人力资源。三是资本，即投资未来的途径。企业必须有能力吸引这三种资源，并把它们用于生产。每一家企业都需要在这三种资源领域中设定目标；不仅如此，企业还需要为这些资源的生产率设定目标。再者，每个领域都要求设定多个目标而不是只设定单一目标。

比如人力资源，企业不仅要为管理层的供应、发展和绩效设定明确目标，而且要为非管理层内部的主要员工以及与工会之间的关系设定明确的目标。企业还要对员工的工作态度和员工的劳动技能设定目标。

同样，企业需要实体设备，如果是制造业，还需要原材料资源。零售连锁企业，诸如西尔斯和玛莎百货，不仅需要为商店的开发和货架空间的有效利用设定目标，还要为商品供应来源的发展设定目标，以至于能够实现有计划地销售商品。

资本资源同等重要。然而，很少有企业对此认真细致地加以关注。企业必须为资本的供应和资本的使用设定目标。

所涉及的每个资源领域都是"营销领域",尤其是人力资源领域和资本资源领域。企业销售工作机会和金融投资。工作与职业市场和资本市场都是真正的"外部市场",在这些"外部市场"中有真正的"顾客",他们有期待,有价值理念,也有需求。一家不能吸引它所需的人力资源与资本资源的企业将难以为继。

一个产业衰败的第一个迹象是它丧失了合格、有能力和有抱负的员工。举个例子来说,美国铁路公司并不是在第二次世界大战后才呈现颓势的,那时已经是越发明显而且不可逆转了。实际上,它的衰败始于第一次世界大战期间。在第一次世界大战前,美国有才能的工程学院毕业生会到美国铁路公司寻找工作。但自第一次世界大战结束后,无论出于什么理由,铁路公司对年轻的工程学院毕业生和受到高等教育的年轻人都失去了吸引力。结果,在20年后,也就是第二次世界大战期间,铁路公司的管理层因缺失人才而深陷困境,铁路行业进入寒冬。

故此,企业必须在人才与资本供给这两个领域设定明确目标。在人力资源方面,可以提出如下问题:"我们有哪些工作能够吸引人?""我们想要或急需哪种人才?""就业市场中有哪些可用的供给?""我们必须做些什么才能吸引人才?"同样,在资本供应方面,如下问题可以思考:"我们的企业需要何种投资?""采用银行贷款方式,是长期借贷,还是抵押资产以换取我们所需的资本?"(详见第33章。)

一家美国公司有系统地持续多年为市场规划供应资本,这家公司正是美国贝尔电话系统旗下的AT&T。电话公司是高度资本密集型企业,它的运作依赖于持续的大量投资。实际上,为顾客预先提供资金,企业在未来三年才有可能收益。AT&T的最后也是最重要的出资者之一,西奥多·韦尔曾深入思考过这个问题。在第一次世界大战结束时,韦尔就意识到美国的资本市场正在发生变化,而贝尔不再指望从传统资源(诸如富有的波士顿房地产商)

那里获得资本。相反，大众资本市场正在逐步形成。根据我所分析的结果来看，韦尔规划了一套全新的证券系统，时至今日依旧是个谜，此后一直是无与伦比的：AT&T 的普通股几乎可以保证股息，这在很大程度上既是股权投资与长期资本收益的承诺，又是固定收益投资的承诺。因此，这项系统对那些无法承担投资风险，但在支付完人寿保险和住房抵押之后又有些储蓄可用于投资的新中产阶级来说，很具有吸引力。

40 年后，也就是 20 世纪 60 年代初期，贝尔系统的高管层意识到这样的投资方式已经不再适用。它大刀阔斧地改变 AT&T 普通股的性质以求吸引像养老基金和投资信托等新兴的投资方和大型投资机构。

为职业和投资设定营销目标同样要求必须为企业本身的结构、基本政策、工作以及方向设定明确目标。这些不是"销售目标"（selling objective）而是真正的"营销目标"（marketing objective），这些目标必须被嵌入到企业自身的方向、结构和运作规则中去。

设定目标还要适用于关注员工的工作态度以及与工会之间的关系。大多数高管认为，与工会建立关系超出了他们的控制范围。从短时期来看，这样的看法的确是真实的。实际情况超出任何高管层的控制范围，比如政府政策和通货膨胀、强势的工会态度和要求，以及工会的强大力量等。但要与工会建立合适关系正是企业设定长期目标的更加正当的理由。

可能有人会质疑通用汽车公司和通用电气公司所采用的劳资关系政策。但正是这两家公司，或许在美国主要的企业中也是绝无仅有的，彻底想明白了它们与工会之间的关系并在各自政策的基础上设定了目标。虽然各自拥有基本不同的战略与战术，但各自的政策都很"强硬"。这两家公司都致力于维护本公司在劳资关系上的主动权，维护本公司对员工分配与员工生产力的控制权。这两家公司都支持在原则问题上采取罢工方式，但在钱财问题上，他们都拒绝用委屈长期基本原则来换取工会的短期优惠。在维护这两家公司的生产率地位和竞争地位上,这两项政策的制定是成功的,的确可圈可点。虽然劳工经常会怨恨甚至批评这两家公司,甚至从未停止攻击它们的政策,但在大型公司中,劳资谈判代表还是受到劳工尊敬的。事实证明,通用汽车公司和通用电气公司因罢工而丧失的工时和懒惰怠工的现象少于那些热衷于"搞更好关系"但依赖短期权宜之计的公司。

企业设定资源目标必须经历两个过程。一是从企业内部的预期需求出发投射到外部的需求,也就是土地、劳力和资本。二是从这些"市场"本身着手投射到企业的结构、方向和规划。即便这样,大多数管理者依然会问:"这是我们所需要的,但我们要花多少钱呢?"这样的思路与问题已经不合时宜了,人们必须换个方式提问:"这是有效用的,是我们必须做的,我们必须如何表现才能从中获益?"

生产率:管理能力的第一个考验

吸引资源并将资源投入生产仅仅是开始。企业的任务是促使资源具有生产力。因此,每家企业都必须就对应的三大资源(土地、劳动力和资本)设定生产率目标,而且必须为企业整体的生产率设定目标。

生产率评估不仅是衡量一家企业内部不同单位之间管理能力的最好指标,也是衡量不同企业之间管理能力的最好指标,因为生产率包含了企业贡献的所有努力,但不包含企业不能掌控的事情。生产率是管理能力的第一个考验。

所有企业获得资源的途径几乎一样。除了极少数垄断情形之外,在现有的任何领域中,企业之间唯一的差异是企业各个管理层的素质差异。而这个决定性因素的首要评测指标就是"生产率",即资源的有效使用和收益程度。

生产率的持续改善是管理层最重要的工作之一,但这也是最困难的工作之一,因为生产率是多种要素之间的平衡,既不太容易界定,也不好明确测量。

企业管理层的工作目标不是试图去寻找完美的生产率评测指标,而是尝试去应用若干评测指标,至少这些指标能够帮助管理者看清生产率的实质。举例来说,每人工时的产量就其本身来说并无意义,但在大多数国家中,政府的统计资料都以它为基础。这个指标甚至无法衡量劳动生产率,只有当每人工时的美元产值以及每一单位的美元产值显示出获利数据时,这个指标方能体现其意义。除此之外,我们还需要掌握能够显示单位产量和产值的数据,比如销售量和每一美元工资的利润等。

同样道理,我们还需要借助多种指标在其他领域中评测生产率以便获取正确的洞悉和判断。劳工是这三个生产要素中很独特的生产率。倘若劳动生产率的提高导致其他资源生产率的下降,那么实际上这是整体生产率的损失。

全球的造纸业就是一个实例。很少有产业能在需求与销售增加方面与造纸业相媲美,也很少有产业能在技术进步方面与造纸业相抗衡,比如造纸器械更新换代的速度。自第二次世界大战起,造纸业在销售与产出方面迅猛发展。但造纸业在大多数年份中只产生边际利润,甚至利润率低于储蓄银行的利率。最新兴造纸厂的损益平衡点勉强徘徊于百分之百左右的产能上。这种令人费解的现象通常被解释为造纸业中资本生产率的长期下降。纸张价格的上涨快于造纸器械的价格。然而,在40年前,生产一美元的纸张销售值的产能需要花费80美分的资本投资;如今,生产一美元纸张销售产值需要花费两三美元的资本投资。但造纸业的劳动生产率增长远比其他大多数产业快得多。换言之,造纸业大规模地使用资本代替劳动力,但这种交易完全不具有经济效益。事实上,造纸业代表了工程学的一个巨大胜利,远超过经济学和认知常识。

一个世纪前，卡尔·马克思在资本生产率一定会下降的前提下，自信地发出了资本主义即将灭亡的预言。对马克思来说，资本生产率的衰退是"资本主义的基本矛盾"。到目前为止，这个预言尚未应验，那是我们有能力创新的结果；也就是说，我们有能力运用资本的更高生产率去发展新技术和新产业。但马克思所做的基本前提是正确的：一家企业、一家公司甚至一个经济体存活的关键归根到底是资本生产率。资本生产率是大多数公司最少关注的领域，因为很多人错误地认为"利润率"本身已经足以评测企业的生死存亡。

但玛莎百货的实例分析显示，物质资源的生产率也同样需要评测，各类物质资源的生产率也需要设定目标，因为生产率包括了所有三个生产要素。换言之，为了提升其中一个生产要素的生产率而牺牲其他生产要素的生产率，这样会让企业的整体生产率下降，就像前文造纸业实例所显示的那样，代价太大，得不偿失。

贡献价值作为生产率评测指标及其可能的危险

评测生产率，我们没有单一的标准。但我们至少需要一个能够促使我们界定整个企业生产率的基本概念——经济学家称之为"贡献价值"（contributed value）。

"贡献价值"是指公司从销售产品和服务中获得的收入总额与支付购买由外部供应商提供的原材料及服务费用之间的余额。换言之，"贡献价值"包括企业一切业务努力的成本以及这些努力所得的整体报酬。"贡献价值"体现了企业贡献给最终产品的所有资源和所有努力所获得的市场评价。

只有当成本分配在经济上产生意义时，企业才会使用"贡献价值"来分析生产率。在过去20余年中，会计学从"财务会计"和"税务会计"转向

"管理会计"，虽然这种转变尚处于初期阶段，但它是促进企业迈向"便于管理"和"有效管理"的关键一步。

"贡献价值"不能评测生产率的"质"，而只能评测生产率的"量"；因此从严格意义上说，"贡献价值"只是量化工具。然而，质的因素对生产率同样具有很大的影响力。比如组织结构、企业中的知识使用率以及未来管理层的素质等，这些都是或短期或长期的重要的生产率要素。但这些都不在我们现有的评测范围之内。最后，用"贡献价值"评测生产率在很大程度上只能用于制造业企业。

在这些有限范围内，"贡献价值"让生产率的合理分析成为可能，并为提升生产率设定目标。尤其重要的是，它能够促进企业应用类似于运筹学（operations research）等工具对生产率进行系统调研。因为这些工具会针对性地制订可行的行动方案并判断可预见的结果。生产率的难题正是力求察看各种资源的取舍整合，并且找出产出和成本之间最理想的风险比值的资源整合（这一点可参见第40章）。

生产率是个难解的概念，但也是个核心概念。没有生产率目标，企业就会迷失方向。没有生产率评测标准，企业就会失控。

社会层面

就在几年前，企业管理者和经济学家还将社会层面视为"无形"，因而认为绩效目标无法设定。如今我们明白了，那些"无形"可以成为"非常有形"。保护消费者利益运动或者攻击工业破坏环境等都是在用昂贵的方法去认识这样一个道理：企业不仅需要透彻思考它的影响力和社会责任，而且要为它的影响力和社会责任设定目标。

社会层面是企业的生存层面。企业存在于社会与经济之中。组织机构内部的人经常会倾向于认为组织机构自身存在于真空之中，因而管理者不可避免地会从机构内部出发去审视自己的企业。实际上，企业是社会与经济的产物。社会或经济都可能让任何企业一夜之间不复存在。只有当社会与经济相信某个企业确实在工作，它的存在是必要的、有用的，而且是富有成效的，那么这家企业才能存在，才能广为认可。

再者，许多管理者会说："社会影响力和社会责任是大型公司的事。"但小型公司也是雇主，它也存在于社群当中，它也得依赖社会的支持，至少要得到社会和社区的默许和接纳。因此，小型公司与大型公司一样都需要设定社会目标，只是两者所具有的社会影响力和所承担的社会责任不同而已。

关于这些目标，我们将会在后文中更详细地讨论（在本书第24～28章中将会详细论及"社会影响力与社会责任感"）。不过，我们在这需要强调的是：这些目标必须被纳入到企业的整体战略建构中去，而不是美好意图的声明。这些并非所需的目标，因为企业管理者对社会负有责任；这些目标之所以需要，是因为管理者要对各自企业负有责任。

利润是需要的，也是有限的

只有在对以上七个关键领域的目标进行深思熟虑并设定之后，企业才能处理下一个问题："我们需要多少利润率？"要获得上述任何目标都需要承担很高的风险。这要求付出努力，也就是成本。因此，企业需要利润以求支付成就目标所需的成本。在此意义上说，利润是企业存活的条件。利润是未来的成本，是企业未来持续存活下去的成本。

一个能够获得足够利润去满足其关键领域目标的企业，就是能够持续存活下去的企业。一个缺乏足够利润，无法满足获得目标所需成本的企业，就是边缘企业，就是濒临灭绝的企业。

利润率既是支持企业实现这七个关键领域目标所必需的，也是企业实现其社会职能和经济功能所必需的。故此我们可以将利润率的基本意义阐述如下：

（1）利润率作为"风险报酬"用以支应企业持续经营的成本。

（2）利润率作为"资本来源"用以供给未来工作所需的资金。

（3）利润率作为"资本来源"用以援助创新发展和经济增长。

对企业来说，利润规划是必要的；但利润规划是为获取必要的最低利润率，而不是为成就"利润最大化"，那只是毫无意义的嚼头而已。必要的最低利润率可能远高于许多公司追求的利润目标，当然也就会远高于其实际利润成果。

日本的榜样

日本经济是唯一能够理解利润是"最小的"而非"最大的"概念的经济。

日本是否比西方拥有较低的或者较高的资本成本，关于这个话题曾有过激烈的争论。西方人坚持认为日本的资本成本相对较低，而日本人的看法正好相反。在我看来，两者的判断都是错误的。日本企业的资本成本与西方企业的资本成本相差无几。唯一的差别在于两者的计算方法。

日本企业筹措资金主要依赖银行贷款。就法律而言，这些贷款都属于短期信贷；从经济上说，这些银行贷款都是长期股权投资。这样说的理由是，19世纪的日本并没有形成资本市场，工业集团创建银行的主要目的是让银行成为其所需资本的供应机器。而在西方，情形正好相反，当工业开始茁壮成长时，在英国和美国，资本市场已经存在了（欧洲大陆的情形稍微有所不同，详见第49章）。

一家日本公司拥有70%的债务资本和30%的股权资本，而一家相同行业的美国公司却拥有相反的比例。这两家公司的资本成本会出现如下情形：因为拥有70%的债务资本，这家日本公司必须支付至少10%的利息，或者说必须支付整个企业资本总额的7%。因为拥有30%的股权资本，这家公司预计可以赚取税后8%的资金，或者说可以赚取整个企业资本总额的2.4%。这样，它赚取了使用资本总额9.4%的回报率。那家美国公司拥有30%的债务资本，它可以赚取7%（按第二次世界大战后25年的平均利率计算），赚取数额总计占其总投资资本的2.1%。而在其股权资本的基础上，它必须赚取税后10%的资金，这需要占股本总额的70%，回报率总计为7%。

换言之，这两家公司资本总成本结果是一样的（日本公司的税收负担很低，因为在日本，贷款利息是被计算在内的；而在西方，贷款利息要扣除业务支出。在西方，企业的税务负担远高于日本。但税务是否被视为负担，企业、消费者以及投资方看法不一，经济学家也莫衷一是，这是一个悬而未决的问题）。

日本公司所需的利润率，就是银行所需要吸引的存款用以支付自身经营和支应风险的费用。这相当于企业投入银行的资本成本（大约6%）与银行对企业的股权投资所收取的利息收益之间的利润。对日本的企业管理者来说，企业存活的重大现实是它必须赚取足够的利润用以偿还银行的利息，这样便可足以维持企业的信誉。

因此，日本的企业管理者从明确的目标着手致力于把他所需的运作资本加以最小化。他把利润视为"需要"，而非"理想的欲求"或"可有可无"。他认识到，如果企业不能产生所需的最低利润以便获取所需的资金，那么他就会出局。他的利润意识不亚于西方人，但他是站在他所理解的位置上看待利润的功能。所以，他倾向于更加理性地、更加自觉地规划如何获取利润率，这正是这家日本企业赖以生存成长的基础。

日本的例子清楚地表明：企业所需的最低利润率就是资本成本。[1]最低比率就是所需获取的财务资源的资本市场利率，这也正是企业所需达到的目标。

关于自筹经费的情况，在某些时期（比如20世纪50年代的美国）的确在现有企业的资本供应上发挥了重要作用；必须有足够的利润，既能产生企业已投入资金的市场回报率，又能产生所需的新增资本。否则，企业所要求的最低利润率水平就无法实现。正如约翰·蔡尔兹所指出的那样，20世纪五六十年代，美国化工产业的现金流量很高，但再投资的留存收益在投资收益率上小于市场的资本成本，这个事实正是美国化工产业收益增长暴跌的主要原因，也是它在1965年后再也不能吸引资本的主要原因。

资本成本从未高过所需的最低利润率——至少在有资本市场而不是政府分配资本的情形下，确实如此。不过，企业的利润率可能低于所需的最低利润率；尽管如此，这依然是拟订利润规划的最好起点。

企业或大或小，或复杂或简单，利润率都应该按照景气时期和不景气时期的利润平均值来估算。让我们设想一下如下情形：一家企业需要赚取投入资本20%的税前利润，如果在景气时期企业实现了20%的利润率，那么它就不可能在所有投资时期都产生相同的利润率。这样看来，企业必须精打细算地制定整体利润率，它需要在景气时期实现40%的利润率，以保证企业长期的利润目标维持在20%。

如何评测利润率

如何评测利润率是个备受争议的问题。任何单一指标都不可能充分地权衡利润率。销售利润率，即利润幅度，显然不足以说明利润率的实质。因为

---

[1] 在这一问题上，参见约翰·蔡尔兹1971年出版的 *Earnings per Share and Management Decisions*，该书可能是迄今为止论及大型企业财务结构和金融政策最好的著作。

利润等于利润幅度乘以资本周转率。只有当利润幅度的分析数据体现出提高利润的机会所在时，利润幅度才有意义。投入资本的回报率也很有意义，但在实践中，它却是所有指标中最不靠谱的指标——它像橡皮球一样弹性太大了。何为"投资资本"？1950年投资一美元与1970年投资一美元是一回事吗？资本是像会计师所界定的那样，不会逐年减值折扣的原始投资金额吗？或者资本是像经济学家所定义的那样，以资本市场利率来折现当前的货币价值，从而谋求未来的财富生产能力？寻找一个完美的指标来评测利润率是令人沮丧而且徒劳无功的事。既然任何单一的指标都不可能充分地权衡利润率，而且迄今为止没有一个人能够就投资资本的减值折扣给出令人信服的解释，在这种情形下，更加成熟一点的做法是同时使用若干指标，并观察这些指标能否体现企业的目标实质。

利润率的局限性

利润率不仅是"需要"，也是"限制"。企业所设定的利润率目标不得超过企业预期掌控的利润率。最低利润率不能设定过高，以免根本无法实现。所以，企业设定利润率时必须以多种领域目标作为参考。如果利润率不足以实现多种领域目标，那么这些目标必须做出调整。公司不能好高骛远，不切实际。

与设定利润率目标相比，几乎所有企业在关键领域设定目标都要付出更大的努力，并承担更高的风险。因此，每个企业都必须对各种目标进行平衡。

平衡所有目标

企业在设定目标时需要做到如下三种平衡：一是目标必须与可实现的利

润率保持平衡。二是目标必须在"较近未来"（the immediate future）的需要与"较远未来"（the distant future）的需求之间保持平衡。三是各个目标之间必须平衡，在各个领域的预期绩效之间应该做到合宜调适。

在设定目标时，管理层必须在"较近未来"与"较远未来"之间取得平衡。如果企业不考虑"较近未来"，那么它将可能没有"较远未来"。但如果企业为了"即刻实效"（the immediate results）而牺牲"较远未来"，比如企业不深入思考"我们的事业将会如何"和"我们的事业应该是什么"，那么这样的企业也同样没有未来。

设定目标总会要求企业决定在哪里承担风险；决定为了企业的长远发展，多少"即刻实效"应该先舍弃；决定为了企业的短期绩效，有多少长期增长可能遭受损失。这些决定没有现成的公式可以套用。这些决定都需要冒风险，都需要创业精神，都具有不确定性，但这些决定都非做不可。

企业管理层必须在这些目标中找到平衡。比如是市场拓展和销售量更加重要，还是回报率更加重要？为了提高制造业生产率，应该投入多少时间、努力、精力？如果把这些财力和人力投入到新产品设计上，那么会不会为企业带来更大的收益？

20世纪五六十年代的成长型公司都常许诺追求"更多销售"和"更高利润"，这种许诺很模糊。这样的许诺成了它们失信的理由。每个有经验的管理者都会认识到：这两项目标通常是不能共存的。追求"更多销售"通常意味着牺牲即时利润，而追求"更高利润"则意味着牺牲长远的销售规划。几乎在所有情况下，这种非理性的许诺以及由此引发的销售增长目标与利润率目标之间的不平衡决策，成为20世纪60～70年代企业巨额亏损和成长型公司大面积缩水的直接原因。

有能力的管理层与无能力的管理层的区别主要在于他们能否有效平衡所有领域的目标，并促使它们产生绩效。这项工作也没有现成的公式可以套用。每家企业要求寻求各自的平衡——也会在不同的时期寻求不同的平衡。平衡不是"机械活儿",而是"冒险的决定"(关于战略决策话题的进一步讨论,详见第 10 章)。

预算的角色

目标的设定与平衡的确需要一种机械式表达。预算就是这种表达的工具,在管理支出与资本支出方面,预算显得尤为重要。

制定预算通常被视为一项财务流程,但只有预算的记述方式具有财务特点,预算决策却具有企业性质。如今人们已经把所谓的"管理支出"和"资本支出"区别开来。但这种区别只出现于会计簿册和税收名目上,而且起到误导作用。这两项支出都将珍稀资源运用于不确定的未来;从经济学角度来说,它们都是投资未来的资本费用。为了企业的存活和发展,这两项支出都必须体现企业生存目标的基本决策。最后,在通常情况下,如今企业做预算时容易忽视"管理支出";相反,把预算的大多数注意力集中于其他费用上,尤其是在那些所谓的"可变支出"(比如工资)上,因为传统上认为工资是最费钱的地方。但无论支出总额或大或小,"管理支出"方面的决策决定企业的未来。

我们无法掌控会计师所说的"可变支出",就是那些直接关系到产量并且固定在某些特定做事方式上的费用。但我们能够慢慢地改变它们,我们可以改变产量单位与劳动成本之间的关系(具有讽刺意味的是,我们仍然把员工附加福利的可变支出视为劳动成本)。然而,在任何时期内,这些费用只能保持常态,不能轻易改变。甚至对过去决策加以审视时,我们依旧觉得更加真实,因为这已经成为定额支出的固定费用了。我们根本不能取消这些既成事实,无论它们是过去投资的资本成本和地方税收,还是用以保护资产的保险费用。它们都已经超出了管理层的掌控范围。

企业管理层能够掌控的费用是"未来支出"。"资本支出"与"管理支出"体现出管理层的"风险决策",包括设施设备支出、调研经费、促销规划开支、产品开发与人才培养支出、管理与组织支出、顾客服务支出以及广告支出等。"管理支出"的预算体现出企业在目标设定上做出的真实决策。㊀

设定优先次序

"资本支出"与"管理支出"这两项预算不仅关系到企业的未来,而且表达了企业管理层设定的优先次序。

没有一家企业是万能的。即便它很有钱,也从不可能拥有足够的优秀人才。因此,企业必须设定优先次序。最糟糕的事情莫过于大事小事都只做皮毛。这样的做法必定终将一事无成。企业宁可错设优先次序,也不能什么都不做。

设定优先次序是要冒风险的。因为事实上,没有被设定优先次序的事情,可能就意味着被放弃了。㊁做这项决策也没有现成公式可套用,但这项决策必须得做,"资本支出"与"管理支出"的预算规划是必要的工具。

从"目标"到"行动"

还有最后一个步骤需要交待,那就是把"目标"转化为"行动"。提出"我们的事业是什么""我们的事业将会如何""我们的事业应该是什么"等

㊀ 在这个领域以及微观经济学领域,最好的著作首推德国人写的《企业经济学》,在德国之外,便少有人关注此话题了。

㊁ 关于设定优先次序的话题,可参见《卓有成效的管理者》。

问题，以及对设定的目标加以深思熟虑，其目的不是告诉我们一些"知识"，而是要我们开始"行动"！我们的目的是把组织的精力与资源集中到能够产生正确的成果上来。因此，企业分析的最终结果应该促成工作计划，明确具体的工作分配、工作目的、工作完成的期限以及经营责任。除非企业能把"目标"转化成为"行动"，否则"目标"就不能算为"目标"，充其量只是"梦想"而已。

通货膨胀的解释

关于利润率的话题还有一点必须提及，那就是通货膨胀对利润的影响。传统认为，生产资产是预防通货膨胀的良方，或许说得有道理。即便是在货币飘摇不定的时期，一家钢铁厂依旧能够运作，依旧能够生产钢铁。在货币贬值的处境中，这家工厂的原始成本将会化为零，或者变得微不足道，于是工厂的股东会成为享有更大份额的受益者。然而，这样的说法过于简单化了，因为通货膨胀也会摧毁资产。通货膨胀会制造出虚假利润，而这种虚假利润事实上代表着资本的毁灭。在通货膨胀中，甚至在每年以40%或60%的速度快速通货膨胀时，正如一些南美国家所经历的那样，通常情况下看，企业记录在案的资产价值并没有调整。实际上在大多数国家中，这种情况是被禁止的（顺便说一下，巴西已经不再禁止这样的调整）。因此，资产的折旧费用是按照过去的货币值来估算的；而且伴随着货币的不断缩水，这样的折旧办法越来越不合时宜。如此一来，资产迟早都要被取代，而在贬值的货币中，资产折旧的成本将会比账面价值高出好多倍。如果企业没有意识到这样的损失，甚至企业管理层中很少有人感觉到这种亏损，那么账面利润将会显示出折旧价值不足，而且发放出去的股息实际上就等于在分销企业的资本了。美国的证券交易委员会在很久以前就已经对那些在海外投资的美国公司提醒过这项事宜。它要求这些投资商（比如在巴西的投资）必须每年对公司资产做出调整，以求评估资产的隐蔽性亏损（很可笑的是，美国的税务机构拒绝接受这种调整，而当证券交易委员会迫使公司在账面上注明这种隐蔽性亏损时，税务机构依旧向公司征收利润所得税）。

在通货膨胀的情形下，这也是当前大多数国家面临的处境，通货膨胀应该被视为真实的成本。至少出于对企业内部目的的考虑，应该采用"定值美元"或"定值日币"或"定值马克"来计算企业资产。这种方法至少可以迫使管理层认识到是通货膨胀制造了账面上令人眼花缭乱的利润，这种虚假利润与企业本身的绩效毫无关系。

在20世纪60年代末，如果美国公司懂得使用这种"定值美元"来计算资产，那么它们中的大多数都可能会意识到公司并没有产生利润，更不用说在那些通货膨胀的岁月中它们创下利润纪录了。当时很少有企业获得税后超过8%的资产回报率——然而，当时美国的年通货膨胀率正是8%。倘若企业管理者们早些意识到这点，那么他们将不会对1969～1970年间许多成长型企业的股市大崩盘表现得如此惊奇了。

第10章 | CHAPTER 10
战略规划：创业技能

长期规划的误解——规划的时间跨度——制定战略决策而非做长期规划——战略规划之所"不是"——战略规划不是锦囊妙计——战略规划不是预测——独特事件的重要性——现在决策的未来性——规划是有目的的冒险——战略规划之所"是"——摆脱昨天——什么是我们必须做的新事情，何时是良机——一切落实到工作——员工分配，规划测试——衡量与反馈的需要

最近20余年，关于长期规划的讨论高潮迭起。几十年前，长期规划尚未如此受到关注。如今大多数公司（至少在美国与日本）都设有长期规划师，并拥有精心制作的长期规划。

从实践的角度来看，每个基本管理决策都是长期决策；对今天的企业来说，10年是个比较短的时间跨度。无论是关注调研，还是创建新工厂，无论是设计新营销组织，还是推出新产品，每个重要的管理决策都要经历数年

的锤炼才能真正生效，而且必须经过数年的生产才能收回人力和财力方面的投资。因此，管理者需要运用其娴熟的技能来系统地制定长期决策。

企业管理层除了预期未来、塑造未来，并在短期目标与长期目标之间取得平衡之外，别无选择。这些事好像都不是"凡夫俗子"所能做好的，上天似乎也不引领。企业管理层必须确信，这些艰难的责任是不可能视而不见或忽略不计的；相反，管理层需要尽人之所能做好这些事情。

如果一个人只有愿望而不努力，那么他就没有未来。这就要求必须"现在"做出决策，"现在"承担风险，"现在"采取行动！最重要的是，必须"现在"做好所有资源的合理配置，必须"现在"开展工作！

长期规划的理念及其现实会引发许多误解。当前和即时的短期规划需要战略取向，这与长期规划一样重要。长期规划在很大程度上依赖于短期决策。除非长期规划是在短期计划和短期决策的基础上制定的，否则，再精细的长期规划也会变得徒劳无功。相反，除非短期规划，也就是"即时即地"的决策，能够与长期规划融为一体，形成统一的行动计划，否则，短期规划算不上"规划"，不过是"权宜之计"、猜测和误导罢了。

"短期"与"长期"并不取决于任何既定的时间跨度。因为只需几个月就执行的决策并不一定算是短期规划。"短期"与"长期"的区别在于规划有效性的时间跨度。比如在20世纪70年代早期制定的决策在1985年才执行，这样的决策谈不上是一项长期规划，甚至连"决策"都不算，充其量就是一项闲置的消遣而已。这就像一个八岁孩子计划长大后做一名消防员一样。

隐藏于长期规划背后的理念是，"我们的事业应该是什么"。企业必须也应该对此问题进行深思熟虑并做出决策。这个问题的思考应该有别于"我们的事业是什么"和"我们的事业将会如何"。在制订战略规划时，企业有必要分开思考这三个问题："我们的事业是什么？""我们的事业将会如何？""我们的事业应该是什么？"这些问题也应该具有不同的概念取向。至于"我们的事业应该是什么"，首要的设想必须侧重于"它的与众不同"。

长期规划应该谨防企业管理者毫无鉴别地将当前趋势沿用到未来，避免把眼前的产品、市场、服务以及技术假设为就是未来的产品、市场、服务以及技术。最重要的是，要防止企业管理者把资源和精力用在防卫昨日的固步自封上。

"我们的事业是什么？""我们的事业将会如何？""我们的事业应该是什么？"这三个问题必须联合起来加以规划。然后，根据时间跨度与未来决策来判定何为短期规划，何为长期规划。经过"规划"后的一切事情便可以采取行动并全力以赴。

我们所需要的技能不是长期规划，而是战略决策的制定，或者干脆称之为"战略规划"（strategic planning）。

通用电气公司把这项工作叫作"战略事业规划"（strategic business planning）。企业活动的最终目标是甄别出企业应该长期尽力创造的与众不同的新事业、技术以及市场。但这项工作始于思考一个基本问题："我们当前的事业是什么？"实际上，这就是在思考如下问题："在我们当前的事业中，哪些是应该抛弃的？""哪些是我们应该缩减的？""哪些是我们当前应该推进并提供新资源的事业？"

这听起来好像是在玩文字游戏，是的，有时的确就是这样。但模棱两可的定义容易导致含糊不清的思想，从而导致战略决策的制定瘫痪。这是许多大型公司迄今为止无法从精心规划的努力中获得成果的主要原因。

战略规划之所"不是"

企业管理者必须深知哪些内容"不是"战略规划，这一点很重要。

第一，战略规划不是一袋锦囊妙计，也不是一堆奇招巧计。战略规划是分析思维（analytical thinking），是力求把资源付诸行动。

在战略规划的过程中，许多技术可能会被用到，但也有可能根本不需要技术。战略规划可能需要电脑，但最重要的问题通常不是电脑程序与量化所能做的，比如讨论"我们的事业是什么"或"我们的事业应该是什么"等问题。建立模型或应用仿真技术或许对我们有益，但它们不是战略规划；它们只是服务于特定目标的工具，在某些情况下可以应用也可以不应用（详见本书第40章）。

量化不是规划。坦诚地说，人总是会尽可能地使用严格的逻辑方法。但在战略规划中，一些最重要的问题却只能使用相对的词语，比如"更大""较小""较早""稍后"等。这些词也是量化，但它们很难按照定量技术加以确定。在一些同等重要的领域，比如政治气候、社会责任、人力资源以及管理资源等都很难加以量化；不能把它们框在方程式中衡量，只能借助参数或限量来处理。

战略规划不是"应用科学方法来做企业决策"（有个很著名的人在论及"规划"时已经这样定义）。在我看来，战略规划是"对思想、分析、想象力以及判断的应用"。战略规划是"责任"，而非"技术"。

第二，战略规划不是预测。战略规划不是操纵未来。任何这类尝试都是愚不可及的，因为未来是变化莫测的。试图预测未来只会动摇我们正在做的一切。

如果有人依旧抱有幻想，自以为人有能力预测短时间的跨度，那么让他好好看看昨天报纸的头条新闻，问问他是否有人会在10年前预测今天的事情。比如1960年，在艾森豪威尔政府日渐衰退的日子中，难道他能够预测到美国黑人中产阶级近乎爆炸式地增长，而且到1970年时，美国三分之二的黑人家庭摆脱了贫困，美国黑人家庭的平均收入甚至超过了富裕的英国家庭的平均收入吗？

难道他能够在10年前预测到美国黑人的这场史无前例的经济进步（这是美国历史上最迅猛的、最大规模的经济发展）吗？难道只有种族问题能够引发人们更加敏感的神经和吸引人们的注意力去关注那些剩下贫穷黑人的绝望困境和歧视吗？

难道他能够预测20世纪60年代美国会出现长期的国际收支赤字以及1971年爆发的世界金融危机吗？难道他能够预测英国直到1973年才加入欧洲共同体吗？难道他能够预测欧洲的美元市场，也就是欧洲的投资者愿意资助美国企业扩张进入欧洲吗？难道他能够预测保护消费者利益运动的兴起吗？难道他能够预测跨国公司的发展吗？

我们必须以"预测不是一件令人敬重的人类活动，而且不值得为超出最短时期的未来做预测"为前提。战略规划之所以如此必要，是因为我们不能预测未来。

我们之所以说"战略规划不是预测"，还有另外一个更加令人信服的理由，即预测是为了试图找到最可能的事态发展迹象，或者说是为了寻求一系列的可能性。企业的问题都是将会改变许多可能性的独特事件。企业的宇宙不是一个物理的宇宙，而是一个社会的宇宙。确实，企业的核心贡献正是去实现其改变经济、社会以及政治状况的独特事件或创新；当然，利润就是企业唯一的回报。

这正是施乐公司在20世纪50年代所做的贡献，当时它开发了影印机并向市场推广。20世纪60年代的企业家们在"移动式房屋"的发展方面也做了同样的贡献，那时活动式拖车被发展成为新兴的、永久的、稳定的家庭住宅，并风靡整个美国的低价住房市场。在20世纪50年代，蕾切尔·卡森的著作《寂静的春天》（*Silent Spring*）也是个独特事件，它改变了人们对环境的整个文明态度。在社会与政治领域，20世纪60年代人权运动的领袖们以及 20 世纪 70 年代初期新兴的女权运动领袖们也做出了同样的贡献。

因为企业家颠覆了人们基于对未来预测的诸多可能性，所以对那些寻求组织未来发展的规划者来说，预测不符合他们的目标；对那些致力于创新和改变人的工作与生活的规划者而言，预测也少有益处。

所以，甚至是对追求纯粹的适应行为而言，预测不是一个充足的基础，更不用说企业的战略规划决策了。

第三，战略规划不是应付未来决策而是处理当前的未来性（futurity）。决策仅仅存在于当前。战略决策的制定者所面对的问题不是其组织明天应该做什么，而是"什么是我们今天必须为未来的不确定性所做的准备"。战略决策的制定者所面对的问题不是未来将会发生什么，而是什么样的未来性可以构建到我们当前的想法与行动中来，我们必须考虑的时间跨度又是多大，我们现在如何使用这样的知识去制定一项合理的决策。

决策制定是一台时光机，它能将大量不同的时间跨度汇聚到同一个"当前"。我们现在才知道这些。我们的应用方法依然倾向于计划一些我们决定未来要做的事情，这也许耐人寻味，但实际上徒劳无功。我们做决策只能在当前做，但我们不能只为当前做决策，最应急、最投机的决策都可能迫使我们付出长久的时间代价，甚至是永久地走上不归路，更何况放弃决策的决定呢！

第四，战略规划不是试图消除风险，甚至不是试图把风险最小化。这样的想法只会导致非理性与无限制的风险，从而导致某些灾难。

顾名思义，经济活动是将现有资源托付给未来，也就是托付给"一个高度不确定的期望"。承担风险是经济活动的本质。经济学中最严密的定理之一——"庞巴维克定理"（Boehm-Bawerk's Law）证明了这一点：现有生产活动只有经历更大的不确定性，也就是历经更大的风险，才能产生更高的经济绩效。

尽管人们都在试图消除风险，努力把风险最小化，人们也意识到这些难以做到，但其本质是人们必须承担的风险应该是"正确的风险"。一项成功的战略规划的最终结果应该铸就企业有能力承担更大的风险，因为这是提高绩效的唯一方法。然而，为了提升企业的这种能力，我们必须对所要冒的风险有所了解。我们必须有能力地、理性地分辨并选择风险行动，而不是凭借预感、小道消息、个人经验以及僵硬的量化数据，就贸然冲向不确定性。

战略规划之所"是"

在讨论完战略规划之所"不是"后，现在我们可以谈谈战略规划之所"是"了。战略规划是企业有系统地做现在的创业（冒险）决策的连续流程，企业拥有对未来的最大认知，有系统地组织必要的努力，全力以赴地执行这些决策，以及通过有组织的、有系统的意见回馈对原有的预期与决策的结果进行有效评测。

无论是长期规划还是短期规划，就规划本身而言，它并无新意。规划是企业原有任务的"有组织的绩效"。我们已经看见，除非组织安排得当，否则任务难以成功完成。最重要的是，除非任务是有目的地完成，否则任务将无"成就"可言。

摆脱昨天

规划始于企业所设定的目标。在每个目标领域，我们都要问："为达到我们未来的目标，我们现在必须做什么？"为成就未来，现在所要做的第一件事就是"摆脱昨天"。大多数规划只是关注必须做的新事情和外加事情，比如新产品、新流程、新市场等。但能在未来做不同事情的关键在于摆脱那些不再具有生产力的、即将过时的、已经荒废的事情。

规划的第一步是针对任何活动、产品、流程以及市场提出问题："如果我们今天不摆脱它，我们有可能在未来从它获益吗？"假设答案是否定的，那么我们接着问："我们如何能够快速摆脱它？"

有系统地摆脱昨天就是规划本身！这不仅适合于许多企业，不仅会促进企业的思考和行动，而且会推动企业在开拓新事业上有效地使用人力和财力，还会创造行动的意愿。

相反，仅仅能够提供做新事情和外加事情而没有准备摆脱老旧事情的规划，不可能产生成果。这样的规划永远只是"规划"，不会变成现实。然而，许多企业所做的大多数长期规划从来不清算过去（这种现象在政府机构甚至更多），或许这正是它们徒劳无功的主要原因吧！

什么是我们必须做的新事情，何时是良机

规划流程的下一步要问："什么是我们必须做的新事情？何时是良机？"

在每个规划中，都有一些部分是我们必须做一些先前做过的事情。但我们必须谨慎假设，我们曾经做的事情现在可能不适应未来的需要了。⊖ "我们必须做什么新事情"仅仅是这个问题的一半，同等重要的另一半问题是"我们该什么时候做"。只有这样才能决定开始执行新任务的时间。

实际上，每个决策都有"短期"与"长期"之分。从开始行动（比如创

⊖ 关于这一点，参见迈克尔·卡米的一篇精彩论文《企业规划与企业机会》（*Business Planning as Business Opportunity*），收录于德鲁克主编的《正为未来准备的商界领袖》（*Preparing Tomorrow's Business Leaders Today*）一书中。

建一家钢铁厂）到可能取得成果的最早时间（比如得到成品钢铁）就是这个决策的"短期"。而这家钢铁厂收益投资金额的全部福利，这个过程所花的时间跨度（可能是20余年）就是这个决策的"长期"。在这个决策的长期过程中，原始决策必须保持其合理性和有效性——包括在市场、技术、流程以及厂址等方面——都必须体现原始决策的正确性。

但谈论"短期规划"与"长期规划"意义不太大。能够指导"今天行动"的规划才是真正的规划，才是真正的战略决策。那些只讨论未来行动的规划只是梦想，为不思考、不规划、不作为寻找托辞而已。规划的本质是根据对未来性的认知来促使现在制定决策，是未来性决定时间跨度，而不是相反。

"未来性"（futurity）也有局限。在企业决策中，最精确的数学陈述是我八年级时一位老师教的：平行线就是永远不会相交的两条线。在企业的预期与期待中，旧有的统计规则通常是适用的：任何超过20年的事情便可相当于"无限"。因此正常状况下，超过20年的期望的现值就相当于零，这样的期望应该只能接受现在最小的努力和资源。

然而，需要长期酝酿才能孕育出来的成果通常需要尽早开始规划。因此，长期规划要求对未来性有所认识，比如"如果我们想要在未来某个特定领域有所建树，那么现在我们必须做什么？""在哪些领域，如果我们现在不投入资源，未来就无成就可言？"

让我在此重复一个大家熟悉的例证：如果我们知道盛产于美国西北部的道格拉斯冷杉需要99年才能长成足以制纸浆的尺寸，那么我们现在唯一能做的就是撒种，为99年后制纸浆做准备。有人或许会开发出激素刺激冷杉快速成长，但是如果我们的企业是造纸业，那么我们不能指望和依赖这种激素。这很好理解——或许也很有可能——我们会砍伐那些尚未成熟的树木作为化学物质制造的来源。因此，30年后的纸浆原料也许就可以依靠那些并不珍贵、纤维结构比树木更不密实的化学物质来制造，而在植物王国中，最先进的化工厂正在研发这种化工原材料。但这意味着在未来30年中，森林业主将会摇身一变成为化工业主，而且他们现在最好就开始学习化学知识。如果纸浆制造依然依赖道格拉斯冷杉，那么规划就不能局限于20年，而是必须考虑99年。

对于其他决策，甚至连5年都会觉得太长。如果我们的企业正在收购抛售商品，然后在拍卖会上出售，那么下周的"清仓大处理"就是"长期未来"了，任何超过一周的事情便与我们没有什么关系了。业务性质和决策性质决定了规划的时间跨度。

时间跨度既不是"静止的"，也不是"既定的"。在规划过程中，时间决策本身就是风险决策。时间跨度在很大程度上决定了资源配置和努力分配，也决定了企业承担风险的大小。我们要意识到，延迟决策本身就是冒风险的决定，有时甚至是不可挽回的决定。时间决策在很大程度上决定了企业的特色和性质。

我们可以总结如下：战略规划的关键是什么？首先，有系统且有目的地实现工作目标。其次，规划始于"摆脱昨天"，有计划地抛弃也是系统尝试收获未来的一部分。再次，应该寻求崭新的、不同的方式去实现目标，而不是迷恋于在已经做过的事情上做更多并自鸣得意。最后，我们需要对时间的不同维度进行深入思考并提出问题："我们必须在什么时候开始努力工作才可能在我们需要时收获成果？"

一切落实到工作

除非落实到工作，否则最好的规划也仅仅是规划，即便是美好的意图，没有落实行动，也只是意图而已。规划能否产生成果，标志是是否有关键的人献身于特定的任务。检测规划的成败是企业管理层是否确实将资源投入到实现未来成果的行动上。除非企业管理层确实这样做,否则这一切都仅仅是"许诺"与"希望",而不是"规划"。

检测规划时要问管理者:"你现在是否把最优秀的人才投入到了这项工作中?"如果管理者回答"我现在抽不出最优秀的人才,他们现在必须完成手头的工作后,才能致力于未来的工作",这样的管理者就等于在承认他自己根本没有规划。然而,这也证明了他正需要一个规划,因为规划正是为了表明稀缺资源,即优秀人才,应该用于何处。

工作不仅意味着某人应该从事这份工作,而且意味着责任归属与完成工作的最后期限以及最后对工作成果的评测,即针对工作成果和规划过程本身的反馈意见。

在战略规划中,成果评测会呈现出非常真实的问题,尤其是概念方面的问题。然而,正是因为我们所评测的对象和我们所运用的评测方法决定了评测事项的重要性,也决定了大家的所见所闻,因此评测必须被纳入到整个规划过程中。最重要的是,除非我们将期望构建到规划决策中去,这样我们就能尽早知道这些期望是否确实能够成就——包括合适了解在时间和规模上可能出现的偏差,否则我们便无法做规划。如果我们没有任何反馈意见,我们就无法在规划过程中游刃有余。

企业管理者不能自行决定他是否想要为长期的未来制定风险决策,但他在企业中所扮演的角色促使他必须做出决策。他拥有的权力决定他是否负责任地做决策,是否善用成功而又有效的理性机会,或者沦为赌徒一样四处碰运气。决策的制定流程在本质上是个理性的流程,而且企业决策的有效性依赖于其他人对决策的理解程度与努力意愿。所以,如果决策是理性的、有组织的、有认知基础的,而不是预测臆断的,那么这样制定出来的决策将会是更加负责任的、更加行之有效的决策。然而,我们所要的最终成果不是知识而是战略。其目的就是现在行动!

战略规划不能代替事实成为管理者判断事情的依据,也不能取代科学技术成为管理者的学识基础。战略规划甚至不会弱化管理者的能力、勇气、经验、直觉以及预感的角色和重要性,正如生物科学与系统医学不会弱化个体医生的这些特质一样。相反,有系统的、有组织的工作规划和知识的供应会加强管理者的判断力、领导力和视野。

2

第二部分

服务机构的绩效

MANAGEMENT
TASKS, RESPONSIBILITIES, PRACTICES

在20世纪，政府机关、医院、学校、军队以及专业协会等公共服务机构的发展远比企业快。这些都是现代社会的成长部门。而在企业内部，服务人员的成长快于作业单位。然而，服务机构的绩效远不及其成长与重要性。服务机构绩效落后和缺失的原因何在？什么又是服务机构管理所需的绩效呢？

第 11 章 | CHAPTER 11

多元化机构的社会

服务机构是社会的增长部门——企业内部的服务机构——社会，包括企业，依赖于服务机构绩效——服务机构受到管理了吗——服务机构是可管理的吗——服务机构中的例外绩效和成果——例外绩效和成果的重要性——促使服务机构产生绩效是核心管理挑战

企业仅仅是现代社会的机构之一，企业管理者也不是我们社会仅有的管理者。服务机构诸如政府机关、军队、学校、研究机构、医院与其他卫生保健机构、工会、大型律师事务所、大型会计师事务所、专业社团、工业联合会、贸易协会以及其他许多机构等，这些同样都是机构，同样需要管理。这些机构都有各自特定人员在行使管理职能，他们领取薪资从事管理工作，只是他们或许没有被称为经理，而是被称为行政人员、指挥员、主任、执行官或者冠以其他一些头衔。

现代社会中这些真实成长的部门，我们统称为公共服务机构。

并不是企业的权力、影响力和成就感正在降低，而是服务机构的权力和规模正在成比例增长，最重要的是服务机构的重要性比以前提高多了。

我们现在所处的社会不是商业社会而是多元化机构的社会。美国大学课程的传统课题依然倾向于"企业与政府"，这是不合历史潮流的，应该改成"企业、政府以及许多其他机构"。

企业内部的服务机构

企业内部快速成长的领域也是"服务机构"。在许多大型企业中，甚至在许多相当小的企业中，服务团队与服务职能也正在快速上升，比如员工、研发部门、规划团队、协调人员、管理信息系统等。这些都是服务机构而不是作业单位。它们与企业的经济绩效和成果没有直接的关系。虽然它们都在一个经济机构中运作，但它们不会直接地产生经济成果，它们本身也不具有经济功能。

当然，这些企业内部的服务机构也有管理者，它们也需要因为整体绩效而受到管理。

所有服务机构领取的酬金都是经济活动所产生的经济盈余，它们是间接费用——要么是社会间接费用，要么是企业间接费用。因此，20世纪服务机构的成长是对企业在执行经济任务（比如产生经济盈余）方面取得成功的最好褒奖。

然而，与19世纪早期的大学相比，20世纪的服务机构既不奢侈也不豪华。它们是现代社会的柱石，是现代社会主体结构的承重墙。如果社会与企业意欲运作，服务机构就必须发挥作用。这不仅意味着服务机构成为现代社会的主要开支，正如本书第1章和第3章中所提过的那样，美国（以及其他大多数发达国家）的国民生产总值（GNP）中有一半是用在公共服务机构上的，而且意味着在发达的、工业化的、城市化的社会中，每个公民的存活，都有赖于公共服务机构的绩效，并体现这些机构在发达社会中的价值观。除了基本丰裕的食物、衣着和住房外，教育、卫生、健康、知识、电子器械等都是现代社会经济能力提升以及生产力提高的成果。

同样，企业内部的服务机构也要成为企业主体结构的承重墙，或者本应该如此。持续增加的成本促进服务机构在管理上产生绩效并做出贡献。企业的成就依赖于服务人员、规划师、研究人员、资讯专家、分析师以及会计师等齐心协力所产生的绩效。

然而，服务机构的绩效并不容易博得称道，更不用说让人刮目相看了。学校、医院和大学等这些大型机构的发展如今已非前一代人所能想象，它们的预算也正在快速增长，但它们都面临重重危机。前一两代人对它们的绩效并无异议，但如今它们因为绩效不佳而饱受广泛抨击。19世纪的服务机构在管理上显得泰然自若，也无须格外拼搏，诸如邮政服务或铁路运输；但如今它们都深陷财政赤字，不仅需要巨大且不断增加的补贴，而且服务品质越来越不尽如人意。政府机关，无论是核心政府还是地方政府，都需要不断地重组以求政府运作更加高效。但公民对政府官僚制度怨声载道，这种现象在任何国家皆有见闻。这些抱怨之声说明了政府机关的运作只是为政府机关员工提供了就业方便，而没有体现出政府机构所应有的贡献与绩效。这正是管理不当所致。

对政府官僚制度和公共服务机构提出最执着批评的大多是企业高管。但这并不意味着企业自己的服务机构就比其他公共服务机构更加高效。

过去20余年，在所有大型公司中，员工活动、企业规划部、协调人员以及管理信息系统都滚雪球似地增长，各部门争取预算资金的能力获得极大提升，各部门在专业知识、雇用员工的能力以及工作能力上也让人印象深刻；然而，它们的贡献贫乏。更糟糕的是，在大多数情况下，我不知道如何评判它们的绩效，也不知道如何测评它们的成果，甚至它们也不知道如何评估自己。

伴随着服务人员的不断增加，全体员工的服务理念受到越来越多的抨击。服务理念确实未能达到50年前原有设计者所预期产生的绩效——也就是说，不如20世纪30年代"新政时期"美国政府机关在政府行动主义倡导下的自由狂热者所期待的服务绩效水平，或者也不如20世纪60年代肯尼迪政府时期的知识分子所期望的服务绩效水平。

企业中调研活动的增加或许比服务人员的增长更快些。大学和独立研究机构中由政府资助的调研项目也发展迅速。至于研究成果，不必抱有幻想。太多公司花费很多的钱用以建筑华丽的研究大楼，但研究成果寥寥。更糟糕的是，很少有研究部门能够反省并回答这个问题："你做了什么贡献？"

服务机构受到管理了吗

服务机构自身已经越来越清晰地意识到管理的必要性，服务机构甚至逐渐转向企业界学习管理。在所有服务机构中，管理者的发展、依靠目标进行管理以及许多其他理念与企业管理工具日趋普及。

虽然这是一个健康的信号，但并不意味着服务机构能够理解管理本身的诸多问题；相反，这仅仅意味着服务机构在当前开始意识到"它们未受到管理"。

服务机构是可管理的吗？

人们对服务机构的绩效危机还有另一种截然不同的反应。越来越多的批判家，尤其是那些对旧时幻想不再抱有希望的自由主义者认为，不仅服务机构在本质上是不可管理的，而且服务机构根本不能产生绩效。

这种论调最为激进的表达是要求废除社会上的传统学校，由伊万·伊里奇首次提出，而最为清楚的表达是由身为教师与教育评论家的约翰·霍尔特给出的㊀。伊里奇和霍尔特两人都坚信，学校既不能自主产生绩效，也不能被用以创造绩效；因此，只有学校被彻底废除，孩子们才能学到东西。

当然，这是另类的"高贵野蛮人"的幻想！在不久以前——不超过100年前的社会就是"去学校化的社会"（deschooled society）。我们拥有"前学校"（preschool）时期充足的文件，比如早期维多利亚时代的英国或者19世纪中叶的德国儿童的生活与发展调查报告。在这些文件中，几乎没有资料支持这样的论调——只要孩子们不接受学校的不当管理，他们自身就会成为具有创造力且有学问的人。虽然学校在各个层面上的确需要巨大改变，但我们所需要的不是一个"非学校的社会"（nonschool society），而是一个能够恰当运作和管理的学习机构。㊁

我们不可能废除服务机构。没有丝毫证据表明今天的社会愿意缺失服务机构所提供的服务。那些主张废除学校制度的人是想要更多的教育而非废除教育。那些在口头上大声抨击医院缺点的人是想要更多更好的卫生保健。那些最为政府官僚选举制度感到苦不堪言的人恰恰想要更多的政府项目。同样，企业也不能缺少服务人员与研究部门在专门知识、专业技术以及系统思维上所做的贡献。

除了学习管理服务机构并促进它产生绩效外，我们别无选择。服务机构的绩效是可以管理的。

㊀ 约翰·霍尔特（John Holt），《自由和超越》（*Freedom and Beyond*，1972）。
㊁ 关于这一点，请参见我的论文《关于未来的学校，我们已经知道些什么》，载于《今日心理学》（*Psychology Today*），1972年6月。

例外之重要性

在服务机构中,无论是公共服务机构还是企业内部的服务人员,绩效是例外而不是常规。但有些例外证明了服务机构确实能够产生绩效。

有几个关于服务机构产生绩效的案例,我们将在第 13 章中加以论述,这里我们先提一些例子。在过去 40 年里,美国政府机构在两个方面绩效表现显著:一个是"田纳西流域管理局"(TVA)的美国东南部大型地区发电与灌溉工程[特别是在其早期,20 世纪三四十年代在戴维·利连撒尔(David Lilienthal)领导下的那段时期];另一个是 60 年代管理美国航天计划的国家航空航天局(NASA)。在众多尝试推动高等教育大众化的大学中,一些新兴的"红砖大学"(Red Brick)办学绩效显著,比如布拉德福德大学,在工程学与管理教育等学科上尤为突出。虽然许多都市中黑人贫民区的学校在推广正规教育上表现不尽如人意,但在很糟糕的贫民区却有一些黑人学校(如纽约市南布朗克斯区),在改善弱势儿童获得基本知识和技能上展现其独特的能力。

究竟是什么阻止了服务机构的绩效呢?少数能够产生绩效的服务机构又是如何避开障碍而有所成就的呢?这些问题都必须认真思考,它们都是管理的问题。

为绩效而管理服务机构越来越成为发达社会的核心管理挑战,也是最大的管理需求。

除了特定使命之外,在其他任何领域,服务机构与企业并无区别。与企业所面对的挑战近乎相同,服务机构也要面对提升工作生产力和促使员工获得成就的挑战;同时,在承担社会责任方面,服务机构与企业并无差别。

"社会责任"过去曾经专门用以说明企业与其社会环境之间的关系。的确,"社会责任"的原意就是"企业的社会责任"。近来发生的事件已经表明,无论是大学还是政府机关，无论是学校还是医院，在社会关系和环境关系方面，服务机构也面临相同的问题。如今，最严重的污染源是政府——下水道系统设置不合理的地方政府。我们将在本书的第四部分论及这个内容。这个内容适用于所有机构，无论是公共服务机构还是私企内部的服务机构。

关于管理者的职责与工作、组织的设计与结构，甚至是高管层的职责与结构，服务机构与企业并无二致，有些内在的差异也只是学术用词上的差异而非本质差异。

然而，服务机构的"业务"与企业的业务存在基本差异，服务机构拥有独特的目的与价值，服务机构需要不同的目标，服务机构对社会的贡献也有别于企业的社会贡献，同时，服务机构的绩效与成果也与企业的绩效与成果大不相同。因此，为绩效而管理就是服务机构明显有别于企业的领域。

我们尚无一套适用于服务机构的具有连贯性的制度及管理理论。与在过去70余年中业已完成的企业管理成就相对比，服务机构的管理刚刚起步，迄今为止我们所做的一切仅仅是画个草图而已。

当我们确实明白并找到服务机构很难产生绩效的症结时，我们便可以界定服务机构所需要的工作，消除障碍，促使服务机构产生绩效与成果。

CHAPTER 12 | 第12章

服务机构的绩效为何不显著

三种流行的解释——服务机构不是企业——服务机构需要更优秀的人才——服务机构的目标与成果是无形的——这三种都是托辞而非解释——是什么促使服务机构与众不同——预算的误导——在预算型机构中,绩效与成果的实质是什么——"赚得收益"与"应得收益"

关于服务机构绩效的常见故障有三种流行的解释:
- 服务机构不是企业。
- 服务机构需要更优秀的人才。
- 服务机构的目标与成果是无形的。

以上这三种解释算不上是"解释",只是"托辞"而已。

本书一再重申,倘若按照企业管理方法来管理服务机构,服务机构是可以产生绩效的。这是第一种解释。

路易十四的首席大臣科尔贝最先将非企业服务机构的绩效困难归咎于服务机构管理不务实。科尔贝是西方现代公共服务机构的首创者，他曾不厌其烦地劝诫他的高管们要"像企业一样"（businesslike）有效务实。这些呼声至今依旧每天被人重复——在商会、总统与皇家委员会，甚至在某些国家的行政服务机构中。他们都声称，倘若他们的行政人员能像企业家那样，那么服务机构就会产生绩效。这种信念成为如今服务机构管理浪潮的基调。但这是一个错误的诊断，"像企业一样"并不是医治服务机构的良方。

服务机构之所以绩效不佳，主要是因为它们不是企业。服务机构要"像企业一样"，那就意味着它必须控制成本。然而，企业所具有的特征是由绩效与成果控制的。服务机构所缺乏的是"成效"（effectiveness）而非"效率"（efficiency）。服务机构学习企业行为只能提高"效率"而不能获得"成效"。

当然，所有的机构都需要"效率"。通常状况下，服务领域因为缺乏竞争，从而不像企业在竞争市场上（甚至是在垄断市场）那样承受成本控制的压力。但服务机构的基本问题不是高成本，而是缺乏"成效"。它们或许非常有效率，一些服务机构就是这样，但它们往往不会做正确的事。

"只要服务机构办得'像企业一样运作'，那么它就能产生绩效"，这个信条成为许多人尝试将服务机构创建成为独立的公共公司——这可以追溯到科尔贝时期试图设立的垄断事业，即所谓的"政府专卖制度"。这样的做法或许会产生一些有益的副作用，诸如从琐碎的行政条例中获得一些自由；但预期的主要作用，也就是提升绩效，却难以达到。这种做法有时可能会降低成本，但事实不总是如此，比如伦敦运输局和英国邮政局在创建时都是独立的企业型公司，但它们都容易受到工会的压力，从而导致成本飙涨。服务机构可能会因为追求"效率"而忽略或削弱机构的服务品质与目标。

把服务机构办得"像企业一样"，最好的也是最糟糕的例子，非纽约港务局莫属；该局创建于20世纪20年代，主管纽约和新泽西的洲际汽车与卡车交通。纽约港务局从创建之始就致力于"像企业一样"经营，它在桥梁、隧道、码头、粮仓以及随后的机场等工程建设中名噪一时。它的工程造价低而且运作自如，它的财务状况良好，因而它总能以最有利的利率借到款项。"像企业一样"经营就是它的目的与目标，最重要的是，它将银行贷款信誉视为评测标准。虽然它的桥梁、隧道和机场工程造成纽约街头的交通拥挤，但它并不关心纽约市区的交通政策。它不问："我们的工程涉众范围是谁？"相反，它对任何政治的、看起来"不像企业"的问题都漠不关心。最终它只能沦为纽约交通运输问题的罪魁祸首。举个例子来说，当纽约港务局急需为建设第四个机场寻找地盘时，它发现自己除了银行之外，别无其他支持者。结果可想而知，纽约港务局变成政治化的产物，空余"效率"而无任何"成效"可言。

第二种解释认为服务机构之所以绩效不显著，是因为服务机构需要更优秀的人才。迫切需要优秀人才的提法甚至比科尔贝时期出现得更早些。关于这方面的描述可以追溯到最早中国人论及治国安邦的政治经典。从美国内战后不久的亨利·亚当斯到今天的拉尔夫·纳德，美国的所有改革家们都不断地提出这样的要求，他们都坚信政府机构中最缺乏的就是更加优秀的人才。

企业尚且不可能依赖"超人"或"驯狮者"来胜任各自的管理职位和行政职位，更不用说服务机构了。太多机构需要人才，因而期望世界上每个医院的行政人员都成为天才或伟人，这种期望近乎荒谬。如果资质一般甚至是资质不高的人员殷勤努力地经营和管理，服务机构依旧不能实现绩效，那么，即使换成"超人"和"驯狮者"也无济于事。

我们没有理由相信，那些就任于服务机构管理层和专业职位的人员在资历、能力、诚实和勤奋上比企业管理者逊色；相反，我们也没有理由相信，把服务机构交给企业管理者来经营就会比交给"官僚"管理好多少；因为我们都心知肚明，当企业管理者接管服务机构之后，他们很快就摇身一变成为

"官僚"。

第二次世界大战期间，许许多多的美国企业高管在自己原有的公司中绩效显著；但当他们任职于政府机关时，许多人迅速沦为"官僚"，绩效也随之消失。人还是原来的人，没有变化，但他们在企业中获取绩效与成果的能力受困于政府机关的繁文缛节和条条框框——他们深感挫败。

一个更好的例证是法国的政府服务机构，很少有人质疑服务机构需要更加优秀的人才，没有其他政府机构能在吸引精英人才担任高层职位上与法国政府相媲美。在法国政府服务机构中，具有影响力且重要的职位必须预留给法国最著名学府巴黎综合理工大学的优秀毕业生。尽管法国政府服务机构由这些理工大学的高才生们来经营，但它比其他政府服务机构显得更加官僚、更无成效，因为法国政府的雇员们只求各自方便，这些公务员一度成为法国人挖苦讽刺的对象。他们确实罪有应得，任何曾经试图提高法国政府服务机构绩效的人对此都心知肚明。这些公务员本身并不想成为官僚，在他们进入政府服务机构工作20年后，当他们都已经升为政府服务机构的高管时，他们中的大多数人为了体现自己的价值，都会转到法国一些重要的公司中担任要职，通常情况下，他们的绩效都会很出色。

这些公务员或许并不招所有人的喜欢。但他们都具有学术精英的气质，自命清高，带有些许狭隘，还会自鸣得意。法国政府服务机构的问题并不在于缺乏优秀人才，也不存在引进更优秀人才的困难，真正的问题在于体制而非人才。

乍看之下，最复杂的也是最令人信服的是第三种解释，它认为服务机构之所以绩效不显著，是因为服务机构的目标与成果都是无形的。但我认为，这种解释真假参半，不宜全信。

企业一直难以清晰地定义"我们的事业是什么"，服务机构也面临相同的定义问题。比如对西尔斯而言，"我们的事业就是成为美国家庭的信息采购员",但这个目标是无形的。玛莎百货认为,"我们的事业是去颠覆英国的阶级制度",但这个目标确实也不具体。韦尔的AT&T认为,"我们的事业是服务顾客",这个目标听起来有点"认真忽悠"(pious platitude)的感觉。乍看之下,让人觉得这些目标似乎不可能落地实操,更不用说转化成为量化的成果了。再比如日本索尼公司定义:"我们的事业是电子信息",这个目标也是无形的,与IBM公司的定义"我们的事业是资料处理"相差无几。然而,这些企业都已经证实一个道理:把这种看似无形的定义转化成为有形的、可测评的目标并不太困难。

基督教会把"救赎人的灵魂"设为其目标,这也是无形的,至少这样的目标无法在这个世界上如实记录在册。但是,来教会参加礼拜的人数是可以量化的,"吸引多少年轻人回归教会"也是可以评估的。

学校把办学目标设立为"发展健全人格",这也是无形的。但"教导一个三年级的孩子如何阅读"并不是无形的,这不仅容易测评,还可以力求精确。

"废除种族歧视"也是很难清晰定义的目标,更不用说具体测量了。但在建筑行业中提高黑人学徒的数量是可以量化的目标,其合格或不合格都可以测评。

"欠发达国家的经济与社会发展"也是个无形的目标,但"在五年内创造十万就业岗位"或者"一年内建造四万单元住宅",这是可以具体量化的。

无论是企业还是服务机构,除非设定特定的、有限的、明确的目标,否则无成就可言。唯有目标设定得当,资源才能得到合理分配,优先缓急与截止日期才能恰当设置,最终才能有专人为成果负责。但有效工作的起点是定义机构的目标和使命,而目标与使命差不多总是无形的。

无论对企业还是服务机构,"我们的事业是什么"都是模棱两可而且广为争议的问题。正如前文已经论及的那样，在找到一个可行的定义之前，异议与争论都是在所难免的。服务机构涉面很广，赞助者颇多。学校所关注的至关重要的事情，不仅是针对孩子及其家长，也是针对教师、纳税人以及整个社区。同理，医院不仅必须满足患者的需要，而且必须满足医生、护士、工作人员、患者家属以及纳税人的需要——在美国，雇主与工会通常是通过保险来为绝大多数医院提供资金支持的。企业也同样涉面广泛，拥有诸多支持者。如前所言，每一家企业都至少拥有两种不同类型的顾客，有的甚至更多，员工、投资人、整个社区——甚至是管理层自身——都可以成为企业的服务对象和支持者。

预算的误导

服务机构与企业的一个根本差异是服务机构获取报酬的方式。

除了垄断组织之外，企业通过满足顾客需求来获取报酬。只有企业生产顾客所需产品以及顾客愿意用其购买力来交换产品时，企业方能获取报酬。因此，顾客的满意程度就是这家企业确保绩效与成果的基础。

与企业正好相反，服务机构典型地按照预算分配来获取酬劳。这就意味着纳税人与顾客不是按照绩效与成果来获取报酬。服务机构的收入由政府通过税收、课税以及贡金的总体收入来支配，与服务机构的绩效没有直接关联。

企业内部的服务机构也是同理，比如公立学校；特定的人事部门并不按照成果来获取收入；有时甚至不是根据顾客的服务范围，也就是并不按照管理者所涉及的服务程度来考虑报酬。在许多案例中，服务机构的报酬来自额外的资金分配，也就是预算配置。企业内部的服务机构与公共部门的服务机构都具有相同的特性并表现出相同的行为；问题不在于二者之间的差别，而在于它们获取报酬的方式不同。

此外，特定的服务机构，包括企业内部的大多数服务人员在内，被赋予垄断权力。预期受益者并没有选择的余地。大多数服务机构所拥有的权力超过了大多数垄断企业所拥有的权力。

即便是我对本地电力公司或电话公司的服务不满意，我也只能忍气吞声，因为没有别的地方能够提供电力和电话服务。倘若我不选择使用电力或电话服务，那么我就无须付费，我也可以在没有电力与电话的条件下存活下去；但这种自由选择只能停留于理论层面，实际生活层面很难做到。话说回来，对大多数服务机构而言，这样的选择是不切实际的，因为无论顾客想不想要使用这种服务都必须付钱。服务机构背后的支持者是国家的政策力量，具有"恕不找赎"的特色，即顾客不是为"服务"买单，而是为了支持政府机关。

企业中大多数服务人员也具有类似的强制垄断权力。经营经理们都深知，评价他们的依据是他们与员工合作服务的娴熟程度，倘若想要在员工服务领域得到建议和专业知识，他们只能征得自己公司的许可。

无论有没有适龄孩子在学校就学，美国家庭都必须支付学校税。家长可以送他们的孩子到私立学校或教会学校就学，即使他们对公立学校深表不满，也没有享受公立学校的教育资源，但他们依然必须支付公立学校的税。

预算分配主导下的报酬方式改变了绩效与成果的本来意义。在预算型机构中，成果意味着"更大的预算"，绩效意味着保持或提高预算的能力。人们通常理解的"成果"，也就是"对市场的贡献"或"达到目的或目标的成就"，这些词实际上都是次要的。预算型机构的首要检测及其生存的最先要求便是获取预算。可按照定义来说，预算与贡献并无关联，而是与"善意"相关。

"效率"成为罪

无论人们如何吹嘘，实际上在预算型机构中，"效率"与成本控制都不会真正被视为"美德"。就本质而言，预算型机构的重要性是根据预算的大小和员工的规模来评测的。因此，以较小的预算和较少的员工去获得的成就并不算是绩效，它还会危及该机构。不把预算花完，只会导致预算规划单位，诸如公司的预算委员会或立法机构，找着合适的理由削减该机构在下一会计周期的预算数目。

三四十年前，人们认为在计划周期临近结束时，苏联的管理者们一定会忙于把所有预算分配的钱疯狂花掉，这样通常会造成大量浪费；这是苏联计划经济时期的独特性，也是它的主要弱点之一。如今当预算型机构遍及世界各地时，这种浪费之顽疾也殃及各地。预算型机构的高管们到年度会计结算时都会遭遇"花钱压力"，这也成为美国国防工作大量浪费的主要原因之一。预算型机构还会犯另一种错误，即"买进"（buying-in），就是以强行低估新计划或新项目的总成本来获取预算。

"帕金森定律"（Parkinson's Law）用以讽刺英国海军部和英国殖民部在提高本部的人员与预算上和他们的工作与角色一样快速萎缩，即象征着英国海军与大英帝国的日渐式微。"帕金森定律"将此归咎于人类固有的邪性。但对一些人来说，预算是完全自然的行为，因为他们终究相信预算才是衡量服务机构绩效与重要性的标尺。

这种预算型"效率"无法与管理效率相比，把争取预算作为绩效的决定性评测会导致行政人员在工作中投机取巧、积极性不高，也不会促使他们在工作中节省成本与提高效率，他们还会担心可能因为预算削减而被惩罚，而且他们总是被鼓动按照"买进"方式去争取更高预算。凡此种种都是因为"预算"惹的祸。

依赖预算分配甚至会导致服务机构的"成效"濒临危险,因为依赖预算分配会让服务机构不敢反省"我们的事业应该是什么"。这个问题始终是有争议的,而有了争论就可能得不到支持。因此,基于预算的机构都努力回避这个问题。从最好的情况来讲,只有通过对公众和自己隐瞒真相,服务机构才能获得效果。

举个例子,美国农业部从不在意"它的目标是否应该是提高农业生产力,还是支持小型家庭农场"。数十年来,这两个目标自最初假定以来就不曾相同过,因此如今二者越来越不相容。然而,承认这个事实意味着制造争议并导致农业部预算被削减的危险。结果,美国的农业政策浪费了庞大资金和人力资源,而人们只能把这种(慈善)行为称为"公共关系活动",即支持小型家庭农民的一场秀罢了。然而它们确实非常有效,这些有效的活动是为了消除小型家庭农民,并借助更有效的"农业综合企业"的方式来取而代之,即借助巨型高度资本化和机械化的农场并按照企业经营模式而非遵循"生活方式"来加以管理。这种强调可能是对的,但它不是农业部创建的初衷,也不是立法机构在批准农业部预算时的预期。

今天,欧洲共同体的农业政策面临同样进退两难的困境——一方面,试图使用资金来取代政策以便解决问题;另一方面,努力通过公共关系活动来产生绩效。

美国的社区医院不是公立机构,而是私立的非营利机构。然而,与许多随处可见的医院一样,社区医院也会出现使命与目标混淆不清,甚至成效、绩效、成果不显著的问题。

医院是不是应该实际上成为医生施诊的场所——像绝大多数老一辈的美国医生所认为的那样?医院究竟应该作为社区卫生保健中心存在,还是应该集中关注社区公民的主要健康需求,还是尽量面面俱到,紧追医学的每一次进步而置高成本与低使用率于不顾呢?医院应该关注预防医学和社区的健康教育，还是选择致力于修复已经造成的健康损害呢？这些对医院业务的所有定义都不难理解。每一种定义都应得到聆听。有成效的医院必然是一个多用途机构，并能够达成各种目标之间的平衡。不过，大多数医院所做的是，假装没有任何基本问题需要解决。可想而知，结果便是混乱，医院实行职能或完成使命的能力也大大下降。

企业内部的服务机构也同样具有逃避职能、使命与目标等相关争议的倾向。

人事部门的首要职能是最有效地使用公司人力资源，还是以职工福利部门和婴儿托管所的形式存在呢？人事部门的目的是促使员工接受公司的政策、规定与条例，还是促进组织与工作结构发展使得员工能够理解并得以发展与获得成就呢？这些都是对人事部门工作的合理定义，而且每个定义都可以作为真正有成效的人事部门的运行基础。但在我所认识的公司的人事部门中，几乎没有一个会严肃面对这些问题，因为这些问题会引发诸多争议。结果，人事部门对公司的其他不同对象说不一样的话，最后很有可能以毫无实效和挫败告终（论及此内容见第23章）。

依赖预算分配对服务机构拟定业务的优先缓急与集中努力会产生不利影响；相反，除非把稀少资源集中到少数优先事务上，否则将一事无成。

一家拥有22%工作鞋市场份额的鞋制造商可以算得上是一家盈利企业。倘若这家企业把市场份额提高到30%，尤其是当市场对它的需要正在扩大时，这家企业的绩效就非常好。它无须太过关注另外70%的用户购买其他鞋类，也根本无须关切女性的时尚鞋市场。

预算型机构表现出来的状况就大相径庭了。为了获取预算，它必须征得所有可能涉及的成员的同意，至少是他们的默许。22%市场占有率可能会令企业非常满意，但对预算型服务机构来说，被78%或是更小百分比的民众拒绝，这是绝对致命的。如果22%的民众并不积极支持，它或许能够继续生存；但如果它不能获取更大范围的支持，或者获得至少是更大范围的默许，那么它必须意识到自己已经深陷严重的生存险境了。而这正说明这家服务机构精力分散、无心专注，因而它只能尽力讨好每个人。

最为极端的案例是美国大都市的警察局，它深知自己的优先要务。比如对居民区来说，街道安全便是第一要务。这是一个可达到的目标——主要需求是增加巡逻警力。对市中心的贫民区来说，第一要务可能是居家安全，也就是预防强奸、盗窃与偷窃等。虽然达到这个目标要困难得多，尤其是面对拥挤的公寓中住着许多对钱垂涎欲滴的瘾君子，但仍然可以获得一定程度的进展。此外还有一些活儿，诸如有一位老太太打电话到警局报告她家的猫被卡在了房外的树上，寻求警察的帮助；有一位可爱的户主把自己锁在自家门外，请警察帮助开锁；还有户主投诉邻居开派对吵闹扰民，让警察出面平息等。虽然每一位接到这类报警电话的警员都想说，"我们是公务员，不是私家佣人"，但没有警员会这样回答。倘若有警员如此回答，那么老太太就会立刻打电话给市议员投诉警察局没有善待她这样的纳税人。虽然美国的每一家警察机关都深谙何为优先要务，都知道把有限警力资源用在关键的地方，但它们无法真正做到，也无可奈何。这样的结果是可想而知的——不仅住宅区的街道安全无法得到保障，贫民区的家居安全也一样无能为力。

最后，预算型机构甚至比企业更加难以割舍一些错误的、老掉牙的陈腐理念。这样的服务机构甚至比企业更加顽固不化，死守着一些毫无生产力的破铜烂铁。

没有任何机构喜欢放弃它所从事的事情，企业也不例外。因此，一个遵循绩效与成果来支付报酬的机构必须经受绩效的检验，那些不具有生产力而且老旧过时的事物迟早会被顾客遗弃殆尽。在预算型机构中，没有这样的规矩制约；相反，这类机构所做的事情总是被视为善功和公益。

成果缺失，必须通过加倍的努力来弥补，这样的诱惑很大。绩效缺乏，必须获取加倍的预算来填充,这样的诱惑也很大。不过,最大的诱惑莫过于将绩效与成果的缺失归罪于外界的愚蠢或抵抗,并错将绩效与成果的缺失当成自我正直的证明与继续努力工作的理由。

在公共部门中,袒护毫无生产力倾向的不是只有服务机构;在如今许多大型企业内部的行政服务人员中,这种倾向也很普遍。许多组织策划者、电脑专家以及操作人员都倾向于认为,运营经理对商品的排斥正好成了他们所提供服务之重要性的"表面证据",而且成了他们加强自身"使命感"的理由。当然,有时这种认识言之有理。但这种认识通常会导致机构不可能把资源和努力专注在那些既急需又可达到的绩效与成果的领域上。

所有服务机构都面临墨守成规又不愿割舍迂腐陋习之倾向的威胁,并且把最有能力的员工与最优秀的人才用在死守那些不再具有积极意义或不再为目标服务的工作上。政府是特别容易生发这种顽疾的机构。⊖

传统的政治理论恪守一个公理:政府的职能是永恒的。这个理论隐含着一个几乎被高举成为具有教条力量的信念——无论政府做什么都是长久之计。然而,政府只是人类的一种活动而已。除了人类生物学职能和精神层面的职能外,一切人类所作所为迟早都会老旧过时。如今,对政府机构乃至其他机构来说,恰当的法则不是"无论我们做什么,我们都将会永远做下去",而是"今天我们所做的一切,很有可能在极短暂的时间内成为后继者的废弃物"。

"赚得收益"(earned revenue)与"应得收益"(deserved revenue)

当人受到奖赏时通常表现优异,无论这种奖赏是金钱还是晋升,是奖牌

⊖ 关于这一点,请参见《断层时代》(*The Age of Discontinuity*,1969),尤其是其中的第6章"政府之疾"(The Sickness of Government)。

还是上司签名的照片，抑或是一个简单的鼓励行动。行为心理学家早在过去的50年间就教导人们这个道理（这并不意味着之前人们不知道）。任何企业或机构都是为绩效与成果买单，当顾客对产品和服务不满意或不感兴趣时，他们无须付钱，而企业或机构则无法赚取利润。依赖预算财务支持的机构，或是享受垄断顾客的机构，它们获取的报酬是"应得收益"而不是"赚得收益"。它们因为"善意"和"规划"而获得回报；它们获得回报是因为它们从不疏离任何重要民众，而不是因为它们力求满足任何群体。这种报酬方式误导了预算型机构对绩效与成果的定义——它们以"产生更多预算"作为目标，而不是以"产生更多贡献"为定义。

这是预算型机构的一个固有特性。足以令人惊讶的是，经济学家们却从未把注意力集中于这个特性上——或许是因为他们中很少有人留意如下事实：近期约有50%的国民生产总值并不是流向企业——也就是以绩效获取报酬的机构，而是流向服务机构——也就是以许诺或努力工作获得回报的机构。

预算型机构并非必然不好，也并非不受待见。举例来说，自给自足型军队，如15世纪的欧洲军队，他们不停地参与战争，恐吓本国子民，依靠巧取豪夺来获得支持。这类军队从来不可能成为政策的工具。依靠税收来获得支持的市政统制与国防预算可以有效制止这种放任的战争行径。

同样道理，企业中的大多数服务人员将不得不遵照预算分配原则来计算酬劳。对研究实验工作部门来说，这也是唯一理想的办法。像通过新产品销售所得专利税与处理流程来为研究实验部门的成果付报酬（如同不少企业所尝试的那样），这样的方法几乎必定比预算分配更容易误导实验研究部门。这样的行为很容易导致资源从研究重点转移到小玩意儿的开发上。但毫无疑问的是，预算分配还会诱导研究室主任扩充研究人员数目，想出根本无法完成的一系列项目，并死守一些很难产生成果或已被证明毫无生产力的项目不放。

不过，无论多么必要甚至是值得去做，靠预算分配获取酬劳的方式都会引发误导作用（根据人所付出的努力来发酬劳——就像医院或大学所做的那样——宁愿说这是为成本付钱，而非为成果付钱）。在许多情况下，也许在大部分情况下，这种现象都是无法避免的；不过，我们可以选择限制、反制，并在很大程度上抵消这种影响。

CHAPTER 13 | 第 13 章

例外典范及其经验教训

　　例外典范：贝尔电话公司、19 世纪美国的大学、田纳西流域管理局（TVA）、日本明治维新——市场方法与"社会主义竞争"——市场的局限性——公共政策的局限性——抛弃过时的、废弃的和无生产力的政策——昨日成功的危险

　　在极少数获得"成效"的服务机构中，少数成功典范与绝大多数仅仅流于表面的收获一样重要。这些例外典范为我们提供了宝贵的启发，即"服务机构的成效是可以实现的"——当然这种成效并非轻而易举。这些例外典范不仅启发人们各种各样服务机构所能做的事情和需要做的事情，而且启发人们认识服务机构的诸多局限和陷阱。这些例外典范还显示出服务机构管理者可以做不受人欢迎甚至是具有高度争议的事情，他自己必须勇于面对风险决策——严肃考虑他自己机构的事业是什么、它将来会如何、它应该是什么等问题。

贝尔电话公司

第一个成功范例，或许也是最简单的范例，是贝尔电话公司。电话系统自然是个垄断行业。在一个固有的领域中，电话服务的供应商必须拥有专有权。任何用户都会对公共电话服务提出的要求是连接其他用户，这就意味着一个垄断的服务系统具有该领域的排他性。当整个国家或地区连接成为一个电话系统时，这个垄断者必须扩张越来越广阔的地区。

没有电话，一个独立的个体或许可以存活；不过在当今社会中，这会造成极大的不方便。但对专业人士、商人、办公室或企业来说，电话就是必需品。住宅电话服务依旧是一个合适选项，但业务电话服务就是一种强制需求了。

正如前文已经提及的，西奥多·韦尔是20世纪初就意识到电话需求的人。不仅如此，他还觉察到美国电话公司与全世界其他工业发达国家的电话系统一样很容易被政府接管。为了预防这种情况的发生，韦尔对电话公司的"事业是什么"以及"它应该是什么"等问题进行深思熟虑，最终他提出了名震一时的定义："我们的事业是服务。"

对电话公司业务的这种描述激活了韦尔的思路，从这个定义出发，他为公司设立了独特而又明确的目标，并发展出公司评测绩效与成果的办法。他创造的"顾客满意标准"和"服务满意标准"引发了多个地区电话经理人之间的全国竞争。这些标准也随之成为测评与奖赏管理者的尺度。结果，尽管该公司具有垄断性质，但电话公司的管理者们依然遵循绩效与成果作为导向。

韦尔的解决方案有效影响了半个多世纪。直到20世纪60年代通胀紧缩，即便是在低利率的情况下，贝尔电话系统依然稳定地改进服务品质。

韦尔还做了一件更加异端的事，即便是在今天也少有人敢为——他把电话公司的服务群体加以区别对待。监管机关,也就是各州的公共事业委员会,通常被当时的商界大咖们以"仇敌"待之。然而韦尔认为,公共事业委员会是个合法机构,电话公司的工作就是促进监管机构发挥正常职能。他努力对监管机构的目标和性质进行认真细致的思考。毫无疑问,如果美国公共机构没有觉察到监管机关运作正常,贝尔电话系统可能早就被国有化了。毫无疑问,如果不是韦尔把监管机关加以区别并承认它是自己公司的"服务对象",那么,美国公共事业委员会将不会有效发挥自己的职能,也不会有能力真正了解自己的工作。㊀

美国的大学

从1860年到第一次世界大战,现代美国大学的创建也示范性地说明了服务机构可以获得绩效。这段时期美国大学的兴起主要归功于如下几位人士的辛勤努力:安德鲁·怀特(康奈尔大学校长,1868—1885)、查尔斯·艾略特(哈佛大学校长,1869—1909)、丹尼尔·吉尔曼(约翰斯·霍普金斯大学校长,1876—1901)、大卫·乔丹(斯坦福大学校长,1891—1913)、威廉·哈珀(芝加哥大学校长,1892—1904)以及尼古拉斯·巴特勒(哥伦比亚大学校长,1902—1945)。

㊀ 有必要向读者,甚至是美国读者,解释一下"监管委员会"(Regulatory Commission),因为在美国之外,这个机构鲜有人知。该机构最初建立于19世纪80年代,旨在规范铁路与粮食码头,监管机关的职能是在自然垄断的前提下促进私企在公益上发挥作用,这样就能有效避免竞争,提高效能。这些部门大体上拥有如下三个职能:一是在服务领域内维护可行的竞争;二是通过控制物价和服务标准来保护公共机构免受自然垄断的剥削;三是限制自然垄断的收益,无论是铁路公司还是航空公司,无论是电力公司还是广播公司,局限于资本成本的"合理利润"范围内。故此,监管机关试图在不受控制的私人垄断与同样不受控制的政府垄断之间寻找"第三种方法"。监管委员会既存在于联邦政府层面,也存在于各州政府层面,该委员会的委员们或由政府任命(联邦政府委员会),或通过竞选(各州层面)获得席位。

这些人有一个相同的基本洞见：传统的学院——本质上就是 18 世纪训练传道人的基督教神学院——已经完全过时，培养不出人才，毫无生产力，已经奄奄一息了；按照大学生数量占总人口的比例来算，1860 年美国的大学生数量远少于 1820 年的大学生数量。这些创建新大学人共享一个目标：创建一个崭新的机构，一所真正的大学。他们都意识到：欧洲的大学典范有许多借鉴之处，尤其是英国的牛津大学与剑桥大学以及德国的大学，但这些新兴大学必须成为美国特色的机构。

然而，除了这些共享的信念之外，他们在"大学应该是什么""大学的目标和使命又是什么"等问题上出现尖锐的分歧。

哈佛大学的艾略特把大学的目标锁定于"培育具有独特风格的领导群体"。因而他认为哈佛大学应该成为全国性机构，而不是成为"某些波士顿人"所设立的地方性学院。哈佛大学还要致力于恢复波士顿和新英格兰的辉煌，重塑道德精英的主导地位，正如神圣的清教徒及其传承者以及美国建国初期的联邦主义者那样。哥伦比亚大学的巴特勒和芝加哥大学的哈珀则把大学的功能视为"理性思想的系统应用"，致力于分析现代社会的基本问题，诸如教育、经济、政府、外交事务等。约翰斯·霍普金斯大学的吉尔曼把大学视为"高级知识的生产者"，原来约翰斯·霍普金斯大学只局限于从事高级研究，并不从事大学本科生的教育教学工作。而康奈尔大学的怀特则立志推动"广大民众接受高等教育"。

虽然这些新兴大学的校长看待大学都很不一样，但他们每个人都深知，他们必须做出妥协，他们必须满足支持者和民众的需要。比如艾略特与巴特勒都意识到必须把他们的新大学建立在旧有的、现有的基础之上（其他大学校长可能从头开始），必须满足——至少要安抚——现有的校友和教职员工。他们都必须极其慎重地处理财政资助的问题。

艾略特坚决主张"道德领导力"（moral leadership）的理念，他创建了第一个就业办公室，开始为哈佛大学毕业生寻找待遇优厚的工作，特别是在企业界。巴特勒意识到哥伦比亚大学属于"后起之秀"，同期的百万富豪慈善家们都已经被他的竞争者们捷足先登了（比如洛克菲勒赞助了芝加哥大学）；鉴于此，他在大学中创立了第一个公共关系办公室，精心规划并非常成功地募集到大学所需的资金。

这些校长都把定义自己大学的目标与使命视为优先要务，但这些定义都没有比大学创办人长寿。比如在艾略特与巴特勒的一生中，他们创办的大学曾一度远离他们的理念，目标分散，优先要务也混淆不清。在20世纪，所有这些大学，甚至是许多其他大学，像加利福尼亚大学以及其他主要的州立大学，都走向相同类型。

如今，虽然人们很难区分出"综合大学"之间有什么差别了。但大学创始人留下来的印记仍旧没有被完全抹去。这样说来，罗斯福"新政"时期从哥伦比亚大学和芝加哥大学挑选优秀教授担任高层顾问以及参与决策并非偶然，因为"新政"致力于理性思想的应用和公共政策与社会问题的分析。30年后，当肯尼迪总统执政并组建政府时，他崇尚精英风格，因而他的政府自然转向哈佛大学挑选人才。

1860年，几乎谈不上有美国高等教育，而当时尚存的大学机构并无信誉可言，也不得人心；到了1900年，美国的大学就跃居领先地位，成为主要权力中心，以学术、社会和政治的权威立足世界了。1860年，相比于其他任何主要国家，美国只有较少比例的年轻人上大学；到了1900年，美国的大学已经拥有更大比例的大学生，而且高等教育大众化的基础业已建立。1860年，美国基本上依赖于欧洲的学术、研究和科学；那些立志追求美国自我身份的美国人与大学并无关联，比如历史学家小弗朗西斯·帕克曼、哲学家爱默生以及物理学家约瑟夫·亨利等。美国还因为拥有许多自学成才的发明家而深感自豪。到了1900年，美国已经在学术、研究以及科学领域获得成就与自信。许多在知识界和科学界成就斐然的杰出人士都是当时的大学教授，比如哲学界的威廉·詹姆斯（旧译詹姆士）、教育学界的约翰·杜威、历史学界的查尔斯·比尔德与弗雷德里克·特纳以及物理学界的阿尔伯特·米切尔森等。与此同时，1900年美国的大学体现出鲜明的美国特色，无论其中有多少教授是在德国接受的研究生教育，也无论有多少教授对牛津的贵宾席和波尔特酒发出羡慕不已的感叹。

最重要的是，美国的大学获得的高度成效与高度成就完全是因为其致力于独特而又明确的目标与使命。

田纳西流域管理局（TVA）

另一个与众不同但具有同等教育意义的实例是田纳西流域管理局，一个坐落于美国中南部的公共事业与公共设施单位。TVA建于美国"新政"时期，初建时曾引发诸多争议，如今不再具有争议了。除了政府投资拥有之外，它与其他私人投资的大型电力公司毫无差别，在40年前公司发展初期，情况可不是这样。当时它是一个口号、一声战斗号角、一种象征。有些人，无论是敌是友，认为TVA是开了美国电力能源国有化的先河。另有一些人则认为TVA是回归"杰斐逊的平均地权论"（Jeffersonian agrarianism），以廉价的电力、政府主导以及免费的肥料作为基础。还有一些人依旧对田纳西河的防洪防汛和河道航行表示浓厚兴趣。因为有诸多相互冲突的期望，TVA的第一任负责人阿瑟·摩根，一位杰出的工程师和经济学家，完全败北。由于不能有效地对"TVA的事业应该是什么"以及如何平衡不同的目标等问题进行深思熟虑，摩根终究一事无成。最后，罗斯福总统只好起用了一位近乎完全默默无闻的、毫无行政管理经验的年轻律师来取代摩根的位置，他的名字叫戴维·利连索尔。

利连索尔需要勇于面对 TVA 的重新定义。他总结认为，TVA 的首要目标是建立真正具有生产效率的发电厂并为能源匮乏地区供应丰富而廉价的电力。他坚信，其他一切目标的成就都取决于首要需求的实现，因此他把这目标设定为优先要务。如今 TVA 不仅完成了首要目标，而且实现了许多其他目标，比如防洪防汛、航行水道、肥料生产以及平衡发展社区等。这应该归功于利连索尔对 TVA 的事业加以明确定义以及对首要目标优先考虑的坚持，这可以解释为何今天的 TVA 广受赞许，甚至 40 年前的宿敌也对它褒扬有加。

日本明治维新

关于服务机构绩效最为突出的典范当属 19 世纪下半叶，即 1868 年明治维新之后的日本发展。30 年后，日本从一个原本极度贫穷落后的乡野国家，一个被阶级制度和世袭制度捆绑得严严实实的国家，跃居成为一个现代化的并以强大军事力量击败俄罗斯帝国的国家，并且成为世界贸易的重要动力。同时，日本还成为世界上第一个扫除文盲的国家。

实际上，在明治时代，实现日本卓越转型的政治家、爱国者以及企业领导者为数并不多；当然，在领导层中，也有一些杰出的贡献者。但具体的工作还是依靠那些勤劳又有才华的普通人民。他们的成就可以归功于明治时代的人们愿意而且能够思考目标，善于设定优先要务，以及能够专注于这些目标而努力。

明治维新的目的是在由西方帝国主义列强主导的世界中维护日本的独立性、文化和传统。这些目标被总结成为一句口号："一个富裕的国家、一支强大的军队"；为实现这一目标，就得要求日本普通人民必须识字，并在全国统一地方行政与司法体系。当时明治政府所专注的优先要务有：实现经济增长的五个目标、创建现代化的陆海军、全民识字、统一地方政府以及建设一个强大而且专业的司法机构等。

当然，有许多日本人和外国评论家质疑这些优先要务。比如，有人觉得这些优先要务中缺少对农民利益的关注，也有的指出这些优先要务忽略了缓和穷人对强势工业化的反抗，还有人认为在促进高教育水平的日本新兴中产阶级的自治能力方面少有作为。明治政府意识到了这些缺点，但他们在深思熟虑之后依然决定贯彻这些"应该做的"优先要务，因此汇聚了许多才华出众、工作勤恳又很爱国的人才。

此外，我们还可以举出其他例子来。比如就拿大学办学成效的例子来说，威廉·冯·洪堡在德国被拿破仑击败的最黑暗时期创建的柏林大学就可算为典范。另一个例子，前文曾提过，就是英国新兴的"红砖大学"，创建于第二次世界大战期间，其目标与优先思想来自于一位名叫莱昂内尔·罗宾斯的杰出经济学家。还有少数纽约犹太居住区学校，前文中已经提及，也是很好的例子。在教育领域，我们还可以提及另一个例子，那就是福克高中（Folk High School），由丹麦主教尼古拉·格伦特维于150年前构思创建而成，这所学校不仅为斯堪的纳维亚国家发展成为民主国家奠定了基础，而且为今天这些国家的继续教育事业奠定了基础。我还可以从其他地区找些服务机构成效的典范实例，诸如卫生保健或研究实验机构方面的例子。

这些富有成效的公共服务机构中的每个案例都可堪称"独具一格"。虽然它们各自完全不同，但这些典范证明了一个道理：服务机构是可以通过管理来获得绩效的。

市场方法与"社会主义竞争"

首先，从以上所举的典例中我们可以看出，遵循传统的方法和流行的方法都不足以完成提升绩效的任务。对预算型服务机构而言，无论是"放任市场决定一切"的方法，还是"推动公益事业，驱逐金钱兑换"的方法，二者都不能起到提升绩效的作用。

所谓的"市场方法"，通常指的是"资本主义的市场方法"。但这是个误解。"市场方法"也同样可以是"社会主义的市场方法"。所有权是否在资本家手中不再重要，重要的是管理的自主权和经营责任在谁手中，以及资源配置是否以成果为基础，并为生产成果负责。

流行的观点认为，美国经济之所以是资本主义经济，是因为所有权是私人的，这个观点是个误解。美国大型企业的决定性所有权在人民手中，也就是在那些持有互惠基金与养老基金的信托投资者手中，他们都是中产阶级和广大工人。美国的大型企业并不是被"国有化"，而是很大程度上被"社会化"了。按照古典的定义，美国最多也就是一个综合型经济，美国也有可能稳步地走向社会主义经济；在这样的经济体中，公众拥有生产工具。但美国的管理在主体上还是以企业的地方自治为基础，以成果为基础来分配资源。这样说来，美国经济实际上还是市场经济。

日本的经济更不能说是以传统的所有权辨别为决定因素。在日本，如果要问谁是大型公司的拥有者，那么答案应该是公司员工，特别是公司的管理者们；因为公司实行终身雇用制，员工和管理者是不能被解雇的；虽然他们没有法定所有权，但他们是法律所宣称的"受益所有人"。然而，日本的经济并不是社会主义经济。

在过去的50余年中，对市场经济最为透彻的讨论既不是发生在自由企业的国家，也不是发生在自由企业阵营中，而是发生在"社会主义竞争"中，即竞争发生在生产工具并不属于私人资本家的经济中。

这个话题的讨论可以追溯到第一次世界大战刚结束时，时值新当政的社会民主党人希望把德国企业国有化。他们建立了一个强有力的"社会化委员会"(socialization commission)，意在推动从资本主义经济向社会主义经济的转变。以"社会化委员会"为主阵营的经济学家本身大多数都是忠实的社会主义者。他们都是第一次世界大战期间德国计划经济低效率、铺张浪费和毫无成效的直接亲历者。⊖

德国的"社会化委员会"极力主张政府对经济的主导权并建立一个基本寡头垄断的市场经济；在这样的市场经济中，大型私营企业与私人管理公司可以在各自的主体市场中相互竞争。⊖

当然，这对正统的马克思主义者来说是完全不可接受的，但从逻辑上来说，这是无懈可击的。德国的经验已经做出结论：政府垄断的经济不具有生产力，也不可能建立一个强大的经济体。

几年后，苏联的计划经济方法正是为了破解和驳斥德国这种"社会化委员会"所尊崇的经济谬论。另一个解决方案——也是更加微妙且重要的答案之一——是由一位波兰的马克思主义者提出的，他的名字叫奥斯卡·兰格；此公曾经多年执教于芝加哥大学，第二次世界大战后回归祖国并去世于故里；他自称崇尚"社会主义竞争"经济理论，主张生产工具的所有权属于人民，因此力主消除资本主义。不过他也主张企业的自治，由企业自主管理，在市场经济中自由竞争，并根据成果获取报酬。换言之，兰格所提倡的正是社会主义信条所要求的"所有权社会化"（ownership socialization）。只是资源分配必须遵循绩效与成果原则，也就是说，如果一个经济想要合理地分配

⊖ 一个引人注目的对比是第二次世界大战对美国经济学家的影响。他们当中的许多人在第二次世界大战期间加入了战时经济控制机构，这些经济学家当时都倾向于计划和控制经济模式。毕竟，他们的经验与背景都是在经济大萧条时代形成的。但他们中的大多数人在经历了第二次世界大战以及计划与控制经济模式之后，成为计划与控制经济模式的反对者，并转而坚持市场经济，至少不会对市场经济充满敌意。

⊖ 顺便提一下，这个蓝图与如下两种经济模式颇有相似之处：一是第二次世界大战后阿登纳总理（任职时间为1949~1963年）主导下的德国所采取的"社会市场经济"，二是如今日本所施行的"自由经济"模式。

它的资源并有能力产生绩效，那么它必须经得起市场的考验。

兰格的方法提出了经营责任制以及遵循绩效与成果原则，但这个方法有一个基本的弱点，那就是它完全忽略了资本市场，即未来的资源分配。不过，兰格的"社会主义竞争"理论也为苏联阵营的所有自由化建议奠定了基础，比如 1967 年捷克斯洛伐克经济改革失败，并且导致 1968 年苏联武装入侵。㊀

当然，苏联之所以反对"社会主义竞争"模式，并不是基于对经济合理性与经济绩效的论证，而是担心这些争论导致企业管理自主权的提升。

20 世纪 60 年代末，南斯拉夫把兰格的思想变成了现实。当时许多重要的企业名义上由政府拥有，但实际上是企业自主经营；这些企业必须在充满竞争的自由市场中证明自己。南斯拉夫的企业不再依赖国家计划下的资源分配来直接获取财政支持；相反，它们必须通过投资的预期报酬来获得竞争资本，即以"资本主义"和获取利润作为企业生存与竞争的基础。

苏联在经济中注入绩效的所有尝试在本质上都是在推广兰格的"社会主义竞争"理论，即把管理自治与经营责任建立在市场绩效与市场成果的基础上（虽然兰格的名字以及"社会主义竞争"术语依然是被禁用的）。对于"社会主义竞争"能够产生极大优异的经济成果的看法，改革者们已经不再抗拒，他们所抗拒的是丧失政治控制的风险。

换言之，关于市场竞争产生利润的争论以及私人所有权道德问题的争论在很大程度上已经无关痛痒了。真正要进行争论的话题应该是：以绩效与成果为收益基础的企业系统和以预算分配为收益基础的企业系统，哪一个绩效能力更优秀？在本质上，结论是不争自明的。只要市场考验是真实有效的，那就一定会导致绩效与成果——不是因为自由企业或自治经营者有更高的

㊀ 这个话题可参见奥塔·希克 1972 年的著作《捷克斯洛伐克：官僚主义经济》（*Czechoslovakia: The Bureaucratic Economy*）。希克是捷克斯洛伐克经济改革的缔造者。

"美德",而是因为以绩效与成果为收益基础的企业系统会产生更好的绩效与成果。

市场的局限性

但是,我们必须同样清楚地意识到市场并没有能力组织所有机构。

服务机构是最多样化的。服务机构包括自然垄断行业,即许多显而易见的经济机构,比如在固定区域中的电话服务、邮政服务和电力供应公司等。服务机构还包括司法部和国防部等,这些也同样是明显的,它们既不是也不应该是经济机构。这些服务机构有一个共同点或者说是唯一的共同点:由于某种理由,它们都不能在竞争市场检测下加以组织。⊖

公共政策的局限性

无论是资本主义者还是社会主义者,传统的结论认为:在市场不能提供绩效检测的地方,"公共政策"就会提供引导和控制。正如前文我们论及预算分配所造成的影响力时提到的那样,这不是一个具有说服力的答案。的确,服务机构,甚至包括企业内部的服务机构,都必须被政策约束。但是,除了预算所引起的方案、承诺、好意和勤勉以外,只要可能,就还需要有一种制度和结构来指导服务机构,帮助其取得杰出绩效。我们前文分析的典例证明,服务机构也需要有计划地废止制度,以及有计划地抛弃那些过时的、不再适用的政策。这些典例都说明一个道理:只有一时的成效,没有永远的

⊖ 邮政服务机构的情形也许不再是如此了;在美国,至少有一家独立的邮政公司正在设法组织企业与政府垄断的邮政系统竞争。如果这样做可行,那将会比原先政府从邮政垄断中分离出来的、按照"像企业一样"来办理的"国营公司"更能提高邮件服务的绩效。

成效。

韦尔的解决方案奏效了半个世纪,但如前文所述,半个世纪过后,他的解决方案就不再奏效了。美国的大学早已抛弃了一个世纪前最初创建者的构想,如今需要重新思考和定位其使命与职能、目标与管理、优先要务和评判标准,并借此衡量造诣和成果。TVA先前的绩效如今已无相干,40年前所开拓的绩效如今成了老生常谈,再也没有人对电气化的拯救翘首以盼了。

日本终究成为明治时代成就的"囚徒"。明治维新的领导者们极其敏锐地意识到他们所选择的优先要务,甚至有意延迟或忽视了其他次要领域。但他们的继承者们拒绝考虑其他任何优先要务。结果,原来明治时代为维护日本的国家独立而推崇的军事力量,后来发展成为日本自取其咎并带来巨大灾难的可怕因素,这几乎完全毁掉了明治维新时代的伟大成就。

第14章 | CHAPTER 14

服务机构的绩效管理

服务机构的成效原则——如何应用这些原则——三种类型的服务机构及其特定需求——目标审计与"有组织的抛弃"活动——以绩效为导向来管理服务机构

不同类型的服务机构需要不同的结构。但我们可以从中总结出一个道理：所有服务机构都需要首先严于律己，就像前一章中我们罗列的那些例外典范的领导者和管理者所做的那样。

第一，他们需要定义"我们的事业是什么"和"我们的事业应该是什么"。他们需要把这些定义公开化，并要细致透彻地加以思考，或许还要在诸多定义的差异甚至冲突中寻求平衡，就像美国大学的初创者们所做的那样。

第二，他们需要从这些对服务机构的职能与使命的界定中推导出清晰明确的目标。

第三，他们必须对所专注的优先要务加以深入思考，这些优先要务能够帮助他们选择目标并设定绩效与成就的标准，即帮助他们界定最低可接受的成果，设定最后期限，朝着成果的方向努力工作以及促使人对成果负责任。

第四，他们需要界定绩效的评测尺度——就像AT&T以"顾客满意"为标准，或像明治时代的日本人遵循全民识字来衡量他们的进步一样。

第五，他们需要使用这些评测标准去反馈付出的努力，换言之，通过成果将自控能力纳入各自的系统中。

第六，他们需要对目标与成果进行有组织的审计，以便鉴别出那些不再能够提供服务与不可能获得成就的目标。他们需要鉴别出那些不尽如人意的绩效以及那些可以废弃的、毫无生产力的活动。他们还需要建立一个机制，用以抛弃那些浪费资金与资源却毫无成果可言的活动。

最后的要求或许是最重要的。如果市场检测缺失，迫使服务机构在抛弃过去和破产之间做出决策的纪律将不复存在。无论是企业内还是企业外的服务机构，评估并抛弃低绩效活动是最痛苦的事情，但也是最有益的创新之举。

检测目标本身、目标的适当性、目标的优先性，最重要的是以预期为标准检测成果，这或许是检验过去成功所需的最佳办法。

前文中所举的一些实例都已经说明："没有成功是永恒的"。然而，舍弃昨日的成功远比重新评估失败更加困难。成功会培育其独特的狂妄自大；成功会制造情感上的依恋；成功会养成理智与行为的惯性；最重要的是，成功会让人陷入虚假的自信。到头来，丧失使用价值的成功或许比失败更具有破坏力。

尤其是在服务机构中，如果它不对自己的使命、目标、优先性进行深思熟虑，如果它不在政策、优先性与行动所形成的绩效与成果的基础上建立反馈评估制度，那么昨日的成功即使没有被奉为圣经，也会被抬高到政策、美德和信念的地位。在美国，我们今天正处于一个"福利混乱"的时代，这在很大程度上是因为"新政"时期的福利项目在20世纪30年代已经取得巨大成功，人们不仅无法舍弃，而且把这种成功滥用在五六十年代完全不同的处境中以求解决都市黑人移民问题。

现在我们应该大致清楚，提升服务机构的绩效并不需要"伟人"，而是要求建立一个合适的"机制"。这种服务机构机制在本质上与企业的绩效本质没有太大差异，不过二者在应用上差别很大。服务机构毕竟不是企业，因而二者的绩效意义也很不相同。

对不同的服务机构，这些应用也必将不同，实际上也应该有所不同。我们所举出的服务机构的典范实例都不是用绩效与成果获利，而是以工作力度与项目规划而成功。接下来，我们讨论如下三种不同类型的服务机构。

三种类型的服务机构

第一类是自然垄断型服务机构。这种服务机构会生产商品与服务，或者至少应该这样；然而，恰恰因为它是垄断型服务机构，所以它不能从绩效与成果获取报酬。

经济学家把那些在固定领域中拥有独家权利的企业界定为"自然垄断型机构"，比如电话公司与电力公司等。但企业内部的研究工作实验室也属于自然垄断型机构，尽管它只存在于企业内部。

第二类就是指那些从预算分配获取报酬的服务机构。虽然它们都有共同特性，但它们具有各自的独特目标和实现目标的特定方式，在优先性设定上通常也趋向多样性。

美国的大学就是这种服务机构的典范。前文所论及的六所大学中的每一位校长都很关注高等教育。每一位校长都致力于创建有别于18世纪过时的、衰退的教派学术机构。他们对大学的使命与功能都有各自的看法。他们建构大学都根据各自不同的重点细致界定"我们的事业是什么"和"我们的事业应该是什么",并据此来设定不同的优先性。虽然他们所创建的都是大学,也都有相同的结构,比如都有受托人、行政管理、教职员工与学生,以及相似的课程和学位设置,但他们都非常理智而慎重地创建了竞争机制。

第三类服务机构所崇尚的重要理念是"一致性"(uniformity),司法部和国防部就属于这一类服务机构;在传统政治哲学中,大多数政策领域中的机构都可以视为此类服务机构。

服务机构的特定需求

这些服务机构的特定需求是什么?

自然垄断机构需要的结构最少。虽然结构不直接获取报酬,但是结构最接近成果。换言之,自然垄断机构所需的一切就是去做任何企业应该做的事,而且需要更加系统地进行。

顺便说一下,自然垄断机构必须接受"公共监管",而不是成为"公共所有"。正如经济学家和政治学家早就指出的那样:一个缺少公共监管的自然垄断机构将会不可避免地剥削顾客,还会导致效率低下,甚至毫无成效。一个由政府拥有的垄断机构或许不会剥削顾客,但是顾客并没有能力纠正该机构的低效率、服务差、高费率以及忽视顾客需求的行为。一个受到"公共监管"又自主经营的自然垄断机构很可能远比那些不受公共监管的私人垄断机构或政府所属的垄断机构在解决顾客不满意与顾客需求上更加负责任。接受公共监管但又自主经营的垄断机构会依赖公众舆论,政治机关与监管机构是表达大众民意的主要机构,因此大众民意在一定程度上影响自然垄断机构的收益与利润。

法国的电话消费者都深知自己得到的电话服务在发达国家（除了苏联之外）中是最差劲的；因为电话服务是政府经营的垄断行业，顾客无力改变，所以只能怨声载道。在20世纪60年代末，美国电话系统的运营效率在一些领域日渐衰弱，尤其是在纽约市，电话服务与维修的等候时间越来越长（很大程度上归咎于电话公司规划时对人口统计的疏忽）；顾客拥有进行有效行动的能力，于是他们确实这么做了。他们立刻开始反对电话公司加息的要求——确实，要想出比这更有效的方式来规范垄断机构是很困难的。

然而，在邮政服务方面，美国顾客却与法国顾客感同身受，邮政价格持续40年迅速攀升，但邮政服务水平退化的速度更快。因为邮政服务是由政府经营的垄断行业，人们对它无从置否。

此外，政府针对私人公司进行远程调控的监管机构，能够为工作系统绩效纳入受管制垄断企业结构提供具体方法，犹如西奥多·韦尔在60年前为美国电话电报公司所建立的系统那样。美国联邦通信委员会（FCC）对贝尔电话系统的长途服务进行研究，美国联邦电力委员会（FPC）对大西洋沿岸中部各州的电力供应进行研究，这些研究都促进了各公司加强管理的自律能力。

至于企业内部的研究工作实验室这类垄断机构，高层管理有能力也应该要求对目标进行深入思考，设定目标及其优先性，衡量绩效并抛弃不再具有生产力的项目。唯有这样才能确保研究工作实验室具有生产力，并对公司的需求、机遇与责任做出响应。

与此同时，管理者还应该要求贡献的目标被逐条列出，并以此为标准评估成果。这不需要做量化要求——实际上，这也往往无法量化。即便如此，目标应当明确，评估应当严格。

有一位极有成效的研究管理者——他本人是一名享誉世界的科学家，经常习惯性地问他的团队："过去三五年内，你们在这个研究实验室中为公司的愿景、知识与成果做过什么贡献？""你们打算在未来的五年内对公司的愿景、知识与成果做什么贡献?"他表示,他自己第一次问这个问题时,得不到任何答案,其他人的回答也只是关于研究的"无形性"和工作很愉快之类的套话。不过,多问了几年同样的问题之后,他便慢慢开始得到答案;再过了几年,他甚至得到了研究成果。

服务部门中的"社会主义竞争"

除了学校之外,第二类服务机构还有医院和大多数企业内部的服务单位。这些机构所需要的正是兰格的"社会主义竞争"。

这类服务机构的"顾客"并非真正的顾客,而更像是"进贡者"。无论愿意与否,他都得付钱给这些服务机构,或通过税收,或是强制保险,或是开销分配等。这些服务机构的产品并非为满足"需求"而只提供"需要"。学校与医院以及企业内部特定的服务人员只供给人们应该有的、理应有的、必须有的"需要",因为这些服务机构"有益于他"或者说"有益于社会"。

按照逻辑学家的说法,这类服务机构是"规范性的",其目的是促使"顾客"成为"某种人""做某种事""以某种方式表现""认识某种事物"以及"相信某种事物"等。大多数这类服务机构还从事公益慈善事业,通常状况下无须投入大量昂贵成本。正是因为这类服务机构既具有"规范性",又是"公益事业",所以,它们的资金只能来自公共税收、团体支出分配以及其他强制课税。

第二类服务机构是发达社会的典型,也是发达社会机构成熟的标志。垄断行业与政府机构,即第一类与第三类的服务机构,是当前尚未发达社会的主导机构。但第二类服务机构正在成为经济发展与社会进步的核心动力,这类服务机构的绩效对现代发达社会举足轻重。在发达社会中,或者在发达企业中,正是这类服务机构最紧密地贴近公民(或管理者)的日常生活。

人们通常会高调地说"每个孩子都有权利接受教育",然而年轻人却抱怨被强制上学——他们的抱怨比传统的说法更加真切。我们谈论"每个公民都有权利拥有好的卫生保健",但这种想法在美国局部依然是尚未兑现的许诺,不过已经走向义务卫生保健的康庄大道了。比如,许多公司要求高管必须做年度体检,否则就会丧失假期或被停薪。如果这种卫生保健的焦点偏移向大众预防医学,这可能在相当短的时间内发生,那么我们不久就会要求每个人接受有益于他自己的卫生保健设施。换言之,我们将促进卫生保健成为义务政策。

许多好的企业都规定有使用服务人员的义务。公司总部举办市场营销专题研讨会,总公司不是征求分支机构的市场营销经理是否愿意参加,而是按照规定,通知他必须参加。

这类服务机构的目标与总体使命必须具有综合性质,而且应该体现最低标准的绩效与成果。但为了实现绩效,尤其是对公共机构来说,非常合适的做法是促进它们拥有管理自主权,不由政府经营;即便是由政府监管和管制的机构,享有一定的自主权,对提高绩效也是有益的。⊖同样,有相当数量的消费者会在完成基本使命的不同途径、不同的优先要务以及不同方法中做选择。这些机构会为保持各自的绩效标准而引发足够的竞争。

今天在美国,人们谈论小学与中学教育的凭据制度;在这制度下,美国政府将付给任何经过认可的学校一笔资金,这笔钱与孩子上公共学校所需的教育成本相当。无论学校在这种付款凭据制度之下有多大活动空间,少了对学生阅读、写字与算数等基本能力保障的学校必定会失去办学资格。我们可

⊖ 在更早些的一本书《不连续的时代》(*The Age of Discontinuity*)中,我把这种现象姑且称为"再私有化"(re-privatization),因为实在找不到更合适的词了。然而,这种说法被广泛地误解成为回归"私人所有制",虽然我不完全排除这种说法,但这根本不是我想要的描述。我认为重要的是机构的自主权,忠实于绩效检测和竞争机制,尽管在许多案例中体现的是"社会主义竞争"。

以允许学校自己选择教学方法——这里有进行试验的空间,从最严格的传统学校戒律到英式"开放学校"的行为操纵,甚至是"自由形态"教育方法都可以。但基础目标与最低标准必须实行,事实也应当如此。同样,在黑人居住区教人如何打游击战的学校要想长久留在受认可的学校清单上是不太可能的,更是不应该的。其次,一名学龄儿童上学与否根本没有选择余地——因为孩子都必须上学,无论他自己还是他的父母是否同意。

在卫生保健方面,我们也许会逐渐转向一种能够确保全民享有预付医保原则的系统——费用由员工保险支付或由政府为老人与贫困人口负担。但我们很有可能鼓励在不同规划中保持较大差异,以及在不同医保方案与优先顺序的不同医疗卫生机构之间存在相对的激烈竞争。这正是最早启用国家卫生保健计划的德国所使用的方法。

以下是将同样方法运用于大型企业中服务人员的例子。某大型跨国企业主要制造并营销品牌消费品,自身的业务定位是"营销"。看到这样的定义,我们也许会预见公司内部的营销服务人员数量会很多。实际上,员工数量却少得惊人。高层管理中有一位营销部副总经理——实际上他是公司的二把手,但营销服务不是向他汇报工作,而是向一名营销服务主任汇报。营销服务部人员拥有小额预算,不对公司业务的营销服务付款,而是用于支付营销服务人员的培训、营销领域的调研和图书馆等。企业在30个国家中拥有45~50个分散独立而又自主经营的公司,它们须为自身营销绩效与营销成果负责。为了使自己的企业获得成果,地方经理可以使用营销服务人员,但不是强制要求这样做。他有使用公司外部咨询顾问的权利,或者如果他有这样的意愿,他可以选择不用任何营销人员当自己的营销顾问。只有在选择使用营销服务人员时,他才需要支付营销服务费用。不过,营销人员负责审核每一家企业单位的市场营销标准与营销绩效。据最新统计数据,公司中有18或20位部门经理与地区经理使用了营销服务人员,11或12位使用了外部咨询顾问,另外12位没有使用公司内外的任何服务人员。这些人的营销成果与他们使用的方法之间没有任何关联。绩效的最低端与最高端都包含着选择使用公司营销人员的部门、选择使用公司外部咨询顾问的部门以及不使用任何营销人员的部门。即便是公司中表现差的部门都有着惊人的高标准与良好营销成果。就成效、绩效、志气和热情而言,该公司的营销服务人员是我认识的最优秀人才之一。

具有统治地位的机构

第三类服务机构主要指的是传统的政府部门,比如司法部与国防部,以及所有与政策制定相关的部门皆可以列在其中。这些机构并不像经济学家所说的那样提供公共慈善服务,它们所提供的服务是"治理"(governance)。

这类机构毫无管理自主权可言。即便这类机构也有可能竞争,但这竞争也是最不受欢迎的。虽然这些机构必须直接在政府管控和政府直接操纵下运作,但它们的活动依然要求设定目标,确认优先性和评估成果。

因此,这类机构要求一个有组织的而且具有独立审计能力的机制,以确保对机构的许诺与绩效进行审核。因为在这些机构中根本无法建立任何关于成果的反馈机制,所以唯一能够对这些机构加以制约的纪律便是分析与审计。

政府中真正设立审计机构应该在19世纪(审计制度的历史可以追溯到路易十四时代的法国,也就是17世纪末期;现代模式的审计制度的建立可追溯至1760年,即普鲁士国王腓特烈大帝时期)。时至今日,政府单独建立审计机构,使之与行政机关和立法机构相分离,这已经成为普遍共识。这个独立的审计机构负责对政府的支出进行稽核,并负责对政府的不诚实、违反规则以及恶劣的低效率行为公之于众。

如今，服务机构已经成为社会生活中核心的、重要的而且成本高昂的事业，因此我们更需要对其目标与绩效进行审计稽核。我们不仅必须面对政府所提议的政策、法令与规划，而且必须关注服务人员的政策、规划与活动。我们必须提出一系列的问题："什么样的目标是现实的？""这些目标是可实现的吗？还是仅仅停留于华丽的辞藻？""这些目标是否与应该满足的需求相契合？""设立的目标是否正确？""这些目标的优先顺序是否经过认真细致的推敲？"以及"成果是否和先前的许诺与预期相契合？"

近来美国政府把"预算局"（Bureau of the Budget）更名为"管理与预算办公室"（Office of Management and Budget），这说明美国政府或许已经开始意识到这种审计与管理的需要了。但这个新机构依然从属于总统行政服务机构，隶属总统行政办公室。要让这个新机构产生成果，它必须独立出来。它还需要权利和义务以求监督立法的提议，也就是稽核立法机关，像现在这样对政府已经采纳的规划的执行情况进行监督。到目前为止，管理与预算办公室主要还是许诺多，但人们至少已经意识到，想要让联邦政府服务机构产生绩效，必须对目标与绩效有组织地审核，以及有组织地抛弃那些阻碍目标与绩效的事物。

我们需要进一步认识并接受一个基本的假定：所有政府机构和立法机构的一切行动都是暂时的。一个新行动、新机构、新规划都应该限期实施，只有当成果足以证明目标和所选择的方法的稳定可靠时，这些才能延伸拓展。这听起来也许有点"乌托邦"，但在政府机构中，或许正是如此。在政府机构以外的其他服务机构中，包括那些即使是公共事业（比如学校与医院等）但应该享有自主权的机构，也必须坚持这种认识。因为社会对服务机构在绩效和成果上的无善可陈越来越不满，从而导致他们无法再容忍传统机制。

未能成功废止那些毫无绩效可言的规划项目是我们面临的最严重的问题。这不仅是美国与欧洲共同体在农业规划项目上失败的根源，也是美国社会"福利混乱"甚至造成都市安全威胁的主要原因,也是美国在国际发展项目中受挫的主要原因,其面临贫穷的"非白人"反抗富裕白人的全球种族战争威胁。

未能从成果的反馈中总结教训,在未来势必导致危害环境,甚至危及我们拯救环境所付出的努力。我们急需成果。但迄今为止,我们既没有认真细致地思考我们需要什么,也没有设定优先要务,甚至没有在环境改革运动的方向、优先顺序以及努力等基础上进行成果反馈并汲取教训。我们大致可以预测,这样的结局一定毫无成果可言,而且会迅速祛魅。

服务机构所需要的不是"更像企业"。服务机构需要尽可能地经受得住绩效检测——如果仅仅是"社会主义竞争"那种考验。但作为服务机构,医院应该"更像医院",大学应该"更像大学",政府应该"更像政府"。换言之,服务机构必须对各自的独特功能、目标以及使命加以深思熟虑。

服务机构所需要的不是更加优秀的人才,而是需要那些系统地做管理工作的人才、能够专心致志的人才、能够有的放矢地专注于绩效与成果的人才。服务机构的确需要"效率",也就是"控制成本",但它最需要的还是"成效",也就是强调"正确的成果"。

今天,很少有服务机构因为缺少行政人员而感到苦恼;相反,它们大多数因为行政人员过多、程序烦琐、组织结构复杂以及管理技术讲究而烦恼。现在,我们必须学习的是管理好服务机构的绩效。这也许是 20 世纪最大的也是最重要的管理使命。

3

第三部分

有生产力的工作和有成就的工作者

MANAGEMENT
TASKS, RESPONSIBILITIES, PRACTICES

"促进工作具有生产力"与"让工作者获得成就"是管理使命的第二个主要维度。我们对此知之甚少,民间的流传与老调重弹铺天盖地,但可靠而又经受过考验的认知并不多。我们确实知道,今天的工作与劳动力都正在经历自两个世纪前工业革命以来前所未有的变化。我们确实知道,至少在发达国家中,人们急需全新的方法去分析、综合、控制工作与生产,去思考就业结构、工作关系以及经济报酬结构与权力关系,以及想方设法促进工作者的责任感。此外,我们也的确知道,我们必须促使人事管理发生变革,从以前的成本中心和人事管理问题转变为现在和未来的人员领导。

第 15 章 | CHAPTER 15

新 现 实 性

工作及其矛盾情绪——"工作"与"做工"——快速变化中的"工作"与"做工"——"员工型社会"——转向知识工作者——体力工作者的危机——"保守派"与"自由派"之争——工会的危机——知识工作者的管理及其新挑战——何为知识工作的生产力——何为成就——劳动力细分——"单一人事政策"的谬误——"新型人事政策"

在言语表达中很少有词语像"工作"（work）这个词这样充满矛盾情绪与情感纠结。"工作"与"休息"相比，"休息"确实让人感觉"很好"；但是否"退休"就比"工作"好，这很值得质疑。毫无疑问，"工作"比"闲懒无事"要好得多。"下岗"肯定不好，"失业"近乎灾难。

"工作"与"玩"（play）不同，"玩"带有喜好乐趣的意思；但"做一名外科医生玩玩"，这可就一点都不好玩了。"工作"可以让人收获很高的成就，正如一句短语所描述的"像艺术家那样生活工作"，或者"工作"也可以变成一件单调沉闷、费力辛劳而且极度无聊的苦差事。

所以，语言表达能够非常清晰地展现出"工作"的复杂性，"工作"深深嵌入到人的生活、人的情感、社会与社区的生存状态以及人际关系之中。

"工作"既是名词又是动词，因而就有"工作"（work）与"做工"（working），二者完全相互依赖。假如没有人"做工"，那么"工作"也就不可能完成；反之亦然，假如没有"工作"，便无工可"做"了。

不过，"工作"与"做工"还是很不同的。"工作"是不带个人情感色彩的，是客观的；"工作"是指"某事"。并非所有"工作"皆可"权衡"或"评测"，甚至最无形的工作也可独立于工作者之外。

"工作"与"玩"之间的差别是个古老的问题，而且从未有过满意的答案。若要细致入微地加以深究，此二者就活动本身而言通常是相同的。然而，从心理学和社会学的角度来看，二者就很不一样了。它们之间真正的区别是：与"玩"不一样，"工作"是不带个人情感色彩的，是客观的。"工作"的结果处于工作者之外。"玩"的目的取决于"玩家"，而"工作"的目的取决于终端产品的使用者。当终端产品不是由"玩家"来决定，而是由其他人决定时，我们就不会说"玩"，而是说"工作"。我们说"有人正在下象棋"，但我们也可以说有人正在"研究象棋问题"。

即便是艺术家的"工作"也是不带个人情感的，是一种"事情"。为了拥有艺术的实效性，一件艺术品必须成为这个艺术家个性的延伸，否则这件艺术品就会成为一件毫无品位和感染力的应付之作。不过，即便是最有经验的画家，当他细致品味自己刚刚完成的画作时，他也不会问："这是我吗？"相反他会问："这画对吗？"正如人们经常提到的那样，没有听众能够猜想得到，当贝多芬创作他最引以为豪的且最幸福的《第七交响曲》时，他正生活在心灵极度骚动与绝望之中。确实，知道"作品"产生的来龙去脉对听众的喜悦心情，对听众的音乐鉴赏力，以及对听众理解音乐本身的感染力于事无补。

然而，是人在"做工"，是工作者在"做工"。"做工"是一项独特的人类活动。因此，"做工"涉及生理学、心理学、社会、社区、个性品格、经济以及能力。这就像一句古老的人际关系格言所说的那样："要雇一只手，就要雇整个人。"

所以，"工作"与"做工"遵循不同的规则。"工作"属于客体领域，具有自身的客观逻辑；而"做工"属于主体领域，也就是人的领域，需要动力。管理者总是必须面对"工作"与"做工"的双重管理任务。管理者必须促进"工作"有生产力，也必须促使工作者收获成就。管理者必须把"工作"与"做工"有效整合起来。

"工作"与"做工"都正在经历快速的变化时期。这些变化将会主导未来，甚至有可能影响 21 世纪的大多数时期，这些变化堪称自两百年前工业革命以来最为剧烈的"巨变"。

如今发达国家中的大多数工作人口都是以雇员身份"做工"的。他们为组织机构工作，而不是自我经营。他们远离各自家庭在外做工谋生。如今的社会已经成为真实的"员工型社会"。当然，仅仅在一个世纪以前，绝大多数人，尤其是那些农民，他们或自我经营，或在很小的群体中劳作，他们的工作依然围绕家庭开展。

同时，劳动力的重心正在从体力工作者转向知识工作者。在所有发达国家中，越来越大比例的劳动力，无论是技术工作者还是非技术工作者，不再依靠双手工作，而是依靠理念、思想和理论来工作。按照马克思主义者常用的术语，或者按照苏联人的说法来描述，那就是——"他们是知识阶层"。他们输出的不是"物体"，而是"知识"与"理念"。而仅仅在半个世纪前，知识工作主要由独立的专业人员进行，或者是他们独自完成，或者在非常小的群体中完成。绝大多数劳动力还都是体力工作者。

知识工作并不要求技艺精湛或高水准的学术造诣。毕竟，文件入档不要求高度的心智能力，也不需要高级别的学术训练。但档案管理者所需用的工具不是铁锤或镰刀，而是字母表，即高度抽象的符号与概念。人们不是通过经验来学习字母表，而是通过正式的教育。

体力工作者的危机

首先，对体力工作者和他们所属的组织（比如工会）来说，这些变化意味着危机。

过去200年，在工业界从事体力劳动的工作者，也就是工业革命的宠儿，为了在工业社会中获得经济保障、身份地位以及权力而努力奋斗。在过去的50余年中，自第一次世界大战后，这种进步令人眼花缭乱。在大多数发达国家中，昨日还是一个衣不遮体挣扎在生活边缘的"无产阶级"，如今这些体力工作者获得了经济保障，他们的收入甚至高过了昔日小康中产阶级的收入，而且他们的政治权利也在日益提高。

伴随着知识工作者的崛起，体力工作者再次陷入危机。他们的经济保障并没有受到威胁，而是更加稳固了，但体力工作者的社会身份与地位被急剧削弱。在发达国家中，工业工作者认为他们参与社会的机会被严重剥夺。他们甚至认为自己还没有开始，就已经被击败了，成了失败者，特别是那些较为年轻的工作者。这显然不是管理行为的结果，而是社会发展的结果，是他们在社会竞争中产生的压力所致。

在所有发达社会中，越来越多有能力的、有知识的而且有抱负的工人阶级受到的学校教育超过了体力工作者所要求的资格。来自社会、家庭、街坊邻里、社区和学校的一切压力促进年轻人去接受更高的学校教育。那些本该适龄就学，却离开学校进行体力劳动的青少年（15岁左右），他们大多因为学业失败而中途辍学。

所以，今日的年轻体力工作者一开始就有一种被拒之千里之外的感觉、失败的感觉以及"沦为二等公民"的宿命感。在大多数发达国家中（英国与法国或许是目前仅有的例外，虽然这两个国家的事态巨变也难以预料），这些年轻人的家族亲人，像兄弟、姐妹，或堂亲表亲，他们愿意继续接受更多教育，在毕业后逐渐变为知识工作者并晋级优秀的社会阶层。确实，年轻的"蓝领"们自己也倾向于接受更高教育，至少在美国，绝大多数蓝领完成了中等学校的教育；超过一半的蓝领继续接受至少一年的学院教育，然后辍学。但这样的做法只会增加年轻体力工作者的挫败感与被拒绝感。75年前或者100年前，劳动阶级自我尊重的心态是良好的，那时他们深知，除了收入和经济地位之外，他们与那些"胜于己者"是平起平坐的。

然而，今天发达国家中的体力工作者缺少这种自我尊重的感觉。这不可避免地加剧了他们的痛苦、多疑、不自信，以及对组织和管理的不信任，甚至产生了厌烦怨恨的情绪。他们不会像他们的父辈祖辈那样成为革命者，因为很显然，他们明白革命改变不了基本现实。知识工作者成为社会主流，而如今的体力工作者成了"好战分子"，甚至当社会变化的趋势倾向知识工作和知识工作者时，他们有可能变得更加激进。

工作者们在聚会与活动时依然把抨击邪恶的资本主义者和斥责利润制度作为谈资，但真正的阶级斗争发生在以体力工作者为主的"保守派"与以中产阶级知识工作者为主的"自由派"之间。在自20世纪初迄今为止的大部分时间里，在所有的发达国家中，正是体力工作者和自由主义者的联合，形成了进步的左派并在政治上占据了统治地位，如美国的新政以及欧洲的社会民主党和工党。在20世纪余下的岁月中，这两派之间的政治斗争可能会引发更大的分裂。

自第二次世界大战以来，在美国和西欧，工作者的机遇、权力以及地位都发生了巨大变化，尤其是从劳工转变成为中产阶级专业人士，比如教师、社会工作者以及政府部门的行政管理人员等。在这些年中，国民的薪资收入与财产收入的相对比重并无明显变化，高收入与低收入之间的收入分配也没有多大变化。但中等收入群体大大增加，尤其是工作社区。无论在过去的25年中，发达国家在社会事业上获取何等重要的成就，首要成果一定是在雇员与中等阶级知识工作者的数量、收入以及权力等方面所获得的成就。

值得考虑的疑惑来自旧有的预设，即为每个孩子所付出的高等教育经费必然意味着更好的教育和更好的学校。事实上，这当然也意味着为更多教师支付更高薪资。美国对贫穷宣战的项目是否确实地帮助了许多穷人，这里面存在疑问，但这些项目的确为社会工作者、会计人员、行政管理者创造了数不清的高薪工作。甚至有人相信，环保运动所成就的利益比为穷人所做的对贫穷宣战项目所获取的利益更大；当然，最先的受益者是生物学家、工程师、化学家等。所有这些项目都是从中等收入群体所缴纳的税收中支付的——在发达国家中并无其他大型课税基础，而"中等收入群体"正是经济学家们委婉所指的"工作者们"；他们无可逃避地为大多数项目支付成本，接受过更高教育的"知识工作者"则成为更直接的受益者。这些课税都是以进步发展的名义加以征收的，无论是对"左翼"还是"右翼"，都会增加伤痛与损害，在体力工作者眼里更是如此。

工会的危机

从体力工作者的地位转向注重知识工作和知识工作者，这种变化不仅会制造新的阶级分裂——这种裂痕甚至比 19 世纪头 20 年间在建立无产阶级反对资产阶级中产生的分裂更大；而且这种变化为体力工作者自己的机构——工会，制造了许多严峻的困难。或许最为明显的迹象便是工会领导层在质量上的下降，在很大程度上，这可算是"教育大爆炸"的结果。对那些有能力且雄心壮志，但因缺乏财力而过早辍学的年轻工作者来说，工会领导层是他们职业生涯的良好机遇，因为他们丧失了从劳工阶级转向老板行列以及进入中产阶级的机会。

在美国汽车工人联合会（UAW）担任了 25 年领导者的沃尔特·卢瑟是最知名的、最受尊敬的，或许也是最有权力的美国工会领导者。在 20 世纪 20 年代，卢瑟开始上大学。如果他那时有能力坚持学业并获得学位，那么，20 年后，他就可能成为汽车产业中的中流砥柱。他有动力、雄心、智慧以及对经济与企业问题的直觉和敏感；他又是一位高明的组织政治家，熟悉如何创建并运行一个内在的政治机器；而且他对组织忠心耿耿。他从深刻的社会主义信念着手，但这一点对他的职业生涯毫无影响。毕竟，亨利·福特也曾一度被广泛视为"无政府主义者"。在 20 世纪 40 年代和 50 年代初，这些人都是汽车产业的大咖，包括查尔斯·威尔逊，通用汽车公司的首席执行官，阿尔弗雷德·斯隆的继任者，他也有同样的背景。与卢瑟一样，他也成长在工人阶级的家庭，第一次世界大战前的美国社会主义领袖尤金·德布兹是当时工人阶级家庭的精神领袖。

但在经济大萧条初期，卢瑟被迫离开大学，并在一家工厂做装配线的机械工。从那之后，这位有能力又有抱负的年轻人的所有精力便被导向了"工会阶层"的职业生涯之路。

在如今的发达国家中，有能力又有抱负的年轻人都会在学校接受教育，还可以继续深造获取研究生学位。结果他们会走向专业队伍和管理行列。虽然他们的信念或许依旧很"左"，但工人阶级未必给予他们领导岗位。填补工会领袖真空的大都是那些心中充满怨恨、毫无抱负、能力低下且毫无自信的人。他们大都是没有能力的领导者，对一个产业管理者来说，最糟糕的情况是不得不与毫无能力的工会领袖打交道。

与此同时，年轻工作者把自己视为"失败者"，这种现实促使他们怨恨甚至敌对他们选出的工会领袖。当一个人在工会中处于领导位置时，他就会自然而然地成为"编制机构"，他就必须与政府或企业中有权势者交往。他必须行使权力，他必须拥有能够体现权力的标志，比如宽大的办公室、助理以及随从人员、办公桌上摆上四台电话等。为了体现成效，他必须成为那些权势者——"他们"中的一员，而不再属于工人——"我们"了。过去的工作者把工会权力视为代表自己的力量，他们以"工会领袖已经成为权威人物"而深感自豪。可是，如今的年轻工作者们敏锐地感觉到自己是个失败者，他们属于被排斥者，因此他们会抗拒工会领袖的权威比抗拒企业老板更甚。结果可想而知，工会领袖正在不断丧失对工会成员的控制力，工会领袖甚至被工会成员批评、抵制和否定。这样一来，工会便日渐式微。如果工会不能履行工会成员的民意与态度，不能保证合作协议的遵行，不能获得工会成员对工会领袖地位与行动的支持，那么，工会便毫无成效可言，已经名存实亡了。

关于工会的未来及其在工业社会中所扮演的角色（尤其是在发达国家中），显然已经超出了本书的范围。但毫无疑问，劳资谈判（collective bargaining）问题的确深陷困境，无论是发生在私企与工会之间，还是发生于像西欧和日本的产业机构与行业工会之间，都无能幸免。即便是人类在20世纪早期取得的主要成就，即劳资谈判形成的所谓的"文明的工业战争"是否能够继续存在也值得怀疑；总体上说，如今能够将其取而代之的有效措施尚未明朗。

一切试图取代劳资谈判的其他措施都是权宜之计，比如瑞典与荷兰所采取的"三方协议法"，即由公务员、经营者以及劳工三方代表一起协商解决。他们在紧急情况下进入协商状态，比如在第二次世界大战后荷兰重建经济时期，但事实证明，这种方法不足以应对类似于通货膨胀那样的重大压力，因此这种方法逐渐被新一代工作者所排斥。

的确，任何经济或任何社会都不仅不能够忍受肆无忌惮的工业战争，尤其是毫无章法可言的"工业游击战"，而且不能忍受劳工成本的持续升级与恒重的通货膨胀。政府调控也无济于事。工资与物价的关联政策目前顶多会断断续续地发挥作用，而且仅在有限时间内产生作用。

不仅是工作者需要一个足以代表他们权益来对抗企业管理层的组织，社会也需要这样的组织。⊖

无论管理层是民选的还是任命的，它都必须是也应该成为一个权力机构。任何权力机构都需要约束和控制，否则它就会沦为专制独裁。工会是个非常特殊的组织，一个近乎空前的、用于反制管理层政治权力的独特器官，工会是个从未成为政府机构的反对力量。然而在有限作用范围内，工会成为工业社会中不可或缺的功能，不过如今的工会正在逐步丧失发挥这种功能的能力。

与过去相比，工会反制的功能在未来会显得愈加重要。体力劳动者开始正确地认识到他们不能再依赖于政治党派，他们也不再是社会的主体力量。这是新政逐步解体的产物，是劳工力量衰退的结果，也是体力工作者与知识工作者在社会民主层面联姻的结果。更有甚者，需要反制的不仅是老板的权力，不仅是资本家的权力，还有那些受过高等教育的中产阶级知识工作者的

⊖ 关于这个观点的论述，可见我于1950年出版的《新社会》(*The New Society*)。

权力。他们的兴趣不在利润，而在权力。最激烈的权力冲突不是爆发于私人企业或私有商业机构中，而是爆发在学校的看门人和校董会之间，爆发在医疗护理人员和医院管理者之间，爆发在助教与研究生部之间，或者像瑞典的钢铁工业那样爆发在国有化工业的劳工与那些忠实的社会主义老板之间。这种冲突出现在工人与公共利益之间，至少自由主义者是这样界定这种冲突的。在这样的冲突中，为博得民众支持和吸引大多数选民的政治党派几乎都一定会站在老板一边；无论用怎样的花言巧语加以掩饰，定居费用都将不可能由利润支付，而必会从税收或物价中获取，这是不能隐瞒的事实。

公共服务机构或许会面临比企业更加艰难的劳资关系问题，更不用说它们会为劳资关系问题做好准备。医院、学校以及政府机关等都已经逐渐发展成为工会性质的组织了。在这些机构中，体力工作者或者较低级别的文职工作者都会有"无依无靠的"感觉，甚至会觉得自己被划入"二等公民"之列，与那些在制造业或服务业劳作的体力工作者无异。

工会自身既无能力对自己未来的角色加以深思熟虑，也无能力开发出新方法来完善自己的结构与功能。形成这种局面的理由之一是：接替原有工会开拓者的新领导者通常能力不够，思想不成熟，难堪重任。但一个重要的事实是，工会的新领导者只会依靠"反对"一切事情来显示对工会成员的管制力。新领导者甚至不敢提出问题，更不用说找出答案了。他们不敢"领导"，而是被迫挑动激烈事端来维持自己的领导地位。每一位新上任的英国工会联盟（TUC）的秘书长都会信誓旦旦地高调表态，但当他们遭遇工会改革的问题时，他们都走向令人惋惜的失败。

政治人物通常也不喜欢问这些问题，更不用说回答问题了。他们对劳工与自由主义者之间的分裂早就习以为常。如果他们自身是自由主义者，那么他们就会成为两个选区的"交叉火力点"，因为他们需要争取这两个选区的选票支持以期留任。如果他们不是自由主义者，那么他们就越来越希望获得那些对前任充满怨恨的合作伙伴的支持。所以，近年来的每个保守派领导人，像美国的尼克松、英国的希思、法国的戴高乐与蓬皮杜等人，都力图回避这些问题，一点不亚于自由主义者所为。在面对公众舆论日渐厌烦工业战争的压力下，尤其是在"阻碍公共利益"的罢工压力下，他们就会强行压制工会的权力。他们甚至会在可预期的时限中被迫做出反对工会垄断的行动，比如设置工会的司法管辖和经贸权限等。但他们不太可能愿意或有能力出台新的基本政策。

在劳资关系中，我们需要新的政策。因此在所有发达国家中，无论是在机构内部，还是在社会中，企业管理者和公共服务机构管理者都必须彻底弄清楚工会的未来、角色、功能以及地位。在发展中国家也是一样。这不仅是管理的重大社会责任，也是管理的企业责任。我们今天解决日益增长并且逐渐加深的工会危机成功与否将会深刻地影响企业的未来、经济的未来乃至社会的未来。对工会的角色与功能进行深思熟虑对管理层自身来说也是有益无害的。相信工会的软弱意味着管理能力的强大是彻头彻尾的自欺欺人。人们可能会为"工会化"（unionization）的做法深感遗憾，我自己也很少被人视为工人运动中的"工会支持者"。但一旦工会存在，在所有发达国家，"工会化"就是事实，工会就成为一个软弱无能的组织；也就是一个没有建立角色、功能与威望，并且缺乏强大的、安全的和有效领导力的组织；这将制造出争吵冲突、谣言惑众、不负责任的要求以及日渐苦毒的怨恨与紧张气氛。这一切都不是"管理力量"（management strength）而是"管理挫败"（management frustration）。

知识工作者的管理及其新挑战

对社会而言，管理好体力工作者与工会之间的关系是至关重要的；对管理者而言，这在本质上可算是"后卫战斗"。管理者所期望做的一切就是努力去规避两百年工业历史所遗留下来的危害。这种有限的目标甚至会要求在政策与实践上的强烈变革，当然也必定会要求在管理设想与管理态度上更加剧烈的变化。但其目的一定要相当适度，单在生产力、动机以及关系上免受损害就已经很困难了。努力夺回两百年来因为工业管理不当而丧失的基础是急需的，不过我们如今只能把它视为"希望"而不是"合理预期"。

知识工作与知识工作者的管理是"今天与明天"的事，而不是"昨日"的事。因为知识工作与知识工作者的管理在本质上是一种"崭新的任务"，我们对此知之甚少，甚至比对体力工作者的管理（或管理不当）的认知都少。所以，知识工作与知识工作者的管理是一项更加艰巨的任务。但看起来幸运一些，因为我们没有苦悲的遗产，没有互相质疑，没有伪装成科学理论的怨气，也没有固有混凝土般坚硬的限制条件、规则和条例。所以，知识工作与知识工作者的管理能够聚焦在发展正确的政策与实践上，能够聚焦于"开发未来"而不是"消除过去"，聚焦于"机遇"而不是"问题"。

知识工作与知识工作者的管理要求独特的想象力、超常的勇气以及非凡的领导力。在某些方面，它甚至远比管理体力工作者更加艰难。在很长的时期中，管理层把"害怕的武器"用来取代对体力工作与体力工作者的管理，比如体力工作者害怕经济蒙受损失，害怕工作失去保障，害怕公司的警卫，或者害怕国家警察权力等，但这些"害怕的武器"在知识工作与知识工作者的处境中根本不奏效。在恐惧的刺激与威胁下，知识工作者（除了那些最低程度的知识工作外）是无法产生生产力的；只有在自我鼓励和自觉引导的情况下，知识工作者才能具有生产力。如果缺失成就感，知识工作者就不可能具有生产力。

每个发达社会的生产力，更确切地说是社会凝聚力，越来越依赖知识工作所产生的生产力和知识工作者所获得的成就。这或许是新兴知识型社会的核心问题。对于知识工作的管理，我们没有先例可以参考。传统上，知识工作是通过小群体中的每个人来实施的㊀；如今，知识工作是通过大而复杂的管理机构来实施的。今天的知识工作者甚至已经不是以往那种"知识专家"的继承者。他们是过去技术工作者的传承者，因此他们的身份、功能、贡献以及在组织机构中的地位依然需要进一步界定。

更加糟糕的是，对绝大多数知识工作的生产力，我们无法真正加以定义，更不用说评测了。我们能够界定与评测一个档案管理人员或杂货店女售货员的生产力，但一个制造企业的销售业务人员的生产力却是个模糊的词，它是指销售总额吗？还是指销售所赢得的利润贡献？这可能与个体销售人员所能出售的产品结构的巨大差异有关。抑或此类销售额（或利润贡献）与销售区域的潜力不无关系，或许一个销售人员留住老客户的技能也应该被视为他生产力的要素，或许销售人员创造新客户生成新交易的能力也应该算为评测他的生产力的要素。这些问题的复杂程度远超过高技术体力工作者生产力的定义与评测标准。人们差不多总是按照产量来定义和评测工作者的生产力，比如按照每一小时、每一天，或者每一周生产高过最低品质标准的鞋子的数量来计算劳工的生产力。

更加难以界定与评测的是如下人员的生产力，比如设计工程师、服务工程师、品质监控人员、销售预测师；教师或研究型科学家的生产力的定义与评测近乎无望，最后还有管理者的生产力与评测也异常艰难。

界定知识工作者的成就甚至比以上所提及的都更困难。除了知识工作者本身以外，没有人能够真实地理解知识工作的性质与问题、工作的绩效、社会地位以及自豪感所建构的个人满足感；这些促使知识工作者觉得他们自己在做贡献、产生绩效，在服务中体现自己的价值观，并且实现自我。

㊀ 这个观点可见于我的另一著作《不连续的时代》(The Age of Discontinuity)。

劳动力细分

然而，体力工作者与知识工作者并不是仅有的劳动力细分。文职人员也是生产工作者，不过他们是没有使用机械的工作者，他们也是独特而重要的群体。同等重要的事实出现在所有发达国家中，那就是根据性别加以区分的劳动力。

以往的女性员工主要是"临时工"，她们的工作穿插于学校与婚姻之间，或者是相对较低阶层的劳工；这种现象时至今日依然可见。那些"受人尊敬"的工作者的太太们并不接受就业和离家外出务工。参与工作的上层社会女性很大程度上都是"独立专业女性"，诸如少数女医生、女律师、女大学教授等。还有一些例外，比如学校教师和医院护士，她们要么保持未婚，要么必须离职。

如今，在所有发达国家中，除了日本之外，这种情况正在彻底改变。女性雇员的比例非常高，这也被视为一个发达国家优秀的象征。越来越多的已婚中产阶级妇女正在成为雇员。随着家庭规模的缩小以及家庭事务的减轻，不仅因为家务日趋简单而且因为家用电器的广泛普及，越来越多的中高阶级妇女成为劳动力。这种趋势可能会长时间持续下去，其驱动力有经济、社会、心理等诸多层面的因素，而不是所谓的"女性自由运动"所驱使。但工作女性要求适合于她们不同的现实与条件的工作结构，她们要求与男性工作者不同的待遇、工种、经济报酬以及社会地位等。比如带小孩的妇女通常需要"非全日制工作"或安排弹性工作时间。通常情况下，已婚妇女对退休金的兴趣显然没有对现金收入的兴趣那么高。

不同的劳动力细分还具有不同的福利需求。在涉及现金工资时，他们所有人都有同样的报酬"价值观"。但当涉及退休金、住房、教育津贴、卫生保健以及其他福利时，他们的需求与期望就会因为性别、年龄、家庭责任、生命周期阶段以及家庭成员数量等诸多因素而形成很大的差别。

传统上，无论是企业还是任何其他机构的雇主都采用一种人事政策。而在未来，随着劳动力的不同分割细化，将会产生许多不同的人事政策。为了促使工作具有生产力，尤其是促使工作者获得成就，根据劳动力的不同分割而采取相应的管理方法。

此外，还有一些转变值得关注，比如从体力工作转向自动化，从体力工作转向高度机械化，技术的迅猛变革导致手工技能和脑力技能在较短时间内过时废退，因而威胁到固有的技艺与知识；人类的寿命越来越长，那就意味着人的工作时间是为将来"不工作"也就是退休后的漫长岁月做准备。

然而，管理以及管理者必须面对如下三个主要挑战。第一，"员工型社会"的到来。第二，体力工作者在心理与社会地位上的改变——尽管接受了更好的教育和享受了更好的待遇，但他们依然觉得自己从以往的自我尊重的工人阶级变成了"二等公民"。第三，知识工作与知识工作者的出现成为经济与社会的核心，有人称之为"后工业社会"（post-industrial society）。

新型的人事政策

这些变化说明了新型工作者的到来，也就是说，发达国家中的年轻人，尤其是受过高等教育的年轻人，他们正在挑战传统的管理与管理者，挑战传统的组织机构，同样挑战传统的经济与权力关系。

这种挑战通常被归因于生活富裕，这种认识的结果是，正如有人已经指出的那样，导致旧有的新教伦理土崩瓦解。⊖但这只是一个极其油腔滑调而且肤浅的解释罢了。确实，生活富裕是"阳光下的新事"。纵观人类历史，

⊖ 西方社会学家似乎从来没有想到，新教伦理最有力的实践者已经存在很长时间了，诸如日本人那样的非加尔文主义者。

大多数人是一直生活在"生存线上"的,大多数人从不知道下一顿饭从哪里来。如今在发达国家中,大多数人在经济上是有保障的,至少相比于传统而言确实是这样。但没有迹象表明,大多数人,或是任何最小的少数群体,已经丧失了对经济报酬的嗜好,无论是物质的还是非物质的。与此正好相反,现今大多数人已经品尝了生产力的成果,而且他们正在如饥似渴地寻求更多——如果不是我们这个星球的有限资源所能生产的东西的话,那便是远超过经济所能生产的东西了。

工作结构与工作特性的转变创造了比纯粹的经济福利更多的新需求。为维持生计而忙碌已经不再满足人的工作需要。工作还必须创造生活。

人们对生活富裕以外的期望正在升级,这已经成为核心现象。这就意味着促使工作具有生产力比从前任何时候都更加重要。与此同时,无论是体力劳动者心理深处的不安全感,还是知识工作者新的、不明确的身份地位,他们都期望工作能够提供非物质的、心理上以及社会层面的满足感。他们并不是一定希望工作很令人愉悦,但他们一定期盼工作能够收获成就。

第16章 | CHAPTER 16

理解工作的含义：工作、做工以及工作者

人类知识的原始状态——促使工作有生产力的三个要求——泰勒的分析理论及其贡献与局限性——工作的整合与控制——做工的六个维度：生理维度、心理维度、社群维度、经济维度、权力维度以及经济分配的权力维度——机器设计与人性设计——工作：诅咒与祝福——工作：社会纽带与社群纽带——工资基金与资本基金——工作："生计"与"成本"——工作者所有权的海市蜃楼——做工的权力维度——组织就是异化——组织作为一个重新分配制度——主导维度之谬误——欲望的分级与配置——被满足过程中的欲求变化——管理者能做什么

在过往数不清的岁月中，工作一直是人类意识的核心。人并不是真正地被定义为"工具的制造者"，但"制造工具"是具体而又独特的人类活动，因为这是有系统的、有目的的、有组织的工作方法。因此数千年来，工作对

人类进步意义深远。

让我们站在所谓的西方传统的原始起点上来理解"工作"的实质。在《圣经》中,"工作"既是指人因为原罪所受的"惩罚",也是指上帝赐予人在堕落后所能承接的"恩赐"。在希腊文明的曙光中,有一首赫西奥德伟大的叙事诗《工作与时日》(*Work and Days*),在定义人的财富与生活时,把"工作"放在"时日"之前;按照赫西奥德的话说:"生活就是工作不息。"

伴随着工业革命,工作成为人生活的中心。过去两百余年,经济与社会理论的核心都是工作。马克思主义认为控制生产方法——也就是生产工具——就等于控制社会组织。19世纪初期法国正统的经济学家和哲学社会学家们,或者过去两百余年大多数其他"主义们"也都持有同样的认识。

无论人类已经把工作视为核心有多长时间,但对工作进行有系统的研究却只始于19世纪末。弗雷德里克·泰勒是历史记载的首位认为应该把工作进行系统观察与研究的人。最重要的是,泰勒的"科学管理法"(scientific management)在过去的75年为发达国家的劳动人民创造了前所未有的巨大财富,甚至超出了有史可载的任何水平的富裕。虽然泰勒被誉为"工作科学界"的牛顿或阿基米德,但他只是管理学的奠基者。虽然他已经逝世60余年了,但他的管理思想并没有得到进一步发展。

人们甚至极少关注工作者的研究,关于知识工作者的研究迄今为止几乎为零。空洞的口号很多,但少数严肃的、有系统的研究也只是停留于"做工"层面的内容。

有一门工业生理学,专门讨论一些事物间的关系,诸如照明设备、工具、机器速度、工作场所设计等。对身为"工作者"的人来说,20世纪初期基础研究工作就已经形成,例如,德裔哈佛大学心理学家胡戈·明斯特贝格在视觉与疲劳方面取得研究成果。英国心理学家西里尔·伯特堪称"工业心理学之父"，第一次世界大战期间，他研究工作者的能力倾向，也就是研究特定的体力工作要求与身体技能、动作协调以及工作者个人的反应之间的关系。最后，在19世纪初，澳大利亚籍美国人埃尔顿·梅奥主要工作于哈佛大学，发展了人际关系理论，主要研究一起合作共事群体的人际关系；虽然工作本身也处于人际关系之列，这个研究任务也至关重要，但没有引起外界太多的关注。

"工作者"与"做工"的整体性，任务与职责的整体性，感知与个性，工作环境，报酬与权力关系等并没有在实践上获得关注。或许是因为它实在太难，以至于无人能够真正理解。

但管理者等不及科学家和学者研究完他们的成果后再做事，工作者也是如此急不可待。管理者今天就需要"管理"理论。管理者急于应用，甚至不在乎方法是否得当。管理者必须想方设法促使工作有生产力，促使工作者获得成就。所以，适当地放下我们已知的关于"工作"与"做工"的固有想法是必要的。

我们所认识到的最重要的事情是"工作"与"做工"是截然不同的现象。确实，"工作者"（worker）做"工作"（work），"工作"总是通过"工作者""做工"（working）得以完成。但促使工作有生产力所需的条件与促使工作者获得成就所需的条件截然不同。因此管理工作者必须双管齐下：既要根据"工作"逻辑，也要参考"做工"动力。如果工作者个人获得满足感，但工作没有生产力，那么这样的管理就算不上成功。同样的道理，工作有生产力，但工作者的成就感被摧毁，那么这样的管理也是失败的。这两种情况都不能维持长久。

正如前文中提及的，"工作"是不具人格的、客观的事物。工作是一种任务，是"某事"。因此，工作的应用法则适用于一切客体规律。工作具有自身的逻辑性，工作需要分析、综合以及控制。

与客观宇宙万物的每个现象一样，理解工作的第一步便是去分析工作。正如泰勒在一百年前所意识到的那样，分析工作就是去识别工作的基本操作，然后对每个作业逐一进行细致分析，最后按照工作的逻辑、平衡以及理性顺序进行安排。

当然，泰勒的研究主要是针对体力工作。但泰勒的分析同样可以应用在脑力工作甚至是完全无形的工作上。新生代作家在他们开始书写之前，老师会教导他们如何准备"大纲"，这个"大纲"实际上就是"科学管理"。科学管理最先进、最完美的实例不是过去百余年间的工业工程师们开发出来的程序，而是字母系统；正是因为有了字母系统，一种复杂的语言才能够借助数量非常小的重复和简单的符号表达出来。

但工作必须被再次综合起来——这一点泰勒当年没有意识到。工作必须被放在一起整合成为流程。这一点不仅有益于个人工作，而且最重要的是有益于团队作业。我们需要一种生产原理（principles of production），它能够促使我们认识到如何把"单独操作"整合到"个人工作"以及把"个人工作"整合进入"生产"。

泰勒的一些合作伙伴很清楚地注意到这一点，特别是甘特。甘特图（Gantt chart）使用逆推法，即设置工作成果所需的必要步骤，从最终成果开始步步倒推到行动、时间和序列。虽然甘特图是在第一次世界大战期间开发出来的，但它依然是我们今天必须用以确定完成任务所需流程的工具，无论是制造一双鞋，还是一个人登上月球，还是创作一部歌剧。即便是最近创新出来的"计划评审表"（PERT chart）、"关键路径分析法"（critical path analysis）以及"网络分析法"（network analysis）等也都是甘特工作的阐释与扩展。

但甘特图很少告诉我们关于固有类型流程的适当逻辑。它就好比"工作设计"的乘法表，只是它没有告诉人们何时该用"乘法"，更不用说计算的目的是什么了。

最后，恰恰因为工作是一个流程，而不是单独操作，因此工作需要一种内置的控制系统。工作需要一种反馈机制，用以察觉一些可能意外的偏差与急需改进的流程，以及可以保持这种流程的标准以求获取期望的成果。

这三个要素，即分析工作、把工作整合进入生产流程以及反馈控制，在知识工作中都是特别重要的。按照定义来理解，知识工作的成果不是产品，而是为别人贡献知识。知识工作者的"输出"一定会成为别人的"输入"。因此，知识工作不能自我证明其成果，它不像制造鞋子那样具体可见。知识工作的成果只能通过人们对最终成果的需求与反应来加以判断。同时，知识工作是无形的，因而它并不受知识自身的进步控制。虽然从泰勒与甘特提出评核方法以来，我们已经明白了体力工作的基本序列，但我们对知识工作的序列依然知之甚少。所以，知识工作需要更好的设计，而且正因为不能由别人为知识工作者设计，因此只能由知识工作者自行设计了。

"做工"的六个维度

"做工"是工作者的活动，是人的活动，是人性的重要部分。"做工"没有逻辑，但"做工"一定有动力与诸多维度。

"做工"至少有如下六个维度，工作者在每个维度中都必须获得成就，这样工作才能具有生产力。

机器设计与人性设计

第一维度是生理维度。人显然不是机器，也不会像机器一样做工。

机器做工的最好情况是完成单一任务，重复做同样的作业，做最简单的工。复杂的任务最好按照机器所设定的简单步骤逐一完成，或借助移动工作本身，就像流水作业线那样；或在现代电脑控制下的机器运作，让机器和工具遵行预先安排好的程序工作，并在流程的每个环节变换工具。机器做工最好必须按照相同的速度、相同的节奏以及最少的变动机件，只有这样才能确保机器做工的正常运行。

人与机器则完全不同。任何单一任务与单一作业对人来说都是不合适的。人的力量不如机器的力量，人也缺乏机器那样的持久力。人会疲劳。人在整体上就是"一种设计不良的机器工具"。然而，人擅长协调，人擅长感知相关的行动，人做工最好的状态是整个人做工，包括肌肉、感觉、心智等整合一起投入工作。

倘若把人限制在一个固定的动作或操作上，人就很容易疲倦。这种疲劳不仅仅是心理上的厌烦，也是生理上的疲乏困倦，肌肉会累积乳酸，视觉敏感力下降，反应速度减缓，人就会变得情绪不稳，性情古怪。

人做工的最佳状态是在结构中配置操作，而不是单一操作；而且更加重要的是，人非常不合适以一个不变速度，按照同一个标准节奏来做工。人做工的最佳状态是在相当频繁变化的速度与节奏中进行，因为人具备这样协调变化的能力。

对人来说，不存在"唯一正确"的速度与"唯一合适"的节奏。速度、节奏以及注意力的持续时间都因人而异，而且差别较大。婴孩研究所得出的结论表明，速度、节奏以及注意力的持续时间就像人的指纹一样独特，完全各不相同。换言之，每个人都有各自的速度形态以及应用速度的变化需要。同样，人都有各自的节奏形态以及注意力持续时间的模式。我们现在知道，没有什么比强行实施一成不变而又统一的速度、节奏和注意力持续时间更容易制造出疲劳、抗拒、气愤、怨恨。这些都是对人极其反感的生理迫害。这些都会导致人体内的毒素快速地积累在人的肌肉、大脑、血液循环系统中，人体会释放出压力荷尔蒙，全身神经系统的压力也会发生变化。为了促使人的工作有生产力，每个人必须在相当程度上控制各自做工的速度、节奏以及注意力持续时间；就像婴孩一样学习说话、学习走路，像婴孩一样必须在相当程度上学习控制速度、学习控制节奏和注意力持续时间。

所以，"工作"最好应该保持统一性，但"做工"最好应该按照相当程度的多样性来加以组织。人在"做工"时，经常需要有一定的自由以便更换速度、节奏以及注意力持续时间。在操作惯例上，"做工"也需要相当频繁的变化。良好的"工业工程"有时对工作者来说却是极其不良的"人体工程"。

工作：诅咒与祝福

第二维度是心理维度。我们知道，工作既是"重担"又是"需要"，既是"诅咒"又是"祝福"。无论这是人的遗传，抑或是文化条件，我们不得而知，也并不重要。当一个人成长到四五岁时，他就具备了"做工"的条件。当然，在大多数国家中，童工是法律所禁止的，但"学习"是人之所以为人的根本，尤其是在学习说话时，"学习"对孩子来说既是他们的"工作"，也是他们培养"做工"的习惯。人们很久以前就已经认识到，失业会导致严重的心理困扰⊖，主要不是因为经济损失，而是因为失业会摧毁人的自尊。工作是人个性的延伸，工作就是"成就"。工作是一个人自我定义的一种方法，也是一个人评核自己价值与人性的一种方法。

"游手好闲"（loafing）容易，"悠闲自得"（leisure）很难。尤其是对青少年而言，很可能意味着"疯狂地玩"，或是在过度拥挤的高速公路上肆意玩耍，而不是那种真正地享受具有哲学意境的"有尊严的逍遥自在"（otium

---

⊖ 我所能见到的关于这方面的研究是由保罗·拉扎斯菲尔德和玛丽亚·亚霍达等人对 20 世纪 20 年代奥地利长期失业的纺织工人的分析研究。

cum dignitate）。"一个人要成为一名真正的贵族（aristocrat），必须在孩提时代就开始学习有尊严的闲懒（dignified idleness）"，这是一句广为流传的俗谚，代表着西方社会中最势利的价值观，18世纪末和19世纪初英国的辉格党（the Whig）就是其中一个。还有一句更古老的谚语说："魔鬼为游手好闲的人（idle hands）寻找工作。"

西方国家独特的工作伦理并不是以工作为荣，也不是视工作为神圣感；这种传统可以追溯到6世纪的圣本尼迪克，而不是16世纪的加尔文。这在西方根本不是什么新鲜事。西方人崇尚的是"呼召"；倡导一切工作都是"服务""贡献"，所有工作都值得"尊敬"。本尼迪克修道士们在田野与工场中干体力活儿和他们在修道院里祈祷灵修与教导别人同样值得尊敬。这种工作观念打破了早期基督教高举的信仰——"绅士"或"自由人"必须从体力杂务的缠扰中摆脱出来，去从事更高级的工作，去学习，去治国安邦，去施行公民责任，甚至去服兵役等。结果，这种古老的西方文明遗风，我相信大多数非西方文明也是这样，导致人们用人格等级来划分工作的不同种类，低贱的工种适合于体力工作者，比如奴隶、农夫和工匠；而军人与知识工作者则被列为具有完整人格的人。苏格拉底与西塞罗都很鄙夷"闲懒之气"；相反，他们所具有的完整人格促使他们比贱民和无名小卒更加勤奋做工，他们对工作的要求更高，对工作的责任感更强。中国古代官吏在结束他们成功的官宦生涯之后，他们不是就此逍遥自在闲度晚年，而是立志从事其他更具有生产力的工作，比如书法、绘画、音乐和写作。从事这些活动最重要的意义在于他们依旧对社会做贡献，按照儒家的社会伦理观念来看，这些追求对维护社会和谐都是必要的，而社会和谐正是其他一切赖以生存的重要基础。

然而，毫无疑问的是，18～19世纪的商业变革与工业革命大幅度提升了劳工的工时与效率，包括农民、机器保养员、商人，甚至是实业家。

在很大程度上，这种现象反映出人们的生活条件得到相当大的改善；最重要的是，营养配置充足，劳动者的体能得到很大提高，有益于工作（正如18世纪英国的役用牲畜，马或牛，可以在一年中从事更加繁重的工作，远超过一百年前的牲畜所能做的，因为筒仓的发明为冬季储存足够的食物提供了方便）。无论19世纪工业城镇中贫民窟的生活条件多么恶劣，抑或是如今拉丁美洲一些城市中的贫民窟和棚户区，他们的生存条件总比那些丧失了土地的劳动者或那些在小农作坊中的纺织工的生存条件要更好一些。假如有人质疑这种说法，那么他只需要留意帆船水手赖以生活和工作的食物就能明白，这在许多文学名著中都有丰富的记录，比如达纳的《航海两年》(*Two Years Before the Mast*)、梅尔韦尔的《泰比》(*Typee*) 和《大白鲸》(*Moby Dick*)，以及曾经一度畅销的马里亚特船长的航海故事集等。然而，所有的报告显示，当时的水手是吃得最饱的工作者，不仅因为他们的工作艰辛和对体力要求极高，还因为船长时刻警惕着他们谋反。

在这数百年中，工作的大量增加还代表了价值观的转变。经济回报意义更大，或许应该说是"最有意义"，因为经济上的满足使人觉得更加实用。利物浦或曼彻斯特城市贫民窟中的无产者无能购买太多东西，因为他们缺乏购买力。但在他们祖辈父辈的时代，那些丧失土地的劳动者即便有购买力也无济于事，因为那时根本没有太多的东西可买。

对工作伦理的拒绝并不代表着享乐主义——假如在头条新闻之外出现这样的现象的话；对工作伦理的抗拒在某种程度上反映了人们对长达数十年的超负荷工作的反抗以及对工作与休息的平衡权利的诉求。然而，在更大程度上，对工作伦理的抗拒或许代表了早期精英工作理念的回归，即关系到某些适合于贵族的工作，或某些适合于相对卑贱之人的工作。支持这个假设的理由是积极而强有力的价值观，受过高等教育的年轻人可能会拒绝把工作伦理强加给教师与艺术家的工作。不过，教学与艺术对监工的要求远远超过了操作机器或销售肥皂的监工要求。

未来主义乌托邦所向往的"没有工作的社会"（workless society）或许存在；然而，如果真的这一天到来，那么它将会使大多数人产生严重的人格危机。所幸的是，迄今为止没有任何最轻微的事实能够支持工作即将终止的预测。故此时至今日，人类能够慰藉人之心理需要的仍然是工作任务。

工作：社会纽带与社群纽带

第三维度是社会纽带与社群纽带。在员工型社会中，工作已经成为人们接近社会与社群的基本途径。工作在很大程度上决定了一个人的身份地位。因为当一个人说"我是一名医生"或"我是一名管道工人"时，这是他身份最有意义的申明，关乎他个人及其社会地位以及他在社群中所扮演的角色。

也许更重要的是，自古以来，工作已经成为满足人对群体归属感需求的方法，也成为与他人建立关系的方法。当亚里士多德说"人是政治动物（zoon politikon）"时，他是指人是群居的"社会动物"，即人需要工作以满足他对社群生活的需求。

当然，很少人的社会与社群功能仅仅由他们所属的工作社区来决定。大多数人除了自己的社会与社群圈子之外，还涉及其他的社会与社群生活。这就意味着我们经常能够发现一个人在自己的工作社群中的社会地位较低，但他在别的社群中却是个"大腕"。比如，一个社区中不太起眼的工程师却是童子军或教会中的"大人物"。但对这个人而言，工作给他带来了许多友谊、社群认同感以及社会联系。

工作是大多数人在狭隘的家庭关系以外的重要纽带——尤其是对那些未婚青年和那些上了年纪、子女已经成长的人来说，工作显然比家庭更加重要些。公司通常会雇用成熟妇女做兼职工作就是一个很有力的例证，她们会成为公司最忠实的员工。工作场所会成为她们的社群，成为她们的社交俱乐部；她们的先生在外工作，孩子们也已经成家立业，因此工作自然成为她们逃避孤独的手段。

举个例子来说，贝尔电话公司的许多女性员工为了照顾家庭而离职，但在十几年后她们又回来成为该公司的兼职员工。公司雇用她们协助处理高峰期的事务，尤其是大规模的财务工作，诸如新发行的股票债券业务、寄发公司的股息红利或年度报告等。这样的工作通常很烦琐、压力大、工时长，而且工资不高。然而，登记需要这种工作的人非常多，而且兼职工作团队的士气高涨。无论出于何种理由，只要几个月过去但这种工作机会迟迟不来，这些"老大姐们"就会打电话质问公司："要等多长时间我才能获得这份兼职工作？我很想见到我的朋友们，我想知道他们过得怎样，我很想念与他们共同度过的岁月。"

差不多每个做过退休员工调查的公司都会发现同样的反应："我们所思念的不是工作，而是我们的同事和朋友""我们想要知道的不是公司现在运作如何，而是曾经一起工作过的朋友，他们在哪里，他们现在过得如何"等诸如此类的话。一家大公司的退休高级副总裁曾经直率地说道："请不要寄给我年度报告，我不再对营销感兴趣，给我寄点小道消息来，我甚至想念那些曾经不能忍受的人。"

最后一个评论揭示了工作纽带最大的优点及其相比其他社群关系的独特优势。工作纽带并不是基于个人的喜好。工作纽带发挥功能作用并不付诸个人情感需求。一个人能够与除了工作以外不常谋面的人共事得很好，对合作伙伴来说，他感觉到工作既不是友谊，无需亲密，也无需非要同类组合。只要他能够尊敬对方的工作技能，他甚至可以与他完全不喜欢的人一起建立工作关系。但工作伙伴也可以成为亲密无间的朋友，业余时间可以在一起垂钓、狩猎、度假、晚上饮酒聊天，甚至分享生活故事等。工作关系也可以延伸到工作之外，也有可能建立起强有力的社会纽带与社群纽带，这与个人所望或非个人所望并无关联。

这或许可以解释为什么贯穿人类历史，尤其是原始人类，工作社区总是按照性别加以区分。男人一起干男人的活儿，女人一起干女人的活儿。但无论是在史学还是在文化人类学中，我们都很少听说，工作社区是男女性别混合一起的。男人外出狩猎，女人照管村舍。男人建造船只，女人种植山药。在欧洲，女人在传统上负责挤牛奶；而在美国，男人则负责挤牛奶；但无论是在欧洲还是美国，我们从未听说挤牛奶是男女混合团队来完成的。

工资基金与资本基金

第四维度是经济维度。工作是"生计"。在社会采用最初阶段的劳动分工时，工作就有了经济成分。那时人们停止了自给自足，开启了劳动成果的相互兑换；工作创造了经济关系，同时也制造了经济冲突。

这种冲突至今无解。人类只能与之共存。

对工作者来说，工作的确是"生计"。工作是人经济存在的基础。但工作也为经济创造资本。工作积累方法，通过这些方法经济才会长久运作；工作带来经济活动的风险，也为经济活动提供未来资源，尤其是为创造未来的工作提供所需的资源，基于这样的资源，未来工作者的生计才得以维持。任何经济都需要"工资基金"和"资本基金"。

但资本基金与工作者"即时即地"的生计需要形成直接竞争。资本是客观必要的，并不是由于社会结构和权力结构而产生的。

资本基金需求（也就是利润盈余需求）与工资基金需求之间是否存在冲突，这种古典经济学家所争论的话题显然是毫无益处的。古典经济学家认为，从长远来看，这两者是可调和的。工作者对资本基金的需求和他们对工资基金的需求完全一样。工作者比任何其他人都更加需要防止不确定风险。工作者比任何其他人都需要未来的工作。

美国的工作者在工资标准与生计水平上的迅速改善在很大程度上应该归功于稳步增加的资本投资,也就是人们所说的"资本基金"。举个例子来说,先在宾夕法尼亚大学后到哈佛大学任教的西蒙·库兹涅茨,他对美国的资本形成进行深入研究,研究成果正好证实了这一点。但"工作者"依然是个抽象的概念。资本基金的受益者很少是为基金做出贡献的同一位工作者。一个产业的资本积累,例如19世纪90年代美国的纺织业,通常被应用在新工业(像化学工业)的资金筹措上,而不是用于创造该纺织业的新的就业机会上。资本基金还创造了未来的工作与收入,但为资本基金做出贡献的却是现在的工作者。

此外,在不同类型的工作者中存在比较收益与牺牲的极大问题。正如一些劳动经济学家们所谈论的那样,尤其是经济学家保罗·道格拉斯,起初任教于芝加哥大学,后成为一位杰出的美国参议员,他对实际工资情况的调研结果表明:工会活动不会也不能对一个经济体的实际工资的整体水平产生影响。这个观点是可信的。然而,同样我们也相信:一个工作社区,比如建筑行业的工作者能够获得相当可观的工资,但有可能会牺牲其他工作社区的待遇。

换言之,虽然工资基金与资本基金之间不存在最终的冲突,但对工作者个人而言,事情却大不一样,因为个人工作者的工资的确存在一种真实而直接的冲突。

工作:"生计"与"成本"

工作作为个人"生计"与工作作为企业"成本"之间存在着基本冲突。

就个人"生计"而言,工资必须是可预见的、持续的,而且足以支撑一个家庭的开销,满足家庭的基本愿望,以及体现工作者的社会和社群地位。就企业"成本"而言,工资必须符合一个固有职业或产业的生产率。因此,工资必须保持弹性,甚至可以根据市场供求的微小变化而做出适当调整;工资还要促使企业在产品与服务上具有竞争力。从企业的最终成果来看,决定工资高低的是消费者,而不是工作者的预期或需要。因此,工作作为个人"生计"与工作作为企业"成本"之间存在的冲突不容易得以解决,顶多只能得到若干程度的平息或缓解。

无论多么奇巧规划,没有任何社会有能力消除这些冲突。所能做的一切就是去促使更大的资本基金成为现实,因为政府拥有绝对的控制权。从传统上讲,日本有能力把"工资作为个人生计"与"工资作为企业成本"之间的冲突减小到最低程度(参见本书第20章),但提高工资水平会威胁到日本住房现状。工资基金与资本基金之间的冲突在日本显得尤其凶猛,或许在别的地方也相差无几。南斯拉夫人则希望通过接管工厂社群中而非政府机关中的工厂所有权来消除这种冲突。在南斯拉夫当时的体制下,资本基金的需求在工厂社群中出现应该比在任何其他目前所知的体制下更加明显,不过这种需求还是被拒之千里之外。南斯拉夫的试验面临崩溃的危险是因为企业无法支付工作者所提出的工资要求,从而引发通货膨胀压力;企业难以支付高额工资是出于对工资成本的考虑,或是出于对企业自身和资本基金的经济需要的考虑。

工作者所有权已经取代了资本主义(所有权属于资本提供者)和国有化(所有权属于政府)。虽然工作者所有权并不那么卓越,但它的历史的确不算短。如今,工作者所有权再次被以捷克斯洛伐克经济自由化的缔造者奥塔·希克为代表的人提出,但后来还是被苏联人彻底碾碎了。

让工作者拥有企业的金融股份或许是非常可取的做法。工作者所有权的尝试我们已经进行了一个多世纪，但无论我们如何尝试，它也只能在企业经营良好的条件下奏效，只能在高利润的企业中收效。各种促进所有工作者参与利润的做法，比如美国的斯坎伦计划（American Scanlon Plan）鼓励实行利润分红与生产率奖金。一旦企业利润下滑，工作者所有权也就不再能够解决工资作为个人"生计"与工资作为企业"成本"之间的冲突，也就是工资基金与资本基金之间的冲突。

对工作者来说，与他的工作相比，企业中的金融股份属于次要利益。即便是在最富有的企业中，利润，也就是贡献给资本基金的那部分盈余，也从未超过工资的一小部分。在制造业中，工资成本约占销售收入总额的40%。税后利润很少超过销售收入总额的5%～6%，也就是占工资成本的八分之一。在整个国家经济体中，工资与薪酬的开支约占国民生产总值的65%，利润所占的比例大约在0到7%之间，至多只占工资总额的十分之一（剩下的大多数国民收入主要来自小型私人业主、农民、零售商店老板以及专业人员，实际上，这是另一种对劳动者的补偿方式，而不是贡献给资本基金的利润）。

所以，即便是企业的利润再丰厚，也只能提供很少的额外红利。额外红利自然受人欢迎，但毕竟不是企业利润的根本。

还有一个具有高度争议的问题：工作者所有权是否代表工作者自己的金融权益？没有任何企业能够永远盈利。如果像典型的工作者所有权计划那样，那么工作者的未来，比如工作者的退休福利就必须依赖他在企业中的投资份额，这看起来很是脆弱，而且变数极大。工作者应该和其他投资人一样，不能把所有鸡蛋放在一个篮子里。在这个方面，美国在过去25年来采用的养老金方法值得一提。美国的退休基金投资较为广泛，而且根本不会投资在未来受益者所工作的企业中；这样，工作者自身的金融权益比他所在企业的工作者所有权制度就显得更加具有优势。

从理论分析的角度来看，过去二三十年美国的发展似乎能够代表解决这些冲突的最佳方法。通过养老基金和互惠基金的合理运作，美国企业的员工正在逐步成长为真正拥有"所有权"的人，成为美国经济中占优势的投资者。到目前为止，这些机构的投资者，也就是员工及其储蓄的受托机构，实际上掌控美国的大型上市公司的主要股份。换言之，美国并没有通过"国有化"的方式来实现"所有权的社会化"。不过，这并不意味着"工资基金"与"资本基金"之间的冲突以及工资作为"个人生计"与工资作为"企业成本"之间的冲突得到了妥善解决或已经减弱了。

如果我们不从利润的角度来看而是学习从资本成本与未来成本的角度来思考和讨论这些冲突，或许有助于我们更加透彻地认识这些问题（或者就像前文第 6 章中所提及的那样，应该从提高利润率要求的成果来考虑问题）。但这样的做法也只是帮助我们缓解冲突，根本不可能消除冲突。无论企业是在市场经济状况下运作，还是在政府官办条件下运作，无论是私有企业，还是国有企业，抑或是社群联营企业，这些冲突都会应运而生。

"做工"的权力维度

第五个维度是权力维度。在一个工作团队中，尤其是在一个组织中，"做工"涉及权力关系在所难免。

旧时耕耘自己贫瘠山地的农民必须要求自己严格遵守劳动纪律。如果现在必须割干草，那么他心中想要做的事再多也不切实际；而且他还要屈从于许多非人为的力量，诸如风吹雨打、季节变化与严寒霜冻以及市场风险等。但在任何组织中，不管规模多小，人的权力总是存在的。组织成员的意愿必须受制于某种外来的意愿。

强制要求员工准时准点上班，这看似微不足道的权力行使，对员工具有同等的影响。但这样的做法会让那些尚未具备工业化意识的员工感到震撼，无论是发达国家的农民，还是工业革命初期英国工厂里的工匠，抑或是如今美国都市贫民窟里出来的黑人，都会对这样的权力强制要求表示不习惯。在一个组织中，许多事情必须处理清楚，比如工作岗位必须设计得当、架构合适而且分配合理，工作必须按部就班地进行，而且必须按规定时间完成，决定是否提拔晋升员工等。总之，权力必须有人来行使。

无政府主义者认为"组织就是异化"（organization is alienation），这种断言是正确的。那些对没有异化的组织充满期待的现代组织理论家们都是浪漫主义者，犹如耶鲁大学的克里斯·阿吉里斯一样，尽管他对"参与权"的许多具体建议是高度建设性的，也是必需的。现代社会是一个"员工型社会"，而且会持续下去。这就意味着权力关系会直接影响每个人，影响他们作为工作者的资质。权力是工作的基本维度。权力与生产资料所有权、工作场所的民主气氛、董事会中的工作者代表以及任何其他形式建构起来的"制度"并无关系。权力是组织固有的事实。

经济分配的权力维度

在现代组织中，做工还有第六维度，即"经济分配权力"。

在现代组织中，无论是企业、政府机关、大学还是医院，权力与经济是相互捆绑在一起的。组织成员的经济报酬分配要求一个核心权力机构来做出裁决，这与资本主义或其他任何"主义"并无关系；它是一个基本事实，即现代机构是社会的器官，它存在的目的是为自身以外的机构提供满足感。所以它必须从外部获得收入——或从市场的顾客那里，或通过预算编制的方式向纳税人征收税金，或从用户那里获取预付费用，这些用户包括医院病人、邮局主顾和大学学生等。同时，机构中的个人成员所做的贡献不是直接与机构的收入挂钩。我们不可能说出在企业销售额中有多少是哪位员工个人所做的贡献，上至主管下到清洁工，甚至连近似值都很难评估。上述情况也适合于医院或大学。一位辅导6个研究生学习古汉语的大学者与一位教150个新生学习英文写作的助教相比，谁的贡献多？谁的贡献少呢？学院院长的贡献又该如何评估呢？我们只能说，虽然不是每个人的贡献都能按照单一产品或绩效来计算，也不是每个人的贡献在其重要性、技能或难度上都同等，但在理论上讲，所有人的贡献都是不可或缺的。

所以，现代组织需要一个能够为组织成员合理分配经济收益的权威机构。无论是企业还是医院，这种权威机构本身必然是一个重新分配制度。

当组织成员的贡献是单一的、相似的而且数量不多时，在完全平等的基础上重新分配成员收益是有可能的。比如在以色列的集体农场中，每个人都在农场做工，生产很少的农作物，大多数农作物内部消费，也就是自给自足。但只要以色列集体农场也像其他农场一样转向工业生产，它就不得不放弃起初集体农场建立时遵循的原始社会主义分配原则——每个人的收益都是一样的。它不得不成为雇主。在以色列，工会联合会（TUF）是国家主导的雇主组织，拥有大多数工业。实际上，大多数以色列工业是"社会化"的，但这无论如何都没有改变"雇主"的权力地位，也没有消除劳动关系的问题。当这种集体农场对犹太复国主义（zionism）产生巨大的心理与政治影响时，它在以色列国中发挥的经济作用就显得微不足道，而且日渐萎缩。如今以色列集体农场的人口只占不到总人口的5%，年轻人为了追求都市消费社会的物质生活享受而逐渐远离集体农场。

一个简单的事实是，现代组织的成果总是依赖外界；因此组织成员的经济报酬一直不是取决于组织内部，而是来自于外界；这无可避免地导致组织的权力与权威。这样的事实创造了两种权力关系：一是管理层与劳动者之间的权力关系；二是虽然劳动力框架内的多种群体与管理层之间存在共同的权力关系，但各个群体之间也存在着尖锐而激烈的竞争，因为他们在总收益中存在相对份额的内部分配问题。

一个世纪前，马克思或许有理由相信所有权凭证的转移可能有助于解决这个问题——虽然马克思的前辈，空想社会主义者，尤其是法国的夏尔-傅立叶早在马克思之前就已经看明白了：问题的关键在于现代机构的本质，而不在于"剥削"所有权，或任何其他法律、政治与社会结构的问题。夏尔-傅立叶还特别提出，工业民主需要一个完全独立的、自给自足的经济体，也就是类似于以色列的集体农场那样的经济体。

如果过去一百年的历史能够教导我们什么道理的话，那么这个道理便是：经济分配问题是普遍问题，而非历史问题，而且无法得到永远消除。任何组织都必须决定如何把来自外界的收益合理分配给组织内部的成员。无论机构、企业、医院，抑或其他任何组织，一旦生产出超过单一产品，不再只是内部群体自给自足，个体收入与机构支出的关系就不可能遵循所谓的"科学的""与个人无关的"方式加以分配。那时，报酬的平等性马上成为不可能。

现代组织不仅需要一种重新分配制度，还需要一个能够制定重新分配决策的权威机构。重新分配制度实际上是一项政治决策，而非经济决策。重新分配制度受制于许多力量，诸如供需关系、社会惯例以及传统等。但归根结底，权威机构的决策都必须在权力结构和权力关系的基础上以某种方式由人来制定，而且没有任何现代机构能够逃避，尤其是企业。

主导维度之谬误

如上所述的这些关于"做工"的前五个维度，即生理维度、心理维度、社会维度、经济维度、权力维度都是分离的；每个维度不仅能够分而独立地加以分析，而且确实也应该如此。但这五个维度一直共存于工作者的实际情况、工作关系以及同事与管理层的关系之中。这些维度必须一起管理，但它们并不朝着同一方向。每个维度各自的需求显然很不一样。

我们传统做工方法的基本谬误是宣称在这些维度中一定要有一个主导维度。

举个例子。埃尔顿·梅奥把主导维度视为工作社区中的人际关系，也就是指心理维度和社会维度。但这一点并不是唯一正确的，因为不能认为只要"雇一只手，就要雇整个人"，因为工作本身就很重要，而且会影响群体关系。在梅奥和他的同事看来，无论经济维度还是权力维度都不能被视为主导维度。

这些维度相互之间存在着高度复杂的关系。它们是真正的"配置形态"，而且伴随着工作者环境的变化，这些维度也会快速变化。

享有"人文主义心理学之父"美誉的亚伯拉罕·马斯洛把人的"欲求"（wants）加以等级区分。当较低层级的欲求被满足后，这级欲求就会显得越来越不重要，而更高的下一层级的欲求则会显得越来越重要。马斯洛对人的欲求层级的应用被称为"边际效用"（marginal utility），他的看法深刻而且具有洞察力。马斯洛把人的经济欲求摆在最低层级，而将人对自我成就的欲求摆在最高层级。但层级并不是最重要的，重要的是要深刻领悟其中的道理：所有欲求都不是绝对的，层级欲求满足越多，满足感本身就越少。

但马斯洛并未观察到另一个道理：在欲求满足的过程中，欲求也会发生变化。当经济欲求满足之后，即当人们不再必须为了下一餐饭而牺牲自己的其他需求和人文价值时，获取更多经济报酬的满足感就会减少。但这并不意味着经济报酬已经不重要；相反，当经济报酬提供正向诱因的能力缩减时，它所带来的不满足的能力会随之增加，而且越失望，增加速度越快。㊀用赫茨伯格的话来说：当经济报酬不再是工作的"诱因"时，它便成了"保健因素"。如果人们对经济报酬的不满毫不关心，那么经济报酬就有可能成为人健康发展的障碍。

现在我们已经认识到马斯洛关于欲求层级的说法是真实的。当一个层级的欲求越接近满足，它带来的报酬能力就越快减弱，而阻碍的能力、造成的不满以及对行动的不利诱因也会越快速增加。

同一家公司的两位副总经理的薪酬只有几百美元的差距，他们在经济上的报酬基本平等，二者所需支付的工资所得税也几乎没有差别。然而，领取较低工资的那位副总经理或许会有挫败感甚至产生嫉妒。无论他收入有多高，这种差距都会成为他的"肉中刺"。这同样适合于整个组织。今天每个工会领导人都知道最大的问题不是绝对的工资标准，而是在工会内部各种工作者之间的工资差距。

还有一个与马斯洛理论相反的观点：各种工作者在他们的欲求靠近满足时，其特性将会发生变化。正如我们刚刚分析过的那样，工资已经成为社会维度和心理维度的组成部分，而不是仅仅属于经济维度。

反之亦然，权力与地位也能成为经济需求的基础。比如在南斯拉夫的工业界，工人委员会中的工人代表享有很高的社会荣誉与相当大的权力，而且也会立即想要更多的钱。至少，他们想要一些额外津贴，比如住房、办公室、秘书以及公司商品的优惠价格等；在他们看来，这些都是合乎他们新的层级地位的经济报酬。

关于工作的诸多维度及其复杂关系，我们的认识还不够多，需要进一步

㊀ 这个观点首次在我的书中提及，见《新社会》(The New Society)。后来弗雷德里克·赫茨伯格在他的两本著作中提供了充足的文件分析，分别如下：1959年的《工作的激励》(The Motivation to Work)和1966年的《工作与人性》(Work and the Nature of Man)。

研究。我们所做的配置形态可能挑战固有的分析认知。

然而，管理者必须即时即地开展管理工作。管理者必须寻找到解决方案，或者至少必须找到能够促使工作有生产力、促进工作者有成就的协调适宜之策。管理者必须对各方需求有所把握。现代的管理者不能期待继续使用过去两百年的实践来获取一朝的成功。他们必须发展出新路径、新原则以及新方法，而且不能停滞不前。

第17章 | CHAPTER 17

使工作具有生产力：工作与流程

> 工作是通识——"做工"需要技能与知识，而非"工作"需要它们——四个步骤促使工作具有生产力——工作分析——泰勒和他的追随者们——工业工程的基本含义——聚焦于最终产品——划定"职务"并不属于工作分析——工作分析仅仅是第一步——生产原则——独特产品生产——硬性批量生产与弹性批量生产——流程生产——每个生产原则的必备条件

我们常常谈论非技能工作、技能工作以及知识工作，但这些说法会产生误导。"工作"本身并无非技能、技能或知识的差别，是"工作者"有这些差异，是"做工"需要技能与知识。无论是否要求技能的娴熟程度和知识水平的高低，工作本身都是一样的。

在过去，人们制作一双鞋子需要"很娴熟的技能"；一百年后的今天，人们制鞋不再需要多少技能。完全自动化的制鞋并不需要多大技能，也不要

求手工作业。然而，鞋本身并无多大变化，制鞋流程也无变化，它要求同样的工序：先准备好皮革，然后剪裁、打版成形、线缝、胶合等。这一系列工序按部就班地进行，遵循同样的要求与标准，生产出相同的成品。制鞋的工作保持不变，只是工具与技能要求已经彻底改变。只有专家才能够分辨出哪双鞋完全由制鞋匠人手工制作，哪双鞋是完全自动化流程的产品。

这听起来似乎很诡辩。然而，事实正是如此：工作是个一般概念，是一种通识；技能与知识是"做工"的需要，而非"工作"的需要；这样的事实正是促使工作具有生产力的关键所在。工作的基本通识暗示着一个道理：不管手工作业还是其他任何生产工作，即便工作不能完全遵照科学方式来完成，至少可以有系统地进行。

要让工作者获得成就感，第一步就是促使工作具有生产力。我们越多了解工作本身的需求，就越能把工作整合进入"人的活动"之中，也就是我们所说的"做工"。我们了解工作的实质越清晰，我们为工作者提供的自由就越多。在科学管理（也就是理性与客观的工作方法）与促使工作者获得成就感之间并无冲突。二者虽很不同，但优势互补、相得益彰。时至今日，人们对工作的研究大都局限在体力劳动中，理由很简单，体力劳动长久以来一直是人们从事的主要工作。因此，本书有必要把重点落在体力劳动上。但同样的原则与方法也适用于任何其他生产工作，比如大多数服务工作；当然也适用于大多数注重处理信息的文职工作，甚至还适用于大多数知识工作。不过，这些工作的应用程序和工具存在差异。正是因为工作是一般概念，是一种通识，所以无论工作的最终产品是"某物"，是"信息"，还是"知识"，工作本身并无本质差别。

促使工作具有生产力要求四个独立的步骤，每一步骤都有各自的特征和需求。

第一步是分析。我们必须知道工作所需的具体操作、翔实工序及其具备的条件。

第二步是综合。个别操作必须整合成为一个完整的生产流程。

第三步是控制。我们需要在整个生产流程中做好方向的控制、数量与品质的控制、标准的控制以及意外状况的控制。

第四步是必须提供适当的工具。

另外,我们还有一个基本需要。工作本身是客观而又不具人情的"事",甚至工作是"无形的",比如信息与知识,要促使工作具有生产力就必须从最终产品,即从工作输出着手,而不能从工作输入着手,无论是工艺技能还是正式知识,都应如此。技能、信息与知识都是工具,何时应该应用何种工具,以及用于何种目的,这些都必须由预期的最终产品来决定。最终产品不仅决定工作的必需性,而且决定生产流程的整合、适当的控制设计以及所需工具的规格。

工作分析

工作分析,也称为工作研究、科学管理和工业工程,至今已经有一百余年了。前文中已经提及,工作分析可以追溯到19世纪80年代弗雷德里克·泰勒对个体手工业的研究,比如他对钢铁厂中"铲砂工作"的研究就很著名。在泰勒去世不久,第一次世界大战期间,工作分析的雏形已经基本完成。在那些战争岁月及紧接着的战后期间,泰勒最有成就的追随者们,诸如弗兰克·吉尔布雷斯和亨利·甘特等人在泰勒的科学管理的基础上发展出工作分析的蓝本与架构。

吉尔布雷斯对所有涉及体力劳动的动作,诸如抬举、搬移、放置等,细致地研究与鉴别,甚至分类归纳。他发明的"分解动作法"⊖把体力工作的

⊖ "分解动作法"的英文为 therblig,正是吉尔布雷斯英文名 Gilbreth 的倒拼。

操作范围加以罗列，指出每个操作的最佳范式、动作要领以及所需时间。但这些"分解动作"并不像人们说的"字母表"那样，我看更像是中国人的形意文字，也就是一些基本的象征符号，用以涵盖工业工程所需的一切信息。

同时，甘特正在专心研究工作的配置结构。他发明的甘特图正是从预期的最终产品着手，然后概括出所需要达到目标的每一步骤、每一工序以及所需时间；实际上，正是甘特创造了工作分析的具体架构。

不仅工作分析原则已经存在很长时间，工作分析实践也早已普及。工业工程是生产工作的共同特征，广泛出现在制造业、交通运输业以及日益增多的行政工作中。工业工程是一门公认的学术科目，拥有独特而巨大的科研成果，具有近乎压倒性的影响力。

所以，管理者们倾向于相信自己已经非常熟悉工业工程的一切知识。他们自以为工作分析就像众所周知的成本核算一样，不过是个有用的工具而已，他们相信工作分析并不需要管理。他们确信自己已经掌握了工业工程的精髓。他们会告诉那些提问者，工作分析就包括如下几个步骤：

第一步，识别生产一个已知最终产品或一个已知工件所需的一切作业。

第二步，合理组织作业程序，力求构建一个最简单、最顺利、最经济的工作流程。

第三步，分析每个作业及其设计特点，力求产生最佳绩效——包括准备适当的工具、所需的信息、必需的生产资料，以及何时需要。

第四步，把这些作业整合起来，安排个人职务加以执行。

以上这些的确就是工业工程教科书上的内容，也是工业工程课程中所教导的主题。然而，这些并非工作分析行之有效的真正要素，至少不完全如此。

首先，以上"标准答案"忽略了工作分析中至关重要的第一步，即工作分析不是始于"识别作业",而是始于"界定所需的最终产品"。甘特在60年前就已经指出:工作分析必须从提问题着手,比如"我们希望生产什么?""工作本身是什么?""如何能够把最终产品设计得当以求成就最容易、最具生产力和最有成效的工作?"可惜,学习甘特这种想法的人实在太少。

泰勒可能得为这些普遍没能看出如此浅显事情的人负责,这或许是唯一对这样一位伟大人物的工作提出有效批评的方式,因为泰勒总是把最终产品视为理所当然。他沉迷于"个别任务"从而忽略了"综合成果"。

然而,从作业任务入手,而不从最终产品入手,这个思路可能导致美丽的工程工作根本无法完成。正如泰勒所做的那样,人不可能假定最终产品是合理的、系统的、一致的。在大多数工作流程中,这种思路只是未经检验的假设,并不具有代表性,许多历史、传统、风俗、习惯以及对地质层的认知都是人为错误导致的。如果有人不是从最终产品的分析入手,而是从工作本身着手,那么他不久就会心生疑问:"我们为何做这,为何做那?"通常状况下,人们会回答说:"我们一直就是这样做的。"没有人能够确实知道,有多少比例的工作效率缺乏,也就是生产力的损失率,是因为人们从未质疑最终产品的适当性。但我曾经听闻经验丰富的工业工程师所做的估算,可能高达总成本和总付出的30%,我以为这个估计数据并不过高。

所以,管理者需要意识到:工作分析师们必须参与到产品与流程的设计中来。很显然,最终产品的设计不能只为贪图工作变得更容易些。最终产品的基本规格与性能是基于产品使用者的需求和价值观来设定的,而不是基于生产者的需求和价值观。但在这些基本规格与性能的局限中,产品与服务的设计通常还有相当大的回旋余地,以求获得高效、简捷而又经济的最佳方式,同时可以规避效率低下、不必要的并发症以及资源浪费。

其次,工作分析的传统界定存在一个弱点,也是认识较为广泛的一个缺点:它把一些本不该属于自己的东西囊括其中。针对第四个步骤,也就是最后一步，大多数管理者们，尤其是大多数工业工程师们，会将一些并不属于工业工程的内容纳入工作分析的定义中，至少在西方的确是如此。布置工作和安排个人职务不再属于"分析"；或者宁可说，工作分析是必需的，它不属于"工作"范围，而是属于"做工"范围。虽然工业工程师也会在作业流程中扮演角色，但总体上说，工业工程师的角色完全不同于工作分析师所扮演的角色（详见本书第 21 章）。

把职务设计纳入工作分析中，在很大程度上正是导致工作者抗拒工业工程传统的根本原因，也是导致知识分子对现代技术、现代工业以及现代组织产生敌意的根本原因。工作者与知识分子所抗拒和批评的是工作分析的误用与滥用，而非工作分析本身。人们之所以指责泰勒，是因为泰勒的思想导致工作者"去人性化"（dehumanization），尤其是在当今心理学家的眼中，这完全是"不公平"与"不正义"的。⊖

泰勒并没有发明流水作业线，实际上他与流水作业线毫无关系。泰勒从一开始就把研究目标严格地锁定在寻求最具人文特征的"做工"方法上。正如泰勒在著作中所呈现的那样，他深知促进工作具有生产力是首要任务，但他也深知饥肠辘辘与筋疲力尽的身躯并不是圆满生命的良好基础。因此，泰勒将创造经济与物质基础视为工作者谋求福利的优先要务。这样说来，人们就不会感到意外为何泰勒最狂热的支持者是 20 世纪早期美国最伟大的人文主义者——路易斯·布兰代斯，此人后来成为美国高等法院杰出的大法官，成为高等法院中捍卫人权与人格尊严最有力的斗士。举个例子，作为泰勒亲定的公关代表，布兰代斯创造了"科学管理"（scientific management）一词，

⊖ 这里"小瞧"泰勒，主要是因为在 19 世纪 80 年代，他并不知道"后弗洛伊德心理学"（post-Freudian psychology）为何物。正如我在另一场合所说的那样，那是在 1967 年，当时我接受"管理促进会"（the Association for Advancement of Management）颁发的泰勒钥匙；这种情形有点像人们"小瞧"艾萨克·牛顿一样，因为在 1690 年，牛顿对"量子力学"（quantum mechanics）或"非欧几里德几何学"（non-Euclidian geometry）也是一无所知。

从而引发世人对泰勒作品与思想的关注。

然而，科学管理或工业工程的研究进展止于泰勒当年的成就，难以突破。很少有学者和从业者关注"做工"的内容，即把作业整合起来并安排个人职务加以执行。㊀

管理者需要认识到，工作分析逻辑和职务结构分析是两个不同的逻辑。前者是"工作"的逻辑，后者是"做工"的逻辑。

工业工程的最后一个误解，也是最为常见的误解，在于它坚信工作分析就是工作的全部内涵。实际上，工作分析仅仅是促使工作具有生产力的第一步。分析能够识辨个别独特作业、作业工序及其之间的相互关系。分析解决个别作业，但它并不关心生产流程的整体性，不关注整个生产流程的结构、经济和绩效。

生产原则

生产不是把工具应用于材料上，而是把逻辑应用于工作上。把正确的工作逻辑应用得越清楚、越一致、越合理，生产的限制就会越少，生产的机会就会越多。

这样的定义暗示着生产必须遵循若干原则，必须理解少数基本模式，每个模式皆有限制、各具要求以及各有特色。这样的定义还意味着越是严谨地遵循生产原则来设计生产流程，那么生产流程就会越顺畅、越有效且越具有生产力。

每个生产制度都有各自所涉领域和所在层面的管理需求。每个生产制度

㊀ 一个重要的例外出自泰勒的一位追随者，名叫艾伦·莫根森；此人于20世纪20年代倡导"工作简单化"（work simplification），这与现今重新推广的"改善工作质量"（job enrichment）有异曲同工之妙。

都要求不同的能力、技术和绩效。并非一个层面或领域的管理需求"高于"另一个,更不是"非欧几里得几何学"(non-Euclidian geometry)就一定"高于""欧几里得几何学",只不过各自不同而已。除非管理层对自己的生产制度需求了如指掌,否则管理层就不可能真正地促使工作具有生产力。

如今,许多生产流程,无论是制造业还是信息工作,正在寻求各自生产制度的转变,因此这样的理解在实践意义上是重要的。如果生产制度的这种转变仅仅被视为机器、技术和零配件的转变的话,那么企业将只会不可避免地面临新生产制度形成的重重困难。为了从新生产制度中获益,企业管理层必须意识到新生产制度所需的新原则,并且必须对这些新原则有所了解。

迄今为止,我们所知道的生产原则或生产制度有四项,每项原则不仅对工业生产有益,即对传统的体力工作有益;而且同样适用于信息工作的生产与操作,即适用于大多数的行政工作。此外,这些生产原则还适用于知识工作,至少适用于学习已知知识(也就是已经存在而且可学习的知识)及其实践应用。

这四个生产制度分别为:①独特产品生产;②硬性批量生产;③弹性批量生产;④流程生产或流动生产。每个生产制度都拥有各自的性能规范和特定的管理需求。

如下两个通用规则可以提高生产绩效和突破限制。第一,相关生产制度应用的原则坚持越彻底,突破生产限制就会越多越快。第二,这些生产制度本身代表先进的不同程度,独特产品生产先进程度最低,流程生产先进程度最高。先进的不同程度则代表着控制物理限制的不同阶段,但这并不意味着先进的机会取决于从独特产品生产制度向流程生产制度的移动变化。每个生产制度都有其特定的应用、要求和限制,但先进的程度取决于相对先进制度原则基础上有组织的生产部分,与此同时,要学习如何在同一个流程中协调好不同的生产制度。

关于每个生产制度所对应的管理能力需求，一般有如下两个原则：第一，这些生产制度不仅在各自需求上存在困难，而且在各自的能力与绩效顺序上也是如此。在从一个制度转向另一个制度的变化过程中，管理层必须学习如何做好"新事"，而不是学习如何把"旧事"做得更好。第二，每个制度的原则应用越成功，管理层对满足该生产制度的需求就会越容易。

每个管理层都必须依据产品与流程的性质来满足生产制度的需求，而不是根据制度的实际使用来加以判断。一旦企业未能采用或不愿意采用最合适的生产制度，那么结果一定是绩效缺失；不采用最合适的生产制度不会导致管理需求的减少，但一定会不可避免地增添管理的困难。

一个典型的例子就是基础钢铁产业，在分批流程中，它主要遵循的是独特产品生产制度；在完善独特产品制度所历经的艰难或取得的成功上，恐怕没有别的产业可与之相比。然而，基础钢铁公司的管理层所面对的问题是流程生产问题，比如高昂的固定资本要求与连续生产的需求导致盈亏平衡点升高，需要保持业务高且恒定的水平，以及需要促进基本投资决策的长期向前发展，等等。结果，基础钢铁产业的成本结构与资本密集型流程生产的成本结构相同；与此同时，基础钢铁产业只享有极少流程生产所带来的经济效益。因此，基础钢铁产业深陷流程生产的成本特点与独特产品生产的收益特点之间的永久夹缝之中难以自拔。在非常快速增长和极高需求期间，也就是在工业化的早期阶段，它可能会非常有利可图。但在较长的持续期，钢铁产业的盈利能力总会遭遇临界点，而且不能满足该产业自身的需求——比如基本炼钢流程从机械化独特产品生产转向化工流程生产时期，这种情形就可能出现。

总之，至关重要的是，企业的管理者必须熟知哪种生产制度适合自己的企业，尽可能严谨地执行这些原则，寻找出哪部分生产能够遵循更先进的制度加以组织并按部就班地组织得当，以及熟知每个制度的管理需求。

在适当的生产制度中，如果历史和技术的障碍已经阻挡了生产组织的更新，就像基础钢铁产业那样，那么有系统地克服这些障碍就成为管理层的重大挑战。重点不应该放在工作效率上，而应放在生产制度的修正上。因为生产制度已经和这些原则相背离，钢铁产业已经误导了大量的技术工作。为了集中精力改善传统流程，当炼钢技术最终成为流程生产时，所有的技术努力都将付之东流，而这一点离我们并不遥远。

一个企业即使采用的生产系统不恰当，它还是必须要满足恰当的、更先进的生产系统对管理提出的全部要求，但它又缺乏为满足这些要求而支付的资金。这是因为：只有采用生产力更高的、更先进的生产系统，才能提供这种资金。

以上这四个生产原则为生产工作和实现工作者的成就提供了基础，它们或适合于做工的动力，或与做工的动力相匹配。如果它们彼此不相容，错不在原则，而在应用不当。特别需要提及的是，批量生产之所以不能为工作者带来成就感，本质上是因为工程设计不当；可能因为没能把握机械化的内涵（详见下一章），也有可能因为没有领会"工作"与"做工"之间的差别（详见第21章）。

独特产品生产

接下来要讨论的问题是：这四个生产制度及其原则到底是什么呢？

首先是独特产品生产，即每个产品都是独一无二的。当然严格地说，根本没有所谓"制造业"中的独特产品，只有艺术家才能创造独特产品。但建造一艘战舰、一台巨大的汽轮机、一座摩天大楼，几乎就是在制造一件独特产品。因此运用传统方法一次盖一座房子也算是独特产品；在大多数情况下，在一个加工车间批量生产的产品也可这样理解。

在独特产品生产制度中，只有产品是"独特"的。实际上，独特产品的生产一直是依靠标准化工具和标准化材料来完成的。

金器匠人与银器匠人使用相同的工具，而且他们生产出来的最终产品非常相似；不过，这两种手工艺在传统上是分开的，因为它们使用不同的材料。或许这个例子有点极端，而且太过于专业化，但它说明了独特产品生产的基本特征。

在独特产品生产中，基本组织是由同质阶段构成的。以独特产品生产最为古老的实例——传统独户住宅的建造来说，我们大致能够区分出如下四个阶段：第一阶段，挖掘地基、浇注混凝土墙基，完成地下室层。第二阶段，建造房屋的构架与屋顶。第三阶段，安装墙体中的管道设施和电路设备。第四阶段，室内装修。这建造过程的每一阶段都有所区别，但无论每个阶段的衔接历时多长，必须保证每一阶段完工后都不会使房屋有任何损坏。此外，在每个阶段中，工作必须连续完成，否则已经完成的工作将会被下一阶段的工作所损坏，甚至不得不返工。建造不同房屋的每个阶段可能有所不同，但不能造成太多麻烦或大幅度调整，也不会耽搁下一阶段的工作。每个阶段都遵照房屋所在阶段的内在逻辑，也就是说，每个阶段本身都是个实体。

鉴于基本组织是由同质阶段构成的，独特产品生产便与工艺组织截然不同；比如在工艺组织中，木匠负责做所有木器活，水管工从事所有的水管装置等。只要组织得当，独特产品生产就不会遵照工艺技能，而是遵照阶段技能。

比如安装电话的技工不一定非得是技术娴熟的电工、木匠、水管工或屋顶工，但他能够按部就班地取下屋顶木瓦、锯开墙板、安装电线，然后接上地线，最后一切复原。换言之，在独特产品生产制度中，每个参与特别阶段工作的人都必须有能力独自在该阶段中完成所需工作，或者就像在建造一台巨型汽轮机时，每个阶段都必须有个完整的团队，这个团队具备所有阶段工作所需的阶段技能人员，而特定阶段中则无需超出该阶段的技能人员或团队配置。

第二次世界大战期间，美国之所以能够以很快的速度建造舰船，在很大程度上就是由于采用了这种方法，而不是由于大量生产所实现的前所未有的生产速度。美国当时所采取的方法是：把工作划分为具有相似性的各个阶段，按照每个阶段的特殊要求来系统地组织工作团队，对大量的人员进行系统训练，使之有能力完成某一个阶段内要做的全部工作。这样，就能够排出一个工作流程进度表，从而使工作时间得到了大量节约。

硬性批量生产与弹性批量生产

大多数人一听到"批量生产"这个词就会立即联想到装配线。但这显然是个误解。很少批量生产工作是在装配线完成的，甚至在硬性批量生产中，装配线也只是极少的例外。

举一个很好的例子，那就是电器组装，比如收音机、电视机和电话机。电器组装可算为真正的批量生产，由一个工人从头到尾完成整个作业工序。所有作业的确是按照顺序逐一完成的。在这层面的意义来说，的确有一条装配线从放置第一个铆钉到焊接所有线路直至最后的终检复核。但并没有传统意义上的一条流水线，工作本身从未移动过，一直停留在单一的工作位置。

尽管装配线在人们的想象和社会学的"异化"文辞中显得特别重要，但在现实中，完整的装配线实属罕见。在1970年的美国，每50位工作者中只有一位在装配线上工作；即便是在制造业的就业人员中，装配线的工作者也很少见，只有不及6%的美国制造业工作者从事装配线的工作。即使在汽车工业中，装配线的工作也不多见，比如在通用汽车公司的55万员工中，只有三分之一的工作者从事装配线工作。

此外，传统意义上的装配线只认定"硬性的"批量生产，但在生产原则上能够清晰地体现出优势的是"弹性的"批量生产。

这两个生产原则的共同之处是：它们的最终产品都是由标准化的零部件组装而成。在独特产品生产中，工具与材料都是标准化的。而在批量生产中，零部件也都是标准化的。一般情况下，反之亦然，整个生产也都是按照标准化进行的。换言之，批量生产都是"组装"工作，而非"制造"工作。

现代的批量生产制度可追溯到1812年战争期间为美军步兵制造步枪。到1880年，早在亨利·福特之前，批量生产方法不仅已经广泛地应用于美国工业中，而且已经应用在德国蔡司光学仪器厂和瑞典爱立信电话机厂之中了。

长期以来，人们认为"硬性的"批量生产是唯一有效的批量生产技术，这种认识缘起于枪械制造。很显然，为士兵制造步枪必须保证完全一致的最终产品；军队要求每支步枪都必须规格相同，使用完全一致的弹药，枪支的清理要求相同的方法，而且必须容易获得任何零部件以利于枪支的维修。

所以，在硬性批量生产中，除了工具、材料和零部件的标准化与统一之外，最终产品也是标准化和统一的。然而，在弹性批量生产中，标准化的零部件使用可能生产出多样化的最终产品。

从历史的角度来看，弹性批量生产要比硬性批量生产早出数百年，它早在工业化之前就已经发展了。我们至今对古人的建筑方法知之甚少，因而我们无法了解他们所应用的生产流程；但有研究表明，希腊、罗马的神殿以及近东地区的庙宇很可能都是在弹性批量生产制度基础上建造起来的。比如哥特式的主教座堂，以及1100～1300年间在北欧和西欧建造起来的成千上万的哥特式教堂，就是有力的证据。毫无疑问，它们都是弹性批量生产的产品。这些建筑的基础部分、构建单元、屋顶等都是完全标准化的产物，但这些建筑的组装却是随着建筑师的构思设计的变化而变化的。只有窗户、装饰品和门的生产是遵循独特产品生产的方法制造的，因此只有这些才会使一座教堂略显不同——但这一点极其重要，因为所有这些特征都是在整个建筑成形之后添加上去的。换言之，哥特式的主教座堂，以及其他更小型的哥特式教区教堂都是在建筑流程的最后阶段才添加上的，而正是这最后的工作才使教堂显出多样化的特色来。虽然最终产品具有多样性，但基础流程本身都是标准化的。

无独有偶，建于公元700～1600年间的大量日本佛寺也是弹性批量生产的产物。每座寺庙看上去很不一样，但每座寺庙的主体建筑都是标准化的部件组装而成的，比如大梁的长度与宽度的标准化、屋顶和屋面瓦的标准化、不同的浮屠宝塔之间的间隔的标准化，如此等等。但个别与众不同的特征通过建筑零部件体现出来，比如门、铁栅栏、屋顶边缘上的瓷砖和琉璃装饰物件等，这些都是在建筑流程末期外加上去的；然而，这些都是在真正的批量生产的基础上制造出来的精美绝伦的多样性，也就是依据预先设定好的模式，加以标准化的零部件组装而成的。日本的佛教寺庙都是用木材建造的，因而一次又一次地毁于火灾，但后人总能仅凭图纸显示的外观加以重建。建筑的所有结构都是如此高度的标准化，以至于任何技艺娴熟的工匠都能恰如其分地加以复原。

如果没有批量生产方法，哥特式教堂和日本佛寺就不可能大量建造成功。这些参与建造的人大多数并非技艺高超的工匠，有时甚至是一些毫无技能的工人；当时的人很贫穷，很多人是文盲，尤其是在人烟稀少的地区，技艺娴熟的能工巧匠更是稀缺。只有批量生产方法能使普罗大众有机会应征参与夏季数月的建造工作，或者自愿参与这样神圣的工作以获取精神上的报酬，而技术娴熟的工匠则仅仅负责监督工作以及执行独特的收尾工作。

然而，在19世纪，当批量生产原则被重新应用时，统一标准化的最终产品便自然被视为理所当然的了。亨利·福特完美地阐释了这个道理。

福特曾言："只要制造出黑色的汽车，顾客便可以拥有任何颜色的汽车。"他显然不是在开玩笑。他所要表达的意思是：批量生产的实意正在于大量制造统一产品。当然，他深知让顾客选择汽车颜色是太容易不过的事了，颜色不同所需的事情不过是要求汽车喷漆工人在装配线的终端多喷三四道漆而已。但福特也清醒地意识到，一旦他对产品的多样性做出让步，那么产品的统一性将会随之消失。而对福特而言，产品的统一性正是批量生产的关键所在。

然而，从一开始，弹性批量生产实际上已经被应用于制造业，尽管人们对此了解不多。曾为西尔斯建造过第一家邮购工厂的奥托·多林设计出一个真正的批量生产工厂，用以处理各式各样的个人订单。邮购商品广告目录中的个人订单都是"标准化的商品"。每个订单都是按照填写好的相同流程来处理的，但最终的组装并不是"标准订单"，而是顾客所订购的商品，送货架上物品的多样性远超出我们的想象。西尔斯早期的邮购目录就包含着数千种物品，这在理论上，甚至很大程度在实践上，意味着最终产品必须以数以百万计的组合进行装配，完全相同的两份订单的概率几乎为零。

甚至在更早些时候，恩斯特·阿贝（详见第20章的内容）就已经在德国耶拿蔡司光学仪器厂应用弹性批量生产方法来制造镜片。

另一个例子是20世纪三四十年代美国南加州的农业设备制造商，他们为大规模的农业灌溉土地设计并制造专业的耕作机械。每台设计出来的机器都是独一无二的。比如，他们对制造的机器加以多种附属装置，能够执行大规模的黄瓜种植生长所需的一切作业——从预备春耕到黄瓜收成，再到黄瓜腌制。他们进行机械制造时，很少出现一次生产多种器械的情况。可是他们所制造的700多种器械完全由批量生产的标准零部件组装而成，而且每个零部件都可以由美国任何一家经济实体来成百上千地加工制造。他们的主要工作不是设计出能够识别适宜腌制黄瓜的器械，而是找到能够批量生产某一特殊器械的制造商。这种器械的设计本意可以与制造商的意图没有任何关系，只要把它放到黄瓜培植的器械上能够达成他们的需求就可以了。

弹性批量生产应用所需的独特技术是对产品进行系统分析，以求找出多样性外观下的形态；然后对这种形态进行组织，以便组成最少数量的标准化零部件，这就能够促使装配线生产出最大数量的产品。换言之，制造商不用承担产品多样性的负担，而是把它转移到装配线上。

显然，经过这些流程后，最终产品的标准化是可以满足需要的，步兵所需的步枪正是其中一例。为了满足市场需求，还有其他一些流程是可以将多样性外观设计到硬性批量生产流程之中的。

通用汽车公司认为通用汽车有许多选择，比如颜色、车型、座椅质材以及配饰等，他们的顾客可以从数以百万计的不同最终产品的组合中加以选择。更为重要的是，虽然通用汽车公司不常广而告之，但事实上，通用汽车公司的所有汽车品牌，包括雪佛兰、庞蒂亚克、奥兹莫比尔、别克和凯迪拉克等都使用同样的框架、车体以及引擎，更不用说相同的制动系统和照明装置了。然而，所有汽车外观看起来各不相同，特点各异，而且代表着基本标准化元素的多种组合。所有这些汽车品牌（凯迪拉克除外）都是在相同装配线上组装而成的，它们全部都是硬性批量生产的产品，生产流程自亨利·福特早年开始至今保持不变。

然而，为了从硬性批量生产获得外观的多样性，这就要求每个单一的零部件生产有相当的产量，除了汽车产业之外，很少有产业能够完成这样的生产任务。正如福特所见，除非任何构造类型的产量足够大，否则硬性批量生产难以完成真正标准化的产品。

比如 AMC 正处于这种非常不利的条件中，因为它缺乏通用汽车公司那么大的产量，但至少在汽车外观和款式上必须确保最终产品的多样性。然而，它的汽车年生产量在 30 万辆到 40 万辆之间，与任何其他美国产业相比，它的产量已经不小，但在汽车产业中并不占上风。

对大多数批量生产流程而言，优先原则应该是弹性批量生产。不过时至今日，机械化与弹性批量生产很难融合。适合于批量生产的工具从来就不是弹性的。

电脑的出现正在快速改变这种状况。对电脑而言，尤其是对小型流程处理电脑来说，它不过是机器或机器工具的一部分，它会消除弹性批量生产中的主要障碍，也就是工具缺乏弹性的缺点。传统的批量生产与传统的机械生产一样，产品或流程中的任何变化都会要求暂停生产流程，然后改变机器的设置、清理工具、改变工作与材料的位置以及改变速度等。只要这种变化必须由人工完成，那么它就会费时费力。更加糟糕的是，改变工具意味着停止整个流程。但对机器工具的电脑数据控制就可以避免时间的浪费。电脑可以在预设的基础指令上做即时变更，无须耗时太多，数秒钟即可，最多数分钟而已。

这可不是自动化，而只是机械化的激进改良（关于机械化与自动化的论述详见下一章）。日本与瑞典的造船业就是两个典型的例子。在20世纪60年代，这两个国家的造船业在全球造船业中占据了主导地位，它们把一些历史悠久而又经验丰富的制造商（如在苏格兰克莱赛德和德国汉堡等地的制造商）挤出市场，靠的不是较低的工资。实际上，瑞典的工资高于德国与苏格兰的工资。瑞典与日本造船业的成功在于电脑控制在造船技术上的应用，把传统的独特产品生产流程转变成为弹性批量生产流程。结果是显而易见的，瑞典与日本的造船厂能够获取标准化零部件来建造船舶，从而成就最终产品的多样性，不仅体现在船舶的外观上，而且体现在船只的大小、结构、速度上。虽然船舶制造工作依然遵循传统的独特产品生产流程，按工作阶段加以组织，但在每个阶段的流程都是批量生产流程，所有零部件都是标准化规格，只是结构组合几乎都具有无限的弹性。这样的生产流程既导致生产成本的降低，又大大提高了生产速度，最重要的是，船舶的建造周期差不多可以完全预测，而且这样严格控制的工作进度几乎是人类造船业历史中的首次应用，甚至最终产品的交货日期都可以提前设定，真实可靠。

电脑化控制在生产流程中的应用同样改变了其他产品的生产，比如玻璃器物的制作。

电脑化控制的应用要求生产流程的重新设计。这是一项艰难而又昂贵的工作，它要求对产品和流程进行严格深入而且旷日持久的分析。电脑化控制的应用促使生产结构实现从硬性批量生产向弹性批量生产的转换，生产成本有时能够降低50%～60%，生产速度也会大大提升。这样，生产进度就会像硬性流程那样可靠。与此同时，真正的营销也成为可能。

哥特式主教座堂、大小教区教堂的建筑师们能够根据个别顾客、主教、主教团以及教区的需要设计出独特的教堂来；但实际上，他们使用的是标准化的建造流程，使用标准化的组合结构，而且雇用技术一般甚至毫无技能的劳工即可。

同样的道理，弹性批量生产也能够制造出大量真正各具特色的产品，但它采用的是完全标准化的生产流程。因此，我们有理由预测，弹性批量生产将会逐渐成为未来的批量生产系统，而硬性批量生产将会被局限于生产极小数量范围内的最终产品，诸如顾客的特殊需求以及一些基本的统一性产品。

流程生产

第四种系统是流程生产。在这个系统中，流程与产品合二为一。

流程产业的典型实例是炼油业。炼油厂从原油中提炼出来的最终产品取决于所使用的流程，它只能按照原先建构流程时所设定的比例来提炼馏分油。如果新的馏分油需要添加，或者如果不同的馏分油的比例需要调整，那么这家炼油厂必须重建。流程生产在化工产业中是个惯常规律，是个基本系统，与牛奶加工厂或平板玻璃工厂只有细微差别。

流程生产是个整合系统。在这个系统中，既没有阶段，也没有零部件，只有一个流程。典型的特点是流程生产始于一种基本原料。但该原料（比如原油）经过流程生产后形成多种不同的最终产品，并提供给不同的终端使用者。流程本身具有高度的"硬性"，甚至比硬性批量生产还"硬性"，因而它的最终产品的多样性一定远多于独特产品生产的最终产品的多样性。

流程生产是个系统，只要应用得当，它会产生巨大的经济效益和生产率。但如果应用不当，或如果并非真正地发展成为流程生产，那么情况就会像前文中论及的基础炼钢业那样：硬性与成本就会高过收益。

对许多在历史上采用过独特产品生产或硬性批量生产的生产流程，其实它们所采用的都是也应该是流程生产的模式。在一个经营良好的电话系统与大多数邮局之间存在的绩效差异在于电话服务所采用的是流程生产，是一个真正的系统。各地邮局最多也就是以批量生产制度为基础，但实际上，从大体上说，大多数邮局仍旧沿用独特产品生产模式，不过多了流程的分期"阶段"，并为不同的"产品"采用截然不同的操作流程而已，诸如各种各样的邮件、信件和包裹等。诚然，移动电子脉冲比移动文件要容易得多，更不用说沉重的邮包了。但邮件服务能够改善的邮局，其绩效也会显著提升，因为它善于把原有的系统加以改进成为流程生产模式。

所有交通运输，无论是邮件、货运还是客流，都应该被视为流程生产。交通运输设施必须成为一个系统，必须有一定的"硬性"，必须有工序进度安排，而且必须彼此整合。但每个信件、每个包裹，更不用说每个旅客，都有各自不同的目的地。因此，"最终产品"差不多都有"无限的多样性"。本质上说，只有一个系统，也就是流程生产系统，能够有效地、充满生产力地执行生产任务，而且能够为顾客带来高满意度。

每个生产原则的必备条件

以上四种生产原则中的每个原则都有各自不同的特点，也都需要各自不同的条件。每个生产原则都有各自的成本，都有各自的缺陷与强项。

独特产品生产是劳动密集型的生产模式，甚至在高度机械化的情况下（这并不适合自动化），资本投资相对低于劳动力成本。独特产品生产具有强大的弹性。虽然个别产品的成本很高，但收支平衡点较低。独特产品生产适合在低产量或者相当大的产量波动的条件下运作。独特产品生产对技术的要求很高，但对产品的判断力要求很低，甚至毫无要求。

硬性批量生产也属于劳动密集型的生产模式，而非资本密集型，但它有非常高的产量要求，甚至极小的产量波动也会影响整个系统的经济效益。它在流程设计以及维修上需要高超的技术，但在实际操作中只需较低的技术甚至无需技术。它在流程设计中要求很高程度的判断力，但在实践操作上则不要求。

弹性批量生产逐渐成为资本密集型的生产模式。然而，它依旧需要大量的劳动力。它要求极高的总产量，但在产品组合上具有很大的弹性。它要求系统设计与维修的超高技术，在实践操作上则并无太高的技术要求，但它要求具备很好的判断力。

流程生产要求极高的资本投资。对具有极高资本投资的产业来说，唯一适合的生产原则就是流程生产。因而它不应该成为劳动密集型的生产模式。

如果某产业既是高度的资本密集型，又是高度的劳动力密集型，那么它可能使用了错误的生产原则。它尚未掌握好如何应用流程生产原则。钢铁制造就是一个明显的实例，造纸业、航空业以及医院也可算上。这些产业或服务业具有各自固有的弱点，具有高收支平衡点与产品组合缺乏弹性所结合形成的最糟糕的弱点。虽然我们通常并不知道如何将这种产业导入真正的流程生产中，但我们知道，这类产业或服务业的生产活动越是靠近真正的流程生产，它们在产品品质和经济效益上就会越好。

流程生产要求持续的高产量。在化工产业或玻璃行业中，典型流程工厂的运作一定要达到或接近最大生产能力，否则只能停工。它具有极大的产品组合的多样性，但它缺乏弹性，甚至毫无弹性。它只能够生产为本系统设计的产品，而且在设计技术上要求极高。它在操作上也要求极高的技能，比如说工期安排的调度员、飞行员、航空公司的维修人员等都需要具备很高的技术。它也可以不要求太高的技能，就像在基础炼油厂的工人那样，但它一定要求每个员工在实践层面上具有极高的判断力。

打个比方说，由于产品与流程已经在流程生产中合二为一，因此即使在现有市场中没有这些产品的需求，流程变化也会创造出新的产品。这种现象在化工产业中屡见不鲜，在航空产业中也很典型。当一架新型的、更大的飞机推出之后，一个新市场就必须被创造出来，因为产量不能渐进式地提升，这正是流程生产的特性。无论是新的化工厂还是新的大型喷气式客机公司，产量的最小单位巨大，因而它必须要求在产量上实现"量子式跳跃"，以应对新兴的市场变化。

在独特产品生产中，管理者的首要职责所在便是获得订单。在硬性批量生产与弹性批量生产中，管理者的首要职责是建立一个有效的物流组织，去引导顾客调整其需求并接受公司提供的各种产品。在流程生产中，管理者的首要任务就是去创造、维持、拓展市场以及开创新市场。把煤油灯具免费配送给中国的农民，以此来创造煤油消费市场，这是80年前著名的"标准煤油"的故事，也是一个很好的实例。

在独特产品生产系统中，决策的时间跨度较短；但在硬性批量生产与弹性批量生产系统中，决策的时间跨度较长。比如建立一个有效的物流组织也许花费十年时间，但在流程生产系统中，决策的制定可能指向更长久的未来。但相对缺乏弹性的生产设施一旦建立起来，主要成本若要改变，那么整个投资的费用就会大大增加，市场发展就会随之变得长远。大型石油公司的营销系统便是很好的实例。

生产组织越先进，未来决策就越重要。

每个生产系统要求不同的管理技巧和组织。独特产品生产系统要求擅长于技术职能的员工。硬性批量生产与弹性批量生产系统要求管理者在分析思维、工期调度以及工作规划上训练有素。弹性批量生产和流程生产则要求管理者善于把握企业的整体观念，并对企业的概念综合以及决策成竹于胸。

在劳动力以及管理方面，这些生产原则也存在着明显差异。独特产品生产通常能够在经济波动中把握劳动力的调整，在不景气时只保留工头和一些拥有最佳技能的核心员工，而且通常状况下能够在劳动市场中找到所需技能的劳工。而在批量生产制度中，员工的技术有限，因而这些劳工需要提供相对稳定的就业保障。在流程生产中，劳动力代表着判断力的投资，因此企业必须尽其所能地保持就业的稳定性。石油公司就是典型的流程企业，即使是在经济萧条时期，它们也会尽力保持员工就业的稳定性，这样做既不意外，也不仅仅出于慈善的意图。

以上这四种生产原则都是"纯粹"的生产类型。但有许多企业，甚至许多非商业机构，比如医院，在不同的工作领域应该采用不同的生产原则。那么，它们应该如何把这些原则结合起来呢？

医院需要独特产品生产系统。尽管任何医院中的大多数患者都属于高度可预期和可重复的相似类型，比如妇人分娩、小型整形手术以及心脏疾病等，但病患护理必须遵循独特产品生产系统所提供的基础服务。与此同时，医疗服务、X射线检查、化验室以及理疗等都必须采用基本的弹性批量生产系统。同样的道理，患者的住院服务，比如病人伙食、病房清理保洁等，也应该采取弹性批量生产系统。医院的其他运作则要求认真细致的系统设计，这就要遵循流程生产原则了。然而，所有这一切的运作都必须整合进入一个医院系统、一套管理体系、一个完整流程，这样才能把服务落实到病床上的每一位患者身上。

很少有工业生产流程能和医院生产流程的复杂性相提并论，但航空业也有各自不同的"生产原则"，诸如不同部门的航空信息交流和运输作业管理等。

同一个组织中的不同生产原则的使用规则比较简单，但这并不意味着应用起来得心应手。在同一组织中，不同的生产原则可以运作良好，但它们一定不能胡乱混淆。

比如在生产流程的开始与末了，无论是把硬性批量生产制度还是弹性批量生产制度与独特产品生产制度相结合，这对组织大多数批量生产流程来说都相当容易，就像哥特式主教座堂的设计师和日本佛教寺庙的建筑师所做的那样。这也是今天的建筑商家们所采用的混合生产制度，他们按照相同的标准化部件设计出三四个基本模型，然后把这些模型应用到数量巨大的不同最终产品上，有不同的地板、各具特色的照明与装饰方案以及不同的外部装潢。

但是，当不同的生产原则必须混合一起时，难免会混乱、冲突甚至效率低下。这也是医院生产原则中存在的基本问题，实际上迄今为止，尚未有人找到一种方法可以在病患护理中将完全不同的生产原则分离开来。

因此，管理者们需要明白哪些生产原则真正适合于相对应阶段的生产流程，并加以适当管理。他们必须分析每个阶段生产原则的应用逻辑。假如他们发现需要把不同的生产原则结合在一起，那么他们就必须尽可能地按这些阶段加以分别，以免造成生产原则间的相互干扰。然而，不同生产原则的组合不能模仿他人所为。这就要求管理者，无论是企业的管理者还是公共服务机构的管理者，必须分析自己的工作以及自己的生产流程。此外，这还要求管理者必须掌握生产的基本原则、特征、局限性以及必备条件。

CHAPTER 18 | 第18章

使工作具有生产力：控制与工具

工作控制与流程控制——控制必须成为工作者的工具——控制是经济原则而非道德原则——检测并非控制——常规与例外——常规模式——工作与工具——工具："更大"未必"更好"——机械化与自动化——工具是"工作"与"做工"之间的桥梁——人是劣质的机器零件——自动化原则——超越人力工作——资讯处理——已知知识的应用与学习——如何理解新知识的产生——挑战

工作是一种流程，任何流程都需要控制。因而要让工作有生产力，必须在工作流程中建立适当的控制。

更加明确一点说，生产流程需要建立控制表现在如下几个方面：
- 方向控制。
- 质量控制。
- 在一定单位时间内投入指定资源的产量控制。

- 标准控制，诸如机械保养或安全。
- 经济控制，即资源的使用效率。

每个工作流程都需要各自的控制。没有所谓"标准的控制"，而只能说，所有控制系统必须满足相同的基本需求，必须符合相同的整体规范。

我们要知道的第一件事是：控制工作流程意味着控制"工作"，而不是控制"工作者"。控制是工作者的"工具"，而不是工作者的"主子"。控制也不能成为"做工"的障碍。

控制阻碍工作的最极端案例不是发生于制造业，而是发生在零售业与医院。在零售业与医院中，当"控制"被默认为"最终目的"时，控制就侵犯并严重损害了工作。

百货公司毫无疑问地要求许多控制。每一笔销售必须记录在案，还需要库存控制，以及账务、信用、交货等相关信息的控制。然而，太多百货公司要求它们的销售人员提供所有控制信息，结果，销售人员用以本职工作也就是销售商品的时间越来越少。在一些大型的美国零售公司中，销售人员花三分之二的时间在文书工作上，而仅有三分之一的时间用于销售商品。纠正这种情形很简单，只要尝试纠正，效果就会立竿见影。在销售人员完成他们的工作之后，也就是服务顾客之后，所有的文书工作可以交给一位专门为销售工作设立的文员来做。这样的做法对销售人员的销售能力与工作士气都会产生惊人的影响。

医院需要巨大的控制，从医疗记录到账务，再到报销处理与保险理赔，以及病患的私人理疗等，无不需要合理控制。然而，要让护士来处理这一大批的文书工作，就像医院在实践上推广的做法那样，这显然就是"控制不当"。这会导致护士埋头于事务，不务正业，照料病患的时间也越来越少。同样，纠正这个错误很简单：设立楼层文员，通常状况下在医院行政人员中挑出一名管理见习员，让他专门承担信息处理工作，包括为护士的本职工作提供所需的信息。这样的做法不仅经济，因为管理见习员的工资低于护士（当然也应该如此），而且可以做到人尽其才、才尽其用。

我们应该永远记住，控制是经济原则而不是道德原则（详见第39章）。控制的目的在于促进生产流程能够按照高标准要求正确而顺利地进行。控制系统首先应该提出的问题是：能否在可容许的偏差范围内，以最小的努力维持生产流程的正常运作？花费1美元去维护99美分，这不算是"控制"，而是"浪费"。因此，正确的问题是："什么是能够维持生产流程的最小控制？"

70年前，西尔斯的创建者们显然对此问题有清楚的理解。在早期的邮购业务中，附在订单中邮寄来的钱款并未细致数点，因为当时的订单在没有开封之前要称重计算（当然，那时的货币是金属铸币）。西尔斯在经过多次检测后认识到，订单的平均重量相当于一定金额的货币总量，因而称重就足以实现控制的目的。

多年以后，20世纪50年代，玛莎百货同样发展出一套"最小控制"系统。据说玛莎百货的前总裁马克斯勋爵在走访一家零售店时被大量的文书工作所惊吓，因此他毫不犹豫地下令停止所有的文书工作，并以常规小型抽样控制方式来取而代之。这样的做法极大地提高了零售商店员工的销售额以及企业的盈利能力；同时，这样的改革还提升了员工的工作士气，员工们最终能够有效地开展工作，而不再把时间和精力浪费在阻碍他们工作的控制上。

我们需要知道的第二件事是：了解控制的基本特征。控制必须是预先设定的。对期望获得的绩效目标以及可容许的偏差程度必须做出决定。控制基本上针对"例外"情形——只有重要的偏差才能引发控制。只要生产流程的操作依然在预设的标准范围之内，那么它就是在可控制的范围内，不需要任何控制行动。

我们需要知道的第三件事是：控制必须来自已经完成的工作的反馈信息。工作本身必须提供相关信息。如果工作总是需要不断地检测，那就没有控制可言了。

这里隐含一个非常重要的意思：检测不是控制。当然，产品与服务都需要检测，尤其是需要最后的检测。但如果把检测当作控制，那么它就会迅速变得过于累赘、极度昂贵，甚至会拖延生产流程。最重要的是，即便是百分之百的检测，也就是对每个产品进行逐一检验与分析，检测也不是真正的控制。结果依旧是品质低劣、缺陷过多以及故障频发。

换言之，检测是对控制系统的控制，而不是针对控制系统本身。如果检测要有成效，那么它也必须符合控制规范，最重要的是必须符合经济原则。

控制本身必须运用于那些故障可能发生的地方。这样看来，控制行动也许可以由机器来执行。有两个典型的实例，一是瓦特蒸汽机的调速器，二是现代家庭中央暖气系统的自动调温器。

或者，提醒工作者可以采取适当的补救行动，这样的做法也是反馈控制方式之一。重要的不是"谁"采取行动，而是采取"什么样"的行动。同等重要的是，所采取的控制行动应该针对工作流程的结果，并且在适当的地方采取控制行动，也就是工作流程中需要纠正的地方，或是在工作流程执行中必须改变方向的重要拐点，比如关闭或开启暖气。

这暗示着控制系统必须指定控制得以建立的"关键点"。这显然不是技术决策，而是管理决策。在什么样的"关键点"上，控制系统可以获得充足的信息去把握所需要的控制行动呢？在什么样的"关键点"上，控制系统可以具有采取有效控制行动的合适范围呢？无论在任何关键点上，控制都会令人不悦。但如果控制行动太过缓慢或非常延迟，则无法达到规避损害的目的。哪些部分的工作流程要求持续的控制？哪些部分的工作流程仅仅在特定阶段才需要控制？哪里需要预防控制？哪些部分的控制属于基本的补救措施？在设计控制系统时，这一系列问题极少被人关注。然而，除非人们认真思考并回答这些问题，否则一个控制系统的设计将无法真正地满足工作流程的需要。

常规与例外

　　控制系统只能控制工作的常规流程。控制系统只能辨别例外状况,但它无法解决例外状况,它仅仅能确保例外状况不会对流程本身造成障碍。

　　任何流程都在尝试从宇宙的混沌中建立秩序,以促进绝大多数的现象、行动、问题、状况能被常规化,从而不再需要个人的、特定的决策。一项控制系统其实就是一个工具,它能够帮助平均水平能力的人们去执行原本需要超常技能的独特工作。因此,如果一项控制系统违背了这个基本规则,并且试图处理许多例外状况,那么,这项控制系统将会挫败整个工作流程。它将会因为我们3%的无知而牺牲我们97%的知识。

　　例外状况是无法完全避免的,但可以从工作流程中加以剔除,然后按照例外事实分开处理。让控制系统来处理例外状况会误导甚至会对工作流程与控制系统造成损坏。

　　能够说明这个道理的最好例子不是在制造业中,而是在人寿保险业的信息流程中。每家人寿保险公司每日都要处理繁多的死亡索赔申请,它们都知道必须尽快地处理死亡理赔业务,否则公司就会迅速丧失市场信誉与地位。因此,所有人寿保险公司在很早以前就已经采用如下规则:在24小时内完成常规死亡的理赔工作。

　　大多数甚至是超过90%的死亡索赔都是常规案件,仅仅需要核查无误并登记在案即可。难道所有必要的表格都需要提供吗?难道所有要求的信息都必须掌握吗?填写理赔表格花不了多少时间,只要事实确凿,授权赔付就是了。

　　在少数索赔申请案件中会出现信息不全的情况,比如没有死亡证明,或是死亡证明没有医师签名，抑或没有死亡原因陈述，或是死亡证明书上的姓名与保险单上的姓名不符，或者年龄明显存在差异，通常都是如上这些烦琐的文书缺失。

当人寿保险公司收到死亡索赔案件时，先是按照姓氏字母顺序加以分类整理（有时也会按照区域来划分），然后交给理赔员处理。直到近日，美国保险公司的理赔员必须处理他们所在区域的所有索赔案件。通常状况下，这意味着理赔员在处理十几个案件中会发现一件无法遵循常规理赔方法完成的案件，然后理赔员着手处理这个例外案件。有时他们会在很短的时间内解决问题，比如把案件送回保险业务员，并附上适当的表格信函，要求补齐所缺的信息。但有时他们必须花上半小时甚至一个小时才能处理好一个案件。这会导致一些常规理赔案件的拖延。到12点时，理赔员通常工作滞后，应该授权赔付的常规理赔案件也无法在既定时间内处理完毕。

英国保险公司在处理这些情况时表现不俗。理赔员会先行审查每个索赔申请，确定它们是否属于常规案件。任何看似不简单的、无法立即赔付的索赔申请会交给特定的"专家"小组成员来处理，他们通常是资历深、经验丰富的理赔员。与此同时，常规的理赔工作仍然照常进行，并不拖延。

欧洲与日本的人寿保险公司则采用别的方法来处理这种状况。理赔员会把那些不能立即赔付的例外案件放在另一张桌子上，先行处理常规索赔案件。当常规案件处理得差不多，而例外案件积累到一定数量时，大约是上午10点半到11点，理赔员们会根据各自的工作量来分配处理这些例外案件。这样一来，在通常状况下，他们能够在中午之前或在下午下班之前处理好所有的索赔案件。

传统的美国保险公司会误用控制，认为常规案件次要于例外案件。传统的英国保险公司则做到了有效控制，把例外案件从工作流程中剔除，以保证常规案件的顺利解决。但这样的做法会让工作者显得无能，它看起来是个好的控制系统，但合适于机器工作流程，并不合适人类工作流程。德国或日本的保险公司的控制系统则既能满足"工作"需求，也能满足"做工"需求。

然而，最好的控制系统并不在企业中，而是在19世纪早期内科医师发展出来的临床鉴别诊断法中。鉴别诊断法是在预设顺序的可确定系统中形成的，它逐步地排除了所有不适用的诊断方法，也就是把所有例外诊断方法加以逐一剔除，从而把发现病因的过程发展成为一种常规的诊断流程。

设计控制系统必须对"常规"与"例外"的定义进行深思熟虑。

常规模式

有如下三种常规模式：第一种模式讲究投入与产出的高度标准化。硬性批量生产与弹性批量生产都属于这种模式。

人寿保险理赔就属于这种模式。投入是完全标准化的：因为是投保人死亡这一事件而申请的保险理赔。产出也同样是标准化的：用一张支票支付理赔，不过支票金额不同。当然，金额的多少是根据保单预先决定的。处理人寿保险的死亡理赔是硬性批量生产的典型实例，或许比汽车流水组装线还要典型。在这种模式中，控制系统由组织常规流程与消除例外状况组成，但二者必须分开处理。

在第二种模式中，事件的明显多样性实际上代表着"子模式"（subpattern）结构，每个子模式都具有高度的常规化。意外事故保险就是很典型的例子，比如火灾保险、盗窃保险、海事损失保险等。这些保险在其风险和理赔上看起来令人扑朔迷离，而实际上，这类保险不会超过六种。

另一个例子是医院。医院的意外事故保险留给人们的第一印象是完全不可预测性。每个"流程"，即每个病人看起来都要求各自独特的控制系统，这就是大多数医生所能看见的医院状况。实际上，医院中的子模式并不比在意外事故保险业务中的子模式多,更不必说多于其他许多制造业的子模式了。医院的所有病患中,超过90%的疾病是常见症。这些病症所要求的医疗护理都可以在已知的、相当狭小范围的程序内实现,对医院医疗设施的需求是可以预见的,比如手术室、X光室、化验室、理疗室,以及对病症的预断也可在一个狭小的范围内完成。因为每一种疾病都有大致的症状,而且适用于绝大多数病例,所以,我们可以通过控制极少数预设模式来控制整个医院。例外病症是重要的。实际上,例外病症通常也是最困难的医疗挑战。但例外病症也是可控制的,先把它从常规病症系统中区别出来,然后以真正的例外病症,即真正的独特事件加以处理。

任何看似不可预测的流程,其最可能的假设是:它事实上包含了许多高度可预测的"子模式";而这些子模式之所以显得变化莫测,只是因为它们之间的相互干扰。设计一种控制系统的关键是识别并确定这些子模式,然后把它们常规化,设定标准,并建立一套能够确保流程在正常预设范围内操作的控制系统。

最后,有些流程是以独特事件出现的,这在制造业中并不多见,但在一些服务业中相当频繁;独特产品生产通常由相当少量的高度可预测的、可重复的子模式组成。

劳工赔偿保险是一种专为工作者因工受伤而设的理赔保险,支付范围涉及工作者的误工费、因工伤造成的损害补偿、相关疾病的医疗费用以及康复费用等。这类索赔案件基本上各不相同。每一项索赔都必须分开处理,不仅要求保证到期付款,而且涉及医疗费、手术费、康复行动等诸多方面的要求。这类理赔案件在工作方法或工具使用上要求不断做出调整,以期消除或降低将来的风险。不过,职工赔偿保险的理赔员应该拥有充足的权力处理这些案件。绝大多数的索赔申请应该得以快速解决,以满足雇主与工伤者的需要,并且使受伤者在治疗或康复过程中取得良好效果。职工赔偿计划的医疗执行效果记录应该比大多数医疗实践效果记录更好些。

处理这种模式独特事件的方法是对其标准进行认真细致的研究并加以合适界定。比如在劳工索赔申请中，必须满足理赔案件调查、所需的医疗或手术管理以及结算支付所需的时间等，这每项单一工作的最低标准是什么？换言之，理赔员可以使用什么样的标准去衡量与指导他的工作呢？的确，即便在这样独特事件的情境中，仍然存在不同的模式；而且因为模式太多，每个模式都拥有整个现象的小部分内容，因而无法针对每个模式设计单一的控制系统。但唯一非常有效的控制系统是制定多个标准，以促使个体工作者都能够发展出各自的常规流程和各自的控制方法。

最后一种模式尤其重要，因为它是知识工作和其他任何专业工作的典型模式，诸如教学与医疗实践等。顾名思义，专业人士即指他自己拥有专业的工作，同时他自己处理独特事件，至少解决在他个人专业领域内的独特事件，因此必须遵循专业标准来加以控制。如今，人们之所以对专业人士（无论是教师、律师，还是医生）深感不满，很大程度上是因为专业标准的缺少，也就是，缺乏一种适合于独特事件流程的控制系统。

工作与工具

促使工作具有生产力的最后一个步骤是为工作提供正确的工具。

不同类型的工作要求不同的工具。工具的种类繁多，从简到繁，从小到大，即便是最大专著也无法逐一分析说明。工具的设计、组织以及应用都是技术科目，而不是管理课题。

然而，无论是工业生产、信息处理，还是知识工作，管理者都需要明白工具使用的基本管理要求。

工具未必越大越好。最好的工具是能够用最小的努力、最低程度的复杂性以及最少的力量完成工作。

与普遍的看法相反，虽然大多数的装配线都是完全机械化的，但它都使用小型工具，它们都已被改进成为适用于特定工作的工具，不过这些小型工具依然是锤子、螺丝刀、木槌和钳子等。良好的装配线会根据工作的时间与工种的实际需要为工作者配备最简单的工具。

人们总是误以为工具越大越好，其实不然，这一点需要加以强调，因为这是技术的弱点之一，或者说是技术人员的弱点之一。

人类历史中对工具使用的最坏的冒犯者是军队，因为军队总是对"大"而"复杂"的事心醉神迷；历史中一些最严重的军事灾难都是因为这种错误想法而导致的。当波斯人攻打希腊时，正因为他们崇拜"大"而失败。13世纪的蒙古人之所以能够横扫欧洲，是因为欧洲人沉醉痴迷于自己骑士精神的"先进技术"；最后蒙古人以轻车快马和极少的武器装备围困了欧洲人的兵马，欧洲人成了自己甲胄辎重的牺牲品。无独有偶，希特勒之所以兵败于苏联，很大程度上是因为他过于轻信重型坦克与重型火炮，但重型坦克与大炮在苏联松软而且无路的平原上根本无法操作，更不用说补给了。美军在越战中收获了相似的教训。

因此，管理者不要问"有没有更大的工具"，而应问"最简单、最小、最轻巧、最容易使用的工具是什么？"

第二个简要原则是：工具必须为工作服务。工作不是为工具而存在的，工具是为生产而存在的。今天的电脑使用者们经常违背这个原则。他们被电脑的容量、速度、内存以及计算能力的快速更新换代弄得神魂颠倒。当他们换了新电脑后，他们就会疯狂找事情让电脑做。结局可想而知，电脑被使用并制造出没完没了的信息，根本无人想要、无人需要，也无人能用。让电脑无休止地运作成为它存在的目的，结果没有人能够获取任何有益的信息。

支持让工作服务工具，而非工具服务工作的论调很常见。有人认为，由于资本投资太高，因而工具必须只有在使用时才合乎投资效益，致使很高的资本投资闲置，确实是浪费资财。因为无论工具能否有效使用，资本成本都在不断流出。但吸收这些成本仍然比让这些昂贵的工具不断贬值作废更具有经济效益，制造昂贵的垃圾远比不生产更加浪费。

机械化与自动化

然而，对管理者而言，最重要的是要明白工具与工作的关系原则：工具是"工作"（work）与"做工"（working）之间的桥梁。工具为工作服务，也为工作者服务。因此，工具的设计必须既能促使工作具有生产力，又能促进工作者获得成就感。这就要求管理者必须明白何为机械化以及何为适当的机械化。

机械化这个词是最近才有的。大多数人相信它仅指现代工具，即属于先进技术的工具，其实所有工具都是"机械化的"。千百年来，人们不断改变工具的能源，从人力与畜力到风力与水力，再到矿物能源，一直到如今的核能，但工具却几乎没有改变。工具从一开始就是独特的人类现象。所有工具都随着人的扩展而变化，比如随着人身体的扩展，锤子便发生变化；或者因为人头脑的发达，乘法表与电脑便诞生了；再比如工具会为人提供人身体所未能具备的能力，就像轮子或斧头。但无论如何，所有工具都是人的工具，因此所有工具都必须服务于人的双重需要：让工作有生产力，让工作者有成就感。

今天，人们对现代技术忧心忡忡，因为他们认为现代科技正在成为人类的"主人"，而不再是人类的"奴仆"了。许多年前，一位学电脑工程的学生向我表达了他对这个问题的看法。这位年轻人说："人们经常问我是否担心会成为电脑的奴仆。我不理解他们为何会有这样的问题。我所要做的仅仅是拔掉插头而已。"

科技会成为人类的主人，成为人类的奴役者，这种恐惧确实是杞人忧天，而且这种观点大多来自那些对科技一无所知或一知半解的人；此外，这些人还都倾向于坚信科技是工业革命的产物。实际上，机械化被误用滥用才是真正的危险。机械化的恰当应用会扩展人类的能力范围，会增强人类获取成就的能力。如果机械化不是这样做，那么它就是不好的工程设计；它将无法让工作更具有生产力，反而会削减生产输出。

特别值得提及的是，有两种危险需要小心提防。第一种危险是让人成为机器的一部分。人是非常差劲的机器零件。如果把人力设计到机械系统中去，让人来执行机器的工作，那么这样的工作系统将难以运行。第二种危险是工具的误用而导致的团队分裂，这会挫败员工通过工作建立起来的紧密关系。

亨利·福特所建立的现代装配线就具有这两种危险。实际上，在传统的汽车装配线上，工人就是机器的一部分。工人非常拙劣地、缓慢地、粗心地执行着那些本应该是机器做的活儿。这些工作按照统一不变的速度与节奏，一而再再而三地重复进行。更糟糕的是，汽车装配线使得工人之间成为"威胁"，而不是让他们成为共享资源的"工友"。如果一个工人在线上工作稍微快些，他就会危及他周边的工人；也就是说，只要他改变工作的速度与节奏，他的工作就会提高生产力，但这会成为其他人的威胁。而且就算他工作得更好，他也无法帮助他的周边同事。他被限制在他自己的作业位置上了。

我再次强调，这不是装配线本身的危险，而是工程设计的缺陷。这些缺陷能够被克服，我们将在第21章中加以详细叙述，即便是在传统的汽车装配线上也可以得到合适改善。有些缺陷在生产流程中正在被逐渐克服。但如果管理者们或工程师们忘记了"工具是工作与做工之间的桥梁"，把工具设计成只为工作服务，那么，这些病症就会发生。

当机械化对做工造成损害时，也就是说，当工具的组织最有利于促进

"工作"的生产力,却对"做工"与"工作者"构成损害的威胁时,应该做什么呢?一个办法,即在大多数情况下可用的解决方案,就是重新设计机械化工程(这点将在第21章中讨论)。另一个办法则是超越机械化,转入自动化。

自动化(automation)是个相当新的词,20世纪40年代末由福特汽车公司一名主管发明。然而,自动化的概念要早得多。

自动化的最好例证早于自动化的术语,公众关注自动化现象那就更早了,至少早数十年。这个最好例证就是电话系统。如果"没有人手触及",没有人工操作,电话系统就不可能运作。使用者用手拨他想要呼叫的电话号码才能启动系统。这就是"工作"。在手动拨号后,电话系统便会自行切换到相应的频道,并把信号回复给拨打电话的人,这样他就知道电话是否接通,并在通话结束后断开连接。电话系统还会执行一些辅助作业,比如为通话计时计费等。如果需要,电话系统还能非常容易地执行一些额外杂务,比如当有些连线发生故障时,它就会发送信号给维修中心。

电话系统呈现出自动化的四个原理。

第一,整个流程被视为一个系统;可以说,没有开始,也没有结束。一切都是整合在一起的。

第二,电话系统的基本假设是宇宙的自然现象都处于可辨别模式之中,而且能在概率分配的基础上加以常规化。

第三,电话系统可以通过反馈来实现自我控制。

第四,工作者并不"做工",而是规划安排。根据所设计的系统处理,工作者在诸多模式范围内做出判断,并在判断基础上做决策。工作者几乎毫无技能要求,比如电话的使用者。或者工作者需要技术精湛的设计者,比如电脑等完全自动化设备的微电路的设计者。但无论是技艺高超者还是缺乏技能者,工作者总是有识别能力的。工作者的工具就是他的判断力,而不是手工技艺或概念性技能。

每当机械化程度达到能够把工作者设计成为一个机器零件时，我们就可以把它升级到自动化。我们能够设计一台机器用以执行机械工作。在特定情况下，这样的做法未必令人满意，也未必符合经济效益。我们甚至至今仍然尚未拥有这样的技术，但可能性还是存在的。为了达到同时服务"工作"与"做工"的目的，重新设计机械化并非一定是最佳选择，但它一定是我们应该严肃考虑的选择。

把多台机器安排得当并不算是自动化，自动化也不是指机械化的终极。自动化与机械化是两个根本不同的概念。即便没有任何机器，自动化也能运作正常。在日本与中国，十来岁的孩子们就能快速精准地使用珠算；实际上，算盘就是自动化技术与数据处理的实例，其先进与精细程度堪比现代的电脑。算盘并不要求机械装置与先进技术，但是它能将自动化的基本概念具体化地体现出来。

任何工作都需要各自的工具。因此，任何工作都需要机械化。所谓"工欲善其事，必先利其器"，好的工匠一定会善用好的工具，好的工具在好的工匠手中被器重。所以在为工作设计工具时，管理者必须同时考虑"工作"与"做工"双重层面的需要。

超越人力工作

前文已经就工作分析、生产原则、控制以及工具等进行了探讨，至少在系统方式上，这些都与人力工作相关。直到最近，所有人从事的大多数工作依旧是人力工作。人力工作以压倒性的优势生产绝大多数产品。

然而，在现代经济与社会中，人力工作的重要性正在减弱，这主要得归功于人们在理解与组织工作上取得的进步以及在促使工作有生产力时所取得的能力上的提高。所以，现在的问题在于：是否相同的方式、相同的概念、同样的原则也能够适用于其他非人力工作？

答案是没有问题，同样的方法和原则可以应用在非技术生产的体力工作上，可以应用在铁路、建筑业，以及经济学家认为既不是农业与采矿业，也不是制造业的"服务业"之中。实际上，制造业与服务业之间的区别，对于经济学家来说具有重要意义，但对于管理来讲却不是这样。

此外，我们能够同样清楚地意识到：相同的方式、方法以及原则几乎完全可以应用在信息工作流程中，也就是适用于大多数的行政事务。

保险理赔工作、订单接洽处理、账单业务、资料文件操作以及大多数会计工作基本上都是生产性工作。的确，大多数的行政事务是批量生产，有些属于硬性批量生产，有些则是弹性批量生产。就像人力工作一样，它也要求同样的工业管理，诸如相同的工作分析、相同的生产流程以及同类的控制系统。

信息处理比大多数实物生产更加容易组织。信息总是以相当简单的形式加以编辑的，比如电脉冲、数字显示、文字表达；或者更加复杂一些的图形信息，比如亮度、阴影，最多加些颜色等。所以，信息处理总能通过标准化，也就是通过批量生产的形式，来把各部分组合成为最后产品。

从工作原则的角度来看，大多数真正的服务工作与实物的生产工作并无根本差异。零售店中的销售基本上属于弹性批量生产，个别销售则差异很大，只是工作流程并无多大变化。销售工作可以按照标准化的部分加以组合，最好的组合形式是为销售人员提供一个预设的常规流程和适当的工具，但必须给予他们广泛的判断自由。然而，除非常规流程已经预设得当，所需工具已经得到供应，否则，即便是经验老到的零售人员做出最好的判断，也未必能够产生良好的销售绩效。

然而，令大多数人觉得惊讶的是：相同的方式、方法以及原则也可以适用于对已知知识的学习与应用。实际上，长期以来，知识的学习与应用已经系统地提升了工作生产力，只是没人领会这个道理。前文中我们已经提到一个典型的例子，即19世纪内科医生发展出来的"鉴别诊断法"。要算更早点的例子，当属外科医生的系统化操作方法。18世纪的外科医生，特别是英国的外科医生约翰·亨特（1728—1793），在基础分析与工作流程的步骤组合上贡献巨大。

工作蓝图也早于现代工作研究，它是19世纪中期的产物。工作蓝图也是把相同的基本工作概念有目的而又系统化地应用于知识工作中。

不过，把这些工作研究和工作组织的方式、方法以及原则应用于知识领域的最重要例子是获取既定知识，也就是我们所说的——"学"（learning）。

数千年来，人们孜孜不倦地讨论如何"教"（teaching），结果徒劳无功。但到了20世纪早期，有个教育家，就是意大利伟大的医生兼教师玛丽亚·蒙台梭利（1870—1952）提出一个问题："什么是教育的最终产品？"她的答案是显而易见的："教育的最终产品并非'教'，而是'学'。"紧接着，她开始应用工作系统分析法，并且把工作的各部分整合到一个完整的流程中。当然，当时她自己并没有意识到她正在做的工作有何意义。蒙台梭利自己创建的系统当然不是"最后答案"。但她的方法为后来的所有工作系统奠定了基础。比如瑞士的心理学家让·皮亚杰研究孩童如何学习；美国的一些行为学家们研究认为，学习是一个连续工作的动态过程，学习自身具有逻辑性与控制系统；英国人则开放教室，把教育者的工作具体化在一个真实的"学"的环境中，这或许是教育领域的第一次主要变革，也是首次有系统的"学"。这些变化所采用的方法论就是工作分析，以及把分散的工作整合到一个完整的流程之中，不仅调节了弹性批量生产与真正的流程生产之间的问题，而且实现了合适的控制系统与工具供给之间的整合。

这些例子说明了一个道理：知识的学习与应用根本上与其他任何工作并无差异。当然，产品是完全不同的，材料与工具也不一样，只是流程基本相同。这种应用方式成为提升工作生产力的最大管理机会之一。

最明显需要系统化应用组织工作，以及最需要学习已知知识的，或许是产业中的研发工作，即研发工作的实质就是努力把新知识转化成为适销产品或适销服务。知识作为调研或发明的成果已经存在，现在我们所需要做的是把已知的知识应用出来。在很大程度上，这种转化与应用尚未得到系统化的落实。然而，只要研发工作已经在工作方法（基本上还是指弹性批量生产）的基础上加以应用，就像一些制药公司所做的那样，无论是工作速度、生产能力，还是在研发产品或服务的经济效益上，成果一定会令人刮目相看。

在工作应用的系统方法中，有一个尚待证实的领域，那就是新知识的产生，无论是发明还是调研都是如此。然而，我们有充足的理由相信：相同的方法论应该至少适用于新知识生成的实质性工作。

爱迪生或许是19世纪最具有生产力的发明家了，他就是应用系统方法来提升发明工作的生产率的。他的发明总是以对所期望的产品进行清晰界定为起点，然后把工作流程分成几个部分，并研究这些工作之间的关系与顺序。他还在关键的工作点设置特定的控制以及设定标准等。诚然，爱迪生的许多发明并不排除"创造力的火花"所起到的作用，但他努力并成功地为他的创造力铸造了系统与方法上的坚实基础。有一个迹象可以说明他的确走在了正确的道路上：他有许多科研助手，这些发明家在各自的研究领域也都取得成功，但他们都缺乏像爱迪生那样卓绝非凡的创造力。比如弗兰克·斯普拉格（1857—1934）就是一位有口皆碑的埋头苦干者，但他的发明仅限于有轨电车。

迄今为止，我们只掌握少数零星特例，虽然这些特例不足以为确证，但足以说明这方面的可能性。很显然，系统方法也会有若干缺陷——好比艺术家的视觉虽然高远，但他的工作通常并非如此。对新兴的科学知识或产业知识进行有组织的调研工作很有可能也会落入这些局限性中。

第19章 | CHAPTER 19

工作者与做工：理论与现实

> 麦格雷戈的 X 理论与 Y 理论——Y 理论的证据及其弱点——马斯洛的批评——什么是管理者的现实——为何"大棒"不再奏效——"大恐惧"与"小害怕"——效力过度的"胡萝卜"——反物质主义的神话——"多得多"的需求及其毒害作用——从"主子"到"管理者"——我们能够取代胡萝卜与大棒吗——开明式心理专制——为何开明式心理专制行不通——什么样的方法可行呢

自从人际关系学派的著作在第二次世界大战前后首次关注管理者之后，论及激励与成就、工业心理学、工业社会学、工作中的人际关系以及工作者的满足感等话题的书籍、论文和专题研究与日俱增。实际上，探讨关于工作者与做工的管理的作品至少在数量上已经超过了任何其他管理领域，甚至超过了管理科学与电脑领域。

在这些书籍中，阅读量最大、引证最经常的佳作非道格拉斯·麦格雷戈的《企业之人性方面》(The Human Side of Enterprise)以及 X 理论与 Y 理论莫属。麦格雷戈并未进行任何原创研究，他很直率地承认他的作品中并未发展出新的理念，只是阐述并论证了他人的观念（特别是在我早期的三本著作㊀中提到的观念）。但他的著作完全配得上广泛的关注。他强而有力地为工作者与做工的管理提出了基本选择。他提出的 X 理论——管理工作以及工作者的传统管理方法——认为人都是懒惰的、不喜欢并逃避工作，人必须被强制驱动，因而人需要"胡萝卜加大棒"。他提出，大多数人对承担自己的责任无能为力，因此大多数人必须被照管。与此相反，他提出 Y 理论认为，人都有工作的心理需求，人都想要获得成就并都想承担责任。X 理论的假设是"人都是不成熟的"，而 Y 理论的基本假设认为"人都想要成熟"。

麦格雷戈提出的这两个理论是可供选择的，并自称保持中立。但所有读者都相信，麦格雷戈自己完全坚定不移地站在 Y 理论上。

Y 理论具有令人信服的证据。大多数工作者，甚至是那些对老板和组织怀有敌意的人，都会喜欢他们的工作并希望获得成就。在大多数工作中，即便是那些最具有疏离感的工作者也能够找到一些令人满意的活儿干。

第一个典型的实例是 20 世纪 40 年代末的通用汽车公司，当时通用举办一场大型辩论，主题为"我的工作以及我为何喜欢它"(My Job and Why I Like It)，只可惜这场辩论的结果没有公之于众。差不多有 19 万名工作者就此话题撰文并参与讨论，这是我们至今获取到关于工作者态度探讨的最大样本。不批评工作的人极少，但要找出充足理由喜欢工作的人则更少。绝大多数工作者提及他们工作中遭遇的挑战、收获的成就感与满意感，还有一些真实的工作动机等。

同样令人信服的例子是弗雷德里克·赫茨伯格关于知识工作者的广泛研

㊀ 这三本著作分别是《公司的概念》(Concept of the Corporation)、《新社会》(The New Society)以及《管理的实践》(The Practice of Management)。

究（在第 16 章中已经提到）。赫茨伯格对实例进行逐一研究的成果表明：知识工作者渴望获得成就，但只有当工作能够为他们带来成就感时，他们才会确实认真工作，否则他们充其量也就是玩玩而已。

关于 Y 理论最为感人的叙事要比现代行为科学早出数千年，即修昔底德在《伯罗奔尼撒战争史》(*The History of Peloponnesian War*) 中所描绘的伯里克利在阵亡的雅典人葬礼上的演讲辞。实际上，在伯里克利的演讲中，雅典就是一个典型的 Y 理论社会，与斯巴达人形成鲜明对比；斯巴达人可能是世界上 X 理论最忠实的实践者了。

然而，事情并没有像麦格雷戈的跟随者们所信奉与传播的那样简单。首先，我们已经知道 Y 理论本身并不恰当。麦格雷戈引用我最先提出的观念加以论证并发展普及成为 Y 理论。当初我提出这个观念时曾强调说：这个观念并不足以"广为采用"。我曾说："把责任归于工作者以及针对成就为目的的工作，这种管理工作者与做工的方式势必导致工作者与管理者的极高需求。"麦格雷戈显然也见过这段话，只是他并不强调而已。⊖

马斯洛的批评

Y 理论的狂热支持者亚伯拉罕·马斯洛曾经指出：需求的确远高于我所见过的。马斯洛花了整整一年时间与位于南加州的一家小公司紧密合作，竭力实践 Y 理论。他于 1965 年出版的《优心态管理》(*Eupsychian Management*) 一书就是基于这次调研经历写成的。马斯洛指出，人们对责任与成就的需求可能超过了人们强健体魄的负荷。马斯洛就此对麦格雷戈和我提出尖锐的批评，认为我们对弱者与那些易受伤害的人"不人道"，因为

⊖ 这点在麦格雷戈逝世后的修订作品中提及，见 1967 年出版的《专业管理者》(*The Professional Manager*)，由 McGraw-Hill 出版。

这些人根本无法承受 Y 理论所要求的责任与自律。马斯洛的结论认为，即便是身强体壮的人也需要秩序与方向的安全保障；而弱者更需要保护，以免承受责任的重负。马斯洛在结论中还宣称：这个世界不是由"成熟的人"组成的，这个世界的人永远不会完全成熟。

当然，马斯洛不过是对陀思妥耶夫斯基在《卡拉马佐夫兄弟》(*The Brothers Karamazov*)一书中著名的宗教裁判所大法官的那段名言加以解释。然而，马斯洛并不认为家长制统治的压迫是唯一的管理方式，是对人唯一仁慈的体现方式。马斯洛的结论更加重要，更加正当有效。马斯洛一生极力倡导 Y 理论，他主张应该撤除对工作者的限制。X 理论的安全性与确定性必须撤换，以另外的工作结构所提供的安全性与确定性取而代之，并且应用不同于 X 理论结构下的指令与惩罚。换言之，Y 理论必须远超过 X 理论，而不仅仅是简单地代替它。

这是一个重要的洞悉。我们所有关于 Y 理论的经历都清楚地证明了这个洞见的高明之处。

实际上，当马斯洛撰写《优心态管理》时，麦格雷戈最亲密的朋友与追随者之一，沃伦·本尼斯也证实了马斯洛的观点。本尼斯本身就是一位杰出的工业心理学家，也是麦格雷戈遗作《专业管理者》(*The Professional Manager*)的编辑。在 20 世纪 60 年代末，他试图把位于纽约州北部的布法罗大学从老旧败落的学校扭转成为一流大学。他本人及其同事所采用的方法正是基于 Y 理论，只是他们没有提供结构、方向与安全保障。虽然引发巨大反响，但结果毫无成效。正如本尼斯（后来成为辛辛那提大学的校长）本人在反思中提到的那样，他们缺少方向、缺少目标、缺少控制系统，结果显而易见，成就不彰，挫折成赘。

从马斯洛的研究中可以得出一个结论：虽然他的许多拥护者坚信 Y 理论的可行性，但事实上它并不足以"广为采用"。工作者不可能完全自由不受限制。正如Y理论的批评者所主张的那样，任何组织机构都不会纵容工作者，更不用说什么溺爱他们了；Y理论中的组织好比严厉的监工，甚至在许多方面比X理论更加严厉。Y理论不仅必须达到X理论所达到的成就，而且还要超过它，获得更高的成就，否则就会造成太大的负担以及无法满足需求。

虽然麦格雷戈坚持认为X理论与Y理论是探讨关于人之本性的理论，但现在我们已经弄清楚，事实并非如此。顺便说一句，我个人从未认同麦格雷戈的这一立场。我们是否能够对人之本性有足够的认识，并且能够提出任何有关人之本性的理论，这点尚待分晓。但迄今为止，不足以为鉴。

毫无疑问，大家都知道，世界上有极其懒惰的人，也有非常勤劳的人。然而，更重要的是普罗大众，日常经验告诉我们，相同的人对不同的环境反应很不一样。在某些情形下，有些人或许非常懒惰，抗拒工作甚至到破坏工作的地步；但在另外的情形下，他们的工作积极性或许被激发出来，而且很有成就。显而易见，问题的关键既不在于人的本性，也不在于人的个性结构。说句公道话，在不同的条件下，不同的人性会体现出不同的行为。

有一个现代美国俚语谈论"开""关"之理，说的是人经常会被一项事务、一名教师、一个职务或者一位上司控制于股掌之中，一会儿被"启动"，一会儿被"关闭"。人们批评这些做法是"丧失人性"之举，因为把人当作日用电器来使唤。但日常经验表明，这种做法恰恰是许多人的行为习惯。他们是"被动反应"（react）而不是"主动行动"（act），工作的动机、动力以及冲劲都不是发自工作者本身。

但这种说法与X理论、Y理论并不相容。实际上，决定人如何行动和人所需管理模式的并不是人之本性，而是事务结构与工作结构。

现在我们还认识到，所有个人都能够养成获取成就的习惯，也能够养成接受挫败的习惯。这与X理论、Y理论中的人性观点毫不相容。

在这个领域中，最著名的研究成果当属哈佛大学的戴维·麦克莱兰写于 1969 年的《刺激经济成就》(*Motivating Economic Achievement*) 一书。麦克莱兰认为，人对成就的欲望很大程度上取决于文化与经验，而这两个条件都会发生变化，即便是在一个缺乏成就感的文化条件下，诸如在印度的种姓等级制度下，也是如此。加拿大籍英国精神病学家艾略特·雅克曾经对大型工业的工作者的实际行为进行大量调研，并且花了多年时间对伦敦冰川金属公司进行定点研究，他的研究结果与大卫·麦克莱兰的观点不谋而合。㊀

什么是管理者的现实

关于 X 理论与 Y 理论的科学正确性的争论很像是一场模拟战。管理者需要提出的问题不是"哪一个关于人之本性的理论是对的？"而是"什么是我处境中所要面对的现实？以及在现有状况下，我如何能够管理好做工和工作者？"

一个基本的事实——一个虽令人不悦却无法逃避的事实：传统的 X 理论管理方法，即"胡萝卜加大棒"的方法，已经不再奏效。在发达国家，"胡萝卜加大棒"的管理方法甚至对体力工作者都行不通了，更不用说对知识工作者了。管理者不再使用"大棒"作为有效管理方法，而如今"胡萝卜"也越来越无法激励工作者的积极性了。

传统管理做工与工作者的方法中的"大棒"是指饥饿与恐惧。在过去的社会中，大多数人挣扎于生存的边缘，时刻受饥饿的紧迫威胁。过去，一季收成不好就足以迫使印度的农民卖掉女儿从妓，一年颗粒无收就足以让农民

㊀ 见雅克如下著作:《改变工厂的文化》(*Changing Culture of the Factory*, Dryden Press, 1952) 与《合理薪酬：工作、差别薪酬与个人进步的一般理论》(*Equitable Payment: A General Theory of Work, Differential Payment, and Individual Progress*, Wiley, 1961)。

们丧失原有赖以生存免于乞讨的小块土地。在今天的一些中等富裕国家，穷人的经济状况也远高于最低水平。在所有发达国家中，今天的工作者都认识到，即便他们失去工作，他们以及他们的家庭也不会饥寒交迫。他们可能无法做许多想要做的工作，但他们依然能够生存下去。

即便是在一些非常富裕的国家，X理论中的"大棒"也不复存在了。

即使在一些地方"大棒"所带来的恐惧依然存在，但在很大程度上已经不再把"大棒"视为激励员工工作积极性的因素了；相反，"大棒"与恐惧正在成为压制员工积极性的因素。造成这种情形有两个原因，一是教育的普及，二是组织型社会的兴起。教育的普及提高了人们的就业水平，教育拓展了人们的视野。在今天的社会中，即便是受教育程度很低的人也会知道机会的重要性。在组织型社会中，人们获取新工作的可能性很大，因为组织型社会具有横向移动性。虽然失去工作会令人不快，但失去工作不再是大祸临头了。

在过去，无论英国的佃农多么精于农务，多么勤奋劳作，当地主收回土地时，他们只能沦为"身强体壮的行乞者"，除了偶尔在收割季节受聘打点零工之外，没有别的就业机会。那时失去工作的人犹如被判无期徒刑，而且通常会殃及子孙后代。失去工作会导致一个人成为流浪汉。如今失去工作的人可以登记寻找另一工作。甚至在严重的经济萧条的低谷中，就像1970~1971年美国经济衰退时，也很少有长期失业的成年男性工作者。

此外，也有越来越多的就业保障机构正在保护工作者的合法权益，其表现形式各异。在瑞典，一个三方董事会负责为失去工作的人寻找另一份工作，并提供培训服务以及待业期间的资助（详见第22章）。大多数欧洲（以及拉美）国家，对解雇有明确的法律限制，并设有年资条款以促使员工的职业保障成为一项合法权利。在美国，如果一个人没有就业，他可以通过类似于失业补偿金等附加契约条款来获得收入以维持基本生活。

所有发达国家都正朝着现代大学系统的方向发展，现代大学中的每个教职员工在一定的服务年限之后获得相应的职业保障权，大学作为雇主应当为他们提供工作保障；与此同时，教职员工则拥有几乎无限制的移动性，他们能在不同的大学之间自由选择职位。

日本执行终身雇用制度，这种制度有效地把雇主与员工绑在了一起；因此在日本，至少在现代部门，并不存在被解雇的恐惧。这是日本取得经济成就的一个主要原因（详见下一章内容）。

日本的例子还说明一个道理：对"大棒"的恐惧感越弱，对反生产力的恐惧便越低。日本的工作者知道，他是与雇主绑在一起的；如果他失去现有的工作，他也不太可能找到其他工作；这就愈发促使他献身于组织的繁荣兴盛。但这种制度也会导致日本的工作者非常憎恶任何可能对自己组织构成威胁的经济结构变化，比如日本国有铁道（JNR）内部的劳工关系极其恶劣，正是出此缘由。日本工作者无能变动铁板一块的劳资关系，这造成他们对组织所施加的压力丧失基本的抵抗能力。这对受过高等教育的年轻人来说，尤其不能接受。事实上，当人们依旧期望获得终身雇用保障时，他们愈发要求有自由选择雇主的权利。卢梭在两百年前就已经指出："迁徙权"是个人自由的终极保障。

我们有理由预测，日本将会建构一种既能保证工作者的工作与收入，又能满足工作者合理的工作变动诉求的系统。

现代的行为心理学已经阐明，恐惧虽然具有强大的压制力，但恐惧只会导致怨恨和抵抗。在所有发达国家中，恐惧已经丧失其强制力。仅存的那点恐惧并不足以对工作者产生激励作用。恐惧所带来的强制力摧毁了工作积极性，因为它们缺乏足够的权力与充分的公信力。

"大恐惧"与"小害怕"

只要"大恐惧"真的可靠,那么它就依然会起到激励作用,就像在"医治"酗酒方面采用的新方法所取得的意想不到的成功那样。真正的酒鬼是不可能停止喝酒的,直到他完全贫困潦倒时,才算了结。这个道理人尽皆知。但现在许多雇主发现有很大比例的有酗酒毛病的工作者的确停止喝酒了,而且是永久性戒酒了;因为雇主以明确的语言告诫有酗酒毛病的工作者必须戒酒,否则他们将会被解雇,而且雇主将会把酗酒的事情告知新雇主,这样他们就不太可能找到新工作了。

然而,除了像酒鬼意识到自己很快会失业的例外情况之外,旧日运用的"大棒"之法,也就是用于管教工作者的可怕恐惧,今天对发达国家中的管理者来说,无论他们喜不喜欢,都已经不再适用了。对一些喜好运用"小棒",也就是认为制造点"小害怕"就能管教好工作者的管理者来说,这也是非常愚蠢的。诚然,任何组织机构都需要采取一些纪律措施,但这些纪律措施是为了解决边缘冲突,并不能作为激励驱动。如果管理者误把纪律措施当作激励驱动来用,那么这些纪律措施只能引发怨恨与抵抗,效果适得其反。

效力过度的"胡萝卜"

与"大棒"的恐惧一样,作为物质报酬的"胡萝卜"也没有丧失它的效力;相反,"胡萝卜"的效力是如此强大以至于它必须慎重使用。"胡萝卜"的效力过大,因而不能把它视为可靠工具。

现在,各种报纸的周日版都有一篇由渊博的社会学家或哲学家执笔的文章,报道人们渐渐地不再追求物质上的满足。在周日版和日常版报纸的第一版上,却又报道着这个或那个工人群体——教师或电气工人、新闻记者或救火员、售货员或码头工人——提出了前所未有的高工资要求或工资获得了前所未有的提高。

半个世纪前，当年轻的叛逆者们反抗物质文明，崇尚回归自然时，他们所需要的就是一顶帐篷或一个睡袋。而现如今，要远离物质文明所需要的是一辆价值 8000 美元的露营车。20 世纪 20 年代的年轻叛逆者们弹奏着尤克里里琴（ukulele），唱着回归自然的歌曲；今天我们需要一把电吉他去表达我们对技术的拒绝。同期的欧洲知识分子们振振有词地猛烈攻击美国的物质主义，但他们把自己演讲所得的钱和写文章所得的稿费用于"非物质"的满足上，比如购买一辆跑车，飞到一个豪华度假胜地旅游，或者在地中海海滨购置别墅等。

没有任何证据证明所谓的"远离物质报酬"的可靠性。相反，富裕意味着每个人都相信，物质报酬"是"而且"应该是"他容易实现的目标。塞缪尔·龚帕斯是美国劳工运动的长期领袖，他曾用"更多"（more）一词来定义工会的目的；如果在今天，他一定会将这个词改成"多得多"（much more）。反物质主义是个神话，无论人们对它多么赞美有加。至少迄今为止，现实世界对物质的期望是巨大的，而且有增无减，人们总是渴望更多的产品与服务。

物质回报的更多需求显然会最终到达地球资源与环保需要的极限。所以，我们今天所经历的或许正是"物质文明"最后疯狂的极度痛苦。但至少在可预见的未来，这意味着人们将会迅速从追求商品的满足转向追求服务的满足；同时，也会从材料密集型的需求与购买转向劳动密集型的需求与购买，尤其是知识劳动密集型的需求与购买。在可预见的未来，这是最不可能改变的基本特征。相反，原材料价格的上升以及生态成本的增加将会不可避免地抬高商品成本，从而促使人们对货币回报产生越来越多的需求。

恰恰是人们对物质期望的不断提升，造成了物质报酬的"胡萝卜"越来越不能在工作激励力量与管理工具方面发挥积极成效。

现代企业越来越多地倾向于把增加物质报酬视为激励员工工作的方法。然而，员工获得更多，他们的期望反而会更多，他们的满足感并没有因此而提高，甚至根本不会提高。当然，这是导致毫不间断的通货膨胀压力的主要原因之一，也是困扰今天每个主要经济体的重要原因之一。就在刚刚过去的几年前，薪资上调5%，员工就会很满足；现在的卡车司机、教师、医生，他们期望薪资提升20%，而提出的需求却是40%。

这种状况或许就是马斯洛原则（即"欲求层级理论"）的体现了：越靠近欲求的满足感，等量的满足感就会越发额外增加。但对物质满足感的"更多"需求，甚至到"多得多的"需求，也会伴随着价值的改变而发生变化；这种改变并非马斯洛原则所能适用的：经济激励正在成为"权利"，而非"报酬"。绩效加薪一直被人视为对绩效表现出色员工的激励方式，根本没有被认为是权利。否认绩效加薪或者只是薪资微调，对绩效表现出色的员工来说就等于惩罚。日本的半年分红制度也是同理。

但是无论如何，物质报酬的需求增加将会快速摧毁物质激励与管理工具的有用性。管理者必须尽量淡化物质报酬的作用，而不是把物质报酬的使用捧为"胡萝卜"。当只能依靠越来越多的薪资才能体现工作激励效应时，使用物质刺激只会弄巧成拙。在工作动力方面有可能获得一些预期成果，但因成本太高，不仅难以获益，而且成本会耗尽额外的生产率。当然，当管理者们采取物质激励时（比如股票期权或额外薪酬计划等），以及在为所有其他类型的工作者们做物质激励时，这种情形已经发生。

从传统的经济理论，也就是凯恩斯经济理论的角度来看，通货膨胀已经成为发达国家的主要问题，这个看法是个纯粹的悖论。在高生产能力和高生产率条件下，通货膨胀根本就不应该发生。但现在这种情形变成经常发生，这是完全意想不到的经济胃口以及完全难以掌控的物质报酬的有效性所造成的。但为了保证经济体、社会以及企业能够继续生存下去,管理者们必须尽力抑制和牵制经济激励,而不是依赖与鼓励经济激励。这样说来,真正具有"胡萝卜"效应的经济激励已经"效力过度"了。只有低于激励有效性临界值的经济奖励,才有可能在生产力和利润上创造经济效益。

"胡萝卜"效应还在社会层面上造成副作用,甚至达到了毒害的程度。所有强力的药物总是带有副作用,而且剂量越大,副作用越大。经济激励与物质报酬就是非常强大的药物,因而副作用也很大。为了提升有效性,剂量的要求越来越大,因而副作用也会随之加深,愈发危险。在第16章中,我曾特别提到,当总收入越来越多时,对相应报酬的不满也会越来越强烈。从20世纪40年代末期通用汽车公司有关"我的工作"的征文竞赛开始,我们所做的全部研究都表明:没有什么比同事之间相互对比薪资更容易导致员工不满的了。一旦员工收入上升到超过他们生存所需的水平,人们对"相对收入"造成的不满情绪远比"绝对收入"造成的不满情绪更强烈。正如美国法律哲学家埃德蒙·卡恩所指出的那样:"不公正感"(sense of injustice)是人根深蒂固的品质。在一个组织中,没有什么能比相对经济报酬所造成的不满更让人体会"不公正感"了。组织是个重新分配的经济系统(详见第16章),因此相对经济报酬应该就是对一个人或一个群体的权力与地位的评断。

所以,依赖经济报酬的"胡萝卜"必定要冒同事关系紧张疏离的风险,必定要冒群体分化的风险,以及工作者个人联合起来反抗制度的风险,比如反抗雇用机构的制度及管理层等。

很显然,淡化物质报酬是不可能的。管理者所面对的巨大挑战是要想方设法将企业的经济实况与越来越强调的"多得多"的需求联系起来,比如把生产力与利润率联系起来。物质报酬过于强大以至于企业不能依赖它作为主要的积极的工作激励因素。物质报酬只会增强日益见长的通货膨胀压力以及引发更大的不满。

这个道理不仅适合于管理者，也适合于蓝领工作者。毫无疑问，管理者的胡萝卜已经发展成为"七道菜的维多利亚大餐"，比如从小奖金发展到巨大的股权计划（这也引发了严重的社会责任问题，本书将在第 28 章中详细探讨）。关于管理激励，我们确实已经从"更多"（more）发展到了"多得多"（much more）；与此同时，越来越多的迹象表明，管理激励中的不平等现象——无论是真实的不平等还是想象的不平等——导致激励制度丧失动力，其破坏性甚至比物质报酬本身达成的激励效果还大。

"胡萝卜与大棒"成效的局限性在如下两个工作社区中表现得特别突出：新生代的体力工作者与知识工作者。在管理体力工作者时，发达国家中的管理者越来越关注那些一开始就觉得自己是"失败者"和那些挫败感很强烈的男性工作者（较少关注女性工作者，这在第 15 章中有提及）。这些人一生都在接受激励驱动，但他们成就寥寥。这些"失败者"学会了一件事，而且学得很好，那就是拒绝被驱动。他们或许没有能力获得成就，但他们知道如何搞破坏活动。

论及这一看法的最佳文本不是心理学教授的专业研究，而是 20 世纪 20 年代的畅销幽默小说《好兵帅克》（*The Good Soldier Schweik*），作者是捷克斯洛伐克作家雅罗斯拉夫·哈谢克。在这部作品中，帅克是一位失败者，典型的被世界遗弃的人；但他凭一己之力，不仅挫败了第一次世界大战前的奥匈帝国的强大军力，而且致使帝国强大军队所崇尚的整套 X 理论显得愚不可及。帅克并未公然对抗，但他对阴谋破坏深谙于心。

所以，驱动新生代体力工作者将会无功而返；因为饥饿与恐惧或许会操纵他们的祖辈父辈，但对他们不再有威慑力。但失败的经历已经让他们对压力无动于衷了。

如果遵照 X 理论进行管理，知识工作者将不会有生产力。知识必须成为"自主导向",必须承担责任。

恐惧与知识生产格格不入。恐惧会产生工作力度与身心焦虑,但不会产生成果。恐惧还会抑制学习,这是现代行为心理学的基本发现。报酬与肯定会促进学习。在一切必须使用知识来完成的工作中,恐惧只会引发反抗。

X理论假定有一个"主子",但在组织型社会中根本没有"主子"。"管理者"不是"主子",管理者是一位"优秀的主管人员",同时他也是一名"组织员工"。组织型社会是人类历史上首次出现的"没有主子"的社会。

与"主子"不同,管理者不仅缺乏"主子"的权威性,而且缺少"主子"的可靠性。主子的权力不是来自他获得的支持,也不是来自他的仆役或他周边的社会。人们可以杀死一个"主子",但人们不能驱逐他。20世纪60年代许多例子足以证明这一点,比如无数的大学校长,甚至是组织机构的行政长官都可以被驱逐,主要原因就是他们即便身居要职,但都是"组织员工";他们行使的权力并非他个人的,因而他无可避免地必须接受挑战。

在古老的主仆关系法则中,最大公司的首席执行官(CEO)也是一位"仆人"而已。其他人或许按照职务排列,有部属关系,但他们在法律上是平等的。他们不是CEO的"仆人",而是CEO的"同事同工"。

这显然不是"语义演变",而是告诉人们:无论过去的"主子"如何成功地使用"大棒"和"胡萝卜",现在的管理者都不要去仿效,因为这一套如今已经行不通了。

能够取代胡萝卜与大棒吗

我们如何能够使用一种适合于新的管理现实的奖惩制度,用以取代金钱报酬的"胡萝卜"和恐惧的"大棒"?

胡萝卜与大棒的奖惩传统已经存在很长时间了,人们不会轻易地加以摒弃。在数千年中，社会已经发生了根本变化，但人们对"做工"与"工作者"的管理方式显示出惊人的连续性。在古埃及，当人们建造宏伟的金字塔时，X 理论就已经被应用于"做工"与"工作者"的管理之中了；现如今，在许多现代批量生产工厂中，同样的方法依然被应用在"做工"和"工作者"的管理上。

亨利·福特最著名的一句讽刺话是："历史是空谈"（History is bunk）。福特是一个大胆的创新者，在组织工作、营销、经济学等方面都有杰出表现；但当他面对"工作者"与"做工"的管理时，他完全就是一位"历史的囚徒"和地地道道的传统主义者。

对"做工"与"工作者"的传统管理方法贯穿所有人类的文化。无论是东西方之间，古代异教徒与基督教世界之间，中国与西洋之间，还是印加文明中的秘鲁与莫卧儿帝国时期的印度之间，这一点并无大的差异。社会组织本身看起来也不会造成多大差异。

我们知道 X 理论管理模式的优缺点。要想用新模式将它取而代之，这看起来很大程度上要靠猜测与揣摩了。当然，如果人们想要使用更加"现代"的驱动方式来取代旧有的"金钱（胡萝卜）与恐惧（大棒）"，那么保留 X 理论管理模式中的精髓显然是更加智慧的做法。或许有人会说，我们所需要的是去寻找一个以汽油发动机来取代马匹，而且同时能够保留车轮的等值交通器具。

不仅仅是管理者们会提出这个问题，工会甚至更加渴望保留 X 理论结构的管理模式。毕竟，工会与 X 理论中强调的主仆之间强制关系存在着利害关系。如果没有"主子"，工会还能发挥什么作用呢？当然，工会领导者们也会从反对 X 理论中获得一些自豪感与使命感，但他们更深谙如何顺从 X 理论的规则办事以及使用花言巧语进行批驳。

当通用汽车公司的年轻工作者们开始讨论推动装配线的"人性化"时，

最大的阻力不是来自通用的管理层，而是来自美国汽车工人联合会（UAW）的领导层，他们热衷于谈论金钱、养老金、休闲以及咖啡时间等。换言之，美国汽车工人联合会的领导人坚持与公司站在一起反对自己的会员，他们甚至立志于维持与加强 X 理论的管理模式。

寻找一种新的驱动力以求取代旧有的"胡萝卜加大棒"，这看起来不仅合理，而且充满诱惑力。这样的更换驱动力确实能够为管理者提供一种全新的"开明式心理专制"（enlightened psychological despotism）。

如果不是所有的话，那么至少可以说"绝大多数"现代工业心理学家会拥护 Y 理论；他们使用"自我实现"（self-fulfillment）、"创造力"（creativity）以及"健全的人"（the whole man）等术语。但他们所谈所写的内容都是在提倡通过心理操纵来达到控制目的。他们的基本假设实际上就是 X 理论的假设，诸如强调人都是脆弱的、病态的、无能为力照顾自己；人的内心充满恐惧、焦虑，容易神经衰弱以及自我抑郁；人在本质上并不想要获得成就，而是渴望失败等。所以，人期望被控制。人为了自己的利益必须被控制，不是以饥饿恐惧和物质报酬作为诱因来加以控制，而是通过心理疏远所产生的恐惧感以及心理上渴望获得的"安全感"等诱因来实现控制。

我知道我的分析过于简单化了，我也知道我正在把许多不同的方法放在同一个话题之下。但我知道，所有这些看法都分享相同的基本假设，就是 X 理论的假设，因而所有这些都会引向相同的结论。主管或管理者采用心理控制方法是有可能的，不是出于他们自私的原因，而且有可能出于对员工的利益考虑，并且管理者可能成为员工的心理仆人，但管理者自身保留"老板"的控制力。

旧有的"胡萝卜加大棒"方法被人视为"粗鲁的强制"，因而备受谴责（比如心理学家的谴责），而新的心理控制方法被视为"开明"。尽管如此，它依然是"专制"。在这崭新的心理专制下，"劝导说服"取代了"命令指挥"。那些无法被"劝导说服"的人想必会被冠以"病态""不成熟"的名头，或需要心理治疗以达到矫正之效。心理操纵取代钱财报酬的"胡萝卜"，移情作用，即利用个人的恐惧、焦虑以及个人需求，来取代原有的被惩罚的恐惧，或失去工作的焦虑。

很明显，这与18世纪哲学中的"开明专制"理论极其相似。与今天的现代组织一样，当时中产阶级日益提高的富裕与教育水平也同样威胁了君主对"胡萝卜加大棒"的管制主权。哲学家们提出的"开明专制"正是想要通过"劝导说服""理性"以及"教化"等手段来持守政治的绝对主义——当然，所有这一切也都是出于对工作社区的利益考虑。

无论心理专制是否"开明"，都是心理学上的误用。心理学的主要目的是帮助人们自我洞察以实现自我节制，而不是为了我们现在所宣称的"行为科学"（过去人们称之为"道德科学"）以及实现人的主体规则"认识你自己"。使用心理学去控制、支配以及操纵他人不仅是自我毁灭的知识滥用，而且是一种特别令人厌恶的专制形式。这与旧式的"主子"满足于控制奴隶的身躯是一样的道理。

然而，这里我们所关注的既不是心理学的适度使用，也不是道德品行；我们所关注的是，X理论结构能否通过心理专制加以维持下来，即心理专制能否有效运作。

心理专制对管理者来说应该具有极大的吸引力，它会让管理者们连续不断地保持他们惯常的做法，而他们所需要的只是去换一套新的词汇。心理专制很合管理者们的口味。不过，当管理者们如饥似渴地阅读心理学著作，并且参加心理学研习班时，他们都会对新的心理学X理论退避三舍。

管理者们显示出本能的谨慎。心理专制并没有比两百年前政治领域中所采用的开明专制好多少，理由是相同的——就统治者而言，开明专制要有成效必然要求一位全面的天才；而如果遵照心理学家的看法，管理者也必须是全才，他必须洞察所有的人，必须掌握各种心理学技能，必须对所有部属充分了解，必须对每个人的个性特征、心理需要以及心理上存在的问题等做充分的理解。换言之，他必须做到"无所不知"。但大多数管理者都明白，光是掌握自己事业范围内的知识（比如热处理、成本会计或日程安排等）就已经力不从心了。

期望许许多多的人都拥有这样的"神力"（charisma），这是极其荒谬的想法。具有这样特质的人少之又少。

的确，管理者应该对人有更深刻的认知。管理者至少应该知道，人所应该具备的行为特质及其意义。最重要的是，与芸芸众生一样，管理者需要更加深刻地认识自己，因为大多数的管理者都专注于"行动"，而不善于"内省"。然而，无论管理者们参加过多少次心理学研讨会，只要当他试图把心理专制付诸实践时，他就很快沦为"第一个受难者"，他就会很快铸成大错，他的绩效也会大大削减。

工作关系必须建立在相互尊重的基础上。心理专制基本上会侮辱他人，甚至比传统的 X 理论有过之而无不及。虽然心理专制并没有假定人都是懒惰的、拒绝工作的，但它假定了只有管理者是健康的，而其他人全都是病人；它假定了只有管理者是强壮的，而其他人都是脆弱的；它假定了只有管理者具备知识，而其他人都是愚昧无知的；它假定了只有管理者是正确的，而其他人都是愚拙的。这些假定才是真正的愚不可及、狂傲自大。

最重要的是，充当心理学家的管理者将会破坏他自己的权威。的确，人们需要心理的洞察、帮助和咨询，需要心灵的治疗师与苦恼的慰藉者，但治疗师与病人的关系和上司与部属的关系不同而且相互排斥。两种关系拥有各自的正直，治疗师的正直体现在他顺服病人的福祉，而管理者的正直表现在他顺服共同使命的要求。这两种关系都需要权威，但各自拥有不同的权威基础。如果一位管理者以为自己应该顺从部属的个人需要（比如情绪上的关照），而不是根据工作任务的目标需要，来决定该如何管理，那么他不仅是一位极其糟糕的管理者，而且没有人能够相信他或者应该信任他。他所做的一切不仅破坏了同事关系的正直性，而且会祸及他自己与所在部门。

开明式心理专制要求认知全面的天才来填补管理职位，治疗师的权威与管理者的权威以及他们角色之间的混淆导致无法兑现原有的应许——既想要维持 X 理论，同时又想方设法取代它。

那么，什么样的方法可行呢？

答案并不是麦格雷戈的 Y 理论。在 Y 理论的假设条件下，管理者必须至少拥有相当数量的员工，他们有工作的使命感，而且想要获得成就，否则根本没有希望。但幸运的是，有强有力的证据支持这种假设。管理者必须进一步接受自己的工作正是促进工作者实现工作目标，并促使工作者有成就感。结果，管理者必须愿意接受对他自己提出的高要求，比如认真严肃的工作态度和胜任工作的能力。但管理者不能像 Y 理论所假设的那样——只要给予机会，员工就会努力成就。即便是强壮而又健康的员工，他们也需要"更多"甚至"多得多"的激励，才能愿意接受责任重的工作。我们所需的管理结构不能依赖于强制驱动工作者，无论是"胡萝卜"还是"大棒"都已经不再行得通、靠得住了。但这种管理结构还必须为弱者，或许不仅为弱者，提供 X 理论中所要求的保障与安全感。

这是什么样的组织呢？它又是如何运作的呢？幸运的是，我们不必去推测，因为这样的组织已经存在，而且可供检测；可以肯定，它绝对不是 Y 理论的例子。

CHAPTER 20 | 第 20 章

成功的案例：日本、蔡司光学、IBM 公司

日本的工业工程——持续训练，禅宗 vs. 儒家——终身雇用制度——弹性劳动力成本——按需支配，福利制度——"教父"制度——自下而上的责任——阿贝与蔡司光学——IBM 公司的故事——经验教训——不是"宽容式管理"而是"有组织的责任"

虽然有关"做工"与"工作者"的历史总体上不是一部特别令人幸福的历史，但还是有些例外。我们还是能够在历史的某个阶段，或在某些特别的机构中，找到做工带给人们的成就感与满足感。通常情况是国家处于危急状态时，工作者会体现"匹夫有责"的贡献感。比如英国在敦刻尔克大撤退后的数月间就曾出现过这样的情形。第二次世界大战期间的美国也曾如此。工作未曾改变，雇主也没有变得更加聪明或更加人道仁慈，但工作者对做工的基本满意程度完全有别于平时——当然这只是有限的特殊时期。

有实例证明，即使不是在国难当头，也就是在没有任何外力刺激的情

况下，这种情形也可能发生。19世纪30年代苏格兰拉纳克纺织厂的罗伯特·欧文就成功地鼓励他的员工们获得了成就，而他根本没有采取任何革命性的行动。

在现代工业发展中，也有类似的例外故事。如果仅以企业在世界经济竞争中获得的成功来看，那么最重要的范例当属日本对"做工"与"工作者"的组织。

乍看之下，没有什么实例能比日本的工厂或者办公室更接近极端的X理论了。日本不是一个任纵宽容型国家，而是一个严格制式型国家。日本企业对做工与工作者的管理方式没有一点弹性。但它明显有异于我们熟知的任何管理方式，很难界定是刻板还是弹性，是独裁还是民主，甚至它的管理方式也不是古老的传统模式。日本企业管理体系最重要的特征形成于20世纪20~30年代，并被应用于现代大型组织机构中。其主要的动力是1920年左右输入日本的泰勒式科学管理。

与西方人研究分析工作一样，日本的工业工程师也使用相同的方法、工具以及技术，但日本的工业工程师不组织工作者的工作。当他的研究分析达到所能了解工作的程度时，他就会把实际的设计工作移交给工作团队。实际上，工业工程师早在完成他的研究分析之前，就开始与那些必须从事该项工作的人一起合作。虽然他与西方人采用的研究分析方法相同，但在自己的研究分析中，他会经常使用劳动力本身作为自己的"资源"。当他完成研究分析之后，综合工作基本上都由工作团队自身完成。工业工程师则继续他的活动，兼任工作团队的"助手"，而不是甩手不管。

日本的工作者还会尽力承担改善工具的责任。当然，现代工业中的机械都是由工程师设计的，但当一台新机器或一个新流程开始投入使用时，工作者都会积极参与最后的调试、安排以及器械和工具的专门应用。在许多企业中，工作者实际上都参与了机械设计，甚至扮演机器设计者或流程设计者的角色。

禅宗 vs. 儒家

日本人把促进工作者对工作与工具负责任的机制称为"持续训练"。所有员工,通常也包括高层管理者,都必须持续地接受其工作分内的培训,直到退休。每周的训练进阶课程是员工工作的一部分,保证定期有序地进行。通常情况下,这种训练课程不是由训练师来操作,而是由他们自己以及他们的主管人员完成。比如工业工程师之类的技术人员可以出席他们的课程,但他们不是做"带领"的工作,他们在那里只是提供"帮助""报告""建议"甚至"学习"。

训练课程并不集中在任何一种技能上。所有参加课程的人来自固定的职务水平,课程内容也集中在同一单位内的工作。工厂电气技师参加的训练课程也都来自同一工厂的机械操作师、机械装配师、机械修护师、清洁工以及这些技师的主管人员。训练课程的内容也都聚焦于该工厂的整体运作,而非个别人的工作。

同样道理,会计师也需要参加所属办公团队的训练课程,通过函授课程、专题研讨会、成人业余补习学校等,在该公司所需的每个专业工作范围中接受训练,诸如人力资源、教育培训以及采购等相应课程。

一次偶然的机会,一家相当规模公司的总裁告诉我:他在某个下午不能见我,因为他正准备参加公司的电焊熔接课程,他是去做电焊技术的"学生",而非"观察者"或"教师"。年轻员工这样做是理所当然的事,公司总裁通过电脑程序参加函授课程也较为普遍,但这位总裁的举动不同寻常。

这种学习的目的与理念不仅与西方所盛行的模式迥然有别,而且与中国的儒家传统也有差异。有时西方人也分享儒家的理念,比如他们都认为,学习的目的是让一个人有资格胜任一份新的、不同的、更重要的工作。在这种理念中,学习的本质通过学习的曲线图就能够表达出来:在某个时期内,这个学生能够达到某个特定的熟练程度，然后他就会永远停留在这种状态。

日本人的学习理念或许可以称为"禅法"。学习的目的是"自我完善"。学习是促进一个人获得持续拓宽的视野、不断提高的能力以及不断提升的自我要求。这种学习理念也可以用学习曲线图来表达，但不能有固定的、最终的停滞期。持续学习会导致突破，即持续学习会带来一个崭新的学习曲线，出现另一个新的、更高的停滞期，然后再产生新的突破。

20世纪我们所学到的关于"学习"的知识都表明了一个道理："禅法"是正确的学习理念，而儒家与西方的学习理念反倒成为真正学习的障碍。持续训练为每个工作者提供了实现自我绩效与树立自我标准的知识，同时也为同事的活动提供参考水平。这种学习理念不仅创造了"检测各自工作"的良好习惯，而且为做工与工作者创造一个"共同体"。

与西方国家的机构相比，日本的部门化（departmentalization）与区组化（sectionalization）要刻板得多。日本机构的各个部门都非常强烈地捍卫各自领地的完整性。它们精于建设各自的"小王国"。各个部门的每个人被要求对所在机构忠心不二，但个体员工往往能够看到超越自身专长与部门之外的事物。他会意识到新的发展趋向。即使他自己从未执行这样的工作，他也会了解其他人的工作状况。他能够看见真正的整体，甚至他会关注在这样整体中各自的工作状况。因此，他能够在组织结构中找到自己的位置并做出自己的贡献。

最后，持续训练还会促进员工勇于接受新的、不同的、创新的以及更具有生产力的工作。训练课程的核心总是鼓励员工把工作干得更好，鼓励他们尝试不同的、新的方式来工作。

实际上训练课程会对工业工程师造成压力。在西方，无论是体力工作还是文职工作，工业工程师的起点都会假设员工可能会抵抗他的方法；而在日本，工业工程师则会抱怨员工对他的期望与要求过高。

对员工持续训练的承诺促使日本机构的整体劳动力愿意接受变化与创新，而不是抵抗。同时，训练也有益于调动员工的知识与经验以推动工作的建设性改善。

西方企业在研究分析员工的工作满意度时，经常会发现有两种不满意的状况：正面不满与负面不满。有的抱怨挫折，有的埋怨公司的任意独断，有的批评生产速度太快，有的投诉工资太低，也有的指责工作环境恶劣等，这些属于"负面不满"。而"正面不满"是指对糟糕的工作方法失去耐心，渴望从事一份更好的工作，要求有更好的、更睿智的、更系统化的管理等。日本的持续训练调动了员工的"正面不满"，这有益于提高企业的生产力。

终身雇用制度

众所周知，日本制度所采取的经济方法与众不同，许多人都耳闻日本采取的是"终身雇用制度"。至少在现代日本经济中，大多数日本工作者一旦加入组织（比如1867年之后建立起来的经济机构以及政府机关等一切现代组织），他们就会获得工作保障；与此同时，通常状况下他们也就不能离开所属机构到其他机构工作。雇主与员工紧密绑在一起。这种情形正在发生变化。劳动力短缺，尤其是年轻的工业工作者短缺，已经导致大量企业面临劳力之荒。高级且训练有素的技术员工，比如工程师、物理学家和化学家，都已经获得相当大的工作流动性。但日本大型企业的雇主仍然不能解散或解雇员工，除非是在极端危机的情况下。

故此，日本的企业员工不会因为普通的经济理由、技术变化或专横的管理行为等而担心失业。即便在这样的制度中，日本的企业员工依然会有"萦绕心头的恐惧"，那就是担心丧失自己在所属机构的成员资格。从传统的角度来说，日本的浪人，也就是"无主的人"，是没有地位的。通常状况下，每个人都要从入门工作做起，否则难以找到工作；即使因为施行年度薪资制度，中途找到工作的可能性也不大；因此，年过三十的人一旦找不到工作，那便意味着完全失业了。这种情形会造成人们极其担忧个人行为失当的后果，也就是迫使人们承担逆来顺受的压力。这种情形还会造成员工对自己所属机构的破产提心吊胆，从而导致日本员工会尽心竭力地维护他们雇主的竞争地位，无论是企业在市场中的竞争地位，还是政府机关在日本政坛明争暗斗的竞争地位，概不例外。

在这样的制度中，被解聘或失业的恐惧感已经被最小化了。所以，日本企业必须在没有 X 理论"大棒"下运作，也必须在没有经济激励的"胡萝卜"情形中运营。除了极少数的高层管理者（而且必须在 45 岁以上）之外，在过去半个世纪中，员工的薪酬与工龄长短相连接，这种情形主要是在现代机构中执行。按照日本传统的做法，劳动力可以分成三大类（但这分法不是出于人性化的考虑）：体力工作者、事务工作者以及管理者。在同一家企业中，所有员工的入门工资是一样的，他们的入门年龄也相仿，分别为 15 岁、18 岁和 22 岁。薪资与职务都是自动递增的，体力工作者与事务工作者的薪资与职务的递增直到他们退休，而管理者的薪资与职务的递增直到 45 岁。薪资与职务都取决于工龄长短。

弹性劳动力成本

大多数西方人可能会认为，日本制度只有在薪资水平很低的情况下才能有效运作，而且这种制度必定导致毫无弹性且僵化刻板的劳动力成本。但事实并非如此，日本制度的确在劳动力成本方面具有非同一般的弹性。

关于这种弹性劳动力成本的一个次要解释是临时劳动力的存在，这种临时劳动力可以在没有任何知会的情况下解雇。几乎是约定俗成的规矩，妇女总是被视为临时工作者;实际上,在日本,除了一些农场和小型零售店等"前现代"工作外,很少有已婚妇女外出工作的。在日本的传统企业中,诸如一些生产漆器、陶器或丝绸的老旧工业作坊,工作者从来都不是永久性的,他们被临时聘用,经常按照小时收费。但临时劳动力如今正在快速缩减。在大多数现代工业中,现在只有极少数的女性临时工作者了。然而,劳动力成本还是显得很有弹性。只有在弹性劳动力成本结构下,工作者的工作及其收入保障的威胁方能降到最小。

的确,大多数日本公司,尤其是规模较大的企业,当经营不景气时,它们能够解雇的劳动力比例远大于西方公司,但它们会让那些最需要获得收入的员工利益得到充分保护。薪资调整引发的经济负担由那些能够担当得起并拥有其他收入的员工共同承担。

促使日本制度下劳动力成本比大多数国家和西方的工业更具有弹性的原因是日本的退休制度(或许应该称之为"非退休制度")。在一个具有高度独创性的变化情形中,这种退休制度有益于协调工作者的工作需求、收入保障以及弹性劳动力成本的经济需要。

在日本,正式的退休年龄是55岁,除了少数在45岁左右就成为高管成员,他们无须在既定年龄退休之外,其他人一视同仁。也就是说,无论是清洁工还是部门头领,55岁一刀切,所有员工届时必须退休。从传统的角度看,退休员工可以获得等同于两年全额工资的雇用关系终止奖金(在日本政府的强制推动下,许多公司现在配置辅助退休金,但按照西方标准,这些退休薪资依旧不高)。

考虑到日本人的预期寿命都相当长,大多数员工都能够活到70岁,甚至更高龄,这种奖金看起来完全不够。然而,很少听到有人抱怨关于养老金领取者的悲惨命运。更加令人惊讶的是,在造访日本的工厂、办公室、银行时,人们会遇见它们的员工,他们当中有许多人会很高兴地承认自己已经超过 55 岁，但仍旧在职在岗。这种现象又如何解释呢？

日本企业中普通的蓝领员工与白领职员到 55 岁时就不再是永久员工了，他们都会成为临时工作者。这就意味着，如果没有足够的工作，他们就会失业。当然，如果有足够的工作，他们就会继续在职在岗，通常会从事其以前相同的工作，与其他工作多年的老同事一起肩并肩工作，但工资至少要比从前作为一名永久员工时少三分之一。这种现象从 1950 年起一直持续到今天。

基本原理很简单。日本人认为，当人退休时，他拥有两年的退休金作为生活的基本依靠；当然，他们都明白，虽然这点钱不足以维持一个人退休后 15 年的生计，但它通常可以帮助一个人渡过难关。通常情况下，他不再需要抚养子女，也无须供养父母，他的生计需求便相对低于他 40 岁时上有老、下有小的境地。

如果我原先的意图是描述日本的雇用制度，那么现在，我必须更进一步来探讨该制度的许多细节，比如"半年奖金"制度。不过，我只是关注那些我们西方人从日本人那里可以学到的东西。我认为，日本制度的主要优势在于它能够满足两种看起来相互冲突的需求：一是工作与收入的保障，二是具有弹性且适应性较强的劳动力与劳动力成本。

在过去的 25 年间，西方国家中越来越多的员工获得了收入保障，这种收入或许超过了日本工作者终身雇用制度下所获得的。比如美国的批量生产行业都提供失业补济津贴，其目的是保证工会系统内的工作者在被解雇时依旧能够获得大部分薪酬。确实，有人很可能认为，美国批量生产行业的劳动力成本比日本的同类行业更加刻板，但美国的管理机构能够根据订单流量来快速调节劳动力数量，这与日本形成鲜明对比，因为无论企业经营状况如何，日本企业都会习惯于维持永久员工的雇用。不仅如此，我们还在工会系统内的批量生产行业的规定中发现员工提前退休的条文，比如在 1970 年秋的美国汽车工业的合同书上就明文写着类似的条款。

此外，西方国家工会系统中是根据工作资历来解雇员工的，工龄最短、资历最浅者先被解雇。这样做的结果是，最需要工作与收入保障的人，比如年轻家庭的父亲（他还需要供养父母亲），反倒无法得到保障。通常状况下，这意味着在有提前退休的地方，工作者必须就是否永久性退休做出决定。一旦他做出提前退休的决定，那么他就退出了劳动力队伍，他也就不大可能再被任何雇主雇用。简而言之，美国与欧洲的劳动力缺乏经济与工作的安全感，而日本社会正好相反。

虽然西方国家在维持员工收入保障方面付出大量资金，在劳动力成本方面非常僵硬刻板，但从这些具体实践中收效甚微。再者，我们没有获得心理上的安全感，而日本社会在心理层面的安全感较为突显，比如一个处于工作适龄的人不必为自己的工作与收入提心吊胆。相反，西方人会为此心存忧虑，年轻人会担心正当他们的家庭最需要经济收入时，他不幸先被解雇；而老年人会担心，年过半百失业，从而再也找不到合适的工作了。

在日本制度中，年轻人与老年人都没有这样的顾虑。年轻人觉得自己能够拥有一份"铁饭碗"，在他们的孩子成长过程中，他们的收入也会递增。老年人则觉得社会依旧需要他，他们依然可以有所作为，他们不会成为社会的负担。

当然，实际上，日本制度并不比其他任何制度更完美，其中仍旧有许多不公平的地方。年轻人，尤其是那些受过高等教育的知识工作者，他们的待遇太低，这会导致年轻人推迟结婚年龄，他们会选择在工作8~10年后再结婚成家。实际上，日本的年轻人很反对施行年长工作者的补贴做法，因为在日本制度的强制下，年长工作者的补贴来自于年轻人。虽然老年人在表面上受人敬重，但55岁以上老人的待遇并不尽如人意。他们经常遭受无情的剥削，尤其是在日本"前工业"时期的小型作坊业以及大量的小型服务业中。

但与西方国家所混杂拼凑而成的昂贵的解决方案相比，日本制度所坚持的基本原则看起来更加合理有效，西方国家所采用的方法甚至难以把握得住问题的实质；日本制度显然不是通过理性规划出来的，而只是把日本传统的概念应用于就业与劳动经济学上。从经济学的角度来看，我们或许可以说，西方国家制度更加安全些，也的确为此付出太多代价，只是并未能像日本制度在工作和收入保障上获得心理上的确信。

按需支配、福利制度

西方国家对日本制度的研究分析之所以聚焦于货币薪资上，主要是因为西方国家传统上把货币薪资视为劳动成本的主要因素（如果不是唯一因素的话）。但在日本，长期以来，非薪资劳动成本与薪资劳动成本的重要性旗鼓相当。在日本，当薪资收入标准上升时，福利津贴也就快速减少，但其在总体劳动成本中所占的比例依旧大于西方国家。在日本的许多产业中，福利津贴差不多等同于货币薪资。

初看之下，对一个局外人而言，日本的福利制度的确令人费解，好像根本没有福利制度。这家公司为员工提供住房津贴，另一家公司则为员工建住房，而第三家公司则不为员工解决任何住房问题。这家公司为员工提供教育津贴，另一家公司为女性员工开办学校，教授她们传统的日本女子才艺，比如插花、茶道、女装裁缝，甚至一些英文会话等。这家公司对已故员工的孤儿寡妇照料有加，而另一家公司则对孤寡问题置之不理。

事实上，日本的福利制度是根据劳动力中不同团体的需要来制定的。如果公司雇用相当数量的年轻女工，而且她们中的大多数人不久将要结婚，那么为她们提供退休福利津贴或者一流的医疗服务将没有太大的价值；相反，为她们提供已婚妇女的才艺学习将会意义重大。如果员工不幸去世，留下贫苦的孤儿寡妇，那么公司就有责任照顾她们。如果寡妇生活处境良好，或者有富裕的兄弟相帮，那么根据习俗，公司便不必负责照顾她，也就是无须承担此类义务。

日本福利制度的"家长式作风"是西方国家无法接受的，这种毫无法律基础的权利与义务也是西方国家无法认同的。事实上，即便是在日本也有人质疑这种制度能够持续多长时间。企业界面临来自民众舆论、工作者甚至是政府机关（非常令人惊讶的是，并非来自工会）的巨大压力，因为他们要求企业把这套福利制度加以系统化并为员工提供可预期的权利。

然而，日本福利制度的基本观念认为，福利制度必须根据员工的需要来制定，尤其是要依据员工内部的特定群体的需要来制定，比如年轻女性工作者、老年男性工作者、大户人家的员工、未婚员工、子女已经成长的年长夫妇等。这些基本观念是日本企业管理"工作者"与"做工"的基本方法。

"教父"制度

日本三井家族是世界上最古老的大型企业，它可以追溯到1637年，比英格兰银行还要早半个世纪。它也曾经是世界上最大的大型公司，直到美国占领并把它分割成若干独立的个别公司（如果把这些公司融合成为一个关系密切的联盟，那么三井依旧会成为世界上最大的企业）。

在超过300年的企业历程中，三井从未出现过一位平庸、领导能力差的"董事长"，日语叫作"总番头"（chief banto），字面意思就是"总干事"。其他任何机构，无论是天主教会、政府机关、海军、大学还是其他公司，都不能与之媲美。

如此骄人的成就又当如何解释呢？在日本，众所周知的答案是：时至今日，三井的"总番头"从来都不是三井家族成员，而是雇工——他有一项主要工作，即发展、挑选并配置好管理者。他要花大量的时间与年轻的基层管理者或专业人士在一起。他熟悉他们的个性，聆听他们的声音。久而久之，当这些年轻人成长到 30 岁左右时，他们当中谁有可能晋升到高层管理，他们需要什么样的历练与发展，以及他们应该接受什么样的尝试与考验，他都了如指掌。

从表面上看，发展优秀高管人员的其他形式未必比日本制度差，有时甚至是挑选胆怯懦弱之才、平庸之辈，然后把他们训练成为不鲁莽的高管人员，这看起来也是个理想的方法。

年轻人直接从大学毕业，受聘进入日本公司，总体而言，这是进入公司管理层的唯一方式，因为从外部招聘并晋升高级位置的例子寥寥无几，他们清楚地知道，无论他们的绩效如何不佳，他们都会有工作，直干到退休。当他们到了 45 岁时，他们就会晋升，按照工龄获得薪资，而且工龄是薪资的唯一标准。

日本的福利制度看起来没有绩效评估，绩效评估似乎也没有存在的意义，员工不会因为工作绩效而受到嘉奖，也不会因为绩效太差而受到惩罚。上级高管并不挑选他们的下属：人力资源部门按照惯例来做人事决策，通常状况下无须咨询管理者委任谁为下属。对年轻管理者或专业人士来说，请求转换工作是不可理解的，请求离职和跳槽那就更不可思议了。

这个过程一般持续 20~25 年，在这期间，所有强调的核心是与制度保持一致，做上级要求做的事，并体现出适当的尊重与顺从。

然后，当员工到 45 岁时，"最后的审判突然降临，山羊与绵羊分离开来"：经过严格的优胜劣汰，只有少数人被挑选出来成为公司高管成员；他们能够一直留在高管团队，远超过任何西方国家所设定的退休年龄，依旧活跃在高管层的 80 岁老者并不罕见。至于其他人，从部门经理往下各职，一般情况下在高管层工作直到 55 岁，最多再有一次晋升机会，然后被要求退休——与普通员工不同，他们是被强制退休的。

此项规则也存在一些有限的但重要的例外情况，那就是针对极少数杰出人士，由于他们在独特领域太过专业而无法进入总公司的高管层，因此他们会被委派到子公司或分支机构担任高管。在这种情况下，他们会无限期地留任。

一般外人在听完日本人的工作与福利制度之后，他会很难理解45岁作为决定性年龄的依据是什么。更加难以置信的是，这种制度居然能够造就独立而具有进取心的高层管理者，他们成功地把日本产品销售到整个世界；在第二次世界大战前夕，日本在工业与资本的排名挤不到世界前12位；但在短短的20余年中，他们把日本发展成为世界第二大经济强国。

原因何在？确切地说，因为日本管理者有终身雇用制度，既无被解雇的担忧，也无转换公司的想法，因为日本人在工作生涯的前25年中只能依靠工龄晋升，因此日本人会把培养年轻人视为高管层的首要任务。

这种制度的实践差不多可以追溯到400年前，当时的日本武士，也就是具有武装力量的氏族兵丁，他们被组织在一个严密的世袭等级中，不允许提升。同时，氏族政府必须挖掘年轻又具有才干的人来办理氏族事务，给予他们机会，这样做就不会冒犯那些位高权重而才干平庸的氏族成员了。

当然，今天三井家族的"总番头"不再可能像前几代的领导人那样亲自去熟悉年轻的管理者。即便是很小的公司，年轻的管理者与专业员工也不少，"总番头"不可能逐一认识他们，但高管层还是极其关注年轻人，通过资深的中层管理人员组成的非正式网络来关心与培育年轻人。在年轻人职业生涯的前十年中，这些人充当"教父"角色，起到重要作用。

日本人认为这种"教父"制度是理所当然的。每个年轻管理者都熟悉他们的"教父"，他们的上司，以及上司的上司也都知道年轻管理者的教父是谁。

"教父"很少是年轻人的直接上级，也很少是年轻人的直接权力关系者，甚至不在同一部门。"教父"很少是高管层成员，也很少是将要进入高管层的人。"教父"通常状况下是从中高层管理队伍中挑选出来的，当他们到55岁时，就会转到子公司或从属机构担任高管。换言之，"教父"就是指年过45岁，又深知自己进入高管层的关键时期已过，并且不想建立自己的组织的那些人。因而他们不太可能建立自己的派系，或者从事内部政务，同时他们还是中层管理团队中德高望重的人。

在年轻人职业生涯的头十年中，"教父"会与"教子"保持紧密接触，在大型公司中，"教父"通常会同时拥有100位"教子"。"教父"会经常探访他们，为他们提供建议与咨询，甚至在各方面关心照顾他们。

如果年轻人在一个不称职的管理者手下陷入僵局，急需转换岗位，"教父"知道哪里合适他，并且知道如何处理这种正式制度下难以运作的，按照日本传统也无能为力的，甚至没有先前案例可参考的棘手事情。倘若年轻人因行为不当需要纪律管教，教父则会私下教训他。当年轻人到30岁时，教父以及高管层便已经对他了如指掌了。

所有日本组织都存在一个极大的弱点，那就是它们都有形成"派系"（habatsu）的倾向。对各自派系的领导人"肝胆义气"是派系成员的首要职责。因此，归属正确的派系便成为日本人成功的要求之一。能力差、不称职，但对派系"忠贞不二"的人，找到自己受重用的天地；而最有才干又不归属获胜派系的人，则发现自己遭冷落、受排挤。教父制度有可能成为最糟糕的派系，这种情形时有发生。这种制度还很容易退化成为最糟糕的"家长式统治"，从而造成极大的服从压力。

此外，日本组织中的年轻知识工作者既不会沦为"孤儿"，也不至于被人忽视。他们会带着许多与个人或组织相关的问题、疑惑、愿望以及期待去求教他们的教父。当然，公司中总会有人关照他们，有人了解组织运作的规则并帮助他们理顺路径，有人能够指引年轻人的脚步，但也会有人在私下非常严肃地管教他们。

体力工作者与行政工作者也都有各自的"教父"。对体力工作者而言，教父所扮演的角色是"监察者"；但实际上，他的"监察"角色远少于"顾问"角色，只不过他没有强制执行的武器罢了。他不能开除任何人。当年轻人获得适当的资历后，他不能阻止他获得更高的工资，也不能阻止他升职。

按照西方的标准来衡量，日本组织中的这种"监察者"与年轻人之间的关系看起来不够礼貌，也缺少温情，甚至不怎么文明。在任何工会组织化的西方工厂中，人身攻击一定会立即导致停工斗争，这种情况很普遍；如果这种情况发生在西方的办公室中，那后果将不堪设想。但在这一方面，日本依旧沿用旧有的传统，就像年轻武士的师傅或禅宗大师通过击打他的徒弟来显示他的关爱一样。同时，日本的高管也会关心年轻人的需要、期待、愿望以及问题，而独特的年资制度也确保了下属永远都是较为年轻的人。

自下而上的责任

日本的组织远比西方的任何组织（除军事之外）都要专制独裁。日本人对上司的顺从始于他们的语言，他们的顺从程度远超过最讲究恭敬顺服理念的西方传统。然而，从上到下的权威总是需要自下而上的责任来配合。

这体现了"共识决策"（consensus decision）的真正意义，但这并不意味着日本人真的是通过达成"共识"来做决策的。这种方式显然会导致错误决策，最重要的是，它会不可避免地引向妥协。如果一定要说日本组织决策有什么独特之处，那就是所有决策从不妥协。日本组织决策的特色是"激进的决断"——这种制度是如此的复杂笨重，以至于一些小的决策根本无济于事

（这个问题的讨论可以详见第 37 章）。

在日本组织的每个层级中，下属不仅必须参与决策，而且要对决策内容深思熟虑。每个层级都要为公司的整体绩效、组织的整体利益承担责任，而不是为各自狭隘的势力范围负责。当然，所有日本人都承认这仅仅是"希望"而非"现实"。

诸多局限依旧存在。决策过程的参与者必须是各自团队的成员。换言之，体力工作者并没有参与管理决策。同样，在正常情形下，高管层也不关注工作与职务的安排，因为那是工作者、监察人员和工程师的事。

然而，日本式"参与"并非指真正参与"制定决策"（decision-making），而只是"思考决策"（decision-thinking）。日本式"参与"并不是西方宪政理论意义上的"权力参与"（participation in authority），而是真实的"责任参与"（participation in responsibility）。

以上这些管理实践不是"古老日本"的模式，而是"现代日本"的体现，是从 20 世纪 20 年代发展出来的；当然，这些管理实践的确反映出日本人的基本信仰与价值观。虽然这些管理实践不能被移植到西方的文化土壤中，但其基本方法不只是适用于日本，西方国家的一些实例也证明了这一点，相似的方法应用也可取得同样的成效。

阿贝与蔡司光学

光学工业在 19 世纪德国经济崛起中发挥了关键作用。到 1890 年，德国已经在精密光学领域独占世界之巅。虽然这种垄断局面到第一次世界大战时被打破，但德国依旧保留光学领域的统治地位，直到第二次世界大战。精密光学的主要成就应该归功于坐落在耶拿（Jena）的卡尔·蔡司公司，该公司至今依旧以蔡司命名。卡尔·蔡司（1816—1888）既是一名发明家，也是一位创新者；他最伟大的贡献在于他很早就领悟到一个重要道理：现代工业必须根植于现代科学。他自己是位手工匠人，继承了家族长久以来的透镜制造技艺；早年时期，他就与一位大学物理学家恩斯特·阿贝（1840—1905）建立合作伙伴关系。1888年蔡司去世之后，阿贝开始承担起公司的管理工作。

阿贝是享誉世界的科学家之一，同时也是一位富有成效的发明家。他对光学镜片与精密透镜的制造进行了革命性的变革。但他最伟大的成就不是在科学领域，也不在经营企业方面，而是在有关工作管理方面。

虽然有别于泰勒的管理方法，但阿贝所应用的管理方式也可称为"科学管理法"，即对"工作"进行系统研究。他系统地分析了制造光学镜片所需的操作步骤，然后把光学镜片转换成为精密透镜，再把这两个流程合二为一。差不多在1880年或是1885年，他提出的解决方案可被描述为"弹性批量生产"。但阿贝并不像亨利·福特在20年后所做的那样，在这些操作的基础上安排工作；相反，阿贝把如何安排工作的责任转移给工作者本身。他从工厂里召集了一些工匠大师与熟练技工，向他们解释新的技术与规则，然后要求他们按照新技术和规则来安排工作并落到实处。

为了兼顾光学镜片的品质与数量的需要，同时又要考虑降低成本，以实现日常仪器的正常使用，比如显微镜、照相机以及眼镜等，要求必须拥有全新的机器与工具。从一开始，阿贝就主张让技术娴熟的工作者在大学的科学家和工程师的协助下自行开发新的机器设备。蔡司光学之所以能够垄断世界光学镜片那么长时间，最重要的原因正在于由工作者自行设计机器设备，或者至少可以说是自行改良机器设备。

阿贝还采取了"持续训练"的管理方法。到1880年，德国工业在很大程度上已经实现了系统化的学徒训练制度：在技师的指导下，把基础理论与实践工作结合在学徒课程中。阿贝还为那些训练有素且技术娴熟的工匠外加了一些系统化的训练课程，旨在鼓励他们在整个工作生涯中持续参加训练。训练课程经常更新。那些具有最高超技术的员工可以加入工程师、化学家、透镜设计师以及仪器设计师之列，让他们一起研究更好的方法，开发新的产品，并且在生产流程与技术上不断改进。与日本制度一样，训练课程的重点不是推广，而是不断改善技能、工具、生产流程以及产品。在某一方面，阿贝远超过日本人；那就是他坚持对工作者的成果与绩效提出反馈信息，他反复强调的一句口号是："一位杰出的工匠必须掌控他的工作。"

在蔡斯工厂中，并没有正式的雇用保障制度。阿贝和他的德国工匠认为：像日本的习惯那样，只要一个人是"忠诚的"，即使他无能或懒惰也要继续雇用，这显然是不道德的。但是，一个人只要学会了如何从事工作，并显示出他愿意努力工作，那么即使在经济波动时期，他在蔡斯工厂中的工作也是有保证的。

在阿贝的遗嘱中，他把蔡司光学的所有权转移给了一个基金会，取名为"恩斯特·阿贝基金会"（Ernst Abbé Foundation），所有的利润都归这个基金会，而蔡司光学的员工成为唯一的受益人。但这并不意味着员工控制一切，因为"恩斯特·阿贝基金会"实际上由蔡司光学的高管层及其委任的受托人共同经营。这个基金会并没有从工作者中塑造"资本家"，也根本没有打算这样做。的确，蔡司光学的工作者们从早期开始就是很自负的社会民主党人，但这并没有给工作者们带来更多的金钱。因为所有权归属于基金会，蔡司光学必须依赖内部资金来扩展业务，这种做法很有可能意味着必须维持相当低的股息。但"恩斯特·阿贝基金会"可以为员工福利提供资金；自阿贝主事基金会以来，这些福利都根据工作者内部主要群体的需要来加以调配，无论是工作者子女的奖学金，还是医疗保健福利金，甚至是住房津贴等都是如此。这样的做法使得公司花费很少的资金就能保护员工免受风险，并且为员工提供真正有意义的福利。

IBM 公司的故事

我要讲述的最后一个成功实例是 IBM 公司的故事[⊖]。

早在 IBM 公司成为世界领先电脑制造商之前，它已经是一家相当复杂技术产品的生产商了，至少那时的情形的确如此。当然，如今 IBM 公司生产的电脑与软件都是全世界最复杂、最高端设计、最精确的工业产品之一。与此同时，必须保证能让那些对电脑技术一窍不通的人使用这些产品，用户能够应对最困难的用途以及各种各样的意外情况。

这种设备不是由技艺精湛的个体工匠所生产的。如果产品必须依赖手工技能，那么这种设备就不可能大批量生产，顾客也不可能承受如此高昂的价格。因此，IBM 公司使用半熟练的机器操作人员。这证明了科学管理法与弹性批量生产制度都可以被应用于最复杂精密、极为多样化，甚至是极小数量的设备生产中。比如一种具有独特型号而且非常先进的电子计算机，也许只能制造一台。然而，如果把制造这种独特产品的作业划分成均匀的阶段，那么除了很少的一部分工作外，IBM 公司便可以使用半熟练操作人员来生产了。每一项作业都可以按照这种方法来设计，不仅考验员工的判断力，工作者还能亲自控制工作的速度与节奏。这种做法归功于 IBM 公司的创始人老托马斯·沃森，他曾担任 IBM 公司董事长多年。有一次，他看见一位女性操作员正悠闲地坐在她的机器边；于是他就问她为什么不工作，她回答说："我必须等到装配工更换工具装备后才能重新开始。"沃森问道："难道你自己不能更换吗？"她回答说："当然可以，但我不应该这样做。"沃森随即便意识到：每个工作者每周都要花好几个小时等待装配工；然而，公司只

⊖ 对于 IBM 公司的研究，可见查尔斯·沃克和 F. L. 理查森的《日益扩大的公司中的人际关系》（*Human Relations in an Expanding Company*, Yale University Press, 1948）。本文参考之处，我深表谢意。

需要花几天时间就可以训练工作者学会如何装配各自的机器。因此，装配机器的活儿便成了操作人员自己的工作了。不久以后，只需对操作人员进行一些相关检验工作的训练，终端产品的检验工作也被落实给了操作人员。

运用这种方式扩大工作使得产出与产品质量得到意想不到的改善，这也促使IBM公司决定系统地加以推广。操作本身设计得尽可能简单，但每个工作者都要接受训练并尽可能熟练运用这些操作。每个员工至少要执行其中一项任务，比如说机器安装总是需要一些基本技能或判断力，一系列不同的操作也会促使每个员工掌握相应的节奏变化。

这种方式不仅促进了IBM公司的生产力得以持续提高，而且对员工的工作态度产生积极的影响。事实上，公司内外的许多观察者都认为，员工对各自工作自豪感的提高是最重要的收获。

紧接着，IBM公司重新定义了监工的工作。在传统意义上说，并没有所谓的"监工"。其他公司把那些监督员工工作的人称为"监工"或"领班"，但IBM公司称他们为"助理"。这正是"监工"应该扮演的角色，他应该成为员工的"助手"，而不是员工的"老板"，他的工作就是熟悉员工的工作性质并且帮助他们。

工作最大化的政策还促进了IBM公司为那些半熟练员工创造重要的机会。在每个部门都配有一位或多位工作指导师。他们都是一些资深的员工，他们不但从事自己的工作，而且帮助那些缺乏经验的员工学习更高的技能，还帮助他们解决工作所需的经验与判断力的问题等。这些指导师享有很高的威望而且令人羡慕，这为他们成为管理者做了极其重要的铺垫。他们在训练与检验人才上非常有成效，因而IBM公司在选拔与提升合适人才上不会遭遇任何困难，也用不着为新上任的领班无法胜任工作，或得不到下属尊敬而烦恼。在大多数其他工业工厂中，这些问题真是难题；在一些公司中，深受员工敬重而晋升起来的领班不足一半。

IBM公司的第二项创新似乎来自偶然事件。20世纪40年代末，当第一批电脑开发出来时，市场需求大得惊人，甚至必须在工程工作全部完成之前就开工生产（或许是工程设计花费的时间超出了预期）。因此最后的细节由工程师和领班以及工厂工作者在车间共同完成。这种做法的结果非常好：设计更加精良，生产工程显著提高，成本降低，生产速度加快；工作者因为参与了产品的设计与各自的工作设计，他们的工作积极性更高，生产力也得到提高。

IBM公司把这个经验应用于对固有产品的主要变化以及产品的推陈出新上。在工程设计完成之前，就把项目分配给工作人员，"助理"就会成为该项目的经理人。他与将要生产机械的工程师和工作者们一起负责把关产品设计的最后细节。项目经理人、工作者，再加上具有专业技术的专家，他们一起做实际的生产规划并安排每个人的工作。换言之，工作者参与设计产品、计划生产流程以及做好本职工作。这种做法无论应用在什么地方，都会对产品设计、降低生产成本、提高生产速度以及工作者的满意程度有益。

在对待工作者的报酬与奖励上，IBM公司走的路线也是"非正统的"。最初IBM公司使用的是标准方法，也就是由工业工程师为每个操作岗位设定产出标准，根据这个产出标准来界定生产的基本工资，高于产出标准者获取激励奖金。后来，在1936年，IBM公司取消了传统的工资标准和奖励机制，不再按照产出标准来界定薪资，而是支付给员工固定薪资（当然，加上一些加班费和假期津贴等）。产出标准不再由工业工程师来设定，每个工作者和各自的领班一起设定生产率；当然，领班与工作者正常情况下都非常熟悉可预期的产出情况。但即便是在生产流程或工作中出现新的操作方式或重大变化，产出标准的决定依然在于他们自己。IBM公司坚持认为：没有一成不变的"标准"，每个工作者都为自己及其工作负责，在各自助理的帮助下，提高工作速度，完善做工流程，以此获得最高的生产成效。

这种做法的一个重要成果是领班与工作者都越来越重视培训，尤其是在人员配置上的训练。IBM公司的每一位员工都明显地意识到，即便是在非技能型工作中，每个人的能力差别也很大，因而每个领班都会竭尽全力地做到各尽其职、人尽其用，而且每一员工都会尽力找到最合适自己的工作，或者想方设法提高自己的技能，努力把自己的工作做得更好。

IBM公司在施行新的薪资方案后，工作者的产出得到持续的提高。但有许多人（包括IBM公司内部员工）提出批评的观点，他们认为产出的提高是因为工作者害怕失去工作，毕竟1936年正值经济大萧条的多事之秋。但IBM公司员工的工作产出在战争年代也照样持续上升，而同时代的其他产业即便是提高薪资、加大奖金也无法阻止产出滑跌的局面。

然而，事实胜于雄辩，IBM公司采取稳定的雇用政策是工作产出持续提高的重要因素，如果不是这样，它也难保胜算，更不用说提升了。这是IBM公司在经济大萧条时期采用的最为激进的创新。

IBM公司是一家资本商品的生产商，其产品的主要使用者是企业。很显然，在这样的企业中，就业保障对经济波动是极其敏感的。在经济大萧条时期，IBM公司的主要竞争对手都急剧裁减员工，但IBM公司的高管层毅然决定保留工作岗位，为员工提供就业保障；而且他们知道只有一个方法能够保证这个决策的成功，那就是开发新的市场。IBM公司非常成功地寻找并发展了新的市场，安然无碍地度过了20世纪30年代最艰难的时期。

经验教训

以上提及的这些成功事例都不是"奇迹"，更不是什么"灵丹妙药"。

日本的实例就是如此。实际上，日本的方法、政策以及实践越来越不适应日本社会的现实。这与任何地方的工作制度与组织机构变化不合时宜的原因是一样的，即教育的普及与提高和物质的日益富裕。教育的普及与提高正在快速导致日本体力工作者的劳动力短缺，不再有许多年轻人尤其是年轻男子在 15 岁时辍学开始劳动。结果显而易见，日本传统一刀切的薪资结构正在面临越来越大的通货膨胀压力，这会威胁到新进入企业的员工低工资、保障按照工龄发放年薪，以及福利结构等一整套制度。与此同时，年轻的知识工作者、工程师或会计师等会逐渐因为受到整个制度的约束而恼怒，比如这种制度剥夺了他们工作自由变动以及借助绩效晋升而不是通过服务年限晋升的想法等。在接下来的 20 年中，整个日本可能需要在管理"做工"与"工作者"上加强创新，就像日本在 1920 年左右首次革新成为世界主要的工业社会时所推动的创新那样。

恩斯特·阿贝基金会仍然在西德拥有并经营着蔡司公司，蔡司公司依旧是世界光学器件响当当的老字号。但早在第二次世界大战前，蔡司公司就开始丧失阿贝当年所赋予的发展势头。很吊诡的是，蔡司公司停滞不前的主要原因正是恩斯特·阿贝本人。他把蔡司公司的所有权转让给了基金会，使得蔡司公司无法从外部获得有效融资，从而导致蔡司公司不可能筹措到足够的资金以维持该公司的经营运作以及对新领域的开发创新。

在 IBM 公司，创始人的决定性原则之一如今很难继续维持下去，这条原则就是——员工的就业保障。45 年前，IBM 公司只有数百名员工，而如今它拥有 26 万名员工，它已经无法像从前那样保证员工的工作了。IBM 公司不得不裁员，尽管到目前为止，裁员仅限于管理部门与专业人员；当然，按照企业最初的规划，体力工作者的就业保障被维持下来。

我们仍然要强调，以上这些企业所采用的政策既不是"灵丹妙药"，也不可能持续永久，但它们确实是非常成功的。

在日本崛起成为世界第二大工业强国的过程中，工作者的劳动精神是其核心要素之一。蔡司公司的快速崛起及其长期独占鳌头的领先地位应该归功于工作社区的力量、工作者的热心,以及工作者在产品、生产流程和工具等方面富有创造力的影响。IBM公司则堪称工业发展历史上劳动力数量成长最快的企业,从1950年的数千人发展成为20年后的26万人。然而,IBM公司从未在任何地方因为员工而烦恼,甚至在最糟糕的工业"地震带"——法国巴黎的"红色郊区",也是如此。尽管劳动力数量每年成倍增加,但IBM公司从未出现过重大生产问题。唯一的解释就是:IBM公司的工作者在承担工作责任以及训练新员工等方面做好了充足准备。尽管时至今日,任何一家电脑制造商都不太可能拥有特别高的劳动效率,尤其是在产业处于持续变动的时期,效率就会随之低迷,但在企业界有口皆碑,IBM公司的效率远高于其他竞争对手,就像通用汽车公司高于其他汽车业同行一样。

以上这些成功企业的秘诀是什么?难道是日本制度、蔡司公司、IBM公司做了哪些我们未能做的事?或者是我们做了哪些它们不做的事?

无论是日本制度、蔡司公司还是IBM公司,它们从未施行"任纵宽容式管理"(permissive management)。日本的管理是"专制独裁"(autocratic),一向臭名昭著。在日本公司中,没有人会把总裁的命令误认为是礼貌的要求。据说,阿贝也不是一个"宽容式"管理者。据大多数人传言,阿贝的确是个"友善的人",但也是个很典型的"德国绅士型教授",他的权威不容置疑。老托马斯·沃森也是一位专制者。阿贝与老沃森都要求员工绩效卓越,从不接受任何善意的妥协与将就。

以上这些全都不是"民主管理"(democratic management)的典范,更不用说"参与性民主制度"(participatory democracy)。在日本公司中,员工对老板言听计从。阿贝与老沃森甚至在做决策时也都是发号施令。无论是日本公司、蔡司公司,还是IBM公司,它们都不会使用"自由形式"(free-form)的组织模式。日本公司的结构非常严谨,有非常正式而且清楚的命令路线,并且要求所有员工认真细致遵行。这一点与阿贝的蔡司公司和沃森的IBM

公司并无两样。

从这些管理上获得成功的企业范例中,我们可以看见远比当今任何"主义"更加重要的启发。大多数关于管理"做工"与"工作者"的理论,包括被人奉为"灵丹妙药"的"任纵性"(permissiveness)管理或"参与性民主制度"(participatory democracy)管理,都把关注点放在"组织性权威"(organizing authority)上。而日本公司、阿贝的蔡司公司以及沃森的IBM公司则把"组织性责任"(organizing responsibility)视为管理的基础。

第 21 章 | CHAPTER 21

负责任的工作者

聚焦职务——责任的先决条件——创造力的谬误——反馈信息有益于完善自我控制——持续学习——规划与执行——工作者是"规划"的"资源"——明确权威之必需——职务责任与工作团队责任——装配线与工作丰富化——工作者责任与"新生代"——"被拒绝者"——"前工业时代"的移民工人——知识工作者——拯救监工——社区型工厂与办公室——管治（governance）的需要及其有限性——领导力发展机会之必需——工作社区活动——自治型工作社区——从"我的工人"到"我们的同事"再到"管理同仁"

无论是技术型工作者还是非技术型工作者，无论是体力工作者还是行政工作者，抑或是知识工作者，他需要具备什么样的才能方可担当责任呢？他承担责任需要什么样的工具呢？应该采用什么样的激励措施或保障呢？管理者与企业必须做什么才能要求工作者承担责任并促使他们响应这样的要求呢？

焦点在"职务"（job）上。职务必须让人的成就感成为可能。职务不是一切，而只是最先必须考虑的要素。如果工作的其他方面不尽如人意，即便是最具有成就感的职务也会被糟蹋——就像低劣的调味汁能破坏上好的肉的味道一样。如果职务本身不是成就，那就没有其他任何东西能够提供成就了。

这似乎是小孩子都能明白的道理，但有史以来，有关对员工进行管理的各种主要方法，却都把重点放在工作以外的各个因素上。

家长式统治（paternalism）的重心是福利，诸如住房与卫生保健等，的确，这些都非常重要，但这些不能取代职务的成就。德国工会新近提出的"共同决策制"（co-determination）旨在推动工会代表进入董事会和高管层参与管理，但这种做法并不关注与工作者本身相关的职务问题。

对每个工作者而言，从清洁工到常务副总裁，基本现实是他们每天都要花至少八小时在本职工作上。在我们现有的组织型社会中，工作职务是绝大多数人获得成就、实现理想以及服务社区的渠道。

为了促使工作者获得成就感，首先必须让员工具备为自己职务负责的能力。这就要求：①富有效率地工作；②反馈信息；③持续学习。

当工作尚未研究分析、生产流程尚未有效综合、标准与控制尚未思考透彻、物理信息工具尚未设计得当时，要求工作者为各自的职务负责任是愚蠢的。这也暴露出管理的无能。

创造力的谬误

"创造力的谬误"这个说法与"个人创造力"的古老口号背道而驰，如今这种古老口号开始死灰复燃。古老的教义认为，"把人从束缚中解放出来，他们就能想出比专家更好、更先进、更具有生产力的答案。"这个观点早在18世纪前就很流行了，后来卢梭赋予了它经典的阐释。但这个古老的信条缺乏证据的支持。我们所知的一切都在说明：只有在基本工具具备的情况下，人的创造力才能有效。我们所知的一切还表明另一个道理：任何工作的适当结构并不能凭借直觉断定它就是理所当然。

多少世纪以来，人们一直铲沙子。我们能够假定，在大多数岁月中，没有人告诉他们如何铲沙子。如果促使工作具有生产力是依赖于人的创造力的话，那么毫无疑问，应该在很久以前，人们早就总结出最好的铲沙子方法了。然而，当泰勒在1885年首次对铲沙子进行观察时，他发现一切都是错误的。铁铲的尺寸与形状并不适合于铲沙子。铁铲手柄的长度也不对。铲沙工每次铲出的沙量也不对，因为大部分的沙量会使铲沙工疲劳不堪，甚至对身体造成伤害。装沙子的容器的形状、尺寸与位置也不对，如此等等。

长期以来，医生的工作也适用于同样的描述。19世纪的差异诊断法，即医生工作的系统分析法，注重把许多高智商、高技能以及相当教育程度的医师组织起来对病例做细致的系统分析，显然有别于长久以来人们崇尚的"直觉诊断"。

创造力不可能取代分析与知识，其最佳例证正是那些经历过被政府没收、专业人士被驱逐的企业。这些例子中较为突出的有：20世纪30年代墨西哥政府接管的石油工业、伊朗在摩萨台首相执政期间接收的阿巴丹岛的大型炼油厂、玻利维亚政府没收的锡矿工业，以及智利政府没收的铜矿和铜冶炼厂。所有这些做法深得企业员工的欢迎，工人热情高涨。但一旦管理人员、专业人员和技术人员被迫离开或遭到驱逐，企业的生产力就会一落千丈，元气大伤。

反馈信息有益于完善自我控制

要求工作者负责任的第二个先决条件是对其绩效提出反馈信息。责任要求自我控制。自我控制则要求获取与原定标准相异的绩效的连续信息。

近年来，许多人花费大量的心思想把"行为矫正"（behavior modification）应用于工作中。尤其是埃默里航空货运公司应用这种方法初见成效引发人们的兴趣，该公司发现，只要在第一时间把员工的实际绩效反馈给他们，那么，各级员工都会对各自的绩效加以管理。实际上，这个道理我们已经早就意识到了。

正如前文所提及的那样，蔡司公司早在一百年前就建立了反馈信息制度。IBM公司在40年前也做同样的事情。日本的连续学习课程也是提供反馈信息的方法之一。现代医疗实践在150年前就设计出了从尸检结果到诊断的一系列反馈方法。

我们也知道，只要提供合适的信息，人们就会对各自的绩效加以控制和修正，尽管他们自己或信息的反馈者自身并不真正明白必须做什么或如何做。这种做法甚至可以应用在一些被视为"难以驾驭的"工作流程中，比如大量的人体检查流程，像心跳、脑电波与突发性哮喘等。视觉反馈可以帮助得哮喘病的儿童在信息控制板上看见自己的喉咙血管与肌肉收缩的情况，只是这些信息无法告诉病人该怎么办。的确，没有人能够知道该怎么办。但是，只要这个小孩知道显示屏上显示血管和肌肉状态的指针应该停留在屏幕的中心，那么在许多情况下，他往往可以阻止一次哮喘的发作。

很少有工作流程像脑电波与哮喘发作那样难以分析，在许多情况下，我们依旧无法精确地把握流程。然而只要提供合适的信息，工作者本身还是能够控制各自的工作与产出的。

埃默里航空货运公司曾多年从事工业工程的研究，但其管理当局还没有真正弄清楚，每个飞机驾驶员到底应该做些什么，才能使自己飞行线路上的货运量尽可能地大。可是，飞机驾驶员无须对运货的飞行时间和飞行长度进行分析，只要知道了他们实际的货运量同计划货运量的差距，就能控制自己的飞行日程安排并大大提高货运量。

这种方法甚至可以应用于诸如研究工作等高级知识工作。对研究工作而言，反馈并不意味着像货运驾驶员那样每日报告其运输量，而是在一年中多次与从事研究工作的科学家坐在一起并告诉他们："这就是我们这个研究小组在过去6个月或12个月里为公司做出贡献的一些主要成果。那些是早期的研究工作在过去6个月或12个月里对公司绩效的影响。"

工作者所需的信息必须满足"有效信息"的要求（参见第18章）。信息必须是"即时的"，必须是"切中要害的"，必须是"可操作的"，信息还必须以工作者的职务为重心。最重要的是，信息必须成为工作者的"工具"。获取信息是为了工作者的"自我控制"，而不是为了"控制他人"，更不是为了"操纵他人"。

很显然，反馈信息的真正力量与主要强化特点在于：信息是工作者用于自我评估与自我引导的工具。工作者们不需要在别人的称赞或责备中意识到自己的工作。他明了这个道理。

持续学习

做一个有成就感并且负责任的工作者的第三个要求是"持续学习"。

无论是非技术型工作者、技能型工作者还是知识工作者，都需要接受新的技能训练。持续学习并不取代基础训练，持续学习有着不同的目的，也为满足不同的需要。最重要的是，持续学习能够满足员工把所学到的贡献出来，不仅提高自己的工作绩效，而且有益于提升同事的工作绩效，还能促进工作方式变得更好、更有成效、更加合理。

持续学习还有助于工作者认真对待如下基本问题：工作者对创新的抗拒，以及工作者将被淘汰的危险。

我们经常听到一种说法："工程师在十年内淘汰。"如果这种说法是真实的，那么这就是对雇主的严肃控诉。以特有基础知识为工作起点的工程师没有理由过时而被淘汰。在他所在的职务上，持续提高他自己的技能与知识应该成为他日常工作的一部分。

持续学习并非一定要像日本传统的刻板课程那样加以组织进行，但持续学习确实需要组织得当。工作者必须面对连续的挑战："你所学的一切能够让你的工作以及团队的工作更有生产力、更有绩效、更有成就吗？你需要哪种类型的知识、哪种工具、哪种信息？我们需要如何做最好的准备来接受新需要、新方法以及新的绩效能力？"

无论是对体力工作者还是对行政工作者，持续学习都是一样合适的，但持续学习对知识工作者来说尤为重要。事实证明，要让知识工作具有成效，知识工作者必须不断接触新的问题，获得不同的经验，并且持续地为他人贡献知识和信息。无论知识工作涉及会计还是市场调研，涉及规划还是化学工程，工作团队都必须成为一支学习的团队。

规划与执行

以上这三个先决条件——富有效率地工作，反馈信息，持续学习，可以说都是为工作者在职务、团队以及产出等方面的责任做规划。因此这些都是管理层的责任与任务，而不是他们的"管理特权"；也就是说，这些不是管理层独自承担或单方面承担的事情。管理层的确必须工作，必须做决策。但在这一切相关领域，工作者本身从一开始就必须作为"资源"整合到规划流程中去。从一开始，工作者就必须参与到就工作和流程以及工具和信息而展开的深入思考中来。工作者必须是工作与流程的搭档。每一次尝试都应该为工作者提供必要知识，工作者无须成为工业工程师或流程设计师，但是对员工各自的职务和工作性质来说，工业工程的基本内容及其应用应该得以普及。

在使工作富有效率的过程中，使工作者成为一种资源的第一次尝试，也是最成功的一次尝试，就是前面已经提到过的"工作简单化"。泰勒有位门生，名叫艾伦·莫根森，他在纽约州普莱西德湖，20世纪20~40年代从事这个理论的研究。莫根森认为，如果监工明白科学管理的基本原则，那么科学管理就能运作成功，不仅可以应用于他们自己的工作，而且可以带领他们的工作团队。他还指出，我们所需要的是把科学管理理论转换成为工作团队日常的、浅显易懂的、舒适的工具。他甚至坚信，那些懂得"做工"但目不识丁的员工也能够像受过高等教育的工业工程师那样获得良好的工作成果。

没有理由必须把工作简单化放到特别的学院中去讲授，并且脱离开工作现场。在日本工业中，住友电气工业和三菱电机公司等在20世纪20年代的时候首次开始应用科学管理，在持续培训会上，其监工和工人已经把学习工业工程原则作为很自然的一件事情。

除非把具有生产力的工作、反馈信息以及持续学习的基础打好，否则工作者的职责担当、工作团队的责任、产出的任务等不能期望太高，更不用说要求了。在设计这些基础时应该让工作者从一开始就参与其中。

如果方向缺失、结构松散、教导粗野、控制不力，那么再好的创造力也不可能生产出好的成果来。但一个不会开发与使用员工的知识、经验、资源以及想象力的制度是不可能有成效的。

总体上说，大多数企业没能明白这个道理，主要原因在于"规划"（planning）与"执行"（doing）的混淆，以及"规划者"与"执行者"的错位。这正是泰勒首次提出"规划"与"执行"是不同的，应该加以原则性区分。

泰勒认为，如果"规划"与"执行"相混淆，那么"规划"就无法做成。早在泰勒之前，19世纪早期的德国总参谋部的设计师们就已经把"规划"工作独立出来了。

"规划"与"执行"是两个分离的活动，像读书与写作一样，它们要求不同的方法与不同的途径。规划者与执行者，就像读者与作者一样，他们需要联合在一起，犹如一人；两者不能分崩离析，否则规划将会停止，毫无成效可言，而且会对整体绩效构成重大威胁。

执行者需要规划者在方向、评测、分析与整合的工具、方法论以及标准等诸多方面提供指引，规划者还要确保多个团队规划之间的兼容并立。

反过来，规划者需要执行者进行资源和反馈控制。除非规划者清楚了解执行者所做所需，否则他的规划理论再完美也难以落实执行。反之亦然，除非执行者清楚领会规划者所要实现的目标，否则执行者将难以执行规划意图，甚至会抗拒他认为不合理的、武断的、平庸的工作。

规划者的工作分析能力和个体操作能力越低，他对执行者的依赖就会越大。最重要的是，在知识工作中，执行者必须参与规划流程，并对规划负有责任，这样的规划才会有成效。

但促使工作者负有责任的基础依然在于规划工作，这就是为什么规划工作一直都是管理层的重大责任。

明确权威之必需

促使工作者承担责任还有一个条件：工作者需要保证明确的职权结构。他必须知道哪些领域与决策是他权力所不能及的，是超出他的权限范围的，因而他必须把这些领域与决策交给更高的权力者。管理层必须拟定各自的任务范围、具体目标以及相应标准。我再次强调，规划者应该把执行者视为信息资源。但这是管理层的职责。

另外，组织有时会深陷"共同险境"的威胁。总会有一些始料未及的、违反常规的紧急事情发生。这种"共同险境"可能是物质上的，在企业中经常表现在经济方面。无论险境的性质如何界定，在这种情况下总要有一个人来做决策，决策要快，否则就有可能殃及众人。谁是承担这个决策的关键人物，应该提前知会，否则势必混乱。这个关键人物必须有能力说："我们必须这样做""你来做这事""按这方法来做"等。一个团队的生存与发展取决于关键人物所拥有的"毫无争议的权威"。如果缺少这种"毫无争议的权威"，那么这个工作团队的每个成员都会觉得没有安全感。

职务责任与工作团队责任

对于个人工作职务及其涉及的工作标准安排，以及把这些职务整合到一个工作团队中，这些设计、结构布局及其工作团队间的相互关系正是工作者与工作团队的责任。他们需要专业的帮助，他们需要高层提供的知识、经验和教导，他们需要工业工程师、其他技术人员和专业人员的建议和服务。管理层必须保留否决权，而且经常动用这种否决权。不过，职务设计和工作团队设计的责任应该由那些对产出与绩效负有责任的人来承担，也就是由工作者和工作团队共同承担。

工作者对职务与工作团队的责任会伴随着工作种类、受教育程度、技术水平、工作者的知识程度以及文化与传统而变化。工作者是科学家或研究者，或者工作者是来自黑人贫民窟中顽固不化的失业者，抑或工作者是来自东安纳托利亚高山农场在德国工厂中的打工仔，我想他们在职务安排与责任承担上一定不同。

无论工作者的身份如何不同，但工作原则是相同的：工作者及其工作团队应该为各自的职务以及个人职务间的关系负有责任。他们都要思考如何完成各自的工作并为此负有责任。他们都要为各自工作数量与品质所形成的绩效目标负有责任。他们还要为改善各自的工作、职务、工具、流程以及技能负有责任。

这些都是严苛的要求。不过,一旦规划做成,工作者就必须为此负责。的确,在大多数情况下,工作者将会设立比工业工程师更高的绩效目标,甚至设立超过各自的目标,IBM公司就是非常典型的实例。

之所以能够做到这一点,并不是因为工作变成了一种游戏,也不应该成为游戏,也不是因为激励的缘故,虽然心理因素无疑起着很重要的作用。在很大程度上,员工对作业设计和工作小组设计承担责任之所以是有效的,是因为所运用的是员工在这一领域中的知识和经验,而在这一领域中,员工自己就是专家。

正如前文所阐明的那样,期望工作者发挥自身的创造力来让工作有生产力是脆弱的空谈。但期望工作者在自身职务中发挥各自的知识与专业技能,即把概念的与物理的工具投入到实践运用并产生绩效,这是很切合实际的做法。在这方面,工作者是唯一的专家。职务是一种工作配置。职务没法分析。职务很容易感知与理解。特别是在具备反馈信息的前提下,每个工作者就能按照各自的最佳职务设计来正常开展工作,工作成效就会事半功倍。

在设计工作团队方面,团队成员的责任更显得重要。我们现在知道⊖,无论是热治疗、销售家具,还是探索荷尔蒙的分子结构,工作本身是决定职

⊖ 举例来说,通过英国管理学家琼·伍德沃德及其团队的工作,特别是参考她的著作《工业组织:理论与实践》(*Industrial Organization: Theory and Practice*, Oxford University Press, 1965),便可见一斑。还有一个例子,比伍德沃德更早一些,就是20世纪40~50年代耶鲁大学查尔斯·沃克对工作、工作团队、工作者进行深入研究并写成报告,其结论与伍德沃德的看法相同。该文被收入查尔斯·沃克与罗伯特·格斯特合著的《装配线上的人》(*The Man on the Assembly Line*, Harvard University Press, 1952)。

务设计与工作团队结构设计的至关重要的因素。我们的困难在于并不明了职务设计与工作团队结构应该与哪种任务与工作相呼应。

回顾琼·伍德沃德研究过的工作团队，每个成员的组织方式都很明显而且正确。但我们无法从这些解决方案中找到能为其他职务提供万全之策的最佳结构。虽然有些通用规则可以学习，比如"工作团队结构与组织必须符合执行任务，符合工作者的个性、技能、价值观，符合物理环境与工具等"，但这些规则太过"笼统"，以至于无法提炼出"正确操作手册"之类的结论来。

虽然工作团队结构是由极少数的、简单的元素构成的，但其配置却异常复杂。它就像一支万花筒，微小的移位即可彻底改变万千形态，排列组合的可能性可达到无穷。

在这种情形中，获得正确答案的唯一的最佳途径是试验。像工业工程师那样的局外人可以协助，但他不能依赖分析来获得答案。然而，工作团队本身通常会很快而且不费太大周折地获得正确的答案，从而解决问题。

装配线与工作丰富化

在过去几十年间，由于"新生代"工作者涌入劳动力市场，以饥饿与恐惧为主的老旧激励方式已丧失其效力，要求改变工作者与做工的传统管理方式的压力越来越大。这种压力体现在制造业中的传统装配线上尤为明显。常见的观点一直认为，就其性质而言，装配线只能采取自上而下的命令方式来管理。

前文中已经提过，IBM公司与蔡司公司早就证实这种看法有误。第二次世界大战期间的国防生产经验也证明了这一点。第二次世界大战期间，美国国防工厂要求工作者承担起生产的责任远非今天的工作者所能够想象到的。当时，由于缺乏工业工程师、监工和管理人员，工作者必须肩负一切重任。

为了说明这一点，先看看一家很大的飞机引擎工厂的例子㊀。按照当时的标准来看，这家工厂的产品极其复杂而且技术难度高。然而，每组都要负责组装一部完整的引擎，这样一部完整的引擎比任何汽车都要复杂得多。每组安排工作略有不同，不同的人在不同的时间完成不同的操作。但每组都要从研究基础工作开始，并获取完整信息。每组还要保持连续学习，每周要与领班以及工程技术人员见面数次，讨论工作和职务的品质改进。结果，每组的绩效都远超过工程师原定的产出标准。

第二次世界大战期间的这些经验可以与发生在所有工业化国家中的相似经历旗鼓相当，而且早已被人遗忘；这些经验似乎只反映出一种暂时的紧急情况，而不能体现出基本原理。如今，我们正在重新发掘这些相同的原则，而且遵照这种原则尝试，成果都是一样的。

最显著的变化当属那些最为严格、最为高度工程化的组装线，也就是汽车装配线。

在美国，克莱斯勒（Chrysler）汽车公司正在进行让工作者为操作装配线承担责任的试验。在位于底特律的一家工厂中，该公司要求员工必须对整个制造操作过程进行重新评估，这样做导致整个工厂进行重组，使用较少员工，就能获得更高产出。

瑞典的两家汽车制造企业，萨博（Saab）与沃尔沃（Volvo），为了克服严重的劳动力短缺压力，它们都系统化地采取了让员工对汽车装配线操作承担责任的做法。㊁

㊀ 这里仅举一个例子，其他例子可参见我的另外两本书：《公司的概念》（Concept of the Corporation）与《新社会》（The New Society）。

㊁ 以上这些试验可见于扬－彼得·诺尔斯泰特1970年出版的作品《瑟德塔利耶萨博—斯堪尼亚公司的工作组织与作业设计》（Work Organization and Job Design of Saab-Scandia in Södertalje）（斯德哥尔摩：瑞典雇主联合会），以及理查德·沃尔顿（Richard E. Walton）于1972年发表在《哈佛商业评论》（Harvard Business Review）（11-12月号）中的文章，题为"如何对抗工厂中的异化"（How to Counter Alienation in the Plant）。这篇文章提供了其他工业（主要是美国）中的更多实例分析。

在瑞典的工厂中，一支工作团队必须承担整辆汽车的装配责任。产出标准，也就是每小时产出的车辆数目，以及厂方设定的品质标准与已经形成的生产流程。至于职务结构、职务范围、职务间关系以及工作团队的组织都由工作者本身、监工以及工业工程师来一起完成。

瑞典汽车工业试验的其他特色，其中就包括组建开发团队。这个团队成员包括生产工人在内，他们共同探讨的事项诸如在被批准施工之前的新工具开发和机械设计，暂时分配工作者到生产工程师的团队中去参与解决特定的生产问题，以及把生产流程检验的责任从一个单独的质量检验单位下放给生产工人，而品质检验单位仅仅锁定在对成品的检验上（至于检验原则，在第18章中已有说明，主旨是品质检验不是对产品的品质控制，而是对品质控制过程本身的品质控制）。最后，工作者的任务通过工作者自身而得以扩展，甚至包括对生产设备的维修护理，而生产设备的维修护理之前只属于特定技师的责任。因而这样的做法等于把19世纪90年代恩斯特·阿贝所从事的精密光学仪器的生产以及20世纪40～50年代托马斯·沃森所从事的电子设备生产理论应用于汽车装配线上了。这些实例可以被无限复制应用。

在美国的一家百货公司连锁店中，职务设计交由销售人员负责。这些连锁店的销售人员按各自的销售额提取佣金，而且销售人员之间的竞争十分激烈。然而，这些销售人员会很快着手把职务设计视为团队问题加以解决，因为每个销售人员都会把获取最多佣金机会的最优化视为明确目标。他们聚焦的问题是："如何改善工作方法以便对大家都有所帮助？"他们得出的结论是：持续训练，比如在产品促销、销售方法、文件处理等方面。他们所要做且已经做的就是，每周花点时间和商店运营部门中经验老到的专家或销售培训师坐在一起讨论各自的经验，而且就如何改进工作方法相互提问并提出建议，甚至他们会就营业厅的组织安排方式提出修改建议。比如让一位办事员来综合处理该部门中所有销售人员的文件票据的做法（第18章中已经论及）

就是他们提出的，而且由他们自己率先执行。

但除了装配线以外，还有一种正在日益增长的需求——"工作丰富化"（job enrichment）⊖的需求。"工作丰富化"是指由专家（比如工业工程师）所界定的"工作单元"（modules of the work）——必须执行的个别操作、建构的标准以及工作者所需的信息分析等。然后，由工作者亲自设计各自的职务，即组成各自工作单元的数量、这些组件的排列顺序、速度以及节奏。这样，"工作丰富化"的成果是更高的产出、更好的品质、员工流失率大幅度降低。

到目前为止，工作丰富化主要在事务作业中得到尝试。但它看起来特别适合知识工作的应用。

蔡司公司、IBM 公司以及许多日本公司都已经在工作丰富化方面实践了数十年。一些德国和日本的保险公司数十年来在解决理赔申请时也已经采取了工作丰富化的做法（参见第 18 章），简单而且有效。甚至美国的汽车工业在第二次世界大战期间也是这样实践的⊖，工作丰富化的做法远超过今天的应用。实际上，人们在很早以前就已经意识到要这样做了。现在人们却把它当作一项新发现来加以宣传，实在是讽刺可笑；不过现在只要能这样做，总归是无害之举。

然而，当人们把工作丰富化奉为"唯一答案"时，那就不能说是"无害"了。工作丰富化仅仅是第一步。IBM 公司、日本公司以及蔡司公司都鼓励动员工作团队的活力。虽然工作丰富化仅限于工作者个人为各自的职务负责，但他也应该担负起工作团队、工作流程、团队结构及其凝聚力的责任。

⊖ 关于这个话题，内含诸多实例分析且有精练描述的是 1973 年《哈佛商业评论》（1/2 月）（*Harvard Business Review*）刊登的一篇文章，题为"AT&T 的工作丰富化经验"（Job Enrichment Lessons from AT&T），作者是罗伯特·福特。

⊖ 可参考我的《管理的实践》（*Practice of Management*）第 22 章中提及的一些实例，比如完全毫无技能的黑人女性工作者生产并安装高精度的零部件。

工作者责任与"新生代"

在今天的组织中,各种各样的工作者都必须为各自的职务及其工作团队负责,这是极其重要的。对四分之三人口工作于组织系统中的社会而言,工作者责任就是文明的基础。

对如下三个群体来说,工作者责任尤其重要,这些团体我们姑且称之为"新生代"。

第一个新生代群体是年轻的体力工作者。这些人,无论男女(第15章中曾经提及过),在参加工作之前已经是"失败者",是地道的"被拒绝者"。尽管他们被教育体系拒之门外,但他们仍然接受过若干年的学校教育,而且具有一定的教育基础。他们并不是1850年工业贫民窟中可怜的文盲。他们所掌握的正式知识或许有限,但他们的视野还是开阔的,因为他们可以从电视中获得知识。在很大程度上他们也不容易接受"胡萝卜与大棒"的激励。在许多情况下,因为缺乏学院式的教育传承,他们对真正而且有效的评判标准显得自卑怯懦,心中充满怨恨。同时,他们对自己的执行能力、获得成就的能力以及对自己的成熟程度与尊严深感疑虑。这些人,无论男女,都需要获得成就感来克服他们的习惯性挫败感。否则,他们将永远深陷抑郁、怨恨以及叛乱的苦境之中。他们需要担当责任以求克服自卑的感觉。他们需要接受足以让他们获得成功的挑战。他们心存猜疑,这是早期他们与权力者交往所形成的多疑习惯。然而,在工作竞争中,他们比任何团体都更加需要自我确定与安全保障。

这就是我们从通用汽车公司在俄亥俄州洛兹敦的装配工厂发生的员工抗争事件中吸取的教训。这些年轻的员工怨恨通用汽车公司强加给他们的硬性装配纪律,这并不令人惊奇,也不是什么新鲜事。在过去三十年间建立起来的通用汽车公司的每一家装配工厂都面临工人同样方式的反抗。洛兹敦的报

纸所报道的内容与通用汽车公司20世纪40年代末在新英格兰建立的大型装配工厂中工人所反映的情况大同小异。㊀

真正的不同点，也是重要的一点，即洛兹敦的年轻白人工作者与黑人工作者几乎都感觉到他们能够设计各自的作业与装配线，甚至比通用汽车公司总部的工业工程师做得更好。

洛兹敦装配线员工反抗事件吸引了公众的注意力。但在距离洛兹敦不远的地方，也在同样的中西部工业区，另一家公司开发了新的工厂，几乎与通用汽车公司在洛兹敦开发工厂同期进行。这家工厂雇用了同样特点的工人——或许黑人员工所占的比例略大于洛兹敦工厂；这家工厂付相同的工资，也拥有相似的装配线作业系统。员工组织也是完全工会化的。然而，这家工厂没有遭遇太多麻烦。这家工厂的生产力从一开始就很高，至少已经达到洛兹敦工人所谴责与拒绝的"加速"的标准。这家工厂有别于洛兹敦工厂的是它研究并应用了IBM公司的政策。它对工作进行了彻底周全的设计规划，并让工人与领班一起参与工作流程的设计规划，把他们视为工作的重要资源，了解他们的需求，要求他们承担职务设计与工作团队设计；可贵的是，他们的确这样做了。

"前工业时代"的移民工人

第二个新生代群体在表面上具有相似性，实际上是完全不同的一群人。他们是从"前工业"文明时代迁移进入现代都市和现代组织的数目庞大的移民，比如从土耳其和其他地区进入德国的外籍工人，从西西里岛移民到意大利都灵市的劳工，涌入美国的黑人移民，从巴西东北部干旱地区进入圣保罗

㊀ 参见查尔斯·沃克和罗伯特·格斯特的著作《装配线上的人》（*The Man on the Assembly Line*, Harvard University Press, 1952）。

市的蔗田农民，以及从部落村庄（pueblo）进入墨西哥城的印第安人等。

这些工作者在许多方面都需要家长式管理。他们需要照顾。在现代社会中，他们有失去家园的感觉，他们对现代社会深感恐惧甚至迷失其中。与此同时，他们急需融入现代社会，不仅是为他们自己，也是为他们所要迁移进入的那个社会。否则，他们将会成为令人不安的、不稳定的甚至是某种病态的影响势力。这些移民工人还急需在责任感的习惯培养以及工作成就感的体验方面加以细致调教。

位于都灵市的菲亚特汽车公司（Fiat）在很大程度上无法整合好西西里移民，有时甚至因为他们的绝望、愤怒以及抗拒而深陷僵局。在伊夫雷亚附近的奥利维蒂（Olivetti）公司同样接收许多西西里移民，但它没有遭遇类似的麻烦。20世纪60年代创始人去世之后，奥利维蒂公司曾经历过一段相当艰难的时期，当时该公司面临生死存亡的危险境地；而同期的菲亚特汽车公司正处于繁荣时期，员工工资持续上升，就业保障也很稳定。这两家公司都采用高度家长式的管理模式。不过，奥利维蒂公司在工作者对各自的职务与团队负责方面拥有很长的传统，这一点很容易令人想起蔡司公司的传统。

关于这种"前工业时代"的移民群体及其心甘情愿地承担工作者责任，我所知道的最引人注目的实例是位于南美洲西海岸的一家大型纺织厂。这家纺织厂几乎完全由来自安第斯山脉的印第安人自行管理，这些人都是新近移民，对现代都市以及对城市中说西班牙语的人而言，他们是地地道道的"陌生人"。多年来，对他们的管理是依靠制造"恐惧感"来实现的，纺织厂的产品与绩效也持续下降。到了20世纪50年代早期，该纺织厂便面临破产了。产品的质量越来越差，导致产品滞销。机械也已经老旧过时，多年没有维修护理了。一位从欧洲引进的新总经理临危受命，提交综合规划，以求重建工厂，购买新的机器设备以及加强管理。但所需资本不能提升，该厂不能因为政治原因与法律原因而关闭。于是，这位新总经理决定只做唯一能做的一件事：尽可能有成效地使用现有过时的设备来布置工作，为每个部门设定独特的工作标准，并为每个部门提供人员以期为各自的工作绩效进行反馈，把责任强加在工作者身上，让他们自行设计作业、安排工具与机器，以及设计工作团队的机构。差不多一年的时间，该厂的生产率提高三倍，而且在一些领域甚至翻了两番，诸如染色扩散方面。在产品升至最低值时，质量标准便是例外，这已成为规则。这是多年以来首次实现引进新材料、新模式与新技术。

知识工作者

最后一个群体是知识工作者，尤其是指那些高级知识工作者。这里的知识工作者必须是"知识专业人士"（这一点可以详见本书第 30 章），这意味着——没有人能够激励他，他必须自我激励；没有人能够指导他，他必须自己引导；最重要的是，没有人能够监督他，他必须遵循自己的标准、绩效以及目标做自我监督。只要他为自己的工作与职务负责，他就能够具有生产力。

拯救监工

使工作者对自己的作业和工作小组的作业承担责任，是使监工恢复到健康状态并使之发挥作用的最好的，也许是唯一的办法。

在过去的半个世纪乃至更长的时间中，身处一线的监工，尤其是在制造业与行政工作中的监工，都发现他们自己的角色地位、重要性以及受人尊敬的程度在日渐萎缩。半个世纪以前的监工是名副其实的"管理者"，而如今，监工在很大程度上已经沦为管理者、工会和工作者之间的"缓冲器"。与所有的"缓冲器"一样，监工的主要职能沦为"出气筒"。

的确，在现代工业工厂中，监工越来越成为"众矢之的"。监工与他所要监督的工作者被一堵日益高筑起来的怨恨、怀疑与敌意之墙隔离开来。与此同时，监工因为缺乏专业技术与管理知识，从而与管理层相脱离；同样，对知识工作者的监工角色扮演也显得矛盾重重。一方面，监工的下属把监工视为自己的发言人，并且希望他能够保护他们以对抗管理层的要求与漠视。而另一方面，管理层则希望监工能够在他的工作中把员工的知识与专长和机构的使命与目标有效整合起来。监工越来越觉得他自己不受双方待见；下属们不认可他，是因为他不再是真正意义上的科学家或专家，而是管理层的"买办"；管理层不重视他，是因为他是"狭隘的、一边倒的本位主义者"。

弗雷德里克·泰勒在75年前就已经看清一个事实：传统的监工职能已经日落西山了。他提出的解决方案是把职务职能加以细化，让不同的监工负责不同的事情，比如工序安排、训练、工具的维修护理、纪律等，然后各司其职，齐心协力为"规划委员会"负责，但每个监工拥有直接管理各自所在领域及其员工的权力。

这种方案最终被证明是不可行的，因为工作团队必须要有共同的聚焦点。泰勒想要让不同领域的监工所负责的职能经常会被其他专业人员所取代，比如人力资源部门、质量控制人员、器械维修护理人员、作业调度人员、协调人员以及规划人员等。结果可想而知，监工的职能只剩下"维护纪律"，也就是只剩下让员工厌烦畏惧的职能了。

监工面临的危机全世界都有，但对其研究最多的是在美国。如今在英国，监工危机也越来越严重。比如，监工常被工会激进分子描述为软弱无能，因为他们觉得他们自己能够并可以与工厂以及公司的管理层进行直接谈判。德国人的许多研究成果与报告也显示出德国传统备受人们敬重的"师傅"正在快速退出历史舞台。当瑞典人想要对汽车装配线进行彻底革新时，他们给出的理由之一正是：监工所遭遇的艰难处境以及难以找到优秀人才来担任监工一职。

如果组织机构的监督力量不能发挥有效作用，那么任何组织机构都不可能成功运作。打个比方，监工就像是组织的韧带、肌腱和筋骨一样，他们接合所有关节。没有他们，关节就不能正常动作，因为监工的工作正处于中间的关键位置。因此监工必须为管理层、工作团队及他们之间的关系承担重任，发挥职能并受到尊敬。

监工的危机足以引起人们对工作者组织及其做工状态的严肃反思，因为促进工作者有成就感、促使工作者承担责任，是恢复监工重新发挥职能的方式之一。让我们再次以蔡司公司和IBM公司做个例子，当工作者责任成为管理工作者与管理工作的指导概念时，监工的职能才是有成效的。只是他的成效与众不同，在这些组织中，监工成了工作者和工作团队的资源。

为了担负重任，工作者与工作团队必须拥有一个有组织的知识来源、信息来源、导向来源、仲裁来源以及拥有一个可以连接各类专家和信息沟通的渠道。工作者与工作团队还需要严明的纪律——尽管这只是矫正错误的纪律。在如今的制造业工厂中，纪律执行似乎成了监工的主要工作，其实不应该如此。监工合适扮演的角色应该不是"纪律监督"，而是提供知识、信息、安置、训练、教导、设定标准以及引导等。这些角色都不容易扮演，旧时的监工虽然觉得监督工作异常艰难，但还算是可以维持的角色。监工不再深陷多方忠义道德的矛盾冲突之中，比如在监工的工作团队与管理层之间，在人的个性要求与工作要求之间，在人际关系与原则纪律之间等。当监工成为工作者及其工作团队获得成就感的资源时，监工即可重新获得所扮演的角色的完整性。这样，他就能够以同一种姿态，按照同一行动，以同一角色，为企业所需的目标或绩效提供服务，也为工作者获得所需的成就感提供服务。

社区型工厂与办公室

工厂与办公室不只是个地理位置,而是社区。我们意味深长地讨论弥漫于办公室或工厂里的工作氛围,我们研究办公室与工厂的"文化",我们谈论组织的"正规模式"或"不正规模式",我们探讨一个机构的"主导价值观",我们谈论人的"职位晋升阶梯",如此等等。尽管这些话题在最为家长式组织机构与最没有人情味的办公室与工厂之间存在着极大差异,但有一点是所有人都期待的,那就是办公室与工厂的"社区职能"必须得到充分发挥。

为了促使工作者有成就感,人们必须为工作社区负有实质性责任。

办公室与工厂需要管治(governance)。权力维度是组织固有的、不可避免的维度。

但并非一个组织中的所有决策都符合组织的目标与使命,也不是所有决策都与组织的绩效直接相关。有一些决策是源自工作社区的现实与需要,而不是来自组织本身的使命、目标和绩效能力。这些决策是组织目标的附带品,而不是组织本身不可或缺的必需品。

管治所用的法则是:管治必须限定自身的必要决策。任何管治部门越是能够避免不必要的决策,那么它的工作就会越有成效、越有力量。

一个没能实质性增加机构之绩效能力的附带决策,它所花费的时间一点不少于该机构做一个基本的、必要的决策所花的时间。附带决策会阻碍管治机器的正常运作,会加重管治部门与决策团队的工作负荷,并致使他们无法专注于重要事情的决策。同时,附带决策的权威性通常都不具有合法性。使用一句古老而优雅的短语来说,这类决策都不是以实现"在人民中间设立政府"为目标。诚然,这类决策还是必须要做,但这种机构管治部门并不具有恰当的权威做这些决策。

工作社区（work-community）的决策应该是"去中心化"的决策，但它们不是企业决策；也就是说，它们不是那种实行联邦分权制的企业机构授权给下级来操作分权经营的决策（详见第46章）。它们是社会决策，是关于工作社区事务的决策。因此，这种决策必须归属工作社区——其遵循的原则与企业决策制定的"去中心化原则"没有太大差异。

如果由管理层做工作社区的决策，工作社区自身认为非常重要的事情，管理层可能会觉得所要承担的职责太过琐碎，如自助餐厅、假期日程安排、举办文体活动等。有些企业把这些事务交给管理层处理。这显然是高成本、低效率，而且容易导致摩擦与不满的做法。对管理层来说，这些事务并不重要，也无须优先处理，甚至不值得重视，因而在这些事务上的决策不好，这些活动的举办也不会收效良好。

然而，这些事务对工作社区及其成员来说则是"至关重要"的事。如果这些事务处理不当，他们就会挫败工作社区的士气。但这些事务如果由管理层来办，即便是办得好，也未必能为管理层加分。这些活动与决策的责任需要直接交给工作社区来处理。

领导力发展机会之必需

同时，这些活动也是为工作者提供领导力、责任感、公共认同以及学习的重要机会。这些活动的带领者们会在工作社区中脱颖而出。这些活动的决策者们也会借此机会理解管理的要领以及管理责任的真意。他们会从中学到管理的知识，比如必须做出选择、优先顺序的设定以及调整有限资源去完成更大的事等。

如果在工作社区中缺乏培养这样的领导力发展机会，那么工作者的能力、活力与抱负可能会转向对抗管理层与工作社区的一面。这些人就有可能成为消极的、具有破坏性的、蛊惑人心的负面力量。到头来,那位群众的带头人就可能成为给老板制造最大麻烦的人,而不会成为工作社区中绩效最优秀的人。

正如许多英国与美国工厂中的工人代表那样,他们把自己的角色定义为"扰乱者",他们获选成为工人代表是因为他们具有"革命式花言巧语",而不是因为他们的能力与绩效,而后者正是领导者所要具备的责任感与执行能力。

虽然责任本身并不是绩效的保证,但责任的缺失会繁殖出蛊惑人心的"煽动者"。

工作社区活动

要求一个工作社区为所要举办的活动负责几乎是无止境的。㊀

理查德·沃尔顿,就是前文中提及在《哈佛商业评论》发表文章的那位,他曾描述过一家大型食品制造商于1958年建立工厂时,有系统地把决策权交给工作社区来负责。在这些决策中涉及如下任务:为暂时缺勤的员工安排接替人员,从工厂中选拔员工参与工厂委员会或任务小组的服务工作,筛选并提拔合适员工填补空缺职位,为那些因缺勤或未能准时上工而导致工作尚未达标的工作者提供咨询服务等。工作社区的成员甚至还可以被安排到工厂安全委员会中去工作。安全毕竟是大家最关心的大事,工作社区的成员通常情况下对安全问题会有更多的了解。

工作社区自治中的另一个例子是核潜艇。众所周知,潜艇不是一个能够放任自由的地方。艇长必须拥有最高权威,他的命令无人敢争辩。然而全体

㊀ 在我早期作品中提到许多,特别是在《公司的概念》(*Concept of the Corporation*)与《新社会》(*The New Society*)中。

艇员，无论军衔高低，都必须保持工作与行动高度团结一致。除非他接受这样的要求，否则他不可能成为艇员。当艇长决定应该做的事情时，每个艇员都要各就各位、各司其职，像对待生命一样竭尽全力，他们也的确就是这样做的。

自治型工作社区

一个自治型（self-government）工作社区不主张"参与式民主"。前文中曾提及的蔡司公司与食品公司以及潜艇也都不是"参与式民主"，没有所谓的选举或公众大会讨论决定。工作团队由管理层针对特定的作业与特定的职务加以组织。

工作社区的自治根本就不"民主"，或许也不应该执行"民主制度"。权威与工作配置都是论资排辈，就像日本工厂以及蔡司公司所做的那样。问题的关键在于工作社区的自主权通常都是地方自治，并且工作责任必须归于决策成果的承担者。

对于如何管理"工作者"与"做工"，我们并不拥有完整的答案。组织型社会是个新的社会形态；在70年前，那些受雇用的员工不过是社会中的极少数派而已。"胡萝卜加大棒"作为驱动力的日益弱化也是新的社会现象，受过高等教育的劳动力的涌现也是新的社会现象，体力工作者的"新生代"也是新的社会现象，甚至知识工作者的崛起同样也是新的社会现象。

但我们知道问题的关键是什么，我们知道途径，甚至我们知道目标——即便我们可能永远无法实现这些目标。

差不多在1900年，一个短语的语义演变就足以宣告"胡萝卜加大棒"作为驱动力的弱化趋势。在古代，"老板"称自己的雇员为"我的工人"（my workers），并给他们签署公告或下达命令。1900年之后，"老板"越来越倾向于称呼员工为"我们的同事"(our fellow employees)。差不多在同一时期，德国的企业家开始称呼员工为"合作者"(mitarbeiter)，字面意思就是"同事"，这个名词早在100年前就已经被用来称呼行政机构中的文职人员了。当然，新的名词运用通常只是专制独裁者使用的语义面具而已。但它依然能够反映出传统"师傅"的过气以及现代组织时代的来临。在现代组织中，即便是身居高位者，也是受雇于别人，他不过是"员工"而已；权力来自于责任与绩效，而非个人的出生、等级、头衔或财富。

目前，还没有人把工作者称为"管理同仁"(fellow managers)，我希望永远不会有人这样称呼。然而，这个称呼是个目标。这是管理权力与管理权威、指挥与决策制定、较高收入与较低收入，以及上级与下级关系的未来现实，也必须成为事实。但人们也需要担负起建立和引领组织的任务，让每个人都把自己视为"管理者"，而且让每个人都愿意承担基本的管理责任，比如为他自己的职务以及工作团队负责，为他对整个组织的绩效与成果所做的贡献负责，以及承担工作社区的社会责任等。

CHAPTER 22 | 第22章

就业、收入与福利

就业保障与收入稳定——抗拒变革与就业无保障——美国的流动性就业：传说与现实——发达国家在就业保障与收入稳定方面存在的缺点——雷恩计划——有组织的员工安置——利润、生产力与福利——让"福利"实至名归——企业应该为员工提供哪些福利——福利与工作社区

生活在失业危机和收入无着落的恐惧中的工作者是不可能为自己的职务与工作群体负责任的，也不可能有产出与绩效。这种恐惧越来越少见了，也不再起激励作用了，这种恐惧的减少会产生更大的破坏性。这与发达社会中绝大多数工作者们业已习惯的生活水平和社会保障标准形成巨大反差。

为了担当重任，无论是技术工作者还是非技术工作者，不管是体力工作者还是知识工作者，他们都需要一定的就业保障与收入保证。

然而，在需要就业保障与收入保证的同时，工作者还需要可动性。每个

工作者都需要能够远避错误的工作。他们都需要能够从濒临破产的公司或工业中逃脱出来，加入正在成长或至少可以提供生存机会的产业。知识工作者，尤其是那些受过高等教育的知识工作者，需要能够转到那些可以发挥他们的技能与知识来做最大贡献的工作中去。知识与技能未能得到合理的应用会导致个人贫穷，乃至整个社会的贫瘠。

经济体也需要在劳工成本上保持一定程度的弹性，每一家企业都是如此。一种广为流传的观点认为：在经济波动的情况下，工资最容易受到冲击；当然，这种认识并不正确。真正受到最大冲击的应该是资本资金。在经济不景气的年头，利润会迅速降低，甚至血本不归。但无论是经济实体还是企业，工资份额在收入总额的比例却显示出增长势头。换言之，尽管会计科目会有相反的解释，但资本成本是一个经济体最少的固定成本，而劳动力成本是一个经济体或企业最多的固定成本。无论如何，企业或经济体依然需要劳动力成本的适度弹性，需要把工资成本与经济活动水平、其他经济成本、资本基金的利润要求以及生产能力等联系起来。

最后还需要减缓工资基金与资本基金之间的冲突。这种冲突无法根除，但有必要在两者之间建立起紧密关系的机制，这种机制既能让工作者看见他们在资本基金中的长期收益，又能让工作者明白利润以及盈利能力的功能。

这些要求并不是什么新鲜事。不同的经济体、不同的企业都以不同的方式为此奋斗过。但在很大程度上，管理层并没有管理好就业、收入和福利，他们只是做出某些反应和调整。然而，这些领域的需求真正体现出管理的责任，也正是管理的使命。

就业保障与收入稳定

工作者对更高生产率和创新变革的抗拒，这是个由来已久的管理话题。

文艺复兴时期意大利佛罗伦萨的制衣工作者们就曾暴动抗拒技术革新，因为他们把新技术视为对他们工作的威胁。

但工作者在所有层面上对更高生产率以及技术创新的抗拒并不是仅仅因为他们对自己失业的恐惧，同样重要的原因是他们担心那些很有成就的工作者将会排挤并取代他们的工作。结果可想而知，想要获得成就的工作者就会成为其他同事工作保障的威胁，同时他自己也要承受来自工作团队的压力。

抗拒变革与抵抗创新并非人之固有本性。日本的经验已经证实了这一点。西方的企业经验也证明了这个道理：只要企业能够提供合适的工作以及收入保障，员工对变革或创新的抗拒心理就会消失。19世纪蔡司公司的经验以及20世纪第二次世界大战后25年中IBM公司的发展历程就是典型实例。

另一个例子是德国克虏伯公司（Krupp），时至今日，只要员工们确信自己拥有终身雇用保障，那么员工抗拒变革与创新的事就不会发生。这在很大程度上可以解释为何克虏伯公司能够在钢铁制造产业方面，在欧洲大陆长时间保持领先地位。

相似的情形也可见于英国的玛莎百货。虽然玛莎百货没有正式的工作保障制度，但实际上，它为员工提供了稳定而可靠的就业保证，因而在玛莎百货的事业经验中没有出现过员工抗拒变革或抵制创新的事。

一个来自日本的实例可以说明员工抗拒变革的真正原因是他们对失业的恐惧。实际上，并非所有的日本产业都善于接纳变革。这个实例就是日本国家铁路公司。该公司的员工享有就业保障制度，但他们仍然被失业的恐惧所困扰。原因在于所有日本人，尤其是该公司的员工，他们都知道国有铁道公司已经人满为患。任何出现在工作条例、规章、程序等方面的变革都会暴露出公司在人力资源上的过剩与累赘。因此每次进行这类变革都会引发员工的抗拒，实际上应该说都被员工阻止了。尽管日本铁路公司的员工可能是全日本待遇最好的工作者，但他们与雇主的关系，即他们与日本政府相关部门的关系却是最糟糕的，也是矛盾最深的。

换言之，员工的就业保障与收入保证不仅需要合法的一纸契约，还需要让员工承担责任，用现实工作履行许诺。一个无所事事却领着工资的员工所营造出来的不安全感一点不亚于失业者。所以，员工真正需要的不仅仅是收入保证，而是需要一种能够有效地、系统化地提供工作的制度，也就是能让工作者成为社会生产力的一部分。

在西方国家中，为员工提供正式的就业与收入保证并非常规，而是例外；这一点我已经举出过足够的例子，我相信那些例子都已经说明：这些例外远多于许多人的想象，尤其超出工会领袖们的预期。越来越多的西方企业正是在这样的制度中为员工提供就业保障与收入保证的。

第一步是失业补助。在失业补助政策之上，无论有没有签订劳工合同，个别公司和个别产业都需要制定多项条款，诸如附加失业赔偿、解雇费，以及裁员的资历规则，也就是让年长员工享有实质性的就业保障。

这种做法导致西方国家企业的劳动力成本越来越缺少弹性。如今这些西方企业，至少是基础产业，它们的劳动力成本比日本企业缺少弹性。一家美国批量生产工业的老板能非常公平而容易地解聘员工，这比日本或欧洲的企业老板容易多了。但他必须负责解雇费，负责高额的附加失业赔偿金以及其他多项负担；这实际上意味着他依然需要继续支付被裁员工近四分之三的工资，甚至更高的费用，比如6~9个月的薪资。

同时，与日本的劳动力市场相比，西方的劳动力具有相当高的流动性。尤其是知识工作者，他们很容易辗转于不同的雇主之间。甚至在美国，大家公认美国的工作者，特别是知识工作者，变换工作是家常便饭。但对管理者和专业人士来说，这种情形犹如神话。

实际上，在一些大型美国公司，甚至是在大多数小型公司中，管理者与专业人士的实际离职率是很低的。在一些入口工作中的确存在离职现象，也就是那些入职3～5年的员工通常会变换公司。而美国的高管层也会容易跳槽，离职率通常高于欧洲，日本就更不在话下了。至于介于两者之间的员工，也就是较为年长的员工、中低层的管理者、专业技术型的知识工作者，他们变换工作就不是常态，而是例外。在所有大型美国公司中，很大部分中层员工最多只换一次工作，而且是发生在他们大学毕业后的数年中。他们的首次工作变动是在他们年轻时，而且通常也是最后一次变动工作。在这之后，他们或许会因为公司的迁址而发生些许变化，但他们很少更换雇主。在美国与欧洲的大型公司中，比如在通用电气公司与西门子公司中，管理者、专业人士以及技术型员工在职业生涯与服务年限上没有太大区别。甚至在20世纪20年代末到50年代末之间的同龄阶层以及中层员工中，美国大型公司与日本公司也没有多大差异。

即使是美国的蓝领工作者，工作的稳定也是常规，而非例外。一个好的评判标准是美国产业中的私人退休金计划，这些计划几乎可以覆盖所有大中型企业，甚至可以顾及绝大多数小型企业。这些计划如今正受到尖锐的批评，因为"实际上只有70%的员工能够确实领到这种退休金"。这的确是个严重的缺陷，而且急需纠正，比如提早领取退休金的权利以及为退休金领取提供便携渠道，也就是退休金可以随雇主转让等。但问题的关键在于大多数美国退休金计划的资格认定设限在员工必须为同一位雇主工作25～30年。换言之，美国有三分之二的劳动力是享有终身雇用制度的，顺便说一声，这个比率远大于日本。美国工作者工作流动性的平均值确实是很高的。但就管理者与专业人士而论，在绝大多数情况下，他们更换工作都发生在他们职业生涯的早期，那时许多年轻人刚刚踏入职场，通常一年换两三次工作。在他们工作5～6年，他们会结婚，并且开始承担起养家糊口的重任，之后他们就会倾向于稳定的生活，不再更换工作，也会很快积累年资并获得工作保障。

发达国家在就业保障与收入稳定方面存在的缺点

从整体劳动力成本与员工收入的角度来看，发达国家已经达到了就业保障与收入稳定的较高水平。然而，欧美模式与日本模式依然存在一些严重的缺点。

正如前文已经讨论的那样，欧美模式在劳动力成本方面比日本模式更加缺少弹性；但从心理层面上说，工作者的恐惧感依旧存在。当工作者最需要收入时，正是他工作资历尚浅之际；也是工作者面临上有老人需要奉养、下有小孩需要培育时，因此稳定的收入就成了他的最低保证。同时，在欧美模式中也并没有所谓真正地能够确保工作者收入稳定的"制度"，相反只是一些含糊不清的临时的"即兴表演"。结果，个人案例几乎难以预料。有的人甚至长期不上班或患病，但他竟然获得全部的收入保障；而另一个人则可能只享有很少的补助，甚至分文未得。

在西方国家，工作的流动性是司空见惯的，但这种流动性也不是毫无限制的，实际障碍还是存在的，尤其是受制于工会规章以及为新入职者提供工作岗位的界限。但除了一些知识工作之外，就业机会的信息总体还是缺乏的。统计的结果表明，除非遭遇经济不景气、产业颓废或个别地区的极端萧条，长期失业危险总体上还是非常小的。但个体工作者并不了解这些情况，因此失业的恐惧依然存在。

近年来最有益的社会创新之一或许算是"猎头公司"(headhunter)，即专业的人力中介公司，专门为管理者和专业人士提供就业机会的信息。这种公司大大减少了就业机会的不确定性以及就业危机带来的恐惧感。但在绝大多数国家中，目前尚无类似能够为普罗大众与业务人员服务的组织。

在日本的"现代"组织中，虽然日本制度为员工提供了高水平的心理安全感，但这种制度的弱点是缺乏工作的流动性，而且这个弱点将会日趋严重。这种制度会帮助日本维持旧有工业的雇用传统，但未来工业将会面临劳动力的短缺，特别是20世纪70~80年代，那时因为人口结构的变化，新的工作者的供应将面临萎缩。工作流动性的限制会日益增加年轻而又拥有高资历的知识工作者的厌烦反感情绪。这些拥有高资历的知识工作者们，诸如工程师、电脑专家、高级会计师等，他们因为"英雄无用武之地"，无法发挥并贡献他们的才智而被迫委曲求全，因而造成经济浪费。在日本，教育大爆炸导致了劳动力重心逐渐向知识工作者转移，而且这种转变的速度甚至比西方还要快，这种趋势会对日益受损的社会构成威胁。

雷恩计划

瑞典经验表明，以上这些缺点既不是经济也不是社会法律所"预先命定的"。瑞典制度是20世纪50年代早期一位名叫约斯塔·雷恩的工会领袖策划的。雷恩意识到，瑞典必须推行工业与经济结构的变革，必须收缩传统的低技术与低生产力的工业。同时他提出，工作者必须获得工作保障。这种瑞典制度与深受大多数其他西方国家宠爱的制度形成鲜明对比，在这种制度下，工业与公司不再被鼓励去维持雇用制。相反，瑞典制度鼓励工业与公司各自预计因技术发展与经济变革可能导致的员工过剩；同时要求企业与公司各自预计出未来所要增加的员工及其所需的技术。这个预计信息被集中提交给雷恩董事会——一个半官方、半私营的机构，这个机构由政府、雇主以及工会三方代表共同工作。雷恩董事会负责为那些"过剩员工"支付基本工资，为他们提供培训服务，为他们寻找新的工作，安置他们。如果必要，董事会还会帮助这些人移到新的地方，并支付他们的路费等。

瑞典的经济转型很大程度上应该归功于雷恩计划。一直到 1950 年，瑞典大部分人口几乎处于欠发达的状况中。大多数劳动力处于低生产率与低收入的生产活动中。然而，仅仅二十年后，瑞典就跃居世界技术领导者之列，生活水平仅次于美国。与任何国家相比，甚至包括日本，瑞典的更大比例的劳动力正在实现职业转变，很少有人中断破坏，几乎没有人抗拒变革，人们对学习新技术、接受新事物表现出非凡的热忱与意志力。

瑞典的例子说明了一个道理：即便是在重大的经济转型变革之中，就业与收入无法得以保障，这也不是非常大的问题。失业的恐惧感是真实的，甚至可能造成瘫痪，但可以引用一句统计学的术语来说："问题本身正处于临界点上。"

一位瑞典贸易工会领袖告诉我，他最早是反对雷恩计划的，他用了一个很好的比喻："记住，哪一位母亲不会在夏天担心她的孩子得小儿麻痹症？然而，统计表明，得小儿麻痹症的风险是很小的，甚至远低于其他病症。我们所有人都害怕失业，就像过去母亲担心自己的孩子得小儿麻痹症一样。对失业的恐惧足以让我们瘫痪。其原因犹如母亲想起自己孩子得小儿麻痹症就会惊恐万分一样，因为病症虽少，但它是不可预知、神秘难测而且极具灾难性的。"

通过雷恩计划，瑞典企业为工人承担责任，其效果远比日本企业做得好，而开销也没有预计的那么高。实际上，虽然瑞典付出了非常高的失业补助金，但与美国企业为维持就业与收入而支付名目繁多的附加失业赔偿与解雇费相比，可能少得多了。

有组织的员工安置

我们需要清晰地知道关于高度就业保障与更高收入稳定的基本现实。在西方国家中，我们还需要像日本那样，在不同的工作社区中，尤其是在员工家庭生活周期的不同阶段中，建立起收入保证与稳定收入需求之间的合适关系。而日本肯定必须发展工作的流动性，尤其是知识工作者的流动性。

此外，工作保障与就业稳定要求有组织的员工安置活动。讨论成本几乎没有意义。但毫无系统地随意安置，雇主将会深陷僵局。雇主将无法裁员，至少无法降低劳动力成本。除非雇主在裁员时主动承担被裁员工的安置责任，否则，员工将会一直处于失业的恐惧与不安之中。无论如何，只要雇主承诺为被裁人员寻找新的出路，就会让员工获得心理上的安全感。这样的例子不胜枚举，蔡司公司就是一个典型。在轻微经济波动时期，蔡司公司为员工提供就业保障；在偶然经历非常艰难的年份，虽然蔡司公司对员工执行连续训练，但仍然出现员工过剩；蔡司公司尽力为那些被裁员工安排出路，而且基本上都能找到像他们原来在蔡司公司一样好的工作。

更近一点的例子是一家美国的玻璃与塑料容器制造公司。多年来，该公司虽然没有任何正式宣布，但一直为那些因为技术或经济变化而被裁的员工寻找新的工作，无论他们是体力工作者、办事员、专业人士还是管理者，都一视同仁。每年需要重新安排工作的员工实属少数。在绝大多数情况下，部门经理在人力资源部的帮助下都能就地处理好这些棘手的"个案问题"。有时也有需要动用公司经费对员工进行重新培训，有时也需要花费相当大的资金来鼓励员工提前退休。多年下来，这些项目的花费很少，但公司员工各自的工作责任感得以大幅度提升，员工的工作成就感也随之增强，员工对技术变革以及对提高生产力的抗拒程度降至最低。

另一个很新颖的例子是一家大型的环球管理咨询公司。该公司聘用的专业员工在入职的头3~5年并无就业保障。他们处于试用期，而且离职率相当高。那些员工过了试用期而且成为咨询师之后，清楚地知道，除非他们能被接受成为公司的全职合伙人，否则他们将在38岁或40岁之后被解雇。六七名员工中只有一人能够在40岁之后继续在公司留任。然而，这些咨询人员并没有失业的担心，也没有人提出就业保障与收入保证的要求。因为公司虽然没有法定的承诺，但公司负责对那些过了试用期并在未来十年内无能力成为全职合伙人的咨询人员安排新的工作。那些资深合伙人会借助他们自己在企业界的个人关系来为离职人员安排工作。每个年轻咨询师都知道，当他们最需要工作、最需要收入时，也就是当他们的家庭最需要他们时，他们有可能被公司裁员。然而，他们对此并不非常介意。他们深知，公司将会为他们的工作安置负责任，他们的收入即使不增加，也一定会维持原状。

在遭遇经济大萧条的情况下，不仅瑞典制度行不通，日本制度也行不通，任何制度都无一幸免。但经济大萧条总是很罕见的。要是真到了经济大萧条的时候，所有人都会心知肚明，根本不会有什么就业保障，也不用期望什么奇迹出现。

就业保障与收入保证的基本问题并不是普遍的大灾难，通常是一些小变化以及一些技术进步致使公司、产业和手艺遭到淘汰之厄运，诸如生产率的提高导致劳动力需求的减少，抑或是在经济需求、运输经济、生产线以及生产流程上的一些小变换等。统计数据表明，这些都是发生于临界点上的事件，但对个体而言，它们都是"小儿麻痹症"。

这不再是钱的问题。钱可以用在维持就业保障和收入稳定上。现在我们需要的是：第一，尤其是西方国家，必须把现存的保障制度加以明确并公开，人人可见。第二，正如瑞典制度所显示的那样，必须对经济、企业以及工作者所要求的流动性加以组织。换言之，我们所需的是：多一点理智，多一些努力。

利润、生产力与福利

就工作的经济维度而言，工作者的首要关切就是维持生计。但工资基金与资本基金之间存在明显的冲突，也就是，工作者在薪资上的经济利益和企业在利润与生产率的经济需求上存在冲突。

至少在美国，这种冲突如今毫无实际意义了，已经过时了。因为在美国的经济体中，工作者已经逐渐成为工资基金与资本基金的双项受益者。

越来越多的美国工业，至少大中型美国企业，正在成为员工的受托者并以员工的福祉为己任。到1990年，或者最迟到2000年，养老基金与互惠基金（互惠基金的绝大多数股东是中低层收入员工）将拥有美国大中型企业的三分之二到四分之三，甚至有可能更多。即便是在今天，即20世纪70年代初，这些受托者们已经成为美国经济体中最大的股东和业主。他们才是名副其实的"资本家"。然而，工作者与股东正在联合成为同一个人，这个事实看起来并没有对利润的敌意构成大的影响。即便是消除了所有外来业主，并把企业的所有权全部由工作者持有，也未必能够改变现状。

联合包裹服务公司（UPS）是一家完全由员工拥有的大型美国公司，实际上，该公司已经取代美国邮政局成为全美邮递服务行业的主要供应商。然而UPS长年因劳工关系而困扰，因为该公司的员工并不认同自己的"老板"身份，他们遇到问题照常罢工。

南斯拉夫在这方面的教训更大。南斯拉夫所有大中型企业都由各自的员工拥有，并交由员工选出的代表组成委员会加以管理。然而，南斯拉夫的管理层并没有受到任何来自公司所有者要求提高利润的压力。相反，管理层必须争取足够的利润应对员工的抵抗。员工们经常提出的要求是降低利润、提高工资，这导致南斯拉夫产业所有权归属员工的试验遭受薪资通胀的重创而濒危。

最奇特的例子来自日本。日本一些公司，尤其是在现代化的大公司中，员工是唯一真正的所有者。公司不能解雇员工，下至一般员工，上至执行副总裁，都不能被解雇；按照这个规矩，公司的经营实际上是为了所有员工。

用一句法律或经济学的术语来说："员工是受益所有者。"而且按照日本企业规则，员工不能到异地另谋高就，因此他们对各自服务的公司的生存和繁荣有着切身的利益关系。在西方国家，有一句耳熟能详的话："员工所拥有的一切就是他的工作能力。"而在日本，员工并不是这样，日本员工唯一拥有的是他们所在公司的福利。然而，没有任何其他国家的员工能像日本员工如此激烈地反对利润。确实，正如人们经常听到的一个说法："对我们日本人而言，利润是个脏话，与剥削同义。"

工作者抗拒企业利润的主要原因是：企业利润与员工薪资关系微不足道，以至于对拥有企业所有权的工作者起不了决定性作用。对绝大多数员工依赖企业领取薪资的组织型社会来说，这种情形尤其真实可信。在这样的组织型社会中，员工薪资收入约占全国个人总收入的三分之二，而企业的税后利润只占百分之五或百分之六。换言之，员工的实际财产与维持生计所需的真实收入才是工作者的切身利益。而企业利润，即便员工获得他应得的所有利润，也不过是附带的小额利益，并不是非常可观的金额。因此很清楚，员工的理性行为是为了争取他们薪资的最大化，甚至不惜以牺牲自己的利润份额为代价。

第二个原因（但不是次要原因）是：按照收入支付来促使员工分享利润或生产率，这样的计划只有在利润与生产力稳步提升（公司顺境）的情况下才行得通。在利润与生产率不升反降的情况下，这样的计划就会造成怨恨与挫败。而且从现有的情形看，在任何经济体中，五分之二的企业并没有盈利，而是亏损。

把利润视为收入，这是基本谬误。利润是资本基金，也就是"储蓄"。只有把利润用作员工的资本基金，才有意义。只有这样，员工才能正确理解利润的功能。

那些能把利润视为资本基金并转化成为员工福利的企业，其影响力才是大的，甚至一些员工抗拒利润的情况也会随之消失。

西尔斯施行的利润分享退休基金就是一个公认的非典型案例。员工退休金的基本需求与公司利润之间的关系明显，而员工退休时领取到的退休金数额与公司的利润率紧密关联。诚然，西尔斯是一家少见的高盈利公司，因而这项计划对长期服务该公司的员工来说真是幸运之源。但人们也有理由相信，西尔斯的员工对该公司的盈利能力与员工退休金的数额之间的关系心知肚明；因此公司所有员工，不论级别，甚至包括激进的工会成员，都心甘情愿地为公司的利润做贡献，而且乐意以公司提高利润率为己任。

西尔斯以及蔡司公司的例子都说明了一个重要道理：可以尝试把员工福利视为公司利润率与员工所需的连接领域。在这福利领域中，每个员工都可以积累个人资本基金。公司需要为员工所期望的提供确定性，并且能够应对风险。同时，公司在利润分配的基础上调整福利领域，并为每个员工提供保证，这样每个员工的福利成本就会降得相当低。

这种福利需要承担一定的"存活风险"，即员工需要为各自的退休做准备。在当前可预期寿命的情形下，员工活到退休年龄基本不是问题。如果公司把员工退休福利计划的年份扩长，涵盖的人数够多，那么公司便能够以相当低的成本为退休员工提供年度支付数额。另一项必须确保的员工福利是医疗保健。个人经济风险很大，甚至富人也未必能够承受。但概率分配会让集体成本适度降低。最后，就业保障与收入稳定所存在的风险对个人而言是个灾难，但在概率分配的基础上，却是相当低的集体风险。

这些福利项目都可以在变动的利润中兑现。公司每年提供给员工退休、医疗保健计划以及维持就业与收入的资金都会有所调整。重要的是，公司要确保这些福利基金足以维持未来3～10年的时间，也就是说，福利基金提供较少的年份，可以由另外利润较高的年份来加以弥补。

让"福利"实至名归

即便福利计划非常优厚慷慨，但若要行之有效，重新调整依然势在必行。

发达国家不缺乏额外福利，它们就像野草一样自由生长。员工福利制度大约始于1920年，自那时起，两种福利制度并存共生。

第一种是日本制度，员工福利具有高度选择性，主要以个别群体和个人的不同需要为主导，一般情况下并无系统化计划。个人没有权利。总体而言，雇主为员工提供福利并不根据精细的预算，而是根据即时状况所需。

第二种是西方国家的制度，员工福利已经发展成为高度结构化的权利，而且具有严格的规划。大体来说，无论是对员工福利的拨款，还是对受益者，都没有弹性可言。雇主为每一位员工支付固定的福利金额。所有员工，不分年龄、性别、技能，都接受绝对数额与各自薪资同等比例的福利，无论这些福利是否符合员工各自的基本需求。

诚然，这两种制度都已经让工作者成为企业利润的主要受益者，即资本基金的领受者。至少在经济层面上理解，员工的退休预备金或员工的教育预备金都是资本投资，而不是薪资。但无论是满足工作者需要方面，还是在解决企业与经济需求方面，这两种制度都不胜任。

西方制度的一个基本弱点是缺少选择性。在劳动力体系中的所有群体获取相同的福利，并不顾及他们是否真正属于需要福利的群体。结果可想而知，没有一个群体获得真正需要的福利；而获得福利的群体未必都觉得他们获得了真正需要的福利；所以很自然，这种福利的价值并不高，但既然企业支付，那么员工就会觉得不拿白不拿了。

造成这样认识的一个原因是：所有员工普遍觉得福利是"免费的"。许多员工认为，只要是雇主支付给他们的，那一定是没有成本的；工会也是这种特殊错觉的最重要的受害者之一。毋庸置疑，根本没有所谓的"免费福利"。所有福利都是企业与经济成本的一部分。在所有发达国家的社会中，个人收入的三分之二是薪资（这并不包括农民、小店主以及独立专业人员的收入），因此真正支付福利的是那些领取薪资的工作者们，并非他人。

西方制度的福利措施之所以不是按照受益者的个别需要来定，还有另外一个原因，即工会认为，企业担负最大的成本便是员工最大的福利，因为工会主张使用对企业造成的"伤害"程度来衡量福利的价值。

此外，大多数西方制度中的福利政策通常与企业的绩效毫无关联，或者这种关联性至少是不明显的。也就是说，西方制度中的福利政策是固定的。然而，企业所需要的是，在公司每年的利润与生产率变化的基础上来计划员工的福利金额，虽然设定"下限"，但不设"上限"。在利润率与生产率特别优异的时期，而且不会造成公司永久负债的情况下，公司就有可能大幅度提升员工的福利水平，就像西尔斯先前所做的那样。

日本制度或许能够促使企业与经济以较低成本为员工提供较大的福利满足感。这是日本制度具有选择性的结果，即日本企业有能力"按布裁衣"——根据不同员工的需要来计划不同福利。但与此同时，日本制度在福利措施上也暴露出它的"随意性"。管理层决定员工福利的好坏多少，毫无计划，也难以预测。结果，日本的工作者越来越倾向于西方制度中的福利措施，也就是主张劳资双方签署带有契约性质的福利计划。

另外，与西方制度相比，日本制度更加不考虑把员工福利与企业的利润及生产率相关联。在日本，员工福利是资本投资，这一点认识远多于西方国家，比如女工结婚时的一些嫁妆，雇主为员工建住房或者为员工提供小额贷款，让他们自己盖住房，以及为大多数员工提供为期两年的退休薪资等。然而，这种专门为员工提供的资本基金很少与企业或经济的资本基金挂钩，即员工福利基金与企业的利润和生产力的提高并无关系。在西方国家中，大多数员工都会知道，或许只是模糊的认识：只要企业的利润与生产率下滑，企业必定会缩减福利。如果这种情形发生在日本，那么员工一定会震惊不已。

企业应该为员工提供哪些福利

福利只是说明员工获得的很少的潜在效益，这一点并不令人惊讶。全世界没有任何一个地方的员工福利措施是经过深思熟虑、精密规划设计而成的。从实践的角度来说，现有的福利制度都是一步一步成长过来的。美国人至今依然把福利视为"装饰品"，虽然福利看起来少，但依然超过美国企业总劳动力成本的四分之一，如此成本比例的"装饰品"也的确够大了！在欧洲，这种"装饰品"的成本甚至更高，日本就更不用说了。

无论是在西方国家还是在日本，大多数企业的福利都是企业的第三大成本，仅次于薪资与原材料。虽然企业会对个别福利项目（比如退休计划或医疗保健计划）加以管理，但对整个福利制度的管理却无能为力。未能对如此高的成本加以有效管理，这的确是件糟糕的事；比成本管理不当更加危险的是福利制度的缺失。现在正是管理层为员工福利担负管理责任的时候。

企业应该为员工提供哪些福利呢？如下便是。

第一，福利结构必须严谨，以保证福利发放最大程度造福员工。有一个好的例子可以说明这个问题，那就是美国应用最广的医疗保险计划——蓝十字计划（Blue Cross Plan），这是一家非营利机构，尤其受工会的青睐。蓝十字计划的医保费越来越昂贵，但当工作者最需要它时，也就是当工作者失业时，它却不能提供医疗费用；只要在工作者受雇时期，即便是员工家属患轻微之病，它也能全额支付医疗费用，这正是其保险费用日益昂贵的主要原因所在。然而，在美国，一个在职员工所挣得的钱足以支付其非工作家庭成员的轻微小病，家属所获得的 100 美元医疗费足以支付一位失业者两年的医保成本。这就意味着，这 100 美元成本的实际效用远大于在职工作者的医疗补助效用。

第二，员工福利必须有固定的"下限"。但下限设定应该参考企业的利润与生产率，可以做弹性调整，在利润与生产率优异的时期，员工福利应该随之提高；也有必要设定雇主能够支付的最低数额。当福利基金出现资金不足时，必须定期填补。但雇主拥有的弹性越大，他支配给员工的福利就越多。与此同时，员工福利与公司利润的关系越紧密、越可见，薪资基金与资本基金之间的冲突就会越降低。

第三，与其按照各自的功效来制定个别福利项目，不如先制订整体的福利计划，然后让每个员工群体选择各自所需要的福利项目进行组合。当然，这需要一定的保障措施。我相信，不会有员工拒绝医疗保险。但员工或许也会选择能够为他自己及其家属支付医疗费用的保险计划，也可以选择自行支付每年的部分医疗费用，以保证把节省下来的成本资金累积到退休金计划中去，或者可以换取子女的教育经费或为住房得到低利息贷款。

就个人而言，我会更进一步。我会强烈支持员工减少现金工资的比例，以便提高他们的福利。在西方，年轻工作者的工资与从事同等作业的年长者基本无异，这一点与日本不同。比如当年轻工作者尚无家庭负担或尚未承担住房抵押贷款时，公司会鼓励他们把节省下来的现金工资累积到退休金中去。毕竟，在 25 岁时存入账户中的 1 元钱比 20 年后存入的 1 元钱更有价值。

无论在哪里，这种计划的提出不仅会得到一般年轻工作者的积极支持，而且会得到各种年龄段的知识工作者的强烈响应。一些美国公司的员工购买股票计划和储蓄计划就是很好的例子。美国国内税务署（IRS）就曾鼓励一些非营利机构的员工实行这项计划，比如大学教授等。这些员工可以把他们的大部分薪资投资到退休金中去，他们领取这笔资金时才征收所得税；那时候他们已经退休，税率就会低很多。这项计划被很多人采用，这足以表明，许多员工是愿意把现金工资和福利当作收入资源加以统筹安排的。

与此同时，员工可以根据各自所处家庭生活的不同阶段，把部分福利转换成他的现金工资以应对家庭生活所需。这可能会引发工会的坚决反对，因为这会导致工会最担心的事情发生——相同的工作，不同的现金工资（虽然现金工资与福利金的总体实际收入是相同的）。但这种方法意义重大，尤其是当员工处于工作早期阶段，也就是没有家庭重负时，他就可以把节省下来的部分现金工资投入到福利资金中去。

第四，福利的行政管理工作应该尽可能地由工作社区承担责任。

投资退休基金需要高度专业技能，员工的住房抵押贷款的运作也是如此，因而工作社区必须持学习的态度来参与员工福利的管理。工作社区主要负责福利项目的设计以及选择服务的劳动力群体，因为没有人比工作社区更深入了解员工的真正需要，也没有人比工作社区更能说服员工在不同的福利项目中做出选择，以便收获最佳的福利效益。

全世界的工作者在收入增加时都面临如下两种选择倾向：

第一种选择倾向是多要休闲而宁可少要现金。在现代经济中，部分生产率的提高是以休闲形式而非现金收入来实现的，而且难以计算。但除了最高管理层之外的各级员工都会清楚地意识到休闲也是一种基本的福利。

第二种选择倾向就是福利。这是一种理性的选择倾向。退休金与人寿保险的保障、医疗保健以及住房与教育这些都是以集体为基础来促成的高价值福利；也就是说，这些都是应该对受益者提供确定性以及以风险与成本的几率分配为基础的福利政策。基本的经济需要越得到满足，这些福利的价值就越发显大。

我们可以预期,福利将会持续成为工作者的重要要求以及生存所需。因而福利占经济劳动成本的比例将会日益增大,而不会变小。与此同时,福利将越来越成为资本基金流通的渠道。所以,管理层应当承担起员工的福利责任,而不是像西方制度那样把福利视为"装饰品",更不是像日本制度那样把福利视为"仁慈的奖赏",那样的做法已经不合时宜了。

第23章 | CHAPTER 23
员工是企业最大的资产

"权威"与"权力"的混淆——"去中心化"的经验教训——对管理层的要求——领导员工——传统路径——福利家长制——实例分析：德国克虏伯公司——人事管理——员工作为"成本"与"威胁"——"员工就是我们的最大资产"——员工管理的实践——视员工为资源——员工配置

前几章所探讨的内容，多年来人们已经知道；在许多优秀的公司中，这些内容都曾被实践过，不过大多是只言片语，尚未系统化施行。只要是尝试过这些管理方法的组织机构，它们就会更强、更繁荣，管理也会更有力。

管理层在阅读和学习这些方法时，他们都会点头赞许，但很少有管理层愿意把这些方法付诸行动。只有当工作与工作团队遭遇重大转变，并且"胡萝卜加大棒"的管理方法徒劳无功时，管理层才愿意从空谈转向行动。

如何解释这种抗拒？难道管理者们真的不愿意从那些表现出色、令人敬重而且成就卓越的实例（比如蔡司公司与IBM公司）中学点什么吗？

管理者们不愿意面对促使员工获得成就的第一个原因，在许多方面也是主要原因，那就是在他们的管理理念中，"权威"（authority）与"权力"（power）混淆不清。无论是商店现场的体力工作者，还是专业的知识工作者，管理者反对员工承担责任，他们觉得员工担当责任就意味着管理者在"权威"上的退让，管理者认为他们的"权威"会因为"放弃权利"而丧失。

日本的管理层很少犯有这样的毛病，与西方国家的管理层相比，他们更有"权威"。IBM公司的管理层也很少有类似问题。实际上，自由主义者多年来对IBM公司的主要批评都集中在它实际意义上的管理专制作风上。蔡司公司也一样，它的运营方式向来以纪律严明著称，根本不是放任自由。

"权力"与"权威"是两个不同的概念。管理层没有"权力"，只有"责任"。管理层必须拥有"权威"以便履行责任，此外无需再多。

美国的管理层有时会行使"管理特权"，尤其是在对抗工会的要求的时候。"管理特权"是个极其不幸的短语。特权指的是等级特权。管理层并没有资格享有任何特权。管理层的存在就是为了履行职能。管理层的职责是促进所委托资源产生生产率。而特权从来就不是立足于责任或贡献，因为"特权"一词从词根来讲主要用以表达"神性权利"（divine right），而且即便是最为专制的管理层也不能宣称自己拥有"神性权利"。管理层只有在履行工作职责时才拥有"权威"。

行使管理特权就会破坏管理的权威。拒绝为组织成员承担责任的管理层实际上正在丧失其管理的必要权威，工会与政府尤其如此。

并非只有企业管理者们对"权威"与"权力"混淆不清。实际上，企业的管理者们在很大程度上比公共服务机构的管理者们更加愿意推动工作者获得成就。而政府机关与医院更不愿意为各自的员工承担责任，它们更加依赖"特权"，而不是依靠承担各自责任所对应的权威。结果可想而知，政府机关与医院丧失了真正的、必需的权威，为禁令与限制的藩篱所困，甚至调动各自组织的人力资源都困难重重。

"去中心化"的经验教训

管理层因权威与权力混淆不清而导致各自组织机构受尽其害，这已经不是第一次了。数十年前，类似的混淆不清的事例主要涉及组织结构方面。

在20世纪40~50年代，管理层对"去中心化"管理模式大多持反对态度。当时人们心存顾虑，认为"去中心化"会削弱高管层的"权威"，从而导致"高管层弃权退位"。但到目前为止，许多地方的管理者都已经意识到"去中心化"实际上增强了高层管理。"去中心化"管理模式促进了管理更有成效，而且更有能力实现各自的任务，从而导致高管层的更大权威（这一点可以详见第46章的内容）。

日本的管理者，IBM公司，或者更早些时候的蔡司公司的管理者们都已经意识到，促进工作者的成就感有利于增强管理层的权威。"去中心化"之所以能够管理更加有效，是因为它能够促使管理层专注于那些必须执行的任务，而把那些不属于管理层必须执行的、做不好的，甚至要花费太多时间的任务，交给更低层面的员工处理。㊀

负责任的工作者、负责任的工作团队以及自治工作社团都是"去中心化"的管理。"去中心化"的不是企业管理，而是工作管理，但原则相似。正如"去中心化"在管理热潮汹涌澎湃的年代成为中流砥柱那样，负责任的工作者应该成为未来管理绩效的核心推动力。

最重要的是，责任必须自上而下地贯彻到劳动力的各个层面，以避免管

㊀ 这个观点引自索尼公司小林繁的著作《具有创造力的管理》（*Creative Management,* American Management Association, 1971）。

理权力被腐蚀从而危及管理职能以及整个机构。虽然"胡萝卜加大棒"的做法不再奏效，但尚无真正可以取代它的办法，从而导致权力真空。这种现象在企业的知识工作者、政府机关以及其他服务机构中最为常见。这种现象所表现出来的症状就是玩世不恭，更危险的病变则比反权威的叛乱还可怕。消除这种现象以及修复管理层之权威的唯一方法是要求每个劳动力成员承担相应责任。

对管理层的要求

20年前，高管层拒绝"去中心化"的第二个原因是：他们担心"去中心化"会引发员工对高管层提出更高的要求。这种担忧也可以用来解释管理者对工作者与工作社区责任的抗拒。

负责任的劳动力确实会对管理者提出非常高的要求。这要求管理者们必须真正具备管理能力——这种能力是管理者所要具备的，而不是心理学家或心理治疗师那样。这要求管理者们严肃地对待各自的工作。这要求管理者们为各自的职务和绩效负有责任。

责任是个非常严苛的"监工"。要求他人负责任而不要求自己负责任，这是徒劳无功之举，是不负责任的表现。除非工作者能够对公司的严肃性、责任感以及能力充满信心，否则工作者不可能为自己的职务、工作团队以及工作社区事务承担责任。工作者必须确信老板对自己的职务与工作充分了解；工作者必须理所当然地意识到老板会为他提供能够产生生产率的必要工具，以及工作者自律自觉所需的必要信息。

没有什么能比一个懒散马虎的老板更快熄灭工作者的热忱与激情的了。员工期待并要求管理者相称于自己的职务，工作有生产力，充满智慧。员工的确有权利期望得到一位工作作风严谨、能力强的上司。

如前所述，日本公司中的工业工程师们通常不会抱怨工作者对他们的抗拒，但他们会为工作者提出的过高要求而抱怨。日本的劳动者视生产为己任，他们理所当然地期望工业工程师能为自己提供"工具"，即为他们提供工作以及生产流程的解释，以便生产行之有效，准确达标。

员工不会期待老板成为完美的人。他们知道老板也是人。但那些为自己的工作承担责任的工作者们自然要求管理者做好本职工作，比如做好计划、设定目标、对优先要务深思熟虑、工作任务分配恰当以及设立评估标准等。最重要的是，他们期待管理者为自己的工作与绩效负责任。

后世对拿破仑的评价不一，但没有人认为他是"可爱的"。"伟大的领袖"很少"温暖热情"，多数情况下"冷若冰霜"；他并不"活泼外向"或"和蔼可亲"，相反他大多表现出严峻与冷漠；他不善于与人"感同身受"，相反他总是要求严苛。许多伟大领袖并无群众魅力，但一位优秀的领导者总是能够鼓舞士气，总是能够令人肃然起敬。

有人曾经开玩笑似地说过：一个作风强硬而且专业领导的工会是提升管理绩效的强大动力。这样的工会能够迫使管理者对他们的本质工作进行深入思考，并有益于管理者对自身的行为习惯加以检点。

负责任的劳动力通常是更加严厉的鞭策，其会在工作团队中公开表达积极的不满，希望把工作做得更好，反对一切无能、爱管闲事、懒散怠工、斤斤计较以及漏洞百出的借口。但与工会不同的是，具有成就感的劳动力不会把管理者视为他们施加压力的对手，而是与管理者合作，犹如工作于"同一团队"。因此，其对团队队长与领导者，也就是管理者的期待更大，希望他们能够高标准地要求自己，希望他们为各自的职务严肃负责。

领导员工

最后，为了促进工作者获得"成就"，管理者应该把工作者视为"资源"，而不是把他们看成"问题""成本"或"需要震慑得住的敌人"。管理者必须促进员工发挥各自的优点，工作有成效而且担负责任。这就意味着必须实现一个急剧的变化：从人事管理转向领导员工。

传统上有三种领导员工的方法。第一种是"福利方法"，也就是把员工视为需要帮助解决的"问题"。第二种是"人事管理方法"，也就是将需要大量员工共同完成的工作视为组织活动与繁杂事务加以处理。第三种就是把员工视为"成本"与"威胁"，因而把员工管理视为"控制成本"与对抗员工可能生乱的"危机"。

员工的确是"问题"，而且员工的确需要帮助。"福利方法"确实能够高度奏效，尤其是当员工面临危难无助之际。至少在西方国家，克虏伯家族的例子可谓家喻户晓。阿尔弗雷德·克虏伯于19世纪中叶创建了公司，但他本人当时只是一位名不见经传的工程师；公司的崛起不是因为产品或生产流程上有什么令人惊奇的创新之举，完全因为克虏伯对他的员工所提供的极大援助。在极端贫寒环境中成长的克虏伯对那些毫无技能、目不识丁、无依无靠的佃农深表同情。在19世纪中叶欧洲企业的创建者中，克虏伯的家境背景可算是独一无二了。这些佃农是被东普鲁士的容克（the Junkers）特权贵族以"新科技农业"为名驱逐出他们那本就贫瘠的农场的，并仓促忙乱地逃到了新工业化的鲁尔区（Ruhr）。早在克虏伯公司盈利与繁荣之前，克虏伯就为这些人提供了住处、学校、卫生保健、培训、低利息的小额贷款等。从这个意义上说，坐落于埃森市（Essen）的克虏伯公司可以堪称"第一个福利国度"。

虽然这样的"国度"是由"独裁者"统治的，但"克虏伯人"（Kruppianers）的子孙后代永远不会忘记克虏伯公司的原始创建人阿尔弗雷德·克虏伯的慈悲恩德。即便是克虏伯的三代继承者在能力上都不尽如人意，但员工对公司还是尽忠竭力。克虏伯公司之所以能够在第一次世界大战和第二次世界大战的两次重创中重振雄风，很大程度上因为"克虏伯人"对创建人克虏伯的缅怀之情，并甘心奋发图强。

然而，克虏伯公司的例子也暴露出福利救济家长式管理的危险。它最终还是毁了自己。因为这种方法会导致员工对企业的过度依赖，从长远来看，没有一家企业或机构能够承受得住。

克虏伯公司的家长式管理是克虏伯公司走向崩溃的主要原因，或许也是致使整个克虏伯家族最终土崩瓦解的唯一原因。克虏伯公司之所以在第二次世界大战后过度扩张，很大程度上是为了履行公司对"克虏伯人"生计所需的承诺，保证他们不会失去工作。因此，克虏伯公司必须让那些第二次世界大战之后丧失潜在发展能力的工厂实现最大程度的扩张，比如那些远在内陆的煤矿与钢铁厂就是这样运营的。这个做法把公司拖向崩溃的边缘。克虏伯家族被逐出管理层，公司所有资产也被银行征收。许多为克虏伯公司尽心竭力的"老克虏伯人"不得不被裁员，他们找不到其他工作，因为当时德国的煤矿产业正处于极端萧条的境遇之中。

福利家长制导致的更严重后果是：在福利家长制中成长的"孩子们"会最终摒弃福利家长制。这种后果造成的痛苦与相互鄙视甚至比工业冲突造成的最大仇恨还要激烈。

近年来发生的两次最恶劣且最伤感情的劳工冲突事件，都是反抗福利家长制所引发的。一是英国圣海伦斯的皮尔金顿兄弟玻璃公司（Pilkington Brothers Glass Company），一家拥有上百年福利家长制的企业，最终于1971年发生了工人罢工。二是20年前，美国最关心员工福利的公司，坐落于宾夕法尼亚州赫希市的好时巧克力公司（Hershey Chocolate Company），也因为类似的罢工而终止了福利家长制。因为该公司的所有者不是"资本家"，其所有权属于以员工福利为主旨的基金会，所以此次罢工更为剧烈。

福利家长制越是成功，管理层就越需要为它的寿终正寝做准备。当然，解决的方法是发挥员工最大可能的责任感，让他们为自己的职务、工作团队、工作社群事务以及劳动力生产负责。

20世纪20年代正是需要高度家长制的时代,当时玛莎百货就设有负责福利的工作者,也就是女经理人(参见第8章)。当时服务于玛莎百货连锁店的女售货员直接来自老工业城区最糟糕的贫民窟,她们大多愚昧无知、目不识丁、艰难无助,心中诚惶诚恐,甚至有时野性十足。但伴随着英国整个社会的变迁,劳动力也发生了变化,这时的女经理人就从福利工作者转变成为教师、教练以及负责收集意见的女辅导员了。她们的基本工作不再是福利,而是转向从事员工管理。最重要的是,她们成为公司管理层与员工之间的沟通渠道。

对知识工作者而言,福利家长制是完全不合适的。而对那些收入日益增加,拥有中产阶级生活水准而且受过一定教育的体力工作者来说,福利家长制的影响力也正逐渐失效。这一点或许甚至可适用于日本的企业制度,因为它具有强烈的群体归属感,员工个人对企业团体也非常负责任。事实上,当一些日本企业还在为那些来自广大农村地区的年轻女工以及体力工作者努力维持传统的福利家长制时,另一些企业正在悄然发生变化——它们正在稳步地从传统家族式管理的观念中解放出来,或许是为知识工作者,或许还有其他诸多好理由。如今,日本企业对家长制需求与日俱减,日本企业应该转向寻求工作社区模式的福利职能管理。否则,日本不久将会遭遇福利家长制的危机,会损害经济利益,就像克虏伯公司对员工的过度承诺那样,也会像皮尔金顿兄弟玻璃公司以及好时巧克力公司那样导致破坏性的大罢工。

即便是运作非常成功,福利家长制也不是一种"管理员工"的好方法,它最多算得上是"帮助员工"的方法。这种方法认为员工都受限于各自的弱点,并不试图发现员工的优点并发挥其生产力。福利家长制只能成为管理员工的"补足物",但未能涉及管理的实质。福利方法也只是暂时的权宜之计,是拐杖。它可能会非常有效,也可能会起到维持员工生计的作用。但如果把它当作长久的管理员工之法,或把它视为最后答案,那么这将会致使管理层、工作者、公司、经济体乃至社会成为跛子。

人事管理

第二种管理员工的方法是人事管理㊀（personnel management）。这种管理方法是在第一次世界大战后兴起的有组织、有系统的管理职能。人事管理是有方法、有系统地针对员工及其相关的一切活动的必要组织行为；在拥有众多员工数目的组织机构中，人事管理显得尤为重要。人事管理包括员工的甄选、雇用、培训、医疗服务、饮食、安全、薪资以及福利，诸如此类。

人事管理是必须要做的，否则机构将会出现严重的职能故障。但人事管理活动与员工管理之间的关系，就像打扫客厅、清洗餐具与快乐的婚姻、养育子女之间的关系一样。如果太多脏兮兮的锅碗瓢盆堆满了水槽，婚姻的幸福感会因此受损。不过，光洁亮丽的餐具本身并不一定能够带来美好的天赐姻缘，也不一定会拉近父母与子女的关系。这些都是必要的保健因素，如果忽略它们，就会引发麻烦，它们应该被理所当然地关切。

人事管理很大程度上关切工作社区紧密相关的事，这些事不应该被视为管理职能，而是被视为工作社区职能，而且由工作社区加以组织。从现有的情况与趋势来看，把人事管理视为工作中的员工管理，这就等于没有管理；这只不过是用程序取代政策，用形式取代实质而已。㊁

自第二次世界大战以来，在所有国家与所有行业中，人事管理部都以天文数字般的速度蓬勃发展，其发展速度甚至比公共服务机构的成长还要快。然而，人事管理者的抱怨之声迭起："管理层不听他们的""管理层同仁不支

㊀ 人事管理的先驱是一位美国人，名叫托马斯·斯帕茨。第一次世界大战后，他先是在国际劳工局工作，而后就任美国通用食品公司人事管理部副主席多年。

㊁ 这个观点可详见我的著作《管理的实践》（The Practice of Management），其中有一章专论"难道人事管理破产了？"

持他们的工作""他们并不被高管真正接受"云云。这些抱怨并非毫无缘由，而且大体上反映了人事管理与员工管理上的一些直觉判断，比如一些正在处理的事情可能存在错误，或者他们所宣称处理的事并非他们亲力亲为等。

任何组织在涉及"人"时，都要讲究"良心"（详见第 42 章），"良心"职能是高管的工作。但人事管理通常忙于事务，不能承受"良心"职责；它在日常工作中扮演"支持者"的角色（同样详见第 42 章）；它是工作社区的主要支持者，那也是它应该的归属。

最后一种传统管理员工的方法是把员工视为"成本"与"威胁"。任何组织机构都需要控制劳动力成本，都需要控制劳动生产率，都需要"灭火"，都需要与工会周旋打游击，或者至少我们会任由这些需要发展。关注这些事是必要的，有时甚至能起到关键作用。但这并不是"员工管理"，它只是在处理"员工管理不当"而引发的诸多问题罢了。在如此庞大而繁杂的现代组织中，"管理不当"的事比比皆是；防止这些事发生或者补救管理不当，很难促进组织机构的体系运作与生产效果。

员工管理意味着"促进员工有效地发挥优点并具有生产力"。但无论是"福利方法""人力资源管理"，还是控制成本与"灭火"，都无法达到这一点。

人都是软弱的，我们当中的大多数人都是脆弱且可怜的。人会引发诸多问题，人需要规制，人会制造出纷乱杂务。同时，人不仅是"成本"，也是"潜在威胁"。但所有这些都不足以成为组织机构雇用人的理由；相反，组织机构之所以雇用人，是因为人具有各自的优点和能力。本书一再强调，组织管理的目标是促进员工发挥优点并具有生产力，同时让员工的弱点变得无足轻重。

"员工就是我们的最大资产"

管理者们都喜欢说："员工就是我们的最大资产。"他们喜欢重复另一个老生常谈的大道理：组织之间唯一真正的差别是员工的绩效，其他一切资源都是相同的。在所有资源中，人力资源的使用率是最低的，任何组织都难以把人的潜能挖掘并发挥到极致，大多数管理者对此道理心领神会。

当管理者宣称员工是他们的重要"资产"时，上述三种传统的员工管理方法都没有把人当作"资产"来加以重视，而都是把人视为"问题""程序"与"成本"。在认识到这个问题之后，近来有人建议把员工作为"资产"列入公司财务账目。其中的提议人之一就是迈克尔·希夫，纽约大学一位杰出的会计学家，他把市场力量与营销力量都列为"投资"，它们确实如此。

的确，在会计学中，员工真是被列入"成本"范畴加以处理的。人类总是会被信息与数据所引导，即便他们深知这些信息与数据是片面的、有偏见的、有缺陷的，他们也会自投罗网（详见第39章）。因此，只要把人视为"资本投资"账目，会计体系就会产生重要差异。

然而，人们并不容易在会计账目上看出人是如何成为"资产"的。按照定义来说，资产是指当公司进入清算程序时可以买卖的"东西"和有"价值"的事物；但问题是，公司对员工并无所有权。况且从任何字面来说，可以在接到通知后离开的资产，无论如何都不能算是资产。这在实践层面上也存在同等的困难，比如如何衡量培训的回报率呢？

尽管如此，把员工视为"资产"的理念还是有意义的。人们都殷切希望管理者们能够在方法应用与行为控制中遵循这个原则——"员工就是我们的最大资产"。人们清晰地需要务实且强而有力的东西，而不只是停留于会议、研讨会、"敏感性训练"、说教以及公告文辞上。

最重要的是我们需要"实践"，因为实践比愿景或态度上的转变更容易实现。

当然，首先需要实践的是把责任感与成就感建设在职务与劳动力之中。需要为每个职务设定目标，由负责达成目标的人和管理者一起设定。工作本身必须具有生产力，这样才能促使工作者在工作中获得成就感。工作者也要需求、纪律以及责任的激励。

其次，管理者必须把一起工作的员工视为"资源"；管理者必须视员工为自己工作上的指引者；管理者必须让自己的员工知道，帮助管理者把工作做得更好、更有成效，也是他们的责任。管理者必须要求自己的每个下属承担起对上级的责任并做出贡献。

做好这一点的方法之一就是要求每个下属必须对如下问题进行深思熟虑并做出回答："你认为你的上司以及你的公司做什么，才能最大程度地帮助你在职务上发挥作用？""你认为你的上司以及你的公司做什么事情会对你的职务发挥造成最大障碍？""你能够做什么来帮助你的上司为公司尽职效力？"这些问题看似简单，但其实很少有人提及。每当员工面对这些问题时，答案会显得晦暗不明。在我经历过的一些案例中，管理者所做的事情通常是为了帮助下属执行工作，但结果适得其反，非但无助于下属，甚至有时会妨碍他们的工作。而下属们通常极少考虑他们能做些什么事情，来帮助他们的上司把工作做得更好。

这些问题会迫使管理者及其下属把注意力集中在共同的绩效上，帮助他们共同面对彼此之间的关系。这些问题也会促进管理者对员工有新的认识，把员工视为自己的资源，同时也能促使员工把自己的上司视为资源。

员工配置

员工管理的最后元素，或许也是最重要的元素是：根据员工优势安排职务，以发挥其有效生产力。人事管理注重对雇员的甄选。通常状况下，花费极大的精力，采取种种精制独创的方法设计面试以及筛选流程，但结果不尽如人意，甚至饱受质疑。尤其是经过复杂筛选后录用的知识工作者是否真正适合工作，也会产生疑问。

人们知道如何通过辨别人的体能特征来判定人是否适合从事体力工作，比如砌砖的活儿。然而，人们对人的品德、个性以及才能在知识工作的应用方面了解不多，特别是对担任管理工作所具有的品德、个性以及才能知之甚少。大多数美国大型公司会在相应的大学机构中设立招募机构，试图借此挖掘具有"潜力"与术业专攻的人才。时至今日，这些招募机构是为雇主吸引大学毕业生就业，它们的做法可圈可点。但至于这些被招募的人才是否出于有效的甄选，情况不会太令人乐观，否则就不会出现每五位"新员工"就有三位在工作的头两三年中快速离职的现象了。比如按照随机选择的第三个应聘者录用，其结果也许会好些。原因不在于大学招募人员缺乏技巧，而在于人们不知道自己所寻求的管理潜能是什么，而且除了一些实践经验之外，我们并无其他测试方法。

无论是复杂而固守礼仪的英国式家庭宴会，还是令人筋疲力尽且完全呆板的日本大型公司的招工测试，效果都不是太好。此二者与美国招聘方法的不同之处在于对人在精神上的折磨更大。

员工配置的确很大程度上靠机缘、碰运气。并不是两个员工都具备相同的优势与短板，也并不是一个人只有优点、没有缺点，也没有所谓的"全才"。㊀管理者的工作正是在于不断优化员工资源，员工配置正是去优化最昂贵的资源——人。

正是因为日本公司不能解雇员工，员工与雇主绑在一起，因而日本公司在员工配置上通常比西方国家做得更好一些。在第20章中我们已经提到，合理配置年轻知识专业人员以及管理者是"教父们"的任务之一，尽管这种配置都是有系统的幕后操作。然而，在西方国家中，我们应该能够在员工

㊀ 论及"员工配置"，也可参见我的著作《卓有成效的管理者》（*The Effective Executive*）。

配置上比日本做得更好，因为西方的管理者能够在组织内部与组织外部为员工配置负责。那些绩效差的员工不必留在组织内部，而那些已经在组织内部有长期绩效而且对组织忠诚的老员工们，公司可以运用"道义原则"予以挽留。因为那些绩效差的员工会破坏整个组织，会成为同事们摆脱不掉的累赘，会败坏员工士气、损害组织标准和组织自尊。

不过话说回来，绩效差的员工通常，或许在大多数情况下，并不是"无用之人"，而仅仅是放错了地方——就像谚语所说的那样：把方木硬塞到圆孔里了。绩效差的员工应该被配置在属于需要他而且能做出贡献的地方。管理者的职责就是对那些绩效差的员工进行仔细考虑，把他们安置在合适的岗位上，让他们有生产力并有效地发挥作用，对那些年轻的知识工作者尤其应该如此；管理者要对他们说："你不合适这项工作，你应该属于那里。"

这些实践未必能够满足那些对传统的员工管理方法持批评态度的人，因为他们提倡新理念并在管理态度上有所改变。诚然，把员工视为管理者的资源，以及强调把员工配置在可以发挥其优势的岗位上，这些都仅仅是"实践操练"。但这些实践要比花言巧语与高谈阔论好得多。这些实践是艰难而苛刻的工作。虽然这些实践不能创造出组织内部的乌托邦，但它们能引导组织取得绩效，避免随波逐流。虽然这些实践不能消除组织的基本职能和张力，也不能把经济和权力上的问题驱逐殆尽，但它们可能抵消信任和成就的负面力量。传统方法把人视为问题、麻烦、成本和威胁，但这些实践会使这些传统方法不再奏效。

虽然这些实践仅仅是开始，但它们会帮助管理者与管理层超越人事管理的方法，从而转向对员工的领导。

4

第四部分

社会影响力与社会责任感

MANAGEMENT
TASKS, RESPONSIBILITIES, PRACTICES

提升生活品质是管理层的第三个重要使命。所有机构的管理层都要为各自的"副产品"负责，即管理层必须为机构所组织的合法活动对员工、自然环境以及社会环境所产生的影响负有责任。人们越来越期待机构能够参与并解决社会问题。组织机构必须认真思考并发展出应对企业与政府关系的新政策来，传统所持的企业与政府关系理论与行为习惯正在发生蜕变。那么，现在组织机构的使命是什么？机会何在？有限性是什么？如今的"领导者"已不再是往昔的"师傅"了，那么，管理者所具备的领导伦理又是什么？

第24章 | CHAPTER 24

管理提升生活品质

"社会责任"意义的变化——如何解释——成功的代价——政府的觉醒——新的领导团体——公共关系何以不满人意——三个警示故事——故事一：西弗吉尼亚维也纳镇的联合碳化物公司——故事二：阿根廷的肉品公司——故事三：公民权与贵格会信徒之道德心——社会责任必须合宜管理

关于"企业的社会责任"，人们已经讨论了一个多世纪。的确，几乎所有讨论管理学的著作都会有些章节涉及社会责任的话题。但从20世纪60年代初开始，人们对"企业的社会责任"的理解发生了变化。

早年讨论"企业的社会责任"主要集中在如下三个主题。

第一个主题是由来已久的个人道德与公共伦理之间的关系问题。组织管理者对个人道德的制约程度如何？为了组织的利益，个人对组织责任范围内可容许的不道德行为的限制如何？无论是自觉的还是不自觉的，这种讨论可以用一句古老的政治警语加以概括："如果我们公私不分，甚至以国家的名义假公济私，那么我们该是多么混蛋啊！"

第二个主题是雇主因其拥有的权力与财富对员工承担社会责任。这个话题的古典研究可以详见英国贵格会实业家与慈善家西博姆·朗特里 1918 年的著作《人类的劳动需求》(*The Human Needs of Labor*)。

最后一个主题关于"社会责任"。这个词常常用于确保或指派企业领导层对社区"文化"所担负的责任，主要表现在对艺术、博物馆、歌剧院、交响乐团的支持，担任教育机构与宗教组织的董事会的受托人，以及慈善事业的捐款和其他社区服务项目等。尤其是在 20 世纪的美国，心甘情愿为政府或准政府机构承担职责已经成为企业主管的重要社会责任之一。

总的来说，尽管口头上如此宣称，但传统方法并没有实际意义上关注企业的社会责任，而只是关心商人自己的社会责任。最突出的关注点是商人在经商之余与企业行为之外应该或可以承担的社会责任。

第二次世界大战之后，人们越来越强调企业的贡献。但这是税法修改的结果。一方面，税法减缓个人财富积累的速度；另一方面，税法鼓励公司为慈善事业捐赠财物。除此之外，其他重点并无变化。早些世代的人们希望"富有的商人"捐赠医院，但第二次世界大战后人们希望大型企业捐助有价值的事业。重点依然放在企业之外的"事业"上，而不是放在企业本身的行为与行动上。

更早一些的作家持更加广义的观点。日本明治中早期（也就是 1900 年之前）的涩泽荣一与德国第一次世界大战前夕的瓦尔特·拉特瑙都曾写过关于企业（尤其是大型企业）与社会之间的关系的作品；但他们所谈论的话题主要集中于为企业设定限制，并促进企业与商人遵循社区与社会的价值观。

然而，当今人们讨论社会责任时所强调的重点已经大相径庭了；今天人们强调的是在处理与解决社会问题时，企业应该做什么，或者可能做什么。美国强调的重点是企业能为解决社会问题做什么样的贡献，比如种族歧视、推动种族融合、维护与恢复物质环境等。关于这种新态度的最好例子之一来自瑞典。

20世纪60年代末的瑞典，有几家大型公司，尤其是瑞典通用电气公司（ASEA），一家大型的电气设备公司，由于参与一项非洲电力项目而遭受猛烈抨击。该项目由联合国主办，世界银行提供资金，瑞典的社会主义政府签署，其目的是提高非洲极端贫困地区的黑人生活水平。但这家电气设备公司坐落在葡萄牙殖民地中。所以，这家瑞典公司被抨击以提高当地黑人生活水平为借口来"支持殖民主义"。抨击者指出，瑞典公司的责任应该是去"推翻殖民主义"，最好保持当地黑人的极端贫困状态而不是让他们屈从于"帝国主义剥削者"的统治来换得繁荣。

关于企业之社会责任的最极端的主张或许出自20世纪60年代纽约市市长约翰·林赛的陈述。该市长呼吁纽约市的大型企业去"认领"黑人贫民区，而且确保贫民区中的人有必要的生活所需、接受教育、有工作。该市长还提出希望，这些大型公司要确保每个黑人家庭有一名男人——妻子的丈夫和孩子们的父亲。

仅仅在十年前，没有人能够想象任何人（即便是最极端的"左翼进步分子"）会谴责企业拒绝取消本国政府的外交政策，或谴责企业未能对公民的性生活实行家长式干预。这种新的社会责任观念不再追问"企业的限制是什么"，或"企业应该对自己直接权力管辖内的员工做什么"。这种新观念要求企业为社会问题、社会弊病、社会目标与政治目标负有责任；这种新观念成为社会良知的守护者，成为社会问题的解决者。

但这种社会责任也逐渐成为对社会非企业机构的要求。大学、医院、政府机关，以及所有的学术团体，无论是物理学、历史学还是语言学，都面临相似的要求，而且学术团体因没有对社会弊病与社会问题承担责任而饱受批评。20世纪60年代早期，大学生曾因不满情绪而反对大学当局从而引发社会骚乱。1968年的学生骚乱几乎造成纽约市哥伦比亚大学瘫痪，追其原因是学生认为大学没能为邻近的哈莱姆黑人社区承担全部责任，没能为哈莱姆黑人社区那些长期失业的人实施应有的教育。

如何解释

最流行、最明显的解释通常是错误的解释。对企业之社会责任的汹涌如潮般的呼声并非对企业充满敌意；相反，它正好说明了企业制度的成功已经引发了新的期望，在许多情况下甚至是有点夸大的期望。在很大程度上说，对企业之社会责任的要求正好体现出企业成功所要付出的代价。

在发达国家中，人们把经济绩效视为理所当然的事。这个观念让人们相信社会具有能力，也应该有能力获得经济绩效。这个观念还让人们相信，人们在一个世纪内为三分之一人口脱离贫穷走向富裕所付出的相同努力，足以在更短时间内让其余三分之二人口变得富裕，或者至少足以让他们的经济快速发展起来。

不到两代人之前，差不多在第一次世界大战时期，人们认为，贫穷依旧是人类普遍存在的必然状况。没有人敢相信经济发展会成为人类的普遍规则，因为经济发展总是被视为例外情况。在1900年，甚至在1950年，令人惊讶的已经不是印度仍旧深陷贫穷之境。的确，当时任何人论及印度的经济发展，总会被视为无稽之谈。真正令人惊讶的例外情况是日本，它竟然突破了人类普遍的贫穷状况，而且开始走向经济发展的光明之路。如今正好相反，缺少经济发展会被视为"问题"和"例外"。而且，无论经济发展有多么迅速，例如，巴西在第二次世界大战以后的发展，总还是被人们认为是不够的，因为它没能在一代人的时间内把整个国家从极端贫困的状态成功转变为舒适的丰裕社会。

仅在两代人之前，那时没有人预计贫穷将会消失，甚至发达国家与富裕国家也不敢如此奢望。查尔斯·布思曾对当时世界上最富有城市伦敦的贫民状况进行首次有系统的调查与说明，其研究成果在世纪之交出版，可是今天很少有人相信这样的描述。㊀今天只有来自印度加尔各答的恐怖故事才有与其同等的悲惨效果。然而，对当时的人来说，19世纪末伦敦的贫穷状况与20年前的伦敦人生活相比，已经显得富裕多了。㊁

如今人们最厌恶的便是富裕中的贫穷，而在过去，这被视为司空见惯的事。19世纪或20世纪初，没有人会相信那些从前工业化地区进入工业化城市的移民能够摆脱一无所有、贫困、无能与可怜的生活状况。没有人会相信1900年左右工业化了的英国兰开夏郡，或者正在工业化中的奥地利维也纳市中的贫民能够发生如此快速的变迁。那时的所有人都期望能有些许人性化的现实以求慰藉他们无比痛苦的生活，以及一点慈善的救济用以勉强的生计。最多也就是有人愿意资助那些具有非凡禀赋与远大抱负的人走出绝望的深渊罢了。

早期的社会经济历史根本没法与目前美国黑人的经济社会发展状况相提并论。在过去的20余年，也就是从1950年到1970年，从非工业化地区进入现代文明的最弱势移民中，已有三分之二从极端贫困转向中产阶级。他们已经获得工作技能和工作岗位。他们的大多数孩子接受了高等教育，这比例非老一代城市移民的孩子所能比，比如那些没有遭遇"种族屏障"的早期意

㊀ 查尔斯·布思（Charles Booth）的《伦敦百姓的劳动与生活》（*Life and Labor of the People in London*），出版于1892～1897年。

㊁ 比如查尔斯·狄更斯（Charles Dickens）意欲把他首版于1879年的名作《伦敦词典》（*Dictionary of London*）当作伦敦游客"享受生活"的指导手册。

大利与波兰移民。

无可否认，美国黑人问题是非常特殊的问题。但半个世纪前被视为大获成功的事，在今天看来可能是冷酷无情的失败经历，这种差异正好说明了成功能够改变人们的预期。即便是昨日引以为荣的"小康中产阶级"，如今在我们这个时代看来也可能毫无生活品质可言。

19世纪末的许多公寓大楼如今依然耸立在大多数欧洲城市之中；在今天看来，它们大多算不上是"好房子"：空气不流通、采光不好、空间狭小、五层楼的公寓没有电梯设备、没有暖气、只有在客厅才有烧煤或木材的炉子，更糟糕的是一家七口共用一个狭小肮脏的卫生间等。然而，这就是专门为当时的新兴中产阶级建设的住房。卫生保健几乎不存在，初级阶段以上水准的教育只有少数特权人士可以享有，报纸就算得上是奢侈品了。无论汽车在今天的大城市中造成多么严重的环境问题，但过去以马作为交通工具，的确是又脏又臭，造成死亡和残疾的人数也更多。至于农场生活，那时属于大多数人的生活方式，不用说，只会更穷、更脏，对人的生命更危险、更粗野。

直到1900年，或1914年，极少数富人才开始关注各自的生活品质；对其他所有人来说，生活品质依旧是"逃避现实的空想"（escapism）；这种糖浆似的浪漫传奇被成千上万人兜售，被年轻的女佣和她们尊贵的"太太们"贪婪地咀嚼。然而在现实中，老百姓却为一小块面包、一份枯燥无味的工作，以及为凑足钱来支付丧葬保险费而苦苦挣扎。

所以，我们今天能够为生活品质而焦虑，这是很大的成功。人们期望那些能够成功地为人们的生活提供所需物质的领导团体，也能够在人们的生活品质上负起责任来，这种期望非常自然，也非常合理。

同样的理由可以解释为何人们对大学也要承担社会责任提出要求了，大学也是20世纪人类成功的范例之一。

20世纪60年代的学生积极分子反复说道:"如果科学能告诉我们如何把人送上月球,那么科学一定能够告诉我们如何创造一个恰当得体的环境,如何把我们的城市从毒品中拯救出来,如何让我们的婚姻美满幸福,如何让我们的孩子们喜欢上学。如果科学不能做到这些,那么,唯一的解释就是'价值优先次序出现错误'或是'出现恶意的阴谋'了。"

的确,这些争论显得太幼稚了,但这些争论并非完全荒谬。人们对企业承担社会责任的期望太高,但这些期望都是正确的事情。其根源不是人们对企业权威表示敌意,而是人们对企业管理者与企业的管理过分信赖。

对政府不再抱有幻想

还有一个重要的理由使人们对政府越来越失望,人们对政府解决重要社会问题的能力越来越不信任。⊖

仅仅在一代人之前,就是今天要求企业(或大学)承担社会责任的人,他们过去也曾期望政府关心他们的每个问题,关心每一项社会问题。如今,所有国家依旧面临百姓要求政府提供越来越多的规划方案的压力,尽管也有越来越强烈的反对政府开支和征税计划的呼声。然而,即使是在日本、瑞典、德国等备受崇敬的国家政府中,即便是那些表示热烈拥护政府的人也不再真正期望政府能够有什么大作为了。即便是那些最热烈拥护强大政府的人,也不再相信只要将社会问题提交到政府手中就可以得到圆满解决了。结果显而易见,那些最关心社会问题的人,就是曾经聚集在"加强政府统治"旗帜下的那些自由主义者和进步人士们,他们如今都已经转向寻求其他领导集体、组织机构,尤其是企业,来解决那些本应该是政府解决但悬而

⊖ 这个现实可详见我的另一部作品《断层时代》(*The Age of Discontinuity*)第10章。

未决的难题。

提议让企业来承担重建美国大城市中贫民区的重任的不是全美制造商协会（NAM），而是罗伯特·肯尼迪。政府行动主义（government activism）最坚定且最受人敬重的倡导者之一，美国最前沿的工会理论家，已故的哥伦比亚大学教授弗兰克·坦嫩鲍姆，1968年春天在其生命的最后时刻，在哥伦比亚大学出版的《世界商业杂志》（*Journal of World Business*）上宣告：跨国公司是和平世界的唯一基础，也是和平世界"最后且最大的希望"。

新的领导团体

总体而言，如今人们要求企业的管理层来继承社会责任的领导地位。

20世纪，在所有发达国家与大多数发展中国家，重要社会机构的管理者都已经成为领导者。旧的领导团体，无论是贵族阶层还是神职人员，他们的领导地位不是完全消失，就是名存实亡了。甚至科学家和第二次世界大战后的神职人员，他们的社会威望也都已经所剩无几。唯一新兴的社会领导团体是管理者——企业、大学、政府机关以及医院的管理者。他们不仅控制社会资源，而且支配人事。所以，唯一合理的逻辑解释是：管理者最有希望担任社会领导角色，并且为重要社会问题与主要社会议题承担责任。

这些转变的结果是显而易见的，管理者作为重要领导团体的崛起、政府的管理能力渐渐弱化、人们对生活品质追求的日益增强等，这些转变促使管理者，尤其是企业管理者，把关注社会放在了企业经营的重心位置。正是这种需求使得生活品质成为企业追求目标的重中之重。传统方法关注的问题是："我们如何安排汽车制造（或鞋子生产），才能避免与社会价值观、社会信仰相碰撞，才能不侵犯个人自由以及利益，才能不伤及美好社会？"如今，新的需求主张企业应该为社会创造价值与信仰，为个人创造自由，努力创建美好社会。

新的需求需要管理者们有新思想、新行动，既不能沉迷于传统的旧方法，也不能受困于公共关系。公共关系关注的是企业或产业是否被人"喜欢"、被人"理解"。因此，他们担心黑人人权主义者会指责企业利润动机是造成黑人贫民窟的主要根源；他们担心黑人人权主义者会厌恶企业，就像他们讨厌白人组织一样。但至关重要的是黑人人权领袖们期望企业能够在有关黑人生活品质改善方面创造奇迹，比如黑人的就业、教育、住房等；而且他们期望这些奇迹能够在一夜之间奏效。但接踵而来的问题是："企业能够处理这么庞大而棘手的问题吗？如何处理？企业应该处理这些问题吗？"这些问题都已经超出了公共关系所能处理的范围。

三个警示故事

这些日子的报纸杂志充斥着关于"企业不负责任""企业贪婪"以及"企业无能"的恐怖故事。毫无疑问，社会上的确存在一些不负责任、贪婪成性、无能力且无资格的管理者与企业。但话说回来，管理者也都是人类的一员。社会责任的真正问题不是企业"不负责任""贪婪"与"无能"。如果这些是社会责任的真正问题，那事情反倒简单了。人们可以设定行为标准对企业进行规范。不幸的是，事实正好与此相反；社会责任的基本问题是在"良好的意图""尊贵的行为""高度的责任感"等方面出现的问题。

我们要举如下三个"警示故事"加以说明。

故事一：西弗吉尼亚维也纳镇的联合碳化物公司

西弗吉尼亚从来都不是美国比较富裕的地区，20世纪20年代末，因其支柱产业煤矿业开始衰败，导致该州的经济快速下滑。人们对矿难事故与矿工疾病的日益关注使得煤矿产业的衰退雪上加霜。西弗吉尼亚地区的煤矿大多是被边缘化的小型煤矿，既无力提供现代化的安全预警设施，也无能为矿工提供基本的卫生保健。

到20世纪40年代末，西弗吉尼亚州的主要工业公司都已经察觉到经济正在持续缩水。联合碳化物公司是美国主要的化工企业之一，总部设在纽约，但许多工厂依赖西弗吉尼亚州的煤矿。除少数大型煤矿外，该公司仍然是西弗吉尼亚州最大的雇主。鉴于此，该公司高管层要求年轻工程师和经济学家拟订为西弗吉尼亚州创造就业机会的计划，特别是计划把新工厂设施安置在该州主要的失业地区。然而，西弗吉尼亚州失业最严重的地区处在与俄亥俄州交界的最西部地带，规划者没能找到一个具有吸引力的项目以解决这个地区就业的燃眉之急。西弗吉尼亚州的维也纳小镇及其周边区域深陷完全失业的状况之中，新工业无人问津。唯一能在维也纳镇开设的工厂是一家采用过时生产流程的铁合金工厂，生产成本极高；与采用更加现代化生产流程的联合碳化物公司竞争者相比，它处于完全不利的位置。

即便是为了适应旧的生产流程，维也纳镇也算不上是个经济的地方。生产流程需要大量中等品质的煤，但该地区唯一出产的煤，含硫量太高，使用前必须花重金做净化处理。在花费大量资本投资后，生产流程还是不可避免地制造噪音和污染，排放出大量的煤灰和有害气体。此外，仅有的交通设施，也就是铁路与公路，都不在西弗吉尼亚州内，而是需要渡河到俄亥俄州去。如果把工厂建在那里，就意味着常年的西风将会把工厂烟囱排放出来的煤灰与硫气刮到对岸的维也纳镇上来。

不过，在维也纳镇建工厂能解决该镇1500个就业岗位，还可以帮助离小镇不远的一个新煤田提供500~1000人的工作。不仅如此，该新煤田可以露天采煤，这样可以减少该地区因煤矿设施老化导致的事故并改善矿工健康恶化的状况。联合碳化物公司的高管层因此得出结论：尽管经济效益并不理想，但社会责任要求该公司在那里建立新工厂。

维也纳工厂的建设动用了当时最先进的抗污染装置。当时大城市中的电力设备最多只能消除烟囱排放出来的一半烟灰，但维也纳工厂的装置能消除75%的煤灰，只是对含硫量高的煤燃烧排放出来的二氧化硫气体，任何人都无能为力。

1951年，当维也纳工厂开业时，联合碳化物公司成了"英雄"。政治家、社会名流以及教育家纷纷赞扬其勇于承担社会责任。但十年后，先前的英雄很快沦为社会公敌。随着国家越来越关心污染问题，维也纳镇居民的抱怨之声迭起而且愈来愈尖刻，他们不能容忍从河对岸飘进他们镇上和家中的煤烟灰和有毒气体。大约在1961年，一位因鼓吹"同污染做斗争"，也就是"同联合碳化物公司做斗争"的人当选新镇长。十年后，维也纳工厂成了"全国丑闻"。甚至连很少对企业抱有敌意的《商业周刊》（*Business Week*）也撰文谴责联合碳化物公司，文章题为《企业制造污染终尝恶果》，刊登于1971年2月号上。

毫无疑问，联合碳化物公司的高管层在处理这事时不理智。在20世纪60年代初，他们早就该意识到深陷困境了，更不该拖延，并违背承诺，直到维也纳镇居民、州政府、新闻界、环保主义者以及联邦政府全把矛头指向公司时才幡然醒悟。联合碳化物公司多年来坚持认为维也纳工厂的创建没有过错，但这种辩护的确不是聪明之举；当政府意识到事态严重时，就只好宣布该厂因为环保未能达标而关闭了。

不过，这并不是这段警示故事的主要教训。一旦决定采用过时的生产流程去创建在经济上已然濒危的工厂，并想借此缓解极度贫困地区的失业情况，随后的结果或多或少自动地接踵而至。这个决策意味着该工厂并不在意重建所需的收益。毫无疑问，仅从经济方面来看，该工厂根本就不应该建。

公共舆论迫使联合碳化物公司投资大量资金去解决最糟糕的污染问题，除了仓促做些修补之外，技术上的应用的确疑问重重。但民众坚持联合碳化物公司继续把工厂开办下去，因为一旦厂房转移到其他地方，那么西弗吉尼亚州维也纳镇很可能丧失绝大多数工作岗位，到时即使工厂继续开办也无济于事。

故事二：阿根廷的肉品公司

位于首都布宜诺斯艾利斯港区的斯威夫特肉制品厂多年来一直是阿根廷最大的肉类加工厂，也是布宜诺斯艾利斯贫民区的主要雇主。该厂原本从属于芝加哥斯威夫特公司，在第二次世界大战后不久公司独立经营，但其所有权依然属于美国人。

第二次世界大战后，阿根廷肉品产业遭受重创，部分原因是政府的措施导致阿根廷的牲畜供给减少，牛肉价格飙升，从而导致阿根廷牛肉在全球市场逐渐丧失竞争力，并剥夺了肉品产业者的原料来源。斯威夫特公司的利润日渐稀少，直到1968年，企业所有者最后决定把公司出售给一家名叫"三角洲"（Deltec）的加拿大跨国公司。该公司在拉丁美洲的许多地方很是活跃，主要经营企业的金融服务。买下斯威夫特公司之后，"三角洲"就快速着手工厂的现代化建设，希望尽快提高市场竞争力。但阿根廷肉品产业依旧持续衰退。

斯威夫特的两家主要竞争对手，都是外国人经营的企业，在20世纪60年代末期决定关闭。根据阿根廷法律，它们必须先付清工人薪资，然后才能歇业。然而，"三角洲"权衡自己在拉丁美洲的其他诸多利益之后，毅然决定不能这样做，但公司必须在一个失业率极高的区域维持就业。公司与工会达成协议，根据协议大幅度裁员，以期有效提高生产率。公司还为工厂注入大量资金，并且运用其金融行业的关系获得外国银行的贷款。但阿根廷的肉品企业依旧没能得到改善。

直到1971年，斯威夫特公司耗尽了三角洲公司注入的所有资本，仍然无法恢复盈利并重获竞争力。于是，斯威夫特公司只好与包括公司员工在内的债权人签署自愿协议，维持较长一段时期来偿还所有债务——而三角洲公司是最后一批接受偿还的债权者。86%的债权者同意接受这份协议，此比例远高于阿根廷法律所定。但出所有人意料之外的是，阿根廷法官收集证据表明协议无效，认为三角洲公司最初收购斯威夫特公司时存有不当行为，宣布斯威夫特公司破产，下令其清算资产，并要求阿根廷政府委派清算员。实际上，这位法官的宣判等同于没收了斯威夫特公司及其所有财产。他不仅拒绝承认三角洲公司对斯威夫特公司所拥有的任何债权，而且下令没收三角洲公司在阿根廷其他公司的股份，并作为斯威夫特公司清偿债权者的担保财物。

这项行动没有遭遇任何公众压力，甚至没有法律压力。虽然斯威夫特公司的大多数员工是阿根廷工会的激进分子，但他们完全支持三角洲公司。这项决定在阿根廷获得极为广泛的赞同，即便是那些不反对企业，或者不反美国的人也都支持。许多人这样说道："另外两家外国人经营的肉品公司做得正确，因为它们在不再盈利的状况下还清工人薪资、关闭工厂；而三角洲公司因为坚持硬撑下去，注定导致失败、令人失望的惨剧。"

故事三：公民权与贵格会信徒之道德心

20世纪40年代末，一家重要的美国钢铁公司为南区分公司委派了一位新的总经理，这家分公司坐落于美国南部最强调"白人至上主义"的地区。按照传统，南区分公司的所有高管层都由南方人主事，而这位新任命的总经理是个北方人。甚至，这位总经理还是费城老贵格会家族的嫡系，是人权组织的积极分子。

在委派他担任此要职时，公司高管曾吩咐他说："我们清楚我们正在做什么，也清楚为何任命你担任此职务。诚然，你的绩效为你赢得了这个职务。但你是个北方人，你曾承诺为黑人平等就业权利而努力。当然，这既是美国法律赋予的权利，也是我们工会契约的要求。然而，我们所有人都明白，我们的南区分公司从未给过黑人平等的就业机会。无论他们技能多娴熟，也不管他们胜任职务的能力如何，他们最多只获得'助手'级别的待遇。我们从未能够在南区分公司取得突破进展。但我们知道，我们将不能再继续这样的做法了。因此，我们希望你能够尽快地遵循国家的法律以及我们工会的契约要求，捍卫黑人员工的公民权利，设法获得工会高管人员的支持与合作。我们知道你曾经参与多家人权组织的活动，有过共事经验。"

这位新任总经理大约花了一年时间，获得同事的接纳，熟悉当地社区情况，并与公司工会领袖们建立了良好的关系。接着，他瞧准了机会。公司新的延展部开业在即，许多新炉急需装配工人。这位新任总经理严格执行工会契约的招聘规定。结果，少数工作技能高超而且公认较为资深的黑人工作者在新岗位上获得要职。但没有任何白人工作者的资历被剥夺，也没有任何黑人工作者屈尊于白人工作者之下。

在新的人员配置公布的那天早上，按照工会契约的要求，当地工会领袖代表团召见了这位新任总经理。他们说："你知道，有数百个长期悬而未决的事情，我们的工人现在已经忍无可忍。我们将在36小时后举行罢工。但我们是讲道理的。如果公司能够表示出诚意，我们将延缓罢工。但你所要做的一切就是收回你刚才公布的人员配置表，让我们与监工们一起重新拟定新炉装配人员名单。同时，我们现在提交给你一份我们根据工会契约要求所拟就的罢工通知书。"

这位总经理先试图联系公司总裁和工会总顾问，可世事难料，两人都联系不上，甚至连他们的秘书也不知道如何能够找到他们，更不知道他们何时才能回来。这时，这位总经理想起他自己的一位老朋友，贵格会的一位"贤人"，也是为种族关系尤其是为黑人平等就业机会而奔走呼吁的激进拥护者。但出乎这位总经理意料之外的是，这位"贤人"一点也不同情他的境遇。这位"贤人"对他说："你是知道的，我完全同意你的观点，反对黑人拥有平等就业机会是种族歧视，是非法的、不道德的、有罪的。但你所做的虽是合法的，却不算是道德的，因为你利用大型公司的经济力量，把你的风俗习惯与价值观强加给了你所运营的社区。即便你认为你自己的风俗习惯与价值观都是正确的，我依然要指出，你正在使用企业的经济权力、雇主的权力以及你的职权威望来支配这个社区。这就是所谓的'经济帝国主义'，无论立意多么美善，但这种行为都是不可宽恕的。"

这位总经理辞职了，回到北方另谋他就。钢铁公司静静地取下那份名单。工厂依旧照常运作。几年以后，毋庸置疑，公司遭受严酷的抨击，抨击者认为他们未能在种族问题上承担领导责任，工会总顾问也在抨击者之列。抨击者批评该公司作为社区中最大的雇主，未能承担社会责任，反倒容许不合法的、不道德的就业种族歧视行为。

显然，人们对社会责任的要求并不像大多数著作、文章以及演讲中所讨论的那样简单。我们也不可能像芝加哥大学杰出的经济学家米尔顿·弗里德曼所鼓吹的那样漠视社会责任。弗里德曼认为，企业是个经济机构，因而企业应该坚持其经济使命。他还认为，强调社会责任可能存在破坏经济效益甚至损害整体社会利益的危险。比这个更加危险的是，强调企业的社会责任意味着企业管理者将会篡夺他们所缺乏的合法权威领域的权力。㊀

然而，同样清楚的是，社会责任是不可逃避的。不仅是民众要求企业担

㊀ 这个观点可详见本书第 26 章，还可参考我 1972 年新版的《公司的概念》（*Concept of the Corporation*）结语部分。

负社会责任，也不仅是社会要求企业负有社会责任。如今的事实是，在现代社会中，除了管理者，便没有其他人堪称"领导群体"了。如果我们社会中的主要机构的管理者们，尤其是企业的管理者们，不会为公共利益承担社会责任，那么，就没有其他人能够或愿意承担了。在多元化的组织型社会中，虽然政治理论依然主张政府应该承担社会责任，但实际上，政府已经不再有能力扮演"公共利益的守护者"的角色，不再有能力做"最高统治者"了。在这样的社会中，新的领导群体，也就是关键机构的管理者们，无论他们喜欢与否，也不管他们的能力如何，他们都必须对各自所能承担以及应该承担的社会责任进行深思熟虑，审慎思考他们的社会责任是哪些，在哪些领域，及其目标何在。

如果要在这三个警示故事中找出一个共同道理，那它一定不是：社会责任既模棱两可，又充满危险。它一定是：社会影响与社会责任都是企业（不仅是大型企业）必须关注的领域——企业必须思考其角色，企业必须设立其目标，企业必须有绩效。一言以蔽之：社会影响与社会责任一定需要管理。

第25章 | CHAPTER 25

负面影响与社会问题

为负面影响承担责任——忽视责任的高昂代价——识别并预测负面影响——"技术监控"之需——如何处理各种负面影响——化负面影响为商机——何时需要规则——权衡得失——视社会负面影响为企业责任——化社会问题为企业商机——解决一个社会问题——西尔斯、福特与IBM公司——中年知识工作者的第二职业——社会的"退变性疾病"——社会责任有限制吗

无论是企业、医院，还是大学，社会责任出现在两个基本领域：一是源自机构所造成的社会负面影响，二是源自社会自身的问题。此两种领域都与管理息息相关，因为管理者所苦心经营的机构就存在于社会与社区之中。不过，这两种领域也有所不同。前者探讨机构对社会做什么，后者关切机构能够为社会做什么。

现代组织的存在就是为社会提供独特的服务。因此它必须深入社会之

中，它必须深入社区之中，它必须与人毗邻而居，它必须在社会情境中开展工作。同时，现代组织必须雇用人员为自己效力。现代组织的社会负面影响不可避免地超出了它固有的贡献。

比如医院不是为了雇用护士与厨师，而是为了照顾病人。但为了达到它照顾病人的目的，医院必须雇用护士与厨师；而且这些人会立刻形成各自的工作社区，有各自群体的任务以及产生各自群体的问题。铁合金工厂不是为了制造噪音或有毒气体，而是为了制造出高性能的金属材料以便服务顾客。但为了达到这个目的，这个工厂不可避免地要制造噪音、产生高温热气以及排放废气。从正面意义上看，没有人想要制造交通堵塞，但如果一个地方有大量的人员被雇用，而且必须在同一时间上下班，那么交通堵塞看起来就是难以避免的"副产品"。

这些负面影响与组织的正面目标形影相随。但在很大程度上说，这些负面影响都是不可避免的"副产品"。而相反的是，社会问题是社会功能障碍所致，而非组织本身及其活动所产生的负面影响所致。

当然，前一章论及的那家钢铁公司的种族歧视问题就不是因为该公司的活动所致，这不算是该公司的"负面影响"。事情正好相反，美国南部长久以来的种族歧视问题一直被企业视为工业化与经济发展的重要障碍。种族歧视问题是身处美国南部社会运营的一切组织机构都必须适应的外在环境。同样，并不是阿根廷的斯威夫特公司或者阿根廷的整个肉品公司导致了阿根廷畜牧业的长期下滑，也不是它们导致了布宜诺斯艾利斯的失业率。事情正好相反，正是它们为政府政策不当导致的经济不景气而努力奋斗。

当然，必须承认，无论是美国的钢铁公司还是阿根廷的斯威夫特公司都不能逃脱问题。这些问题都属于企业固有的"退变性疾病"。所有组织机构都只能存在于固有的社会环境中，它们都是社会器官，因而这种社会问题必然会影响机构。以美国钢铁公司为例，即便是社会群体本身对此问题熟视无睹，甚至是拒绝尝试处理，组织机构本身也必须关注这个问题。健康的企业、健康的大学、健康的医院不能存在于一个病态的社会中。即便社会弊病之根源不应归咎于管理，但管理应该有益于发展和建设一个健全的社会。

对社会负面影响承担责任

无论有意还是无意，每个人都要为各自产生的负面影响承担相应责任。这是首要规则。毫无疑问，管理层对各自组织机构所产生的社会负面影响承担责任，这也正是管理层的正事。

在前文论及的美国联合碳化物公司的故事中，导致当地社区如此激烈反对公司的主要原因可能并不是环境污染。环境污染是生产过程中必然产生的"副产品"，而就业岗位是当地人的生计依赖，这两点当地社区与联合碳化物公司都心知肚明。然而，令当地社区怨恨不已的是联合碳化物公司长时间拒绝承担责任，这才是真正的原因。

由于每个人都要为各自造成的负面影响负责，因而每个人都必须尽量把负面影响减小到最低程度。一个机构在自己特殊目标与使命以外造成的负面影响越小，说明它的自我管理越好；一个机构为自己的行为负责得越多，说明它被公民、邻舍以及贡献者接受的程度越高。负面影响并不是"本质"，也不属于每家企业的独特目标与使命非做不可之事，它应该被控制在绝对最小值的范围之内。即便这些负面影响表面上有利可图，但只要它们超越了机构应有的功能与意图，它们早晚会引发愤恨，会被人抗拒，会被人视为强加的欺骗。

管理层之所以应该为自身利益考虑并努力培养"工作社区"的自我管理能力（参见第21章），主要是因为工作社区职能是附属于企业目标的，这些职能并非企业的"本质"。比如企业的存在是为了生产鞋子或糖果，或为了提供保险服务，因此任何超出企业完成本来必要工作的控制都属于企业的附属功能。这就是"负面影响"。这些"负面影响"即便不能被完全消除，也必须被最小化。

往好的方向说，"负面影响"可能只是一种"麻烦"；往糟糕的方向说，它会造成"毒害"。"负面影响"绝无"利益"可言，相反，它们总是制造成本与威胁。"负面影响"会消耗企业资源，会毁坏与浪费原材料，或者至少会消磨管理层的精力。更有甚者，"负面影响"对产品的价值与顾客的满意度毫无补益；相反，"负面影响"犹如"摩擦力"，会添加许多非生产成本。

话说回来，最轻微的负面影响也可能形成"危机"，也可能引发"公愤"，也可能对企业造成严重的破坏，对任何其他机构都是这样。那些以往看似不会造成伤害，而且看似习以为常的负面影响，如今会突然激起公愤，并成为具有攻击性的重大问题。除非管理层能够为这些负面影响承担责任，加以深思熟虑，并想出最佳优化解决方案，否则，将会冒犯法律，遭受惩罚与限制，甚至引发强烈抗议，人们会谩骂"企业的贪婪"，会指责"大学的不负责任"。

光说"公众并没有反对"之类的话是无济于事的。尤其是，不能只说"为了解决负面影响而采取的行动可能不受人待见"，或"会引发同事们或伙伴们的怨恨"，或者说"并没有人要求这样"等诸如此类的话。社会早晚会把这些负面影响当作把柄来攻击企业的诚信，社会将会让那些无能消除负面影响、无能找出解决问题方案的人付出高昂的代价。我们举如下几个例子。

20世纪40年代末50年代初，一家AMC尝试向民众推广行车安全意识。福特公司推出了装配有安全带的汽车，但销售量一落千丈。福特公司不得不停止生产装配有安全带的汽车并放弃了整个理念。15年后，当美国的汽车驾驶者们意识到行车安全的重要性时，他们便尖锐地指责汽车制造商"完全不关心汽车安全问题"，指责他们是"死亡商贩"。结果可想而知，为了保护公众，法律明文规定重罚那些安全意识不到位的汽车公司。

几家大型电力公司多年来致力于征得各州公共设施委员会的批准去推广使用低硫燃料以及在烟囱中设置清除装置，但各州公共设施委员会再三阻挠，他们给出的理由是，公众有权使用尽可能低成本的电力。他们还指出，按照各州法律规定，根据现行的电力价格情况来看，无论是使用更加昂贵的燃料，还是在烟囱中设置清除装置的资本投资，都不符合成本回报率。然而，当空气污染最终成为公众关注的焦点时，同样是这些电力公司，因"污染环境"的罪名而遭受强烈抨击。

同样，有的公共服务机构也为忽视负面影响或因视之为微不足道而付出代价。曾因未能及时为一些微小的负面影响承担责任，哥伦比亚大学差点毁于一旦。这个发生于1968年差点动摇哥伦比亚大学根基的"爆炸事件"，源自于一起完全无伤大雅的微小事件——计划创建一座大学体育馆，大学生与大学周边的黑人居民皆可平等使用。但爆炸事件的深刻诱因是哥伦比亚大学校方以及大学教职员工认为，一个自由的教育机构没有必要关注其与黑人邻居的关系。

关于负面影响的另一个例子是一家企业因为规模"太大"以至于无能造福企业本身的利益及其社群的利益（详见本书第55章）。规模太大的企业，尤其是当企业规模太大以至于无法造福当地社群时，这家企业就会成为当地社群的威胁，当然最重要的是成为企业本身的威胁。企业管理层有责任修正企业的自身利益（大学与医院的管理层也是如此）。忽略这个问题容易导致机构自负、权力欲与虚荣心，从而轻视机构本身的利益及其社群的利益。这也是极其不负责任的行为。

识别并预测负面影响

故此,管理层的首要职责就是去识别并预测可能出现的负面影响——尽可能保持冷静态度和实事求是。关键不是问"我们所做的对吗?"而是要问"我们所做的,社会与顾客能够认同并愿意买单吗?"如果一项行为和机构的目标与使命相背离,那么它就可以被视为一种社会负面影响,就是一种不可取的行为。

这听起来容易,实际上非常困难。最好的例证是"技术评估"问题,即识别新技术在推广时对社会与经济产生的负面影响。

目前,技术评估引发人们的广泛兴趣,即在新技术推广应用之前,先预测它可能造成的负面影响以及产生的副作用。美国国会已经成立技术评估局(OTA)。人们希望这一新机构能够对新技术可能形成的重要性以及可能产生的长程效应做出预判,从而建议政府应该鼓励哪些技术,阻止哪些技术,或者应该加以完全禁止。这种尝试以惨败告终。这种技术评估机构有可能导致错误的技术被鼓励,而人们所需要的技术却没能受到鼓励。新技术在将来所能产生的负面影响几乎总是超出任何人的想象。

DDT 就是一个实例。这种杀虫剂是在第二次世界大战期间研发成的,目的是保护美国士兵,尤其是在热带地区作战的士兵免受携带疾病的昆虫的侵扰。一些科学家想使用这种新化学药品去保护平民。但这么多研发 DDT 的人中,没有人想到应用这种新的杀虫剂去控制害虫肆虐庄稼、森林与牲畜。如果 DDT 能被限制保护人类,那么它绝不会造成环境危害;在保护人类的用途中限量使用 DDT,在 20 世纪 60 年代中期,其使用量占不到总用量的 5%~10%。农民与护林人不用科学家的帮助也能看出,DDT 既然能够消灭对人类有害的虱子,那它也就能够消灭对植物有害的虫子,因而 DDT 也就一定会大规模祸害环境。

另一个例子是发展中国家的人口大爆炸。DDT与其他农药是其中因素之一，新的抗生素也是其中因素。两者的研发是彼此独立、互不相干的，所有评估这两项新技术的人都无法预见它们有可能"汇会"。导致婴儿死亡率大大降低从而引发人口大爆炸的更加重要的诱因是两项无人问津的非常古老的"技术"：一是最基本的公共卫生措施——把水井与厕所的距离拉开，亚历山大大帝（Alexander the Great）之前的马其顿人就已经熟知了。二是在1860年左右，一位默默无闻的美国人发明的门帘与纱窗。在第二次世界大战后，这两项技术被广泛采用，甚至普及到落后的热带地区的村庄。这两项技术的结合，或许就是人口爆炸的主要原因。

与此同时，专家们所预测的技术可能产生的负面影响几乎没有发生。其中一个实例便是第二次世界大战期间以及战后不久专家们预测的"私人飞行热潮"。他们预言，第二次世界大战后私人飞机将会普遍开来，正如第一次世界大战后T型汽车那样。的确，当时的城市规划师、工程师以及建筑师们都曾建议纽约市不要继续建林肯隧道的第二隧道以及乔治·华盛顿大桥（GWB）的第二层；相反，他们建议纽约市沿着哈德逊河西岸建一些小型机场。但凡具备初级数学程度的人都会反驳这项技术评估——因为根本就没有足够的空域提供飞行交通。但当时的专家并没有想到这点，也没有人意识到空域是那么有限。与此同时，几乎没有专家预见商业空中交通的迅猛扩张，也没有人能够预见喷气式飞机首次研发成功后会引发空中公共交通运输的快速发展。许多人能够坐着大型喷气式飞机在一天之内飞越大西洋，而在过去人们乘坐大型客轮需要花一周时间。诚然，当时人们也期待跨越大西洋的旅行会迅速发展，但是只能坐船。因而在很长一段时间中，所有大西洋沿岸国家的政府都大力投资帮助建新的超级豪华客轮；然而，残酷的现实是，游客们遗弃了豪华客轮，纷纷投向新型喷气式飞机的怀抱。

几年后，人们又听到所有人都在议论，自动化将会带来巨大的经济与社会的负面影响，但实际上并没有发生；而关于电脑会带来的故事更是离奇。在20世纪40年代末，没有人会预测到电脑将会在企业与政府机构中广泛使用。虽然电脑是"一项重要的科学革命"，但每个人"都知道"电脑的主要用途是在科学研究与战争领域。结果，当时广泛的市场调研论证显示，到2000年之前，全球电脑市场最多能吸收1000台电脑。可仅仅25年后的今天（1970年），全球已经安装了至少15万台电脑，这些电脑中的大多数用以普通的会计簿记工作。再过几年，当电脑越发普及时，企业就会购买电脑用以处理薪资账单以及财务工作。于是，专家们又预测，电脑将会取代中层管理者，到那时，在执行总裁与领班之间不再有管理人员。20世纪50年代初，人们纷纷引用《哈佛商业评论》刊登的一篇文章，质问道："难道中层管理者已经被过时了吗？"答案是非常肯定的"是！"然而，恰好在那个时期，中层管理职位却开始惊人地增长。无论是企业还是政府机构，发达国家中的中层管理职位增速是过去20年总就业量增长速度的3倍，而且这种增长速度可以与电脑使用率增长速度相媲美。任何依赖20世纪50年代初技术评估的人都会要求废除商学院研究所，因为从那里毕业的学生将不可能找到工作。幸运的是，当时的年轻人不再听信研究报告，而是纷纷走进商学院研究所，因为在那里他们可以找到电脑，以帮助他们创造好的就业机会（关于中层管理热潮的内容可详见第35章）。

虽然没有人预见电脑会对中层管理人员的工作造成冲击，但所有专家都预言电脑会对企业战略、企业政策、企业规划以及高层管理造成负面影响；而实际上，电脑根本不会对如上这些方面造成任何负面影响。与此同时，在20世纪50~60年代，没有人能够预测得到企业政策与企业战略的真正变革在于并购浪潮的兴起与集团式企业的形成。

这不仅是由于人们在技术方面的预测能力并不比其他方面的预测能力更强，而且是由于技术的影响实际上比其他绝大多数发展更加难以预测。首先，就像人口爆炸的例子所显示的那样，技术所带来的社会影响与经济影响几乎总是多种因素综合的结果，但这些因素都有各自的根源、发展、动力以及专家。某一个领域的专家只专注自己领域的研究而无法关注其他领域，比如传染病学专家从未考虑过植物害虫，抗生素专家关注疾病的治疗；而实际上，人类出生率的爆炸在很大程度上是因为早已为人所知的、基本的公共卫生设施。

同样重要的是，哪类技术的发展可能日益重要而且可能产生影响；或者哪类技术可能终将失败，就像T型飞车那样；或者哪类技术将会造成最低限度的社会与经济冲击，像自动化技术那样难以预测的；或者哪些技术将会形成社会影响，哪些技术只会停滞于理论层面，这些都是更难预测的。最成功的技术预言家是儒勒·凡尔纳，他在100年前预言了许多20世纪的技术，但很遗憾的是，那时很少有科学家与技术专家严肃地关注他的预言。但话说回来，儒勒绝对没有预测到技术造成的社会与经济的负面影响，仅仅拘泥于一成不变的维多利亚中期的社会与经济。经济与社会的预言家在对技术层面的预测中口碑最差。因此，技术评估局（Office of Technology Assessment）的唯一作用便是为许多不入流的科幻小说家创造铁饭碗。

"技术监控"之需

然而，主要的危险是，人们错误地感觉到自己能够预见新技术所造成的负面影响，而这样的错觉会导致人们忽视真正重要的使命。因为技术的确会带来影响，甚至是严重的冲击，可能是有益的，也有可能是有害的。这些并不需要预言，而是需要严实的监控；一旦技术开始生效，便需要对技术所产生的实际影响加以监控。1948年，从实践层面来看，没有人准确地看出电脑带来的负面影响。但在五六年后，当人们已经熟悉电脑时，他们就会说:"无论电脑技术造成的影响如何,从社会与经济层面来说,这不构成什么威胁。"同样的道理,1943年也没有人能够预测DDT所造成的负面影响。但在十年之后,DDT已经成为全世界农民、护林员、牲畜饲养员的重要工具,因而DDT成为生态环境负面影响的主要因素。其实,当时人们就应该开始采取措施,着手开发各种农药,以避免像DDT那样对环境造成巨大的负面影响,而且应该在粮食生产和环境破坏之间权衡利弊——无限制地推广DDT以及目前这样完全禁止DDT,都不是万全之策。

技术监控的确是一项严肃认真的且极其重要的任务,但它不是预言。就新技术而言,唯一可能的事就是做些推测,或许只有1%的正确率,但更多的推测是阴差阳错地鼓励了错误的技术,或阴差阳错地阻止了最有益的新技术。人们需要警惕的是那些"正在发展中"的技术,即那些已经产生重大影响的、足以判断的、足以权衡并且足可加以评估的技术。最为重要的是,监控一项正在发展中的技术是否对社会造成负面影响,这正是管理层的责任所在。

同样重要的是非技术造成的社会负面影响,即社会与经济在创新与发展中产生的负面影响,这是技术评估的拥护者们完全忽略的。非技术造成的社会负面影响很难预测,只有这些影响突显出来时,才能加以识别、评判与衡量。因此,非技术造成的社会负面影响也同样需要监控。在这个意义上说,这也是管理层的责任。

如何处理各种负面影响

识别一个机构造成的负面影响只是解决问题的第一步。但管理者如何处理各种负面影响呢?我们的目标很清晰:一切不是出于机构本身的目标与使命所造成的对社会、经济、社群以及个人的负面影响都应该被控制在最低限度内,最好彻底清除。无论这些影响是否冲击机构内部、是否影响社会环境、是否破坏自然环境，总而言之，这些负面影响越少越好！

无论何种情况，只要意识到一项活动可能造成不良影响，那么放弃这项活动是消除负面影响的最佳解决方案。在这方面，管理层对工作社区事务的合理管控或许是可取之法，这样做可以直接有益于机构，也有益于管理层。然而，在大多数情况下，要求机构放弃既定的活动很难做到。因而当机构要维持必要的活动时，该机构需要有系统地做好消除负面影响的工作，或者至少应该努力将负面影响降至最低程度。

消除负面影响的理想做法是化负面影响为商机。这里以美国化工公司的领导者陶氏化学公司为例做些分析。陶氏化学公司曾 20 余年面对空气与水污染问题的侵扰。在第二次世界大战后不久，陶氏就认定空气与污染会造成对公司的不良影响，无论如何必须消除。所以，该公司早在环境问题激发公愤之前，就为工厂规定了零污染政策；随即开始有系统地研发技术，从烟囱中排放出来的气体以及从排流出来的废水中分离出有用物质，并创造新用途以服务市场。

还有一个例子就是杜邦工业毒物实验室。早在 20 世纪 20 年代，该公司就已经意识到它的许多产品会造成有毒副作用，并设立研究室专门负责检测与消除这些有毒物质。当杜邦公司开始消除这种负面影响时，其他的化学制造商们对这种理所当然的负面影响无动于衷。后来，杜邦公司又决定把监控工业产品有毒物质开发成为一项单独的业务。工业毒物实验室不仅为杜邦公司提供服务，而且为各类顾客提供服务，比如开发无毒化合物、帮助检测产品的毒性等。这种消除负面影响的做法其实就是把负面影响转化成了企业商机。

何时需要规则

虽然企业应该尝试化负面影响为商机，但在许多情况下事与愿违。消除负面影响通常意味着增加成本，一些本来应该由公众支付的"外在"成本转变成了企业支付成本。所以，除非同一行业的所有企业都遵循相同的规则，否则消除负面影响就会成为企业竞争力的不利条件。大多数案例分析表明，只有建立公共规则才能做到，这就意味着所有企业都要遵循相同的规则来规范公共行为。

每当遭遇到非提高成本不可才能消除的负面影响时，管理层就应该责无旁贷地进行深谋远虑，并制定出最有可能解决问题，又能把成本降到最低，同时还要考虑到企业本身与公众的最大利益的规则。管理层的职责正是推动制定并颁布正确的规则。

管理层，不仅仅指企业的管理层，通常会逃避这种责任。传统的态度总是认为，"没有规则就是最好的规则"。但这样的说法只能适用于那些可以将负面影响转化为商机的情形。当消除负面影响要求制约时，规则就会有益于企业的整体利益，对那些负责任的企业来说，尤为如此。否则企业就会因为"不负责任"之罪名而受到处罚；而那些寡廉鲜耻、贪婪愚昧、肆意压价的骗子也会因各自的行为而付出代价。

期望毫无监管规则，那是恶意的无视。当汽车产业遭遇到安全问题或公共设施造成的空气污染危机时，企业最终将会遭受非常严厉的惩罚。这类危机总会引发丑闻公愤，导致政府调查，导致舆论的口诛笔伐，甚至导致人们对整个产业丧失信心。最后，企业还要面临法律的惩罚。

如今的民众未能看见问题，这个事实不能成为企业侥幸逃避公愤的借口。就像前文提及的例子所体现出来的情况那样，即便是今天的民众积极反对那些有远见的企业领导人为防止危机所做的任何尝试，也不能成为企业不作为的借口。要知道今天不做，该有的公愤终将会有。

有两个例子可以说明。一是国际石油公司在没有预先考虑的情况下私相授受"石油特许权"。这种做法造成的负面影响在第二次世界大战结束时就已经可以清楚地预见了。二是美国工业没能对加拿大既要保持政治身份又要吸收外资而可能采取的外商投资法规深思熟虑（这两个例子可详见第 59 章）。

早在 1955 年，美国的制药产业就意识到检测新药品的固有规则与程序已经不再奏效。早在现代特效药出现之前，这些规则与程序就已经制定了，但与这些现代特效药同等"特效"的是这些规则与程序的副作用。然而，任何试图促使产业面对此问题的制药公司都会遭受同一产业其他成员的唏嘘，他们会警告那些试图创新的人说："不要捣乱！"据有关报道说，有一家公司确实已经制定出了一种综合的新方法与新监管程序，但最终还是被说服并束之高阁了。

接下来，让我们来看看沙利度胺（反应停）丑闻。这个事件确实证明了美国监管系统的工作成效。当沙利度胺在欧洲国家获准使用时，美国的监管部门就已经关注到此药品的毒性副作用并拒绝批准。结果，当德国、瑞典、英国出现因沙利度胺导致的畸形儿时，美国没有发现任何相似案例。但这个事件仍然引发美国民众对药品检测与安全的极大忧虑，因为制药业并没有勇敢面对问题，也没能对此问题进行深入反省并提出合适的解决方案。国会在恐慌之中通过了严重危害到新药品的研发与上市的立法；但讽刺的是，这项立法并没能阻止沙利度胺丑闻事件的重演。

企业似乎没有从中吸取教训。在美国，如果法规损害或破坏私人退休金制度，那么企业将只能认罚。自 20 世纪 40 年代美国企业开始推广退休年金计划以来，管理层就意识到大多数退休金计划会引发两个主要的不良影响。第一，会惩罚转换雇主的员工，无论这种转换是非自愿的还是被解雇的，结果都一样。第二，在雇主破产清算的情况下，企业并不能保护员工，至少在大多数私人退休金计划中确实如此。实际上，要解决这两项副作用并不难，而且成本也不高；但提出这些问题并不受欢迎，尤其是在工会化的公司中。

因此，管理层经常会逃避问题；结果，如果不是由立法加以规制监管，那么美国企业的退休金制度也会深陷被规制监管的危险之中。企业支付员工退休金的费用也极有可能会急剧增加，甚至远超过支付员工日常所需的基础保障费用。

权衡得失

任何消除负面影响的解决方案都要求权衡得失并做出取舍。消除负面影响如果超过一定程度，企业在资金、精力、资源、生活上所投入的成本就会高于可获取的利益。因此，企业必须在成本与收益之间做最优平衡的决策。这是产业界人士广为理解的规则，但局外人不以为然，因而局外人所拟就的解决方案整体上倾向于忽略权衡得失的问题。

露天采煤会危及自然环境，但可以避免煤矿对矿工生命造成的威胁，这两者之间该如何权衡得失并做取舍呢？地下开采煤矿永远不可能做到真正的安全，而且总是会对矿工造成健康危害，因为矿工在地下作业免不了要吸入煤灰与污浊空气。此外，露天开采当然安全得多，健康危害也会减少，但在人的生命与自然美景、清洁与未污染溪流之间如何权衡得失，做些取舍呢？

即便是露天采矿的问题，也要在环境损坏的代价与就业成本、生活标准投入，以及因为能源稀缺与造价昂贵导致住房寒冷所引发的居民健康危害的成本，甚至因街道阴暗导致安全危险等诸多方面的成本之间权衡得失并做出取舍。如果管理层不敢勇于面对这样的负面影响，不能认真细致地权衡得失问题，那么结果又会如何呢？美国在汽车尾气监控方面的经验可以作为一个例子。

自第二次世界大战后，当雾霾首次成为洛杉矶居民家喻户晓的名词时，人们就已经意识到监控汽车尾气的必要性。然而，汽车产业依赖于公共关系，他们都相信，"民众并不关心雾霾"。到20世纪60年代，民众突然恐慌起来，迫使政府通过了监控汽车尾气排放的相关立法。新的监控方法能否真正起到削减尾气污染的作用很值得怀疑。他们能监控新汽车的排放量，但不可能监控很大一部分行驶中的汽车，而且这些汽车都已经行驶两三年了。然而，有一件事是确定的，即这些尾气排放的监控本身会引发大量的新污染。这些监控设备大大增加了汽车驾驶所需的动力，因而必须消耗更多的汽油。这就要求提炼更多的石油，而提炼石油正是最容易造成污染的工业活动之一。与此同时，提炼石油会促使汽车成本以及汽车服务成本大幅度增加。我们并不知道什么才是正确的取舍，因为汽车工业还没有涉及这方面的工作，但无论是汽车工业还是广大民众都难逃此劫。

面对诸如此类的问题，如果管理层能够在公愤形成之前提出明智的解决方案，那么广大民众一定会欢迎的。这不仅是经济发展委员会（CED）在20余年中积累的经验，也是任何其他愿意以知识、能力、全力以赴的严肃态度来负责消除负面影响的企业或工业集团的共同经验。

虽然绝大多数管理者都知道这个道理，但他们都痴心妄想问题能够自行消除。他们总是延缓考虑这些问题，更不用说采取行动了。他们最多也就是发表些高调的演讲，或在他们失败之后采取弥补行动等。为所造成的社会负面影响负责任就是管理层的责任，不是因为它是社会责任，而是因为它是企业责任。理想的做法是把消除负面影响转化成为企业商机。但无论这种商机转化能否成功，企业都要积极设计好合适的规则，以求获得最佳的取舍平衡，鼓励民众讨论，集思广益，推动立法，形成最佳解决方案，这正是管理层的职责所在。

化社会问题为企业商机

社会问题是社会的功能障碍，至少从潜在的变化来说，就是政治体的退变性疾病。社会问题是疾病。但对机构的管理层来说，社会问题既是一种挑战，也是商机的主要来源。因为企业功能正是通过解决社会问题来创造商机，既能满足社会需要，也能服务企业机构自身的需要。

化"变革"为"创新"，也就是化"变革"为"新业务"，这正是企业的职责所在。凡是把技术变革理解为"创新"的唯一来源的生意人，那一定是糟糕的企业经营者。在整个商业历史中，社会变革与社会创新和技术并驾齐驱。在很大程度上，19世纪的一些主要产业部门，都是把新的社会环境（工业城市）转化成为企业机会和市场的结果。照明（开始用煤气，以后用电力）、电车、城市间交通、电话、报纸和百货公司，都是由此而兴起的——这只是所列举的其中的几个例子。

化社会问题为企业商机最有意义的机遇或许不在新技术、新产品与新服务上，而是在解决社会问题的过程中，也就是在"社会创新"上；因为社会创新能够直接或间接地为公司或所属产业创造利润，并加强它们的创新意识。一些最成功的企业在很大程度上都归功于它们在社会创新上取得的成就。

以下是一些美国的例子。

朱利叶斯·罗森沃尔德，就是创建了西尔斯的那位"城市老滑头"创办了"乡村农业代理"（Country Farm Agent）并多年提供资助。20世纪初美国的一半人口是农民，他认定当时的社会问题是贫困、愚昧与孤立。而知识能够帮助农民提高生产，生产正确的农作物，以及从艰辛劳作中获得更加丰厚的回报。但农民对知识可望而不可即。虽然"乡村农业代理"并不是新技术、新机器或新种子，但它成为推动美国农业"生产力大爆炸"的重要力量。罗森沃尔德不仅看出了一个真正的社会问题，同时他也瞧准了一个真正的企业发展机遇，因为农民的贫困、愚昧与孤立正是西尔斯发展的主要障碍。当农民的地位提高且收入增加时，西尔斯的市场也就水涨船高了。西尔斯被农民们视为"农民的朋友"。

善于捕捉社会问题并把它转化为商机,也是福特汽车公司早期迅速崛起时的坚实基础。第一次世界大战爆发的前几年正是美国劳动力市场动荡的多事之秋,劳工怨恨与日俱增,失业率持续攀高。在许多情况下,技能劳工每小时的工资只有15美分。正是在这样恶劣的背景下,福特汽车公司于1913年年底宣布,该公司保证支付所有员工每天5美元的工资,这是当时劳动力工资标准的两至三倍。詹姆斯·卡曾斯(James Couzens)是该公司的总经理,就是他迫使亨利·福特勉强接受这样的决策,因为他清楚地知道公司将要在一夜之间把成本提高三倍。但他确信,员工承受的痛苦太大,只有采取快速而高效的行动才能得以改善。卡曾斯甚至预计,即便员工工资增加三倍,公司的实际员工成本仍将会降低——不久之后的事实证明他的预测是正确的。福特公司的这一纸宣布,改变了美国的整个劳工经济。而在此之前,福特汽车公司的劳工离职率相当高,仅1912年,为了留住1万名劳工,福特公司不得不雇用6万工人。在新的工资制度宣布之后,员工离职率几乎为零。在紧接着的数年中,所有原材料成本都在急剧上涨,但福特公司依然以较低的价格生产并销售T型车,而且每辆车的利润也有所增长。帮助福特公司稳住市场主导权的正是该公司果断提高员工工资所节省下来的劳工成本。与此同时,福特公司的行为扭转了美国的工业社会,为美国工人的中产阶级社会地位建立了坚实的基础。

IBM公司的崛起在很大程度上也应该归功于它勇于面对社会问题。在经济大萧条时期,IBM公司还是一家非常小的公司,不名一文。因此,IBM公司的行动不可能像福特公司早在20年前发放每日5美元工资所产生的影响。然而,IBM公司提供给员工安定的就业保障,废弃计时工资制度,取而代之以薪资制度;在这些方面,IBM公司的大胆创新可与福特公司相媲美。IBM公司所采取的行动也是旨在解决当时出现的一个主要社会问题——

经济大萧条强加给美国工人的恐惧感、不安全感与尊严丧失。IBM公司也是努力把社会弊病转化成为企业商机。最重要的是，正是这个行动激发了IBM公司的人力资源潜能，促使其快速增长；十年以后，IBM公司迈入了全新的电脑技术时代。

让我们再来看一个欧洲的例子。奥利维蒂公司之所以能够成长为世界领先的办公设备制作商之一，主要原因在于阿德里亚诺·奥利维蒂的两项卓越远见。20世纪20年代，他在意大利北部的小镇伊夫雷亚继承了一家名不见经传的、小型的、勉强维持的家族企业。奥利维蒂瞧准了一个能够激活该公司的商机，可以通过良好的设计来显示其产品的与众不同。仅仅在十年中，他的设计大大提高了产品的市场认知度。他甚至把意大利那种带有腐蚀性的阶级仇恨视为商机。在伊芙雷亚，他努力把管理层与工作者汇合成一个社群，这样不仅提高了劳动生产率，提升了产品质量，而且劳动力也愿意接受新技术与新变革，因此公司的竞争力得以提高，利润也得到提高。

在当今社会中，解决一个领域中的一个严重问题或许就能转化成为商机，这个领域就是中年知识工作者的疲倦、挫折、精力耗尽，以及他们所需的人生第二职业。⊖中年知识工作者——管理人员和知识专业人员——"出工不出力"，失去了兴趣，只是做做样子。他们所造成的看不见的损失，可能比福特公司在1913年由于工人离职所造成的损失大得多。同时，这些工人的烦恼和无声的绝望所造成的社会危险，可能同过去体力工作者的穷困、痛苦和绝望所造成的社会危险一样大。再没有比从成功转为挫折更带有腐蚀性的了。能把这个问题既作为社会问题又作为企业机会加以解决的第一家公司得到的利益，可能同60年前的福特公司和40年前的奥利维蒂公司和IBM公司得到的利益一样大。

⊖ 详见《断层时代》(*The Age of Discontinuity*) 第13章。

通过化社会问题为商机来治疗社会疾病，从而做出贡献并收获绩效，这种挑战并不仅仅针对企业，在现今组织型社会中，其他所有机构也都面临同样的责任。今天，许多人都在谈论大学的危机，这种危机是真实的。然而，在某些地方，"危机"即是"商机"。在英国，有所大学名叫"开放大学"（OU），通过电视向那些愿意工作的人提供大学教育。加利福尼亚州斯托克顿市的太平洋大学（UOP）是所名气不大中等规模的大学，如今正在筹建一种新型的大学，旨在满足年轻人的求学欲望，并在学习中教化他们成为负责任的参与者。

罗森沃尔德、福特、IBM公司的沃森、奥利维蒂等人最初都被人嘲笑为幻想家。人们说："他们所要处理的问题，没有人能够解决。"但在10年或15年后，他们的解决办法又被人视为"平淡无奇"。所有正确的解决方案在事后看来都是平淡无奇的。最重要的是，这些人与他们的公司能够识辨出重大的社会问题，然后提出"如何能把'危机'转化成为企业'商机'"。

任何企业，实际上应该说是任何机构，都需要在组织创新上下功夫，努力把社会问题化作获得绩效与贡献的良机。

在过去的25年中，有组织的技术研究已经很普遍了。社会创新很大程度上依旧是碰运气，是个别企业家偶然发现了某个机会而已。这种情况是远远不够的。在组织型社会中，每个机构都需要对社会与社群进行有组织的研究与开发，就像在技术方面的研究与开发一样。管理层必须有组织地识辨出社会与社群中存在的争议话题、危机以及问题，努力找出解决社会问题的办法并转化成为有益于企业商机的创新方法。

社会的"退变性疾病"

能以管理措施来化为商机的社会问题，就不再是社会问题了。然而，其他社会问题即使不会成为"退变性疾病",也一定会是"慢性梗阻"。并不是每个社会问题都能通过转化成为商机而产生绩效与贡献而得到解决。实际上,大多数严重的社会问题并不能由企业转化商机的方法得以解决。

举例来说,纵观美国历史,种族问题是美国最严重的"退变性疾病",迄今为止,没有任何企业机构能够治愈这个顽疾。甚至直到整个社会已经完全意识并确信这个问题的严重性时,人们才开始解决;但这如果不是无药可救的话,也应该算作是病入膏肓了。而且即便有某个企业或机构的管理层愿意解决这样棘手的社会问题,也未必有其他企业或机构愿意跟进。即便有某个企业或机构提出解决方案,虽然是可见而明确的,但也未必落到实处。因此,种族问题依旧沉疴难治、悬而未决。

1914~1920年,虽然当时第一次世界大战时期劳动力紧缺,但美国的企业不得不仿效福特公司的做法。虽然 IBM 公司与奥利维蒂公司的成功也是有目共睹,但很少有美国公司仿效 IBM 公司,而仿效奥利维蒂公司的意大利公司就更少了。

面对这些已经成为退变性疾病或慢性顽疾般的社会问题,管理层需要承担什么样的社会责任呢?这是管理层的问题,企业的健康发展是管理层的责任。一个健康的企业与一个病态的社会是难以兼容的。健康的企业要求一个健康的至少是一个职能的社会。社区的健康是企业成长与成功的先决条件。如果每个人都持事不关己的观望态度,那么要想社会问题自然消失,那就是愚人痴梦了。社会问题得以解决是因为有人付出了努力。

面对这类问题,管理层应该对以往有人解决过类似问题的经验进行了解。很少美国企业仿效 IBM 公司,很少意大利企业跟随奥利维蒂公司,很少德国公司效法蔡司公司,这种现象说明企业管理层的失败。管理层的这种失败与维持技术与竞争力的失败基本上是一样的;失败的原因也基本如出一辙,即管理层目光短浅、好逸恶劳以及资质浅薄。

然而，依旧有一些重大的、顽固不化的、充满危险的社会功能障碍存在；还有一些至今为止研究上尚无破解之招的社会问题；而且即使努力把这些社会职能障碍与社会问题转化为企业贡献与绩效的良机，也未必能够减缓这些障碍与问题。

那么，面对这些不是企业或其他特定目标的机构所造成的，而且无法通过转化成为企业或机构的目标与使命的负面影响与社会问题，企业或机构应该如何恰到好处地加以解决呢？或者说，人们期望这些企业、机构、大学、医院承担什么样的责任呢？

时下人们的演讲辞中经常忽略这个问题。纽约市长林赛说："这里是黑人贫民窟，没有人知道该如何做。无论是政府、社会工作者，抑或是社区，我们都在尝试努力做，但事情总是日趋恶化。因此，最好还是由大型企业来负此责任。"

林赛市长疯狂地寻求帮助的心情是可以理解的，但这个让他连连挫败的问题确实令人绝望，因为这个问题威胁纽约市、威胁美国社会，甚至威胁整个西方世界。难道让企业管理层来解决黑人贫民窟的问题并承担相应的社会责任就可以了吗？或者，社会责任有哪些限制吗？如果有，这些限制又是什么呢？

CHAPTER 26 | 第 26 章

社会责任的限度

管理层的首要责任是管理好自己的机构——需要知道最低利润要求——"做好事"（do good）与"把事做得好（do well）"——能力的限度——个人价值体系的局限性——力所不能及的领域——权力的限度——没有权利，不担责任——何时应该拒绝——制订备选方案的承诺——社会责任的限度是管理层与组织型社会的核心问题

管理者是仆人，他所管理的机构就是他的主人，因而管理者的首要责任必须是他自己的机构。无论是企业、医院、学校，还是大学，管理者的首要任务就是促使机构职能正常运作，并且为实现机构的目标做出贡献。一个人利用他在大型机构的显赫地位而成为公众人物，并在解决相关社会问题中显示其领导能力，但忽略自己所经营的公司或大学，致使其蒙受侵蚀，那么这个人配不上"政治家"的称号。他不仅不负责任，而且有负重托。

就特定使命而言，机构的绩效也是社会的首要需求与利益。如果机构在

其特定使命中的绩效能力被减弱或被破坏，那么社会一定不会受益，反倒蒙损。因此，机构的首要社会责任便是促进机构功能产生绩效。如果机构不能负责任地执行职能产生绩效，那就别指望它发挥其他作用了。一家破产的企业不会有个令人满意的老板，也不大可能成为社区中的好邻居。它既不能为未来的就业创造资本，也不能为未来的工作者创造机会。一所不能为未来培养领导者和专业人士的大学，无论它做多少"善举"，就社会而言，它都不能说是一所负责任的大学。

所以，社会责任的第一个"限度"就是管理者为机构的特定绩效承担更高的责任。这个"限度"需要在社会的经济机构，也就是企业机构中得到特别强调。任何负面影响或社会问题的解决，除非能够转化成为社会贡献以及促进绩效的机会，否则一定会造成社会的间接成本。无论言辞如何好听，这些成本都不能由利润承担。它们只能出自"日常成本"，即由消费者或纳税人支付；或者它们也可出自资本费用，那就意味着未来的就业机会更少、更差，生活水平也会更低。补偿成本与积累资本的唯一方法是通过经济绩效。其他一切的社会满足都是在"日常生产"中扣除"日常消费"之后的盈余，即经济盈余支付。

这就需要再次强调管理者必须对预测问题承担责任，并在他们的解决方案中充分权衡得失。管理者需要弄清楚他的解决方案何时可能造成社会太高的支付成本，因为解决方案可能损害所属机构的绩效能力和需求，无论是在经济领域还是卫生保健领域，是教育领域还是国防领域，都要精细考虑。在照顾社会问题的需求与维持现有社会机构的绩效能力之间，如何保持最佳平衡？在何种情形下，企业可能会因为承担过重的社会责任而丧失机构本身的绩效，从而制造出新的、更大的问题来？我们又该如何在旧的成本与新的效益之间获得最佳平衡呢？

管理者必须为各自企业的绩效能力负责，并有能力对社会责任的限度进行深入思考。就企业而言，这就要求管理者必须充分认识企业中关键领域的目标（见第 8 章与第 9 章）。因为这些目标（objective）会为实现企业使命设置最低绩效目标（goal）。只要这些绩效能够实现，企业功能就会发挥作用。如果任何一个领域中的目标严重受损，那么整个企业的绩效能力就会面临危险。

最重要的是，管理层必须认识到，为了承担经营风险以及对未来恪守承诺的责任，企业必须保证最低利润率。管理层需要这样的知识以方便制定决策，同时管理者也需要这些知识来向其他人说明自己的决策，比如政府官员、媒体以及社会民众等。在履行社会责任的过程中，只要管理层对利润的客观需要及其功能知之甚少，也就是说，只要他们在考虑甚至争论"利润动机"，他们就不可能为社会责任做出合理的决策，也不可能清楚地向企业内部以及企业外部表明这些决策。

时下流行一句俏皮话："企业只把事'做得好（do well）'是不够的，企业还必须'做好事'（do good）。"但为了"做好事"，企业首先必须"把事做得好"，而且要"把事做得非常好"（do very well）。

每当一家企业对经济绩效的限度不理不顾，却硬着头皮去承担其经济实力所不能及的社会责任时，这家企业就会深陷困境。

当联合碳化物公司在西弗吉尼亚的维也纳镇建厂以缓解那里的失业压力时，它并不是在为社会负责任，实际上正相反，它没有尽到应该负的责任。工厂从开始时就处于临界点，生产流程废旧不堪，充其量只能勉强维持。这必然意味着它不仅没有能力承担社会责任，而且可能自身难保。因为这家工厂从一开始经济就不景气，所以联合碳化物公司长久以来拒绝对空气净化提出的所有要求。在 20 世纪 40 年代末，那时人们关心就业远胜于环境，因此人们不可能预见到这种具体的要求。但某些要求总是能够预计得到的。所以，在经济条件不许可和不具备实力的情况下去承担社会责任，这本身就是不负责任的行为，不过是感情用事罢了。结果必然会造成更大的损害。

无独有偶，当其他肉类企业都认定不能再继续生存下去时，布宜诺斯艾利斯的三角洲公司（Deltec）仍坚持开办工厂，这个做法实在是感情用事，而不是承担社会责任，因为它想要承担的责任已经超出它所能承受的能力限度。其意愿是良好的而且令人敬佩，这一点与联合碳化物公司是一样的。或许有人会认为，三角洲公司是在冒预期的风险，而且其结果远超出阿根廷国内政策的预期，这并非该公司所作所为或疏忽所致。但话说回来，三角洲公司管理层所冒的风险要比与真正的社会责任相对应的风险大得多。

非经济机构所承担的社会责任也具有同样的限度。非经济机构的管理者也同样必须对他所属机构的绩效能力承担责任。如果他危害了所属机构的绩效能力，那么无论他的动机多么高尚，实际上都是不负责任的。这些非经济机构也是社会的资本资产，它们的绩效正是社会运作的依靠。

诚然，这听起来是一个非常不得人心的立场，但对那些追求"进步"的人来说，会更受欢迎。管理者，尤其是社会关键机构的管理者，他们领薪资不是为了成为大众媒体的英雄，而是为了获得绩效并承担责任。

能力的限度

一个人能力不足却非要承担任务，这不仅是不负责任的行为，而且是极其残酷的事；它使人抱有希望，收获的却是失望。一个机构，尤其是企业机构，无论如何都要培养能力以应对可能出现的各种负面影响并承担责任。但在社会责任方面（而不是企业本身造成的负面影响），行动的权利和义务受限于能力。

特别需要注意的是，一个机构最好不要勉强自己去做一些不符合价值体系的事情（详见第58章）。人很容易获得技能与知识，但人的个性不容易改变。对于自己不尊重的领域，人是不可能做得好的。如果一家企业或任何其他机构因为社会需求而勉强担当自己不尊重的工作任务，那么它是不会委任优秀人才去执行的，也不可能充足地支持他们，更不可能花心思去琢磨该任务所涉及的意义。结果可想而知，肯定会做错事，而且弊多利少，得不偿失。

20世纪60年代，美国的各个大学都在仓促地承担大城市问题的社会责任，这可以算为"不应该去做的事"的典型案例来说明。城市问题确实太多，而大学内部的确能够找到与各种问题相对应领域的学者。然而，这些工作基本上都是政治任务，所涉及的价值观主要是政治家的价值观，而不是学者的价值观。这些任务所需要的技能是讲究妥协、动员综合力量，最重要的是要设定优先顺序。然而，这些技能并不是院士学者们所欣赏与尊重的，更谈不上是他们的专长了。这些几乎与学者们所崇尚的学术客观性和"追求真理"的精神背道而驰。这些任务不仅超出了大学的能力，而且与大学的价值体系格格不入。

所以，大学急于承担这些任务，不可避免地会导致毫无绩效与成果可言；不仅如此，这还会破坏大学的威望、立场和公信力。大学未能帮助解决大城市的问题，却严重地损害了大学在自己的领域中所能取得的绩效能力。

当时纽约市的大型企业如果响应林赛市长的号召"认养黑人贫民窟"，那将是完全不负责任的行为；他们所做的一切不仅会对贫民窟造成损害，而且会殃及企业自身。

从某种程度上说，能力的限度取决于环境。假设在喜马拉雅山上一名登山队员得了急性阑尾炎，若不及时动手术就会危及性命，团队中的任何医务人员都会毫不犹豫地为他做手术，即便是从未做过手术的皮肤科医生也会如此。虽然这位皮肤科医生也是一名合格的医生，但如果在一个能够找到合格外科医生的地方，他还为急性阑尾炎病人动手术，那么他的行为就会被视为不负责任,甚至会接受医疗事故诉讼以及因过失杀人罪而受刑。

所以,管理层至少应该认识到,哪些领域是管理者与所属机构真正"无能为力"的。通常状况下,最让企业无能为力的地方是"模棱两可"的领域。企业的强项是经营责任(accountability)与可衡量性(measurability),此二者也是企业的市场检测、生产率评估以及利润率需求的基本原则。当这两项缺失时,企业不仅会脱离正轨,而且会偏离基本的同理心,也就是偏离了企业各自的价值体系。当绩效的评估标准"模棱两可"时,比如"政治观点"与情感、社群表态同意与否、社区力量的动员以及权力关系的建构等,在这些情况下,企业就不可能感觉舒服,更不可能尊重这些价值观。因此,在这些模棱两可的领域中,企业不可能做到游刃有余。

然而,在这些领域中,企业经常可能会就某些特定偏爱的任务来制定明确而且可衡量的目标。企业经常可能会把那些力所不能及的问题转换成为适合于企业能力和价值体系的工作。

在美国,训练黑人青少年,帮助他们就业与工作,是一件棘手的事,成效也很低。但与学校、政府规划、社区机构相比而言,企业的贡献算是最不坏的了。其实,训练黑人青少年的任务是可以区分的、可以界定的,其目标也是可以设定的。因而其绩效就可以衡量,这样企业也就能够承担责任了。

在应许承担社会责任以及开始处理问题之前,管理层最好细心考虑一些问题,比如哪部分任务是自己机构力所能及的,哪部分领域可以被界定为清晰具体而且绩效可衡量——就像企业管理者厘清这些模糊暧昧的术语那样。如果答案是肯定的,那就可以严肃地考虑承担自己的社会责任了。如果答案是否定的,实际上在许多领域,答案都是否定的,那么无论问题多么重要,情形多么迫切,企业最好还是婉拒为上。勉强为之,必会对社会和企业自身造成损害,而且很难形成绩效,因而就不能算是承担责任了。

权力的限度

论及社会责任，最重要的限度当属权力的限度。熟悉宪法的律师都知道，在政治的词典中并没有"责任"一词，但有"责任与权力"。任何宣称拥有权力的人都必须承担相应的责任。"责任与权力"是同一个硬币的两个面。所以，承担某种社会责任总是意味着宣称拥有某种必要的权力。我们再次强调，对社会责任之权力限度的疑问并不与机构造成的社会负面影响相关；因为社会负面影响是权力行使的结果，即便是单纯偶发事件与非故意而为之的事件，只要对社会造成负面影响，那么相应的责任就会如影相随。但在我们现今的组织型社会中，企业或任何其他机构都必须承担社会责任，哪怕是尽力解决一个社会问题，或一个社会弊病或一个社区困难，管理层都必须严肃地深思自己在承担社会责任中所隐含的权力是否合法。否则，就容易滥用权力与不负责任。每当企业被要求承担社会责任时，企业人士就应该思考一下："企业拥有承担这种社会责任所匹配的权力吗？企业应该承担这样的社会责任吗？"如果企业"不拥有"或者"不应该拥有"这种权力——其实在许多领域是"不应该拥有"，那么企业就应该高度质疑自己所要承担的某些社会责任，因为那根本就不是"责任"而是对"权力"的贪欲罢了。

在第24章中，我们论及的米尔顿·弗里德曼所主张的立场，就是企业应该固守企业之本分，也就是专注于经济领域，但他并没有否认企业应该承担相应的社会责任。实际上，他的立场是自由社会一贯坚持的立场。我们可以强烈地认为，任何其他立场都只会对自由社会构成破坏与妥协。因为任何其他立场只会诱发企业去接管更多的权力，去承受经济领域以外的决策制定权，而这些领域的权力恰好正是或应该是预留给政府，预留给某些个人，或预留给其他机构的。再次重复这个要点，无论是谁承担责任，不久将会获得相应的权力。历史上的很多事例都已经证实了这一点。从这个角度来看，当前许多针对大型企业的"批评"是没有道理的,因为批评者们把大型企业推到了"主人"的地位上。

美国消费者保护运动的代表人物拉尔夫·纳德曾自诩为大型企业的敌人,并广受中小型企业与民众的欢迎。纳德要求企业承担起产品质量与产品安全的责任,他真真切切地关注企业的法定责任,即企业所要承担的绩效与贡献的责任。除去他所陈明的事实的精确性以及他的社会活动风格之外,唯一的问题是,纳德对产品质量与产品安全的完美要求是否会导致消费者承担的成本超过了纳德所质疑的产品的缺陷与不足。问题的核心还是回到前文论述的关于权衡得失的问题。

最重要的是,纳德要求大型企业在产品与服务之外的多个领域承担责任。如果大型企业同意纳德的要求,结果只会导致大型企业的管理层在更多本该属于其他机构的领域中拥有更高的权力。的确,这就是纳德与一些鼓吹无限社会责任的人致力推广的立场——这些立场正在快速发展。纳德手下的一个任务小组于1972年撰写报告批评杜邦公司在特拉华州所扮演的角色,杜邦公司的总部就设在特拉华,该公司也是当地主要的雇主。该报告甚至只字未提杜邦公司的经济绩效,也不描述杜邦公司在整个通货膨胀时期不惜成本降价销售以供给美国经济所需的基本原材料;相反,该报告尖刻地抨击杜邦公司没有使用其经济力量去帮助该州公民解决许多社会问题,从种族歧视到医疗卫生,再到公立学校等。因为没有承担特拉华州的社会问题、政治问题与法律问题的责任,所以杜邦公司被冠以对社会责任严重玩忽职守的骂名。

关于这个故事最具讽刺意味的是,传统自由派或左翼人士多年来对杜邦公司的抨击,正好站在上述立场的对立面。也就是说,他们抨击杜邦公司在一个小州中拥有杰出地位,"干涉并支配"了特拉华州,而且行使"非法权力"。

在非企业言论的掩护下,纳德阵线的主张成为唯一的、最广为人知的立场,这个立场在事实上促成了一个认识——大型企业是社会中最强大的、占优势的、最根本的机构。当然，这样的结论有悖于纳德的原本意图。然而，要求企业承担社会责任的结果违背原来意图的例子，这也不是第一个。

纳德阵线的主张最可能形成的结果，既不是他本人也不是管理层想要的结果——或者导致所有权力的破坏，即完全不负责任；或者导致极权主义，即另一种形式的不负责任。而前一种结果在历史上可寻找到的先例是在封建社会初期，要求贵族承担社会责任，结果导致在公元 1000 年左右欧洲大陆国王权力的彻底毁灭，以及封建贵族阶层毫无制约的专制。

然而，米尔顿·弗里德曼的"纯粹"的立场，也就是完全免除所有社会责任，同样不可取。社会的确存在着极大的、急迫的甚至是令人绝望的问题。最可怕的是，"政府的弊病"更为严重，这种弊病正在制造责任与绩效的真空——政府越庞大，真空也就越大。组织型社会中的企业与其他机构无论多么渴望"单纯"，但总是事与愿违。仅仅为了维护它们的自身利益，就足以迫使它们关切社会与社区，并时刻准备着要肩负起超出它们各自使命与责任领域之外的社会责任。同时，它们还必须清醒地意识到可能给自身以及社会造成的危害。它们必须意识到风险。社会的多元化已经形成，除非这个社会的关键机构能够为公共利益承担责任，否则，这种多元化的社会不可能健康运作。与此同时，多元化社会的长久威胁是：在公共利益与个人的权力欲望之间容易产生混淆。

在少数领域，指导方针是可以制定出来的。企业（或大学）的任务不能使用自己的权力去取代合法的政治统治与政府机构，也不应该在国家政策领域中行使权力。当然，在自由社会中，即便是受到政府政策的制裁或鼓励，企业也有权不参与活动。企业可以置身事外，但它肯定无权把自己放在政府的地位，也无权使用自己的经济实力把企业的价值观强加给社群。

从这些标准来看，前文中所论及的贵格会贤人对他的朋友——那位钢铁厂经理的责备是合宜的（详见第 24 章）。因为那位经理使用大型公司的经济权力去消除种族歧视，但他又想把自己的种族正义思想强加给 20 世纪 40 年代美国的南方城市。那位经理的目的肯定是正确的，但道德不能容许不恰当的手段，即那位经理行使了企业不应该行使的权力。这就好比最激烈的种族平等主义者所谴责的"帝国主义"行为那样。那家钢铁公司多年来在它所声称信奉的种族正义事业上无善可陈，我认为，这是该受责备的。它也没能寻求到可能的方法来实践种族正义，这也是可以责备的。然而，两件错误的事不能变成一件正确的事，两个不负责任的例证也不能变成负责任的事。

按照这些标准来看，要求像 ASEA 这样的瑞典公司不参与葡萄牙在非洲殖民地的电力工程，而且该工程还是瑞典社会主义政府支持的项目，这从逻辑上和道德上看，都是存疑的。不久以前，"老左派"常常批评对老左派支持的国家政策进行抵制的企业是不道德、不负责任的；那么，对新左派不予支持的老左派的国家政策进行抵制的企业，也同样是不道德、不负责任的。

何时应该拒绝

要求企业或其他任何机构承担社会责任，如果这种要求事实上是要企业和其他机构篡夺权力，那就应该拒绝。拒绝不仅是为了企业自身的利益，因为篡夺者的权力总是不牢固的；拒绝也是出于对真正的社会责任负责。实际上，这样的要求是不负责任的要求。无论这样的要求是出于真诚，还是另有苦衷，还是出于花言巧语掩饰下对权力的欲望追逐，都是不合适的。无论何时，当企业或其他任何机构被要求承担超出自身绩效领域和自己造成的负面影响以外的责任时，它们最好问一下自己："我们拥有这个领域的权力吗？我们应该拥有此权力吗？"如果答案是否定的，那就不应该接受承担这种社会责任的要求。

然而，在许多情况下，光说"不"是不够的。对于那些容易导致企业

（或大学、医院）妥协甚至损害自身利益的社会问题，管理层必须拒绝承担责任。当社会责任的要求超出企业的自身能力时，企业必须拒绝。当社会责任出自非法权力机构时，企业必须拒绝。如果问题真实存在，那就最好思量周全并提出变通之法。如果问题很严重，最终必须通过某种方式予以处理。如果管理层纯粹蓄意阻挠，而且所有变通方法皆不可行，即便企业反对任何一种行动议案都是正当的、出自负责任的态度，最终的解决方案还是有可能导致更大的损害。

在多元化的社会中，为公共利益承担责任是个从未得以圆满解决的核心问题。让社会责任消失殆尽的唯一方法是形成极权主义社会，因为根据极权主义的定义，极权政府拥有一切权力，但不负任何责任。

鉴于此缘故，包括企业在内的所有主要机构的管理层都必须关注自身所存在的严重社会弊病。但凡可能，所有机构都要努力把社会问题转变成为绩效与贡献的机会。至少它们需要认真思考所存在的问题以及如何解决这些问题。所有机构都不能对问题视而不见，听而不闻，因为在现行的组织型社会中，没有人会关切真正的问题；在现行的组织型社会中，所有机构的管理者都是领导团体。

但我们也知道，一个发达社会必须鼓励所有机构按照各自的自治管理原则各司其职，决不能像极权社会那样各个功能形同虚设。诚然，一个发达社会所具有的特质是：它的大部分社会使命都存在于组织型机构之中，通过组织型机构来贯彻落实，并遵照各自的自治管理原则完成。这些组织，包括大多数政府机关，都是具有特定目的的机构。这些组织都是我们社会的器官，存在于特定领域，为特定绩效服务。这些组织能做的最大贡献，也就是它们所能承担的最大社会责任，就是充分发挥各自职能，产生绩效。对社会最不负责任的行为是：承担超出自身能力之外的责任，或者以社会责任之名而行篡夺权力之实，从而削弱了各自的绩效能力。

第27章 | CHAPTER 27

企业与政府

　　一个决定性的社会责任领域——新政治理论的需要——政企关系之历史模式——重商主义——宪政主义——模式与现实——新问题——指导方针——企业及其管理者的自主权与问责制——开放式经济——一个健全且能各司其职的政府——跨国公司——政府关系作为企业之社会责任的一个领域

　　对管理者，尤其是对企业管理者来说，一个决定性的社会责任是处理好企业与政府的关系。然而，当论及管理层的社会责任时，这个问题极少被涉及。就企业来说，极少关系能像与政府之间的关系那样至关紧要。管理者有责任处理好企业与政府间的关系，这是他对企业本身负责的表现，也是企业之社会影响的表现。在很大程度上说，企业与政府的关系与企业的所作所为相关联。

　　企业与政府的关系也是一个社会问题，因为在所有主要国家中，企业与政府的关系都处于破损不堪的状态，这就迫切需要反思、重新评估以及重建。在所有发达国家，甚至是在大多数发展中国家中，没有明确规则，没有共同认识，充其量也就是一些东拼西凑起来的法令、固有成见、条例、传统与临时规矩，以及从游击战发展成的最亲密的伙伴关系，如此种种。与此同时，现有的企业与政府的关系并不足以应对层出不穷的新问题。环境问题与跨国公司问题就是其中的例证。

日益混乱的局面对政府的威胁远大于企业。这样的混乱状态会损害政府在政策制定和方向判断上的能力，也就是会危及政府的基本制度的完整性。这样的混乱状态会诱导政府去处理那些远超过政府能力所能为的事情；不仅如此，它还会导致政府机构在急需政治领导的领域显得犹豫与胆怯，比如在国际经贸上。然而，按照明确的定义，面对如今这种复杂而相互依赖的社会，一个有能力而且健全且运作正常的政府是现代社会的第一需求。

追根究底，人们需要能够适合于现实的新的政治理论，这也是组织型社会的需求。企业与政府必须继续履行各自的职责；同时，它们必须认识到，哪些工作必须由企业与政府共同完成，而哪些工作必须泾渭分明。虽然现在考虑最终的解决方案还为时过早，但如果以个案为基础进行分析，那么其方法与规范就必须先行设计，而且必须高度警惕那些过渡性解决方案，以免发展成为错误的长期模式，阻碍有价值的选择，并致使社会深陷不良关系的泥潭。因此，找出这些过渡性解决方案并避免其误入歧途，这是管理者的职责所在。管理者不能等待政治哲学家提出新的政治理论来，因为对企业而言，乃至对经济与社会来说，这风险实在太大了。

为了担负企业与政府之间关系的重任，管理者首先必须明白政府与企业之间关系的历史背景。不同的国家，政府与企业之间关系的政治传统和行政传统也大有不同。而在各个国家中，政治家、公务员、政治学者、工商业者以及广大民众所认定的"正确"和"恰当"的政企关系，在很大程度上都取决于各自的传统。企业与政府之间的关系之所以深陷极度的混乱和危机之中，大部分也是由于各自的传统。然而，无论是论及政府还是企业，很少有著作留意到发达国家中政府与企业之间关系的历史背景及其行政理论与政治思想。

政企关系之历史模式

教科书依然把自由放任（laissez-faire）奉为资本主义经济（也就是市场经济）中政府与企业关系的模式。但首先需要澄清的是，不干涉主义是经济理论模式，而不是政治理论模式与政府实践模式。在过去的200年中，除了边沁（Bentham）与年轻的约翰·穆勒（John Stuart Mill）之外，再没有出现过任何具有重要影响的政治学家关切过不干涉主义的话题。其次，即便作为经济理论，不干涉主义也只是在英国实行过，而且仅仅在19世纪中期相当短暂的时段中尝试过。

真正为政企关系建立规范的是如下两个迥然不同的政治模式，它们分别是：重商主义（mercantilism/dirigisme）与宪政主义（constitutionalism）。

这两种模式中，重商主义，即国家干预或统一制度下的经济模式，更早一些。它可以追溯到17世纪，尤其是18世纪，这种模式主要流行于欧洲大陆，尤其是法国，也是日本政企关系的主要模式。印度在英国统治时期乃至后来国家独立时期都以重商主义为主要模式。

在重商主义模式中，经济被视为政治主权的基础，特别是奉为国家军事力量的基础。国家经济与国家主权都被视为"共存体"，通过有效组织用以对抗外面的世界。在民族国家内部，可能会出现摩擦、冲突、竞争以及纠纷。但在一个深陷重围的城堡中，大敌当前，所有的纷争与分歧都会停止。

在原始粗糙的重商主义概念中，即在17世纪末重商主义概念出现时，"商业"实际上就是指着钱币，也就是黄金、白银，用以支付士兵的费用，因为他们正在为国家独立与民族生存而战。亚当·斯密后来驳斥了这个道理。但重商主义模式依旧被奉为政治主权的经济基础，用以应对激烈的外来竞争——商品出口是目标，也是检验。

近些年来，有一种广为流行的说法，把日本制度称为"日本公司"，即在日本制度中，政府和企业合而为一以扩大日本向全世界的产品出口。因而，人们也可以把1880年或1900年的德国制度视为"德国公司"，也可以把戴高乐统治时期的法国制度叫作"法国公司"。

在重商主义模式中，商人在社会上的地位比政府的公务员低；在路易十四时期的法国、俾斯麦统治时期的德国以及第二次世界大战前的日本，这都是真实的。政府行政人员的任务就是支持、强化、鼓励商业的发展，特别是支持与激励产品出口。但当商人的卑微地位有所改变时，尤其是当技术与专业管理者崛起时，企业可以说摇身一变成为国家机构的一部分。企业与政府虽然具有亲密的"共生关系"，但无论如何，企业的地位依然低于政府。

在重商主义制度中，这种症状从企业组织与工商协会所持有的立场就可见一斑。在法国和德国，加入贸易组织或产业协会都是强制性的。在日本，这些协会实际上都是准政府机构。贸易协会的官员，比如总干事，经常都是前任高级公务员。他的地位和权力往往仅次于产业界中的最高巨头。工会协议条款也都是由产业协会谈判制定，所有协会成员必须遵行。政府还会通过贸易组织和产业协会与工商界建立关系，比如戴高乐时期的法国，在拟订规划流程中就是采用这种模式。

宪政主义模式是在19世纪发展出来的，主要是在美国，宪政主义者把政府视为与企业敌对的关系。政企关系取决于法律，而非行政管理。这种模式严格遵循公平正义原则。

宪政主义模式不信奉自由放任的不干涉主义，这与重商主义模式一样。宪政主义模式认为，政府不能置身于经济与企业之外。此二者都认为，"企业太重要了，因而不能任凭商人独自运作。"当重商主义模式引导并实施商业补助策略时，宪政主义模式则主张"不可这样做"，并且动用反垄断法、管制机构以及刑事指控等手段。重商主义模式尽力鼓励企业朝着有益于国家政治与军事力量的方向发展。宪政主义模式则坚决让企业与政府保持距离，因为企业会败坏政府；宪政主义模式主张为企业活动设置政治道德，防微杜渐。

欧洲大陆是重商主义的发源地，美国则是宪政主义的发祥地。托马斯·杰斐逊可以被视为第一个宪政主义者，他对企业抱有极大的怀疑态度，他坚持政府必须把商业利益拒之门外。20年后，大约是在1830年，就是安德鲁·杰克逊总统在位时期，宪政主义才真正成为美国政企关系的主流知识模式。也正是在杰克逊政府时期，宪政主义确立了商人在美国生活中的社会地位。从那时起，在美国社会中，商人与社会各阶层人士平起平坐。

的确，在19世纪末与20世纪初的美国，商人或许正是社会上的主导力量。商人在社会地位中的竞争对手不是公务员，而是神职人员以及紧随其后的大学教授。在宪政主义模式中，自从杰克逊时代起，商人也被视为爱国者，尤其是国难当头，商人应该投身于服务国家并承担政治领袖的职责。然而，杰克逊去世后100年，当美国总统富兰克林·罗斯福把商人称为"罪恶的大富豪"时，他是出于宪政主义的纯粹情怀而说这话的。

宪政主义模式的症状还表现在贸易与工业协会的待遇与地位上。在宪政主义传统中，贸易与工业协会受到极大质疑，而且很少被人视为用以处理政企关系的渠道。无论这些协会的幕后势力影响力多么巨大，就像美国国会中的一些游说团体那样，但它们并不拥有强制权力和官方地位，也不具有强制行为。

再者，即便是在宪政主义最有影响的美国，情形也是如此，比如美国的商务部，它算是美国政府中最能代表并维护工商企业利益的部门，但它直到1913年才成为美国内阁部门，这比欧洲大陆各国的商务部设立要迟100至150年。

此外，直到第二次世界大战前，美国一直拒绝建立国防工业，它只依赖政府拥有的兵工厂。因为与政府之外的独立企业建立合作伙伴关系是不合宪政主义传统的，但国防武器是国家必须拥有的，那么只好由政府来执行了。

模式与现实

重商主义与宪政主义都是政治理论或行政理论的认知模式，它们都是本应该有的。然而，现实总是与理想相去甚远。

这种情形在宪政主义模式中尤为突出。即便是在美国，政府与企业之间格格不入的敌对关系从一开始就遭到美国式重商主义的有力抗衡。开始时是杰斐逊遭遇最强对手亚历山大·汉密尔顿（1757—1804）；差不多一代人之后，为了适应当时美国的处境需要，亨利·克莱（1777—1852）在他的"美国制度"理论中强调了重商主义。"敌人"不在国外而在超越边界的无人荒野。克莱不注重出口，而是强调"内部改进"，也就是重视开发国内的运河、铁路、农业、工业市场。政府与企业的竞争关系从一开始就以政府为企业提供补贴入手来建立共同建设机制，尤其是在运河与铁路建设方面。很少有国家能像美国那样长期以来坚持贸易保护主义政策。

的确，许多批评家，包括美国批评家，特别是欧美的批评家们，都宣称美国的宪政主义政策立场是伪善的，完全是个骗局。但这种批评忽略了美国宪政主义在过去产生的并且在今天依旧存在的强大的影响力。宪政主义在相当程度上反映出美国传统对民粹主义运动"制度"的反抗。宪政主义解释了为何美国传统的激进派反对商业，而欧洲的左翼分子传统上不仅"支持"商业而且致力于用自己所鼓吹的"善良之辈"，也就是他们眼中的政府行政人员，来取代"万恶的资本主义者"（就这点而言，近年来在欧洲兴起的要求"改革制度"的新左派实际上代表着一种特别具有讽刺意味的意识形态的美国化。这种现象的发生并非偶然，新左派的主要敌人是欧洲传统意义上的重商主义左派）。宪政主义还可以说明美国在经济与企业的建章立制上所采取的独特形式。然而，过去人们对美国的批评也是合理的，因为美国对待企业和经济的态度，理论上走的是杰斐逊路线，也就是宪政主义；但在实践上，走的是汉密尔顿路线，也就是重商主义。

毫无疑问，重商主义得到更加广泛的应用。历史上那个曾经提倡经济理论、主张政府不干预经济的国家——大英帝国，在19世纪末，对经济与企业的政治态度上不是转向宪政主义，而是转向了重商主义（是德国模式而非法国模式）。然而，那种重商主义模式从未在实践中得到验证，因为从一开始就存在张力。企业曾一而再再而三地想要摆脱政府的控制。即便是在日本，政府与企业界的关系既是对手又是合作伙伴。

宪政主义取得了实质性的进展。19世纪末20世纪初是欧洲大陆处理政府与企业关系联盟的鼎盛时期，最有影响力的政治经济学派是德国的"学院式社会主义者"（katheder-socialisten）。这些影响力巨大的教授学者们致力于把企业与政府分离开来，试图用一些非常接近于宪政主义模式的方法去取代重商主义。第二次世界大战后，德国确实施行宪政主义。在阿登纳领导时期，德国的主要党派都主张采用"社会市场经济"，这显然不是不干涉主义，而是宪政主义。

不干涉主义与宪政主义，这两个模式已经引导政府与企业的关系超过了一个世纪，而且设立了相应的规范。这两个模式揭示了政府与政治家所应该做的事。它们在公众意识中树立了正确或错误的评判标准。也许它们并没有决定企业同政府之间的关系，但它们却确定出一些界限，以便使一些特殊的关系问题可以在针对具体案例、具体问题和具体"丑闻"的基础上予以解决。

新 问 题

然而，时至今日，这两种模式皆已退化。无论是对政府还是对企业，它们都已不再能够提供合适的指引。它们都无能应对层出不穷的新问题。这些新问题中最重要的问题，至少是最明显的问题，是由如下原因造成的：

（1）混合型经济。

（2）跨国公司。

（3）政府丧失了作为承担社会责任的唯一机构的地位。

（4）专业管理者的崛起。

第一是"混合型经济"。重商主义模式与宪政主义模式以往都是为了发展资本主义经济。这两种模式也都可以在社会主义经济中运作。但这两种模式都不足以应对"混合型经济"。因为在"混合型经济"中，政府行为与企业行为相互交织纠缠，与此同时，政府行为与企业行为还彼此竞争对抗。

每个发达的经济体都是一个"复杂的混合物"，许多规则条款、政府管控、补助与惩罚纠缠不清，过去是政府行政领域，现在变为企业自治（比如自治型邮局），以及还有一些直接由政府经营的企业等。一些机构虽然合并成为私人公司，但它们在实质上依然归于公共所有，而且执行公共职能。还有一些机构虽然属于政府，但在竞争市场中经营，而且执行"私人部门"的职能。还有一些机构的合作伙伴异常复杂，国防采购就是其中一个例子。在很多国家，国防采购都是由政府和自治管理私人经营的承包商建立合同关系加以处理，其运作方式是半合伙、半竞争的契约关系。

国防采购可以被视为特殊案例。比如第二次世界大战后差不多30年中，美国在国防领域中的混合型经济依然以"临时紧急状态"为辩解，这与起初创建时的理由一样。每个相关人员都知道，根本没有什么"临时性"，虚构出来的"临时紧急状态"正是国防采购中出现严重问题的主要原因。但每个相关人员也都知道，任何深入思想与重建关系的企图立即会直面哲学冲突、基本的政治信仰与政治传统，以及"应该做什么"与"需要做什么"之间难以调和的差异。就像一位国防部高官所说的那样："我们知道国防采购混乱得很，但依然要比瘫痪好。"然而，即便是在国防之外的其他领域，"何为公""何为私""何为政府""何为企业"，也不再是泾渭分明了。

20世纪60年代把航天员送上了月球的美国国家航空航天局（NASA）甚至比国防采购更加模糊不清（关于NASA及其结构，可以详见第47章）。美国国家航空航天局是个政府机构。然而，美国的太空开发是个多方合作事业，由许多独立自治的组织机构共同完成同一项使命，包括政府机关、大学、个人，重要的当然是企业。这种合作的法定结构是契约关系。实际工作是以合作伙伴的形式运作，许多时候都是由私营企业担任领导者，制定公共政策，设定目标与标准等。美国国家航空航天局的一位执行主管曾解释说："国防采购一直是政府行为，政府通常会派督查员进驻承包商的工厂管控工作。而在美国国家航空航天局中，私人企业契约人派驻督查员在政府任职以管控政府正在进行的工作，这种情形也并不罕见。"

将来会有越来越多由政府与企业组建合作团队共同执行的"联合任务"（joint task），根据不同情况需要来确定团队领导角色。这种任务涉及面广，诸如环境保护、节约世界资源、大都市管理问题、技术开发与社会研究以及许多其他领域的任务等。改善生活品质显然是政府与企业的"联合任务"：政府必须提供资金，而非政府机构必须承担相应的社会责任。

这很难与重商主义相适应。政府公务员不再能够左右并塑造一个单独的企业团体。在一些关系中，政府公务员只能扮演"搭档"的角色，甚至未必能够成为资深合伙人。在另外一些关系中，比如在银行业与保险业的许多领域中，政府公务员甚至成为企业对抗公共政策的代言人，这些企业中，有些是私营企业，也有些是政府经营的企业，尤其是在欧洲，这种现象是存在的。还有一些其他方面的关系，特别是政府与跨国公司的关系，私营企业经常代表着它们各自政府的"公共政策"，比如在欧盟或在建设欠发达经济体的工作中，政府公务员都会捍卫本国产业的"私有利益"。虽然压力很大，但重商主义模式依然会接受这种情形。

然而，混合型经济与宪政主义模式二者完全不能相容。这可以说明为何美国的各政党、政治辞令以及政治评论家们在解释政府与经济的实际工作时经常困难重重。

第二是跨国公司。与传统模式难以保持一致的第二个因素是跨国公司。跨国公司是经济与国家主权"联姻"300年后出现的"离婚"现象，至少是出现了"疏离"现象。在一些大国强国中，甚至在美国，经济已经不再被定义为"国家的经济"，但主权依然是国家所有。没有任何迹象可以取代民族国家作为政治主权的地位。然而，有一个携带着经济动力的真正的世界经济，它竟然能够决定世界的经济发展，能够直接影响各国的经济行为、经济活动以及国内的经济成果，只是它不会对政治主权构成任何影响。

无论是起因还是结果，重商主义模式都受到跨国公司发展的最直接挑战。对重商主义模式而言，这样的"离婚"是难以想象的，然而它还是确确实实地发生了。戴高乐将军显然对此心知肚明，因此他决定不准许法国企业成为跨国公司，这是完全理性的，但这样的决定徒劳无功。

宪政主义模式也很难应对跨国公司的发展，当今美国的民粹主义对跨国公司的抨击也不是偶然的。对重商主义传统而言，跨国公司的罪行在于"它既不是也不能成为政治主权的工具"。对美国宪政主义传统的民粹主义者而言，跨国公司的罪行在于"它既不是也不能成为美国道德的工具"。相反，跨国公司必须适应每个运营所在国的政治主权、现行法律以及道德信仰。

无论是重商主义模式还是宪政主义模式，二者都无法应对一个与任何所有民族国家的政治主权相分离的自治型世界经济的逻辑结构：一种以各自自治的、非国家性质的"中央银行"为主导的超国家货币和信贷机制。这显然是未来的发展趋向。事实上，在1971年12月出台的《史密森协定》(The Smithsonian Agreement）中，国际货币基金组织（IMF）发行"国际提款权"（IDR）被视为"超级货币"，这正是决定性的一步。如果沿着这种思路继续发展，那么无论是重商主义模式还是宪政主义模式都很难维持下去，即便是作为一种抽象的知识也很难维系。

第三个因素是政府丧失了作为承担社会责任的唯一机构的地位。在组织型社会中，政府成为具有特定目标的机构，而不是一般的行政机构。组织型社会创造出非政府领导团体的社会责任，尤其是企业管理者的社会责任。因此，它会逐渐损坏政府的地位与角色的独特性。在重商主义模式中，其他机构不再被视为国家政策之宏观规划的"侍女"。

戴高乐之所以令人印象深刻，主要是因为他拒绝接受这个现实。戴高乐坚持"伟大的政治地位"的优先性不容挑战：不仅在经济层面的统治地位，而且在艺术与教育上也是如此。这让戴高乐的政治作风始终如一而且清晰明确。但这也使得他的政策突显老旧，最终沦为荒唐笑柄，甚至连那些狂热的仰慕者也视之为荒谬。

宪政主义者也很难适应一个期望企业承担社会责任的社会。宪政主义者的立场是始终如一的，他们坚持政府与企业维持彼此对立关系的基础是：政府要约束、监视、管控与限制企业，如果必要，当企业不负责任或有反社会行径时，政府还可以惩罚企业。因此，这就产生矛盾心理甚至精神分裂，就像传统的美国自由主义者那样，一方面要求通用汽车公司或IBM公司分离成小单位，另一方面要求其善用资源解决重大社会问题。

最后一个因素是专业管理者的崛起，与企业家形成对抗态势。传统模式谈论的是商人，但如今的现实是在谈论管理者。这就意味着企业的管理者群体已经崛起，他们在出生、教育、背景以及价值观上与政府公务员并驾齐驱了（这一点有个例外，那就是英国，虽然也正在迅速变化）。与此同时，公务员（以及其他机构的领导群体）也正在逐渐成为专业管理者。

这种发展状况会导致企业官僚形成的危险。但它也会打破一些旧有的框框条条，从而逐渐废止重商主义模式与宪政主义模式业已形成的特性。专业管理者作为领导团体的崛起与重商主义模式尤其格格不入。但在企业管理模式越来越成为公共行政管理模式的趋势下，宪政主义传统也同样容不下专业管理者崛起的现实。

或许有人认为，这些都是政府的问题，而不是企业的问题。但如果企业与高管层对这两种传统模式中存在的政企关系，以及不再能够适应现实的组织结构关系的需要视而不见，那么将来必定要承担更大的风险。

如前文所说的那样，如今尚无万全之策。

指导方针

虽然目前尚无万全之策，既无新的政治理论，也没有新的、更加令人满意的模式，但特别的问题必须得到合适解决。我们所需要的是"规范说明"（specification），我们所需要的是"评判标准"（criteria），借此标准可以衡量特别问题并产生特别答案，无论是特殊问题、实际问题还是临时问题都可以借此标准加以检测和判断。我们所需要而且可以获取的是，能够在处理特定问题时加强或至少是保护政治体、政府、经济以及企业长期需求的标准。如下四点指导方针是重要的。

（1）第一个"规范说明"是社会的经济组织，也就是企业及其管理者所要求的自主权与责任归属：一是为了经济利益，二是为了促进一个强大而有效的政府，三是为了社会利益。

"负责任的企业"这样的口号可能要比现今常见的"自由的企业"的口号更好一些。⊖要为绩效与经济机构负有责任，那么企业的管理者必须拥有自主权。一个人不可能为他并不拥有的权力、不能控制的事情负责任。企业与高管层必须接受绩效的检验，否则绩效就会停止；他们必须有能力按照目标标准并遵循理性原则来分配社会资源与经济资源，否则资源配置就会立即出错。⊜

这不是企业所有权的问题。它要求在如下三个经济层面上做市场检测与市场决策：产品与服务市场、资本与投资市场、就业与职业发展市场。在这三个经济层面中，资本市场是最重要的，因为资本市场是在绩效预期的基础上来分配未来的资源市场。因此，资本市场不仅需要法规管治，而且需要自我决定能力。

然而，我们也需要一种"开放型经济"（an open-end economy），即一种可以孕育企业，又可以让企业消亡的经济体制。国有经济体制或国营经济体制的基本弱点是：国家不允许企业破产，也很少被清算。然而，显而易见的是，为了整个经济与社会的福祉，一个健全的企业新陈代谢是必需的。

在未来的几十年中，这点尤为真切。未来几十年将会有所改变。除非企业，尤其是那些大型且重要的企业，被允许破产消亡，否则经济体制将会日

⊖ 如果只是由于下列原因，还是改变一下说法为好——在绝大多数其他语言中，"自由"这个词还有其他含义，含有一种放纵而不负责任的意思。

⊜ 捷克斯洛伐克共产主义理论家，1967~1968年捷克斯洛伐克经济自由化的缔造者，如今流亡于瑞士巴塞尔的奥塔·希克，在他1972年出版的一部小册子《捷克斯洛伐克：官僚经济》（*Czechoslovakia: The Bureaucratic Economy*）中对此话题有过深刻的阐述。该书内容包括他在俄国入侵捷克斯洛伐克前的关键一周中为他的同胞所做的演讲，形象地阐述了曾经具有高度生产力的经济体如何因为企业及其管理自主权的丧失而导致自我毁灭。

益老化，终将僵化硬化。这种情况不会阻止变革，反倒会促使变革成为灾难性的威胁，而不是渐进调整。

这样的变革所带来的社会冲击力需要一定的缓冲。在前文中我们讨论过如何消除企业的负面影响，特别是在第 21 章中论到瑞典的雷恩计划。但雷恩计划的优点正在于它能够借助市场机制将一场视为个人灾难的事情转化成为"可保风险"（insurable risk）。

政府的绩效能力依赖于企业及其管理层的自治。政治流程充其量就是制造出糟糕而痛苦的分配决策，它们会阻碍政府，并使其超负荷运作，甚至到完全瘫痪的地步，既不能做决策，也不能完成政府的任何任务。⊖

社会也要求企业管理自治。从社会集体的角度来说，所有重要组织的管理者都是组织型社会的领导集体。但一个健全的社会要求领导集体的多元化，拥有不同的价值观、不同的优先次序、不同的"风格"。一个健全的社会要求可供选择的替代品，诸如职业生涯、升迁阶梯、观点看法以及生活方式等。否则，就会退化成为单调无聊、丧失变革能力的社会。如果社会变革的需求出现，而且这种需求一直持续，在领导集体中，没有人能够想象一种与众不同的、可以适应于人们习以为常的行为规范，如果不能被视为一成不变的"自然律"的话，那么也应该被视为"正确"的行为规范。与此同时，那些有能力、有抱负的人才就会因为不容易适应于某个领导集体的单一准则而备受排挤。

一个健全的社会是"逆主流文化"（counterculture）的复合体。它们无需冲突，实际上，在一个健全的社会中，它们相互尊重，但它们必须在竞争中共存。在一个文化与生活方式都日益成为组织关键特征的社会中，社会的健全性会更加依赖主要领导集体的自治。健全的社会需要拥有管理自主权的自

⊖ 奥塔·希克在此论题上贡献最大。

治企业。

（2）社会还需要一个健全且运作正常的政府，当今我们业已形成的这个复杂而相互依赖的社会，尤为如此。人们需要政府成为政治决策的制定者，而且这种需求或许远超过以往的任何时期。与此同时，政府在政治决策制定上的能力却日益受到它的体制负荷、规模以及官僚化的危害。政府还因为承担过重的事务，承诺太多，"做"得太多而深陷困境。政府机构越来越臃肿，政府的健康实质状况就越来越松弛疲软。⊖

企业与企业管理层对政府的健康状况无回天之力。这是政治工作。但企业及其管理层至少可以意识到这种需要，并在处理政企关系时避免可能削弱政府核心政治决策制定的绩效能力的行为。在这方面，企业及其管理层的责任是："不要明知其害而为之"（见下一章）。

跨国公司

（3）经济的自治和有效的政府，这两种需求犹如双胞胎，在企业与政府关系中结合成为一个主要问题。跨国公司（参见第59章）是自第二次世界大战以来形成的一项重要经济成就，或许也是20世纪最具有成果的社会创新。但它同时也是一个很困难的问题，所需要的，是找出一种关系，以便保证真正的世界经济同各国政府的政治主权能够和平共处。否则，我们就会损害甚至摧毁跨国公司这项最成功的发展，甚至会损害政治远见和政治行动的能力，以及创建政治社会的能力。

（4）我们需要对企业与政府间的关系进行深思熟虑，主要担忧的不是企业危机的结果，而是政府严重危机的结果。然而，企业管理者必须视政府和

⊖ 这一点可详见我的著作《断层时代》（*The Age of Discontinuity*），尤其是该书的第10章"政府的弊病"。

社会的关系为己任。他们不能坐等政治学家或理论经济学家的研究成果。如果企业只停留于与"政府的侵犯"做斗争，那样非但毫无成效，还只会延误时机。管理者需要的是积极且确定的行动。

我们需要的不是更多的法律，因为目前没有一个国家苦于法律太少。我们需要的是一种新的模式。然而，我们目前所期待的是针对特殊问题的临时解决方案，这些解决方案必须符合如下最低规范：它们应该保护企业和企业管理层的自主权和责任归属；应该保护一个自由的、弹性的、可变革的社会；应该能够促使跨国的世界经济与民族国家的主权相和谐；应该鼓励世界各国形成强大而有绩效的政府。

第28章 | CHAPTER 28

不要明知其害而为之:责任之伦理

> 商人的道德:错误的问题?——是"集体领导"而非"个人领导"——成为一名专业人士的意义——责任之伦理——不要明知其害而为之(primum non nocere)——社会责任与"俱乐部成员资格"——高管薪资与收入不平等——"金枷锁"的危险——利润动机的说辞——私企功能与公共特性

关于商业伦理与商人道德的训诫已经很多。但大多数的训诫与企业无关,甚至很少与道德伦理有关。

日常人们所熟悉的一个主题是"诚实"。人们郑重其事地要求商人不该欺骗,不该偷窃,不该说谎,不该行贿受贿等。其实所有人都不该这样做。人们不会以日常的工作与职务为理由来免除个人行为的道德规范。然而,人们也不会因为被任命为副总裁、城市管理者或学院院长,就忘乎所以,不再是"人"了。这个世界总是还会有一些人坑蒙拐骗偷、行贿受贿。这个问题涉及个人、家庭以及学校的道德价值与道德教育。商业伦理既不是一个孤立的道德意识，也不需要做刻意的区分。

对此，这个世界唯一需要做的是：对那些禁不住诱惑而犯罪的人施以严厉的惩罚，无论是企业高管还是任何其他人。在英国，地方法官在审理酒驾案件时，如果发现被告毕业于著名的公立学校或牛津大学或剑桥大学，那么被告受到的惩罚通常会更加严厉。而且晚报上的头条新闻将会以醒目标题出现："伊顿公学毕业生酒后驾车被罚"。没有人会期望伊顿的教育培养出需要戒酒的领袖来。但伊顿依然是名牌大学，声名显赫。如果法官不能对那些戴着伊顿徽章的违纪者加以比普通人更加严厉的惩罚，那就一定违背了社会正义。然而，没有人会把这个问题视为"伊顿公学毕业生的伦理问题"。

在讨论商业道德时，另一个常见的主题通常与伦理无关。

比如雇用应召女郎来款待顾客这等事，人们认为这不是道德问题，而是美学问题。但真正的问题在于："当我对着镜子刮脸时，我希望看到自己是一个皮条客吗？"

遇到具有严格品行要求的领导者的确是件好事。但可叹的是，具有严格品行要求的领导者在领导团体中从未得到推广，无论是国王、伯爵、神甫、将军，抑或文艺复兴时期的画家与具有人文主义精神的"知识分子"，抑或是中国传统的"文人雅士"，也都无一幸免。一个具有严格品行要求的人所能做的只是从那些违背他的自尊和志趣的活动中退出来。

近来，尤其是在美国，在一些古老训诫的基础上又添加了新话题：人们告诉我们说，管理者应该负有"道德责任"，在各自的社区中承担积极的、建设性的角色，服务社区事业，参与社区活动等。在许多国家中，诸如此类的社区活动并不符合传统习俗，日本与法国就是其中的例子。然而，在那些"志愿主义"（voluntarism）传统浓厚的社区中，尤其是像美国这样的社会中，确实应该鼓励企业管理者积极参与社区事务与社区组织，并承担相关领导责任。然而，这类活动既不应该强加给他们，也不应该赞扬或奖励他们参与，更不应该以企业管理者参与"志愿"活动的程度作为其晋升的途径。命令或强制要求企业管理者从事这类工作，就是滥用组织权力，这样做也是不合法的。

在企业界，或许有个例外，有时企业管理者参与社区活动的确是企业应尽的义务。比如电话公司的区域经理参与社区活动，他以公司的地方公共关系代表的身份参与，这类活动属于他的管理职责所在。同样的情形也适用于西尔斯的区域经理。地方房地产商也经常参与多种不同的社区活动，每天都要与不同的社区服务机构共进午餐；社区服务机构的这些人十分清楚房地产商不是真的在服务社区，而是在寻找潜在顾客，销售其生意。

然而，社区机构也对企业管理者参与社区活动充满期待，这与道德无关，与责任没有太多关联。企业管理者就像邻居或公民那样，力所能及地为社区做点贡献，就像在他工作之余以及在他管理责任之外的零星贡献。

是"集体领导"而非"个人领导"

一个与管理者相关的特有的道德问题滋生自如下事实：就集体而言，机构管理者都是组织型社会的"领导团队"；但就个人而言，每个管理者仅仅是另一位员工的同事而已。显然，公众是明确了解这一点的。即使是最大公司中最有权力的首脑，也并不为公众所知。确实，大多数公司的员工几乎不知道他的名字，也认不出他的长相。他之所以身居要职，或许是因为他个人的功德与可见的绩效，但他拥有的权力与地位完全应该归功于他的机构。众所周知的通用电气公司、电话公司、日本三菱公司、西门子公司以及联合利华等都是这样。这些大型公司的领袖有谁知道？或者，谁又在乎加利福尼亚大学、法国综合理工大学、伦敦盖伊医院的领袖呢？人们主要关注的是这些机构的管理团队及其直接的利益关系。

所以，把管理者个人视为"领导者"并不恰当。他们仅仅是"领导集体"中的一员。然而，"领导集体"确实拥有可见的、显赫的、权威的地位，因此，它负有责任，前几章中我们已经论及了这些责任。但这些责任究竟是什么呢？作为领导集体中的一员，个人管理者又要讲究哪些道德伦理呢？

从本质上来看，成为领导集体中的一员就是传统意义上的"专业人士"。身为领导集体成员，他就会被这个集体赋予身份、地位、名气以及权威。当然，也要承担职责。期望每个管理者都成为"领导者"是不现实的。在一个发达社会中，有成千上万甚至是上百万的管理者，但其中能成为杰出"领导者"的屈指可数。但作为领导集体的一个成员，管理者必须承受专业道德伦理的要求，也就是责任道德的要求。

不要明知其害而为之

2500年前，古希腊医药之父希波克拉底在其誓言中明确表达了专业人士的首要责任："最重要的是，不要明知其害而为之！"

无论是医生、律师，还是管理者，没有专业人士能够许诺他们对客户所做的一切都有好处。他们所做的就是竭尽全力，但他们保证不会存心伤害客户。反过来，客户也必须信任专业人士能够做到"知其有害而不为"的许诺。专业人士必须拥有自主权。专业人士不能受到客户的管控、监督或指挥。专业人士必须拥有资质，他的知识与判断力必须足以独立地应对决策。正是因为专业人士拥有自主权的基础，也就是它的基本原理，使得专业人士把自己视为"易受公众利益的影响"。换言之，一方面，专业人士是"私有的"，他们拥有自主权，不受政治与意识形态的摆布。另一方面，专业人士是"公共的"，客户的福祉成为他们言行的紧箍咒。因此，"不要明知其害而为之"不仅成为专业人士个人道德的基本准则,而且成为他们公共责任之伦理的基本准则。

在一些重要的管理领域,许多管理者,尤其是那些企业管理者,仍然没有意识到:为了维护自主权与独立性,他们必须遵守行业道德的责任,严于律己。他们必须学习去查验各自的言谈举止、行为习惯,以便确定他们不会明知其害而为之,这也是他们的工作。

在第 25 章中,我们曾讨论过这些领域中最重要的一个案例。管理者未能就企业对社会造成的负面影响做深刻反省,并且未能提出合适的解决方案,因为他们担心自己会沦为"企业俱乐部中不受欢迎的人物",这就是"明知有害而为之"。他任凭邪恶之毒蔓延扩散。我们已经说过,这样的做法是愚不可及的,最终必定会伤害到自己的企业,甚至殃及整个行业。这样的做法造成的伤害远非"不愉快"所能形容,因为它还严重地违背了行业道德。

除了前文论及的一些例子外,其他领域也存在相似的情形。美国的管理者在如下特别领域中会经常违背"不要明知有害而为之"的原则:

- 高管薪资。
- 使用福利规划,给公司员工套上"金枷锁"。
- 鼓吹利润。

在这些领域中,管理者的言行很容易引发社会混乱,蒙蔽健康现实,制造弊病,至少会滋长社会忧郁症,甚至会误导社会、掩盖真相。这是极其严重的社会伤害。

高管薪资与收入不平等

与大众看法相反的现实是:在所有发达国家中,收入平等远比历史上任何社会有史可查的记录都要好得多。伴随着国家经济的发展与个人收入的提高，收入平等也会趋向稳定。无独有偶，另一个与大众看法相悖的现实是：美国是收入平等程度最高的国家。

收入平等最可靠的衡量标准是所谓的"基尼系数"。当基尼系数为 0 时，代表收入完全平等；当基尼系数为 1 时，代表收入完全不平等，因为所有人口的整体收入全归一个人所有。基尼系数越低，社会就越靠近收入平等。在美国，20 世纪 70 年代早期的基尼系数为 0.35，与加拿大、澳大利亚以及英国，可能还有日本的基尼系数相当。西德与荷兰的基尼系数大约为 0.40，法国与瑞典差不多为 0.50。⊖

具体来说，在标准的美国企业中，最低收入者与企业负责人之间，也就是机器操作工与大型工厂经理之间，如果把税收纳入计算，他们之间的收入比例至多是 1∶4。以 1970 年为例，一个机器操作工在纳税后的年净收入约为 7500 美元，而极少数工厂经理的税后年净收入包括所有的奖金在内会超过 25 000 美元。如果考虑到各种额外收入，比例将会更小，差不多为 1∶3（或者是 12 000 美元∶35 000 美元，至多如此）。其他发达国家比如日本等也存在相似的比率。

美国经济中出现的实际收入差距"太高"还是"太低"，这是仁智之见。但有一点是清楚的，这种差距远低于绝大多数美国民众能够接受甚至是他们认为的恰当标准。每次调查问卷都会显示，工厂中蓝领工人与"大老板"之间的收入比率在 1∶10，甚至是 1∶12，这是"大致合适"的情形。如果按照这个比率计算，"大老板"的税后年净收入应该为 75 000～100 000 美元，而其税前年薪至少相当于 200 000 美元。实际上，包括奖金在内，能够达到这个年薪标准的高管并不多。如果再把附加收入、递延报酬、股权认购以及其他各种形式的额外收入全部计算在内，那么税后年收入就高达

⊖ 这些数据分析可详见桑弗德·罗斯 1972 年 12 月发表于《财富》杂志上的一篇题为《美国的收入与平等真相》(*The Truth about Income and Equality in the U. S.*) 的文章。

150 000美元。如果按照这个来做比较，那么比率就达到甚至超过1∶12。可是，只有在规模非常庞大的公司中，十几个高层人物的税前"报酬总额"才能达到300 000美元或以上。而这些"巨富"显然不是被雇用的高管——因为税收制度限制了这种可能（也应该这样做），他们都是少数实行所得税制度前百万富翁的继承人，或是一些小型企业的所有者。

相对于体力工作者和文职人员的收入来说，企业管理者，尤其是高层管理者的税后净收入已经持续50年走低了。

美国社会中收入平等的事实是非常清楚的。然而，普通民众的印象却是美国社会收入不平等现象正在日益严重。这是个幻觉，而且是个危险的幻觉。这种幻觉不仅会产生侵蚀作用，而且会破坏共同生存、一起合作共事的社会群体之间的相互信任。它只会招来更多的政治措施并严重伤害社会、经济以及企业管理者。

关于人们对美国的收入日益不平等的幻觉，当然主要反映在美国的种族问题上。显而易见的是，大批丧失公民权的无业黑人涌进大城市，这会让人感觉到他们生活于社会的边缘，他们是收入极端不平等的受害群体。已经就业的黑人的收入正在快速增长，而且在十年左右的时间中，他们的收入就与从事相同工作的白人相当。五分之四的美国黑人就业与工作问题得到解决。遗憾的是，这些事实被那些为数不多但高度集中于城市核心地区的黑人聚居区中的无业黑人或无法就业的黑人群众的极端贫穷给遮蔽了。

导致人们对美国收入日益不平等的看法的另一个原因是通货膨胀。通货膨胀是腐蚀社会的毒药，因为它会致使人们去寻找导致通货膨胀的"罪魁元首"。经济学家的解释是：没有任何人能从通货膨胀中获益，即通货膨胀剥夺了所有人的收入，所有人都会丧失购买力。但这样的解释超出了人们日常经验可以接受的范围。人们会想，总有一些人从中获益，应该是有人"偷走了本该属于我的利益"。所以，历史上发生过的每一次通货膨胀都会造成阶级仇恨、社会群体间的互不信任；而且民众总会坚信，一定是"其他人"贪赃枉法，做损人利己之事了。在每次通货膨胀期间，总是中产阶级成为偏执狂，并转向反对"制度"。20世纪60年代，发达国家中经历的通货膨胀也毫无例外地出现相似情形。

造成美国社会收入不平等现象日益严重的危险幻觉的主要原因是：一些巨型企业中的少数高管广为宣传巨额税前收入以及额外的高管报酬，比如股权等。

一家巨型企业的执行高管所获得的年薪是500 000美元，这种说法很大程度上是个"金钱假象"；巨额年薪的功能是为了显示执行高管的"地位"而非他的"收入"。无论律师能够发现多少税制漏洞，该按照税制上交的所得税还必须及时上交。企业发放的"额外报酬"也必须根据较低的税收额度上交税金。换言之，从经济角度来说，两者皆与目标无益。但从社会以及心理的角度来说，执行高管偷税漏税的行为就是"明知其害而为之"，难以辨明清白了。

消除外界攻击的方法之一是企业必须制定税后报酬的最大幅度。1∶10是绝大多数美国人认为完全可以接受的比率，实际上，这个比率比大多数企业的真实范围要广一些（但我个人认为，应该为意外情况留有余地，比如极其罕见的、"一生仅有一次的"，以及为一些特殊贡献的科研人员、管理者、销售员提供的巨大的特殊奖金等）。同样重要的是，管理者必须承担起切实遵行合理的税收制度的责任，⊖这种税制能消除人们在"税收上耍鬼把戏"的诱惑和需要。

为绩效优异的高管提供适当的奖励是个强而有力的理由。现金报酬远比那些额外的隐形津贴更受青睐。得到现金报酬的人能够自由选择如何花费，

⊖ 我们熟悉这类税制的规范，简单地说，无论是薪资还是资本收益，都要设置税收最大值，甚至可以达到当地收入的50%，任何个人收入都不得享有税率优惠权。

而无须依赖企业的支配，比如专用车、豪宅，或者像一些瑞典公司所提供的小孩家庭教师等。实际上，美国企业中的实际收入不平等并不大，而且自20世纪50年代以来，收入差距的缩小已在社会上和经济上造成不利的影响。

然而，对社会与经济最为致命的伤害还是人们对收入不平等的错觉，导致这种错觉的根源是税法。企业管理者乐意接受违背社会公德的税制结构，并趋之若鹜，这也是一个主要原因。除非企业管理者能够意识到这种做法有悖于"不要明知其害而为之"的原则，否则他们必将最终成为主要的受害者。

"金枷锁"的危险

目前，管理人员没有遵守"绝不明知其害而为之"这一准则的第二个领域，是同报酬密切相关的。

自第二次世界大战以来，额外津贴与福利逐渐被误用于铸造"金枷锁"。

养老福利、额外报酬、红利、股权等都是企业支付员工的薪资方式。从企业角度来看，也就是从经济的观点来看，无论贴上什么标签，它们都是"劳动力成本"。当管理层坐下来与工会谈判时，这些都被视为"劳动力成本"处理。然而，由于税法出了偏差，这些福利就会逐渐成为雇主捆绑员工的工具。员工必须追随同一位雇主许多年，才能享有这些福利。企业设计的福利结构，使得员工不敢轻举妄动，如果员工离开企业，就会受到重罚，并且丧失先前积攒的福利。实际上，这些福利正是员工过去工作期间薪资的组成部分。

对于像日本社会那样执行终身雇用制度，并且禁止劳动力流动的制度来说，这种做法可能是合适的。然而，即便是在日本，那些为了各自利益，主张应该享有工作流动自由的专业人士和技术人员，他们也不会愿意接受这样的"金枷锁"。而在西方国家中，尤其是在美国，这种"金枷锁"显然是反社会的。

"金枷锁"并不能加强企业的力量，它们只会酿造"消极选择"。那些知道自己在当前岗位上缺少绩效的员工，也就是那些明知自己现有工作并不适合自己的员工，他们经常会赖着不走，因为尽管岗位不合适，但可以得过且过。但如果离开本职，他们要受到重罚而丧失福利，他们就会排斥工作并且产生怨恨。他们深知自己受了"贿赂"，但他们太弱而且无力拒绝。他们可能会对各自的工作提不起兴趣，愤世嫉俗，甚至感觉痛苦不堪。

即使员工自己对这些福利如饥似渴，企业管理者也不能以此作为捆绑员工的借口。要知道，中世纪的农奴制也是开始于类似的"员工福利"制度。㊀因此企业管理者有义务对员工福利的合适性加以深入思考，根据各自的基本原理加以固化以备连续雇用之需。比如认股权就可能属于这种福利。但养老金领取权、绩效奖金、利润分红等，这些属于员工"挣得的福利"，应该遵行公民个人的基本权利，毫无限制地分发给员工。再者，企业管理者必须努力推进税法的改善。

利润动机的说辞

最后，企业管理者善用花言巧语致使民众无法理解经济的现实性。这种做法违背企业管理者或高管层"不要明知其害而为之"的原则。这种情形在美国乃至西欧都是如此。因为在西方，企业管理者依然在连续不断地高谈阔论利润动机，他们依旧把企业的目标定义为利润最大化。他们并不强调利润

㊀ 论及"金枷锁"的内容，可见我的《断层时代》(*The Age of Discontinuity*) 第 11 章。

的客观功能；他们并不谈论风险，或者很少论及风险；他们并不注重企业需要资本。他们几乎从未提及资本成本，更不用说讨论企业必须产生足够利润才能以最低成本供应未来的资本需要。

企业管理者会时常抱怨民众对利润怀有敌意。但他们很少能够意识到他们自己的花言巧语正是这种敌意的主要根源。每当与公众对话时，企业管理层就会使用专门词汇，公众不可能了解企业利润的正当性，也不解释利润存在的理由，更没有涉及绩效的功能。他们只谈利润动机，也就是提及一些匿名资本家的利润欲望而已。至于为什么社会应该纵容欲望远甚于重婚罪，他们不做任何解释。但对经济与社会而言，利润率的确是至关重要的。

在绝大多数美国大型企业中，管理实践还是完全合乎理性的，但它们在宣传时言辞上的模糊不清会对企业与社会造成危害。诚然，很少有美国企业把利润率奉为最低要求。结果，大多数企业很可能低估了企业真正要求的利润率（更不用说资本通货膨胀的侵蚀了，见第9章）。然而，无论是有意还是无意，他们都将自己的利润规划建基于确保获得所需资本以及将资本成本最小化的双重目标上。在美国处境中，如果仅仅出于对美国资本市场结构的考虑，"高收益比率"（a high earnings ratio）的确是资本成本最小化的关键所在。因此，利润最优化（optimization of profits）是一个完全理性的策略，从企业长期发展来看，它确实会促使资本成本的降低。

然而，这也会导致企业管理者在不断使用利润动机的说辞时，显得不够合理。利润动机的说辞除了引发公众的困惑和怨恨之外，达不到其他任何目的。

这里所列举的有关企业管理者不遵守"不要明知其害而为之"原则的例子，主要来自美国企业界，在某种程度上说，也适合于西欧，但它们几乎不适合日本。然而，这些案例所呈现的原则可适用于所有国家，发达国家与发展中国家皆可。虽然这些案例都选自企业管理，但这些案例所呈现的原则可适用于组织型社会中的所有机构的管理者。

在任何多元化的社会中,为公共利益负责已经成为社会的核心的问题与争论焦点。多元化的组织型社会也不例外。组织型社会的领导者代表"特殊利益",也就是说,所有机构的设计都是为了成就社会特定的、部分的需要。确实,多元化的组织型社会的领导者们都是机构的"仆人"。与此同时,这些领导者也是组织型社会所熟知或可能产生的主要领导集体。他们必须服务各自的机构,而且要为公共利益承担责任。如果社会要健全运作,尤其是如果要保持一个自由的社会,那么,我们称之为管理者的"那些人"就必须保持他们在各自机构中的"私人身份"。无论是谁雇用这些管理者,无论他们的雇用关系如何,他们都将保持自主权,但他们也必须要持守"公德之心"。

在管理者的"私人身份"与"公共特性"的张力中存在着组织型社会特有的道德问题。管理者要保持机构的必要自主权,并对机构的使命与目标负责。与现今有关社会责任的宣言中所激情号召的"政治风范"相比,"不要明知其害而为之"的提倡显得平淡得多。正如古希腊名医希波克拉底在很久以前就发现的那样,"不要明知其害而为之"绝不是一条容易遵行的准则;它所隐含的质朴与慎独才是管理者们所需要的道德规范,才是管理者们所要持守的责任之伦理。

推荐阅读

清华大学经济管理学院领导力研究中心主任
杨斌教授 担当主编 鼎力推荐

应对不确定、巨变、日益复杂且需要紧密协作挑战的管理沟通解决方案
沙因组织与文化领导力系列

谦逊的魅力
沙因60年咨询心得

埃德加·沙因(Edgar H. Schein)

世界百位影响力管理大师 斯坦福社会心理学硕士 哈佛社会心理学博士
企业文化与组织心理学领域开创者和奠基人

恰到好处的帮助

人际关系的底层逻辑和心理因素,打造助人与求助的能力,获得受益一生的人际关系

谦逊领导力

从人际关系的角度看待领导力,助你卸下独自一人承担一切的巨大压力

谦逊的问讯

以提问取代教导,学会"问好问题",引导上下级的有益沟通,帮助组织良性运作,顺利达成目标

谦逊的咨询

回顾50年咨询案例,真实反映沙因如何从一个初出茅庐的实习生成长为成功的咨询大师,感受谦逊的魅力,为组织快速提供真正的帮助

欧洲管理经典 全套精装

欧洲最有影响的管理大师
（奥）弗雷德蒙德·马利克 著

超越极限
如何通过正确的管理方式和良好的自我管理超越个人极限，敢于去尝试一些看似不可能完成的事。

转变：应对复杂新世界的思维方式
在这个巨变的时代，不学会转变，错将是你的常态，这个世界将会残酷惩罚不转变的人。

管理成就生活（原书第2版）
写给那些希望做好管理的人、希望过上高品质的生活的人。不管处在什么职位，人人都要讲管理，出效率，过好生活。

管理：技艺之精髓
帮助管理者和普通员工更加专业、更有成效地完成其职业生涯中各种极具挑战性的任务。

战略：应对复杂新世界的导航仪
制定和实施战略的系统工具，有效帮助组织明确发展方向。

公司策略与公司治理：如何进行自我管理
公司治理的工具箱，帮助企业创建自我管理的良好生态系统。

正确的公司治理:发挥公司监事会的效率应对复杂情况
基于30年的实践与研究，指导企业避免短期行为，打造后劲十足的健康企业。

读者交流QQ群：84565875

彼得·德鲁克全集

序号	书名	要点提示
1	工业人的未来 The Future of Industrial Man	工业社会三部曲之一，帮助读者理解工业社会的基本单元——企业及其管理的全貌
2	公司的概念 Concept of the Corporation	工业社会三部曲之一，揭示组织如何运行，它所面临的挑战、问题和遵循的基本原理
3	新社会 The New Society：The Anatomy of Industrial Order	工业社会三部曲之一，堪称一部预言，书中揭示的趋势在短短十几年都变成了现实，体现了德鲁克在管理、社会、政治、历史和心理方面的高度智慧
4	管理的实践 The Practice of Management	德鲁克因为这本书开创了管理"学科"，奠定了现代管理学之父的地位
5	已经发生的未来 Landmarks of Tomorrow：A Report on the New "Post–Modern" World	论述了"后现代"新世界的思想转变，阐述了世界面临的四个现实性挑战，关注人类存在的精神实质
6	为成果而管理 Managing for Results	探讨企业为创造经济绩效和经济成果，必须完成的经济任务
7	卓有成效的管理者 The Effective Executive	彼得·德鲁克最为畅销的一本书，谈个人管理，包含了目标管理与时间管理等决定个人是否能卓有成效的关键问题
8 ☆	不连续的时代 The Age of Discontinuity	应对社会巨变的行动纲领，德鲁克洞察未来的巅峰之作
9 ☆	面向未来的管理者 Preparing Tomorrow's Business Leaders Today	德鲁克编辑的文集，探讨商业系统和商学院五十年的结构变化，以及成为未来的商业领袖需要做哪些准备
10 ☆	技术与管理 Technology，Management and Society	从技术及其历史说起，探讨从事工作之人的问题，旨在启发人们如何努力使自己变得卓有成效
11 ☆	人与商业 Men，Ideas，and Politics	侧重商业与社会，把握根本性的商业变革、思想与行为之间的关系，在结构复杂的组织中发挥领导力
12	管理：使命、责任、实践（实践篇） Management:Tasks,Responsibilities,Practices	为管理者提供一套指引管理者实践的条理化"认知体系"
13	管理：使命、责任、实践（使命篇） Management:Tasks,Responsibilities,Practices	
14	管理：使命、责任、实践（责任篇） Management:Tasks,Responsibilities,Practices	
15	养老金革命 The Pension Fund Revolution	探讨人口老龄化社会下，养老金革命给美国经济带来的影响
16	人与绩效：德鲁克论管理精华 People and Performance: The Best of Peter Drucker on Management	广义文化背景中，管理复杂而又不断变化的维度与任务，提出了诸多开创性意见
17 ☆	认识管理 An Introductory View of Management	德鲁克写给步入管理殿堂者的通识入门书
18	德鲁克经典管理案例解析（纪念版） Management Cases(Revised Edition)	提出管理中10个经典场景，将管理原理应用于实践

彼得·德鲁克全集

序号	书名	要点提示
19	旁观者：管理大师德鲁克回忆录 Adventures of a Bystander	德鲁克回忆录
20	动荡时代的管理 Managing in Turbulent Times	在动荡的商业环境中，高管理层、中级管理层和一线主管应该做什么
21 ☆	迈向经济新纪元 Toward the Next Economics and Other Essays	社会动态变化及其对企业等组织机构的影响
22 ☆	时代变局中的管理者 The Changing World of the Executive	管理者的角色内涵的变化、他们的任务和使命、面临的问题和机遇以及他们的发展趋势
23	最后的完美世界 The Last of All Possible Worlds	德鲁克生平仅著两部小说之一
24	行善的诱惑 The Temptation to Do Good	德鲁克生平仅著两部小说之一
25	创新与企业家精神 Innovation and Entrepreneurship:Practice and Principles	探讨创新的原则，使创新成为提升绩效的利器
26	管理前沿 The Frontiers of Management	德鲁克对未来企业成功经营策略和方法的预测
27	管理新现实 The New Realities	理解世界政治、政府、经济、信息技术和商业的必读之作
28	非营利组织的管理 Managing the Non-Profit Organization	探讨非营利组织如何实现社会价值
29	管理未来 Managing for the Future:The 1990s and Beyond	解决经理人身边的经济、人、管理、组织等企业内外的具体问题
30 ☆	生态愿景 The Ecological Vision	对个人与社会关系的探讨，对经济、技术、艺术的审视等
31 ☆	知识社会 Post-Capitalist Society	探索与分析了我们如何从一个基于资本、土地和劳动力的社会，转向一个以知识作为主要资源、以组织作为核心结构的社会
32	巨变时代的管理 Managing in a Time of Great Change	德鲁克探讨变革时代的管理与管理者、组织面临的变革与挑战、世界区域经济的力量和趋势分析、政府及社会管理的洞见
33	德鲁克看中国与日本：德鲁克对话"日本商业圣手"中内功 Drucker on Asia	明确指出了自由市场和自由企业，中日两国等所面临的挑战，个人、企业的应对方法
34	德鲁克论管理 Peter Drucker on the Profession of Management	德鲁克发表于《哈佛商业评论》的文章精心编纂，聚焦管理问题的"答案之书"
35	21世纪的管理挑战 Management Challenges for the 21st Century	德鲁克从6大方面深刻分析管理者和知识工作者个人正面临的挑战
36	德鲁克管理思想精要 The Essential Drucker	从德鲁克60年管理工作经历和作品中精心挑选、编写而成，德鲁克管理思想的精髓
37	下一个社会的管理 Managing in the Next Society	探讨管理者如何利用这些人口因素与信息革命的巨变，知识工作者的崛起等变化，将之转变成企业的机会
38	功能社会：德鲁克自选集 A Functioning society	汇集了德鲁克在社区、社会和政治结构领域的观点
39 ☆	德鲁克演讲实录 The Drucker Lectures	德鲁克60年经典演讲集锦，感悟大师思想的发展历程
40	管理（原书修订版） Management(Revised Edition)	融入了德鲁克于1974～2005年间有关管理的著述
41	卓有成效管理者的实践（纪念版） The Effective Executive in Action	一本教你做正确的事，继而实现卓有成效的日志笔记本式作品

注：序号有标记的书是新增引进翻译出版的作品